■ 企业内部控制培训用书

企业内部控制基本规范
企业内部控制配套指引

（含企业内部控制配套指引解读）

2024年版

中华人民共和国财政部
中国证券监督管理委员会   制定
中华人民共和国审计署
国家金融监督管理总局

图书在版编目（CIP）数据

企业内部控制基本规范　企业内部控制配套指引：2024 年版 / 中华人民共和国财政部等制定. —上海：立信会计出版社，2024.1

ISBN 978-7-5429-7524-9

Ⅰ.①企… Ⅱ.①中… Ⅲ.①企业内部管理—规范—中国 Ⅳ.① F279.23-65

中国国家版本馆 CIP 数据核字（2023）第 250103 号

责任编辑　蔡伟莉

企业内部控制基本规范　企业内部控制配套指引（2024 年版）
QIYE NEIBU KONGZHI JIBEN GUIFAN　QIYE NEIBU KONGZHI PEITAO ZHIYIN

出版发行	立信会计出版社			
地　　址	上海市中山西路 2230 号	邮政编码	200235	
电　　话	（021）64411389	传　　真	（021）64411325	
网　　址	www.lixinaph.com	电子邮箱	lixinaph2019@126.com	
网上书店	http://lixin.jd.com	http://lxkjcbs.tmall.com		
经　　销	各地新华书店			

印　　刷	北京鑫海金澳胶印有限公司
开　　本	710 毫米 ×1000 毫米　1/16
印　　张	22
字　　数	406 千字
版　　次	2024 年 1 月第 1 版
印　　次	2024 年 1 月第 1 次
书　　号	ISBN 978-7-5429-7524-9 /F
定　　价	66.00 元

如有印订差错，请与本社联系调换

目 录

企业内部控制基本规范 / 1

企业内部控制应用指引 / 10

   企业内部控制应用指引第 1 号——组织架构 / 10

   企业内部控制应用指引第 2 号——发展战略 / 13

   企业内部控制应用指引第 3 号——人力资源 / 15

   企业内部控制应用指引第 4 号——社会责任 / 18

   企业内部控制应用指引第 5 号——企业文化 / 22

   企业内部控制应用指引第 6 号——资金活动 / 24

   企业内部控制应用指引第 7 号——采购业务 / 29

   企业内部控制应用指引第 8 号——资产管理 / 33

   企业内部控制应用指引第 9 号——销售业务 / 37

   企业内部控制应用指引第 10 号——研究与开发 / 40

   企业内部控制应用指引第 11 号——工程项目 / 42

   企业内部控制应用指引第 12 号——担保业务 / 48

企业内部控制基本规范 企业内部控制配套指引

  企业内部控制应用指引第 13 号——业务外包／51

  企业内部控制应用指引第 14 号——财务报告／54

  企业内部控制应用指引第 15 号——全面预算／57

  企业内部控制应用指引第 16 号——合同管理／60

  企业内部控制应用指引第 17 号——内部信息传递／63

  企业内部控制应用指引第 18 号——信息系统／65

企业内部控制评价指引／68

企业内部控制审计指引／73

企业内部控制配套指引解读／84

  健全组织架构 奠定内控基础

    ——财政部会计司解读《企业内部控制应用指引第 1 号——组织架构》／84

  强化发展战略管理 促进企业长远发展

    ——财政部会计司解读《企业内部控制应用指引第 2 号——发展战略》／92

  加强人力资源建设 夯实企业发展基石

    ——财政部会计司解读《企业内部控制应用指引第 3 号——人力资源》／101

  履行社会责任是企业应尽的义务和使命

    ——财政部会计司解读《企业内部控制应用指引第 4 号——社会责任》／109

  加强企业文化建设 提升企业软实力

    ——财政部会计司解读《企业内部控制应用指引第 5 号——企业文化》／116

  强化资金风险管控 不断提升企业效益

    ——财政部会计司解读《企业内部控制应用指引第 6 号——资金活动》／122

目 录

强化采购风险管控　提高企业采购效能

——财政部会计司解读《企业内部控制应用指引第 7 号——采购业务》/ 140

保障企业资产安全　全面提升资产效能

——财政部会计司解读《企业内部控制应用指引第 8 号——资产管理》/ 147

规范销售行为　扩大市场占有

——财政部会计司解读《企业内部控制应用指引第 9 号——销售业务》/ 161

促进企业自主创新　全面提升核心竞争力

——财政部会计司解读《企业内部控制应用指引第 10 号——研究与开发》/ 167

强化风险管控　确保工程质量

——财政部会计司解读《企业内部控制应用指引第 11 号——工程项目》/ 172

严控担保风险　促进稳健发展

——财政部会计司解读《企业内部控制应用指引第 12 号——担保业务》/ 191

加强业务外包管理　防范业务外包风险

——财政部会计司解读《企业内部控制应用指引第 13 号——业务外包》/ 198

提高财务报告质量　夯实企业发展基础

——财政部会计司解读《企业内部控制应用指引第 14 号——财务报告》/ 204

强化全面预算管理　促进实现发展战略

——财政部会计司解读《企业内部控制应用指引第 15 号——全面预算》/ 215

提高合同管理效能　维护企业合法权益

——财政部会计司解读《企业内部控制应用指引第 16 号——合同管理》/ 228

有效管控内部信息传递　促进企业经营管理决策优化

——财政部会计司解读《企业内部控制应用指引第 17 号——内部信息传递》/ 235

优化信息系统 提升管理水平

——财政部会计司解读《企业内部控制应用指引第 18 号——信息系统》/ 243

切实做好内部控制评价 不断实现内部控制自我提升

——财政部会计司解读《企业内部控制评价指引》/ 256

规范内控审计行为 促进内控有效实施

——财政部会计司、中注协解读《企业内部控制审计指引》/ 281

企业内部控制相关法规 / 298

关于印发《小企业内部控制规范（试行）》的通知 / 298

企业内部控制规范体系实施中相关问题解释第 1 号 / 305

企业内部控制规范体系实施中相关问题解释第 2 号 / 309

关于印发《企业内部控制审计问题解答》的通知 / 315

财政部关于印发《企业内部控制标准委员会工作大纲》和《企业内部控制标准制定程序》的通知 / 327

中国银保监会关于银行保险机构员工履职回避工作的指导意见 / 335

关于进一步提升上市公司财务报告内部控制有效性的通知 / 340

企业内部控制基本规范

第一章 总 则

第一条 为了加强和规范企业内部控制，提高企业经营管理水平和风险防范能力，促进企业可持续发展，维护社会主义市场经济秩序和社会公众利益，根据《中华人民共和国公司法》《中华人民共和国证券法》《中华人民共和国会计法》和其他有关法律法规，制定本规范。

第二条 本规范适用于中华人民共和国境内设立的大中型企业。

小企业和其他单位可以参照本规范建立与实施内部控制。

大中型企业和小企业的划分标准根据国家有关规定执行。

第三条 本规范所称内部控制，是由企业董事会、监事会、经理层和全体员工实施的、旨在实现控制目标的过程。

内部控制的目标是合理保证企业经营管理合法合规、资产安全、财务报告及相关信息真实完整，提高经营效率和效果，促进企业实现发展战略。

第四条 企业建立与实施内部控制，应当遵循下列原则：

（一）全面性原则。内部控制应当贯穿决策、执行和监督全过程，覆盖企业及其所属单位的各种业务和事项。

（二）重要性原则。内部控制应当在全面控制的基础上，关注重要业务事项和高风险领域。

（三）制衡性原则。内部控制应当在治理结构、机构设置及权责分配、业务流程等方面形成相互制约、相互监督，同时兼顾运营效率。

（四）适应性原则。内部控制应当与企业经营规模、业务范围、竞争状况和风险水平等相适应，并随着情况的变化及时加以调整。

（五）成本效益原则。内部控制应当权衡实施成本与预期效益，以适当的成本实现有效控制。

第五条 企业建立与实施有效的内部控制，应当包括下列要素：

（一）内部环境。内部环境是企业实施内部控制的基础，一般包括治理结构、机构设置及权责分配、内部审计、人力资源政策、企业文化等。

（二）风险评估。风险评估是企业及时识别、系统分析经营活动中与实现内部控制目标相关的风险，合理确定风险应对策略。

（三）控制活动。控制活动是企业根据风险评估结果，采用相应的控制措施，将风险控制在可承受度之内。

（四）信息与沟通。信息与沟通是企业及时、准确地收集、传递与内部控制相关的信息，确保信息在企业内部、企业与外部之间进行有效沟通。

（五）内部监督。内部监督是企业对内部控制建立与实施情况进行监督检查，评价内部控制的有效性，发现内部控制缺陷，应当及时加以改进。

第六条 企业应当根据有关法律法规、本规范及其配套办法，制定本企业的内部控制制度并组织实施。

第七条 企业应当运用信息技术加强内部控制，建立与经营管理相适应的信息系统，促进内部控制流程与信息系统的有机结合，实现对业务和事项的自动控制，减少或消除人为操纵因素。

第八条 企业应当建立内部控制实施的激励约束机制，将各责任单位和全体员工实施内部控制的情况纳入绩效考评体系，促进内部控制的有效实施。

第九条 国务院有关部门可以根据法律法规、本规范及其配套办法，明确贯彻实施本规范的具体要求，对企业建立与实施内部控制的情况进行监督检查。

第十条 接受企业委托从事内部控制审计的会计师事务所，应当根据本规范及其配套办法和相关执业准则，对企业内部控制的有效性进行审计，出具审计报告。会计师事务所及其签字的从业人员应当对发表的内部控制审计意见负责。

为企业内部控制提供咨询的会计师事务所，不得同时为同一企业提供内部控制审计服务。

第二章 内部环境

第十一条 企业应当根据国家有关法律法规和企业章程，建立规范的公司治理结构和议事规则，明确决策、执行、监督等方面的职责权限，形成科学有效的职责分工和制衡机制。

股东（大）会享有法律法规和企业章程规定的合法权利，依法行使企业经营方针、筹资、投资、利润分配等重大事项的表决权。

董事会对股东（大）会负责，依法行使企业的经营决策权。

监事会对股东（大）会负责，监督企业董事、经理和其他高级管理人员依法履行职责。

经理层负责组织实施股东（大）会、董事会决议事项，主持企业的生产经营管理工作。

第十二条 董事会负责内部控制的建立健全和有效实施。监事会对董事会建立与实施内部控制进行监督。经理层负责组织领导企业内部控制的日常运行。

企业应当成立专门机构或者指定适当的机构具体负责组织协调内部控制的建立实施及日常工作。

第十三条 企业应当在董事会下设立审计委员会。审计委员会负责审查企业内部控制，监督内部控制的有效实施和内部控制自我评价情况，协调内部控制审计及其他相关事宜等。

审计委员会负责人应当具备相应的独立性、良好的职业操守和专业胜任能力。

第十四条 企业应当结合业务特点和内部控制要求设置内部机构，明确职责权限，将权利与责任落实到各责任单位。

企业应当通过编制内部管理手册，使全体员工掌握内部机构设置、岗位职责、业务流程等情况，明确权责分配，正确行使职权。

第十五条 企业应当加强内部审计工作，保证内部审计机构设置、人员配备和工作的独立性。

内部审计机构应当结合内部审计监督，对内部控制的有效性进行监督检查。内部审计机构对监督检查中发现的内部控制缺陷，应当按照企业内部审计工作程序进行报告；对监督检查中发现的内部控制重大缺陷，有权直接向董事会及其审计委员会、监事会报告。

第十六条　企业应当制定和实施有利于企业可持续发展的人力资源政策。人力资源政策应当包括下列内容：

（一）员工的聘用、培训、辞退与辞职。

（二）员工的薪酬、考核、晋升与奖惩。

（三）关键岗位员工的强制休假制度和定期岗位轮换制度。

（四）掌握国家秘密或重要商业秘密的员工离岗的限制性规定。

（五）有关人力资源管理的其他政策。

第十七条　企业应当将职业道德修养和专业胜任能力作为选拔和聘用员工的重要标准，切实加强员工培训和继续教育，不断提升员工素质。

第十八条　企业应当加强文化建设，培育积极向上的价值观和社会责任感，倡导诚实守信、爱岗敬业、开拓创新和团队协作精神，树立现代管理理念，强化风险意识。

董事、监事、经理及其他高级管理人员应当在企业文化建设中发挥主导作用。

企业员工应当遵守员工行为守则，认真履行岗位职责。

第十九条　企业应当加强法制教育，增强董事、监事、经理及其他高级管理人员和员工的法制观念，严格依法决策、依法办事、依法监督，建立健全法律顾问制度和重大法律纠纷案件备案制度。

第三章　风险评估

第二十条　企业应当根据设定的控制目标，全面系统持续地收集相关信息，结合实际情况，及时进行风险评估。

第二十一条　企业开展风险评估，应当准确识别与实现控制目标相关的内部风险和外部风险，确定相应的风险承受度。

风险承受度是企业能够承担的风险限度，包括整体风险承受能力和业务层面的可接受风险水平。

第二十二条　企业识别内部风险，应当关注下列因素：

（一）董事、监事、经理及其他高级管理人员的职业操守、员工专业胜任能力等人力资源因素。

（二）组织机构、经营方式、资产管理、业务流程等管理因素。

（三）研究开发、技术投入、信息技术运用等自主创新因素。

（四）财务状况、经营成果、现金流量等财务因素。

（五）营运安全、员工健康、环境保护等安全环保因素。

（六）其他有关内部风险因素。

第二十三条 企业识别外部风险，应当关注下列因素：

（一）经济形势、产业政策、融资环境、市场竞争、资源供给等经济因素。

（二）法律法规、监管要求等法律因素。

（三）安全稳定、文化传统、社会信用、教育水平、消费者行为等社会因素。

（四）技术进步、工艺改进等科学技术因素。

（五）自然灾害、环境状况等自然环境因素。

（六）其他有关外部风险因素。

第二十四条 企业应当采用定性与定量相结合的方法，按照风险发生的可能性及其影响程度等，对识别的风险进行分析和排序，确定关注重点和优先控制的风险。

企业进行风险分析，应当充分吸收专业人员，组成风险分析团队，按照严格规范的程序开展工作，确保风险分析结果的准确性。

第二十五条 企业应当根据风险分析的结果，结合风险承受度，权衡风险与收益，确定风险应对策略。

企业应当合理分析、准确掌握董事、经理及其他高级管理人员、关键岗位员工的风险偏好，采取适当的控制措施，避免因个人风险偏好给企业经营带来重大损失。

第二十六条 企业应当综合运用风险规避、风险降低、风险分担和风险承受等风险应对策略，实现对风险的有效控制。

风险规避是企业对超出风险承受度的风险，通过放弃或者停止与该风险相关的业务活动以避免和减轻损失的策略。

风险降低是企业在权衡成本效益之后，准备采取适当的控制措施降低风险或者减轻损失，将风险控制在风险承受度之内的策略。

风险分担是企业准备借助他人力量，采取业务分包、购买保险等方式和适当的控制措施，将风险控制在风险承受度之内的策略。

风险承受是企业对风险承受度之内的风险，在权衡成本效益之后，不准备采取控制措施降低风险或者减轻损失的策略。

第二十七条　企业应当结合不同发展阶段和业务拓展情况，持续收集与风险变化相关的信息，进行风险识别和风险分析，及时调整风险应对策略。

第四章　控制活动

第二十八条　企业应当结合风险评估结果，通过手工控制与自动控制、预防性控制与发现性控制相结合的方法，运用相应的控制措施，将风险控制在可承受度之内。

控制措施一般包括：不相容职务分离控制、授权审批控制、会计系统控制、财产保护控制、预算控制、运营分析控制和绩效考评控制等。

第二十九条　不相容职务分离控制要求企业全面系统地分析、梳理业务流程中所涉及的不相容职务，实施相应的分离措施，形成各司其职、各负其责、相互制约的工作机制。

第三十条　授权审批控制要求企业根据常规授权和特别授权的规定，明确各岗位办理业务和事项的权限范围、审批程序和相应责任。

企业应当编制常规授权的权限指引，规范特别授权的范围、权限、程序和责任，严格控制特别授权。常规授权是指企业在日常经营管理活动中按照既定的职责和程序进行的授权。特别授权是指企业在特殊情况、特定条件下进行的授权。

企业各级管理人员应当在授权范围内行使职权和承担责任。

企业对于重大的业务和事项，应当实行集体决策审批或者联签制度，任何个人不得单独进行决策或者擅自改变集体决策。

第三十一条　会计系统控制要求企业严格执行国家统一的会计准则制度，加强会计基础工作，明确会计凭证、会计账簿和财务会计报告的处理程序，保证会计资料真实完整。

企业应当依法设置会计机构，配备会计从业人员。从事会计工作的人员，必须取得会计从业资格证书。会计机构负责人应当具备会计师以上专业技术职务资格。

大中型企业应当设置总会计师。设置总会计师的企业，不得设置与其职权重叠的副职。

第三十二条　财产保护控制要求企业建立财产日常管理制度和定期清查制度，采取财产记录、实物保管、定期盘点、账实核对等措施，确保财产安全。

企业应当严格限制未经授权的人员接触和处置财产。

第三十三条　预算控制要求企业实施全面预算管理制度，明确各责任单位在预算管理中的职责权限，规范预算的编制、审定、下达和执行程序，强化预算约束。

第三十四条　运营分析控制要求企业建立运营情况分析制度，经理层应当综合运用生产、购销、投资、筹资、财务等方面的信息，通过因素分析、对比分析、趋势分析等方法，定期开展运营情况分析，发现存在的问题，及时查明原因并加以改进。

第三十五条　绩效考评控制要求企业建立和实施绩效考评制度，科学设置考核指标体系，对企业内部各责任单位和全体员工的业绩进行定期考核和客观评价，将考评结果作为确定员工薪酬以及职务晋升、评优、降级、调岗、辞退等的依据。

第三十六条　企业应当根据内部控制目标，结合风险应对策略，综合运用控制措施，对各种业务和事项实施有效控制。

第三十七条　企业应当建立重大风险预警机制和突发事件应急处理机制，明确风险预警标准，对可能发生的重大风险或突发事件，制定应急预案、明确责任人员、规范处置程序，确保突发事件得到及时妥善处理。

第五章　信息与沟通

第三十八条　企业应当建立信息与沟通制度，明确内部控制相关信息的收集、处理和传递程序，确保信息及时沟通，促进内部控制有效运行。

第三十九条　企业应当对收集的各种内部信息和外部信息进行合理筛选、核对、整合，提高信息的有用性。

企业可以通过财务会计资料、经营管理资料、调研报告、专项信息、内部刊

企业内部控制基本规范 企业内部控制配套指引

物、办公网络等渠道，获取内部信息。

企业可以通过行业协会组织、社会中介机构、业务往来单位、市场调查、来信来访、网络媒体以及有关监管部门等渠道，获取外部信息。

第四十条 企业应当将内部控制相关信息在企业内部各管理级次、责任单位、业务环节之间，以及企业与外部投资者、债权人、客户、供应商、中介机构和监管部门等有关方面之间进行沟通和反馈。信息沟通过程中发现的问题，应当及时报告并加以解决。

重要信息应当及时传递给董事会、监事会和经理层。

第四十一条 企业应当利用信息技术促进信息的集成与共享，充分发挥信息技术在信息与沟通中的作用。

企业应当加强对信息系统开发与维护、访问与变更、数据输入与输出、文件储存与保管、网络安全等方面的控制，保证信息系统安全稳定运行。

第四十二条 企业应当建立反舞弊机制，坚持惩防并举、重在预防的原则，明确反舞弊工作的重点领域、关键环节和有关机构在反舞弊工作中的职责权限，规范舞弊案件的举报、调查、处理、报告和补救程序。

企业至少应当将下列情形作为反舞弊工作的重点：

（一）未经授权或者采取其他不法方式侵占、挪用企业资产，谋取不当利益。

（二）在财务会计报告和信息披露等方面存在的虚假记载、误导性陈述或者重大遗漏等。

（三）董事、监事、经理及其他高级管理人员滥用职权。

（四）相关机构或人员串通舞弊。

第四十三条 企业应当建立举报投诉制度和举报人保护制度，设置举报专线，明确举报投诉处理程序、办理时限和办结要求，确保举报、投诉成为企业有效掌握信息的重要途径。

举报投诉制度和举报人保护制度应当及时传达至全体员工。

第六章 内部监督

第四十四条 企业应当根据本规范及其配套办法，制定内部控制监督制度，明确内部审计机构（或经授权的其他监督机构）和其他内部机构在内部监督中的职责权限，规范内部监督的程序、方法和要求。

内部监督分为日常监督和专项监督。日常监督是指企业对建立与实施内部控制的情况进行常规、持续的监督检查；专项监督是指在企业发展战略、组织结构、经营活动、业务流程、关键岗位员工等发生较大调整或变化的情况下，对内部控制的某一或者某些方面进行有针对性的监督检查。

专项监督的范围和频率应当根据风险评估结果以及日常监督的有效性等予以确定。

第四十五条　企业应当制定内部控制缺陷认定标准，对监督过程中发现的内部控制缺陷，应当分析缺陷的性质和产生的原因，提出整改方案，采取适当的形式及时向董事会、监事会或者经理层报告。

内部控制缺陷包括设计缺陷和运行缺陷。

企业应当跟踪内部控制缺陷整改情况，并就内部监督中发现的重大缺陷，追究相关责任单位或者责任人的责任。

第四十六条　企业应当结合内部监督情况，定期对内部控制的有效性进行自我评价，出具内部控制自我评价报告。

内部控制自我评价的方式、范围、程序和频率，由企业根据经营业务调整、经营环境变化、业务发展状况、实际风险水平等自行确定。

国家有关法律法规另有规定的，从其规定。

第四十七条　企业应当以书面或者其他适当的形式，妥善保存内部控制建立与实施过程中的相关记录或者资料，确保内部控制建立与实施过程的可验证性。

第七章　附　　则

第四十八条　本规范由财政部会同国务院其他有关部门解释。

第四十九条　本规范的配套办法由财政部会同国务院其他有关部门另行制定。

第五十条　本规范自2009年7月1日起实施。

企业内部控制应用指引

企业内部控制应用指引第1号
——组织架构

第一章 总 则

第一条 为了促进企业实现发展战略,优化治理结构、管理体制和运行机制,建立现代企业制度,根据《中华人民共和国公司法》等有关法律法规和《企业内部控制基本规范》,制定本指引。

第二条 本指引所称组织架构,是指企业按照国家有关法律法规、股东(大)会决议和企业章程,结合本企业实际,明确股东(大)会、董事会、监事会、经理层和企业内部各层级机构设置、职责权限、人员编制、工作程序和相关要求的制度安排。

第三条 企业至少应当关注组织架构设计与运行中的下列风险:

(一)治理结构形同虚设,缺乏科学决策、良性运行机制和执行力,可能导致企业经营失败,难以实现发展战略。

(二)内部机构设计不科学,权责分配不合理,可能导致机构重叠、职能交叉或缺失、推诿扯皮,运行效率低下。

第二章 组织架构的设计

第四条 企业应当根据国家有关法律法规的规定,明确董事会、监事会和经理层的职责权限、任职条件、议事规则和工作程序，确保决策、执行和监督相互分离，形成制衡。

董事会对股东（大）会负责，依法行使企业的经营决策权。可按照股东（大）会的有关决议，设立战略、审计、提名、薪酬与考核等专门委员会，明确各专门委员会的职责权限、任职资格、议事规则和工作程序，为董事会科学决策提供支持。

监事会对股东（大）会负责，监督企业董事、经理和其他高级管理人员依法履行职责。

经理层对董事会负责，主持企业的生产经营管理工作。经理和其他高级管理人员的职责分工应当明确。

董事会、监事会和经理层的产生程序应当合法合规，其人员构成、知识结构、能力素质应当满足履行职责的要求。

第五条 企业的重大决策、重大事项、重要人事任免及大额资金支付业务等，应当按照规定的权限和程序实行集体决策审批或者联签制度。任何个人不得单独进行决策或者擅自改变集体决策意见。

重大决策、重大事项、重要人事任免及大额资金支付业务的具体标准由企业自行确定。

第六条 企业应当按照科学、精简、高效、透明、制衡的原则，综合考虑企业性质、发展战略、文化理念和管理要求等因素，合理设置内部职能机构，明确各机构的职责权限，避免职能交叉、缺失或权责过于集中，形成各司其职、各负其责、相互制约、相互协调的工作机制。

第七条 企业应当对各机构的职能进行科学合理的分解，确定具体岗位的名称、职责和工作要求等，明确各个岗位的权限和相互关系。

企业在确定职权和岗位分工过程中，应当体现不相容职务相互分离的要求。不相容职务通常包括：可行性研究与决策审批；决策审批与执行；执行与监督检查等。

第八条 企业应当制定组织结构图、业务流程图、岗（职）位说明书和权限指引等内部管理制度或相关文件，使员工了解和掌握组织架构设计及权责分配情况，正确履行职责。

第三章 组织架构的运行

第九条 企业应当根据组织架构的设计规范，对现有治理结构和内部机构设置进行全面梳理，确保本企业治理结构、内部机构设置和运行机制等符合现代企业制度要求。

企业梳理治理结构，应当重点关注董事、监事、经理及其他高级管理人员的任职资格和履职情况，以及董事会、监事会和经理层的运行效果。治理结构存在问题的，应当采取有效措施加以改进。

企业梳理内部机构设置，应当重点关注内部机构设置的合理性和运行的高效性等。内部机构设置和运行中存在职能交叉、缺失或运行效率低下的，应当及时解决。

第十条 企业拥有子公司的，应当建立科学的投资管控制度，通过合法有效的形式履行出资人职责、维护出资人权益，重点关注子公司特别是异地、境外子公司的发展战略、年度财务预决算、重大投融资、重大担保、大额资金使用、主要资产处置、重要人事任免、内部控制体系建设等重要事项。

第十一条 企业应当定期对组织架构设计与运行的效率和效果进行全面评估，发现组织架构设计与运行中存在缺陷的，应当进行优化调整。

企业组织架构调整应当充分听取董事、监事、高级管理人员和其他员工的意见，按照规定的权限和程序进行决策审批。

企业内部控制应用指引第 2 号
——发展战略

第一章 总 则

第一条 为了促进企业增强核心竞争力和可持续发展能力,根据有关法律法规和《企业内部控制基本规范》,制定本指引。

第二条 本指引所称发展战略,是指企业在对现实状况和未来趋势进行综合分析和科学预测的基础上,制定并实施的长远发展目标与战略规划。

第三条 企业制定与实施发展战略至少应当关注下列风险:

(一)缺乏明确的发展战略或发展战略实施不到位,可能导致企业盲目发展,难以形成竞争优势,丧失发展机遇和动力。

(二)发展战略过于激进,脱离企业实际能力或偏离主业,可能导致企业过度扩张,甚至经营失败。

(三)发展战略因主观原因频繁变动,可能导致资源浪费,甚至危及企业的生存和持续发展。

第二章 发展战略的制定

第四条 企业应当在充分调查研究、科学分析预测和广泛征求意见的基础上制定发展目标。企业在制定发展目标过程中,应当综合考虑宏观经济政策、国内外市场需求变化、技术发展趋势、行业及竞争对手状况、可利用资源水平和自身优势与劣势等影响因素。

第五条 企业应当根据发展目标制定战略规划。战略规划应当明确发展的阶段性和发展程度,确定每个发展阶段的具体目标、工作任务和实施路径。

第六条 企业应当在董事会下设立战略委员会，或指定相关机构负责发展战略管理工作，履行相应职责。

企业应当明确战略委员会的职责和议事规则，对战略委员会会议的召开程序、表决方式、提案审议、保密要求和会议记录等作出规定，确保议事过程规范透明、决策程序科学民主。

战略委员会应当组织有关部门对发展目标和战略规划进行可行性研究和科学论证，形成发展战略建议方案；必要时，可借助中介机构和外部专家的力量为其履行职责提供专业咨询意见。

战略委员会成员应当具有较强的综合素质和实践经验，其任职资格和选任程序应当符合有关法律法规和企业章程的规定。

第七条 董事会应当严格审议战略委员会提交的发展战略方案，重点关注其全局性、长期性和可行性。董事会在审议方案中如果发现重大问题，应当责成战略委员会对方案作出调整。企业的发展战略方案经董事会审议通过后，报经股东（大）会批准实施。

第三章　发展战略的实施

第八条 企业应当根据发展战略，制定年度工作计划，编制全面预算，将年度目标分解、落实；同时完善发展战略管理制度，确保发展战略有效实施。

第九条 企业应当重视发展战略的宣传工作，通过内部各层级会议和教育培训等有效方式，将发展战略及其分解落实情况传递到内部各管理层级和全体员工。

第十条 战略委员会应当加强对发展战略实施情况的监控，定期收集和分析相关信息，对于明显偏离发展战略的情况，应当及时报告。

第十一条 由于经济形势、产业政策、技术进步、行业状况以及不可抗力等因素发生重大变化，确需对发展战略作出调整的，应当按照规定权限和程序调整发展战略。

企业内部控制应用指引第 3 号
——人力资源

第一章 总 则

第一条 为了促进企业加强人力资源建设，充分发挥人力资源对实现企业发展战略的重要作用，根据有关法律法规和《企业内部控制基本规范》，制定本指引。

第二条 本指引所称人力资源，是指企业组织生产经营活动而录（任）用的各种人员，包括董事、监事、高级管理人员和全体员工。

第三条 企业人力资源管理至少应当关注下列风险：

（一）人力资源缺乏或过剩、结构不合理、开发机制不健全，可能导致企业发展战略难以实现。

（二）人力资源激励约束制度不合理、关键岗位人员管理不完善，可能导致人才流失、经营效率低下或关键技术、商业秘密和国家机密泄露。

（三）人力资源退出机制不当，可能导致法律诉讼或企业声誉受损。

第四条 企业应当重视人力资源建设，根据发展战略，结合人力资源现状和未来需求预测，建立人力资源发展目标，制定人力资源总体规划和能力框架体系，优化人力资源整体布局，明确人力资源的引进、开发、使用、培养、考核、激励、退出等管理要求，实现人力资源的合理配置，全面提升企业核心竞争力。

第二章 人力资源的引进与开发

第五条 企业应当根据人力资源总体规划，结合生产经营实际需要，制定年度人力资源需求计划，完善人力资源引进制度，规范工作流程，按照计划、制度和程序组织人力资源引进工作。

企业内部控制基本规范 企业内部控制配套指引

第六条 企业应当根据人力资源能力框架要求，明确各岗位的职责权限、任职条件和工作要求，遵循德才兼备、以德为先和公开、公平、公正的原则，通过公开招聘、竞争上岗等多种方式选聘优秀人才，重点关注选聘对象的价值取向和责任意识。

企业选拔高级管理人员和聘用中层及以下员工，应当切实做到因事设岗、以岗选人，避免因人设事或设岗，确保选聘人员能够胜任岗位职责要求。企业选聘人员应当实行岗位回避制度。

第七条 企业确定选聘人员后，应当依法签订劳动合同，建立劳动用工关系。企业对于在产品技术、市场、管理等方面掌握或涉及关键技术、知识产权、商业秘密或国家机密的工作岗位，应当与该岗位员工签订有关岗位保密协议，明确保密义务。

第八条 企业应当建立选聘人员试用期和岗前培训制度，对试用人员进行严格考察，促进选聘员工全面了解岗位职责，掌握岗位基本技能，适应工作要求。试用期满考核合格后，方可正式上岗；试用期满考核不合格者，应当及时解除劳动关系。

第九条 企业应当重视人力资源开发工作，建立员工培训长效机制，营造尊重知识、尊重人才和关心员工职业发展的文化氛围后备人才队伍建设，促进全体员工的知识、技能持续更新，不断提升员工的服务效能。

第三章 人力资源的使用与退出

第十条 企业应当建立和完善人力资源的激励约束机制，设置科学的业绩考核指标体系，对各级管理人员和全体员工进行严格考核与评价，以此作为确定员工薪酬、职级调整和解除劳动合同等的重要依据，确保员工队伍处于持续优化状态。

第十一条 企业应当制定与业绩考核挂钩的薪酬制度，切实做到薪酬安排与员工贡献相协调，体现效率优先，兼顾公平。

第十二条 企业应当制定各级管理人员和关键岗位员工定期轮岗制度，明确轮岗范围、轮岗周期、轮岗方式等，形成相关岗位员工的有序持续流动，全面提升员工素质。

第十三条 企业应当按照有关法律法规规定，结合企业实际，建立健全员工退出（辞职、解除劳动合同、退休等）机制，明确退出的条件和程序，确保员工退出机制得到有效实施。

企业对考核不能胜任岗位要求的员工，应当及时暂停其工作，安排再培训，或调整工作岗位，安排转岗培训；仍不能满足岗位职责要求的，应当按照规定的权限和程序解除劳动合同。

企业应当与退出员工依法约定保守关键技术、商业秘密、国家机密和竞业限制的期限，确保知识产权、商业秘密和国家机密的安全。企业关键岗位人员离职前，应当根据有关法律法规的规定进行工作交接或离任审计。

第十四条 企业应当定期对年度人力资源计划执行情况进行评估，总结人力资源管理经验，分析存在的主要缺陷和不足，完善人力资源政策，促进企业整体团队充满生机和活力。

企业内部控制应用指引第4号
——社会责任

第一章 总 则

第一条 为了促进企业履行社会责任,实现企业与社会的协调发展,根据国家有关法律法规和《企业内部控制基本规范》,制定本指引。

第二条 本指引所称社会责任,是指企业在经营发展过程中应当履行的社会职责和义务,主要包括安全生产、产品质量(含服务,下同)、环境保护、资源节约、促进就业、员工权益保护等。

第三条 企业至少应当关注在履行社会责任方面的下列风险:

(一)安全生产措施不到位,责任不落实,可能导致企业发生安全事故。

(二)产品质量低劣,侵害消费者利益,可能导致企业巨额赔偿、形象受损,甚至破产。

(三)环境保护投入不足,资源耗费大,造成环境污染或资源枯竭,可能导致企业巨额赔偿、缺乏发展后劲,甚至停业。

(四)促进就业和员工权益保护不够,可能导致员工积极性受挫,影响企业发展和社会稳定。

第四条 企业应当重视履行社会责任,切实做到经济效益与社会效益、短期利益与长远利益、自身发展与社会发展相互协调,实现企业与员工、企业与社会、企业与环境的健康和谐发展。

第二章 安全生产

第五条 企业应当根据国家有关安全生产的规定,结合本企业实际情况,建立严格的安全生产管理体系、操作规范和应急预案，强化安全生产责任追究制度，切实做到安全生产。

企业应当设立安全管理部门和安全监督机构，负责企业安全生产的日常监督管理工作。

第六条 企业应当重视安全生产投入，在人力、物力、资金、技术等方面提供必要的保障，健全检查监督机制，确保各项安全措施落实到位，不得随意降低保障标准和要求。

第七条 企业应当贯彻预防为主的原则，采用多种形式增强员工安全意识，重视岗位培训，对于特殊岗位实行资格认证制度。

企业应当加强生产设备的经常性维护管理，及时排除安全隐患。

第八条 企业如果发生生产安全事故，应当按照安全生产管理制度妥善处理，排除故障，减轻损失，追究责任。重大生产安全事故应当启动应急预案，同时按照国家有关规定及时报告，严禁迟报、谎报和瞒报。

第三章 产品质量

第九条 企业应当根据国家和行业相关产品质量的要求，从事生产经营活动，切实提高产品质量和服务水平，努力为社会提供优质安全健康的产品和服务，最大限度地满足消费者的需求，对社会和公众负责，接受社会监督，承担社会责任。

第十条 企业应当规范生产流程，建立严格的产品质量控制和检验制度，严把质量关，禁止缺乏质量保障、危害人民生命健康的产品流向社会。

第十一条 企业应当加强产品的售后服务。售后发现存在严重质量缺陷、隐患的产品，应当及时召回或采取其他有效措施，最大限度地降低或消除缺陷、隐患产品的社会危害。

企业应当妥善处理消费者提出的投诉和建议，切实保护消费者权益。

第四章 环境保护与资源节约

第十二条 企业应当按照国家有关环境保护与资源节约的规定，结合本企业实际情况，建立环境保护与资源节约制度，认真落实节能减排责任，积极开发和使用节能产品，发展循环经济，降低污染物排放，提高资源综合利用效率。

企业应当通过宣传教育等有效形式，不断提高员工的环境保护和资源节约意识。

第十三条 企业应当重视生态保护，加大对环保工作的人力、物力、财力的投入和技术支持，不断改进工艺流程，降低能耗和污染物排放水平，实现清洁生产。

企业应当加强对废气、废水、废渣的综合治理，建立废料回收和循环利用制度。

第十四条 企业应当重视资源节约和资源保护，着力开发利用可再生资源，防止对不可再生资源进行掠夺性或毁灭性开发。

企业应当重视国家产业结构相关政策，特别关注产业结构调整的发展要求，加快高新技术开发和传统产业改造，切实转变发展方式，实现低投入、低消耗、低排放和高效率。

第十五条 企业应当建立环境保护和资源节约的监控制度，定期开展监督检查，发现问题，及时采取措施予以纠正。污染物排放超过国家有关规定的，企业应当承担治理或相关法律责任。

发生紧急、重大环境污染事件时，应当启动应急机制，及时报告和处理，并依法追究相关责任人的责任。

第五章 促进就业与员工权益保护

第十六条 企业应当依法保护员工的合法权益，贯彻人力资源政策，保护员工依法享有劳动权利和履行劳动义务，保持工作岗位相对稳定，积极促进充分就业，切实履行社会责任。

企业应当避免在正常经营情况下批量辞退员工，增加社会负担。

第十七条 企业应当与员工签订并履行劳动合同，遵循按劳分配、同工同酬的原则，建立科学的员工薪酬制度和激励机制，不得克扣或无故拖欠员工薪酬。

企业应当建立高级管理人员与员工薪酬的正常增长机制，切实保持合理水平，维护社会公平。

第十八条 企业应当及时办理员工社会保险，足额缴纳社会保险费，保障员工依法享受社会保险待遇。

企业应当按照有关规定做好健康管理工作，预防、控制和消除职业危害；按期对员工进行非职业性健康监护，对从事有职业危害作业的员工进行职业性健康监护。

企业应当遵守法定的劳动时间和休息休假制度，确保员工的休息休假权利。

第十九条 企业应当加强职工代表大会和工会组织建设，维护员工合法权益，积极开展员工职业教育培训，创造平等发展机会。

企业应当尊重员工人格，维护员工尊严，杜绝性别、民族、宗教、年龄等各种歧视，保障员工身心健康。

第二十条 企业应当按照产学研用相结合的社会需求，积极创建实习基地，大力支持社会有关方面培养、锻炼社会需要的应用型人才。

第二十一条 企业应当积极履行社会公益方面的责任和义务，关心帮助社会弱势群体，支持慈善事业。

企业内部控制应用指引第 5 号
——企业文化

第一章 总 则

第一条 为了加强企业文化建设，发挥企业文化在企业发展中的重要作用，根据《企业内部控制基本规范》，制定本指引。

第二条 本指引所称企业文化，是指企业在生产经营实践中逐步形成的、为整体团队所认同并遵守的价值观、经营理念和企业精神，以及在此基础上形成的行为规范的总称。

第三条 加强企业文化建设至少应当关注下列风险：

（一）缺乏积极向上的企业文化，可能导致员工丧失对企业的信心和认同感，企业缺乏凝聚力和竞争力。

（二）缺乏开拓创新、团队协作和风险意识，可能导致企业发展目标难以实现，影响可持续发展。

（三）缺乏诚实守信的经营理念，可能导致舞弊事件的发生，造成企业损失，影响企业信誉。

（四）忽视企业间的文化差异和理念冲突，可能导致并购重组失败。

第二章 企业文化的建设

第四条 企业应当采取切实有效的措施，积极培育具有自身特色的企业文化，引导和规范员工行为，打造以主业为核心的企业品牌，形成整体团队的向心力，促进企业长远发展。

第五条 企业应当培育体现企业特色的发展愿景、积极向上的价值观、诚实守信的经营理念、履行社会责任和开拓创新的企业精神，以及团队协作和风险防范意识。

企业应当重视并购重组后的企业文化建设，平等对待被并购方的员工，促进并购双方的文化融合。

第六条 企业应当根据发展战略和实际情况，总结优良传统，挖掘文化底蕴，提炼核心价值，确定文化建设的目标和内容，形成企业文化规范，是其构成员工行为守则的重要组成部分。

第七条 董事、监事、经理和其他高级管理人员应当在企业文化建设中发挥主导和垂范作用，以自身的优秀品格和脚踏实地的工作作风，带动影响整个团队，共同营造积极向上的企业文化环境。

企业应当促进文化建设在内部各层级的有效沟通，加强企业文化的宣传贯彻，确保全体员工共同遵守。

第八条 企业文化建设应当融入生产经营全过程，切实做到文化建设与发展战略的有机结合，增强员工的责任感和使命感，规范员工行为方式，使员工自身价值在企业发展中得到充分体现。

企业应当加强对员工的文化教育和熏陶，全面提升员工的文化修养和内在素质。

第三章 企业文化的评估

第九条 企业应当建立企业文化评估制度，明确评估的内容、程序和方法，落实评估责任制，避免企业文化建设流于形式。

第十条 企业文化评估，应当重点关注董事、监事、经理和其他高级管理人员在企业文化建设中的责任履行情况、全体员工对企业核心价值观的认同感、企业经营管理行为与企业文化的一致性、企业品牌的社会影响力、参与企业并购重组各方文化的融合度，以及员工对企业未来发展的信心。

第十一条 企业应当重视企业文化的评估结果，巩固和发扬文化建设成果，针对评估过程中发现的问题，研究影响企业文化建设的不利因素，分析深层次的原因，及时采取措施加以改进。

企业内部控制应用指引第6号
——资金活动

第一章 总 则

第一条 为了促进企业正常组织资金活动,防范和控制资金风险,保证资金安全,提高资金使用效益,根据有关法律法规和《企业内部控制基本规范》,制定本指引。

第二条 本指引所称资金活动,是指企业筹资、投资和资金营运等活动的总称。

第三条 企业资金活动至少应当关注下列风险:

(一)筹资决策不当,引发资本结构不合理或无效融资,可能导致企业筹资成本过高或债务危机。

(二)投资决策失误,引发盲目扩张或丧失发展机遇,可能导致资金链断裂或资金使用效益低下。

(三)资金调度不合理、营运不畅,可能导致企业陷入财务困境或资金冗余。

(四)资金活动管控不严,可能导致资金被挪用、侵占、抽逃或遭受欺诈。

第四条 企业应当根据自身发展战略,科学确定投融资目标和规划,完善严格的资金授权、批准、审验等相关管理制度,加强资金活动的集中归口管理,明确筹资、投资、营运等各环节的职责权限和岗位分离要求,定期或不定期检查和评价资金活动情况,落实责任追究制度,确保资金安全和有效运行。

企业财会部门负责资金活动的日常管理,参与投融资方案等可行性研究。总会计师或分管会计工作的负责人应当参与投融资决策过程。

企业有子公司的,应当采取合法有效措施,强化对子公司资金业务的统一监控。有条件的企业集团,应当探索财务公司、资金结算中心等资金集中管控模式。

第二章 筹　　资

第五条 企业应当根据筹资目标和规划，结合年度全面预算，拟订筹资方案，明确筹资用途、规模、结构和方式等相关内容，对筹资成本和潜在风险作出充分估计。

境外筹资还应考虑所在地的政治、经济、法律、市场等因素。

第六条 企业应当对筹资方案进行科学论证，不得依据未经论证的方案开展筹资活动。重大筹资方案应当形成可行性研究报告，全面反映风险评估情况。

企业可以根据实际需要，聘请具有相应资质的专业机构进行可行性研究。

第七条 企业应当对筹资方案进行严格审批，重点关注筹资用途的可行性和相应的偿债能力。重大筹资方案，应当按照规定的权限和程序实行集体决策或者联签制度。

筹资方案需经有关部门批准的，应当履行相应的报批程序。筹资方案发生重大变更的，应当重新进行可行性研究并履行相应审批程序。

第八条 企业应当根据批准的筹资方案，严格按照规定权限和程序筹集资金。银行借款或发行债券，应当重点关注利率风险、筹资成本、偿还能力以及流动性风险等；发行股票应当重点关注发行风险、市场风险、政策风险以及公司控制权风险等。

企业通过银行借款方式筹资的，应当与有关金融机构进行洽谈，明确借款规模、利率、期限、担保、还款安排、相关的权利义务和违约责任等内容。双方达成一致意见后签署借款合同，据此办理相关借款业务。

企业通过发行债券方式筹资的，应当合理选择债券种类，对还本付息方案作出系统安排，确保按期、足额偿还到期本金和利息。企业通过发行股票方式筹资的，应当依照《中华人民共和国证券法》等有关法律法规和证券监管部门的规定，优化企业组织架构，进行业务整合，并选择具备相应资质的中介机构协助企业做好相关工作，确保符合股票发行条件和要求。

第九条 企业应当严格按照筹资方案确定的用途使用资金。筹资用于投资的，应当分别按照本指引第三章和《企业内部控制应用指引第11号——工程项目》规定，防范和控制资金使用的风险。由于市场环境变化等确需改变资金用途的，应当履行相应的审批程序。严禁擅自改变资金用途。

第十条 企业应当加强债务偿还和股利支付环节的管理，对偿还本息和支付股利等作出适当安排。

企业应当按照筹资方案或合同约定的本金、利率、期限、汇率及币种，准确计算应付利息，与债权人核对无误后按期支付。

企业应当选择合理的股利分配政策，兼顾投资者近期和长远利益，避免分配过度或不足。股利分配方案应当经过股东（大）会批准，并按规定履行披露义务。

第十一条 企业应当加强筹资业务的会计系统控制，建立筹资业务的记录、凭证和账簿，按照国家统一会计准则制度，正确核算和监督资金筹集、本息偿还、股利支付等相关业务，妥善保管筹资合同或协议、收款凭证、入库凭证等资料，定期与资金提供方进行账务核对，确保筹资活动符合筹资方案的要求。

第三章 投 资

第十二条 企业应当根据投资目标和规划，合理安排资金投放结构，科学确定投资项目，拟订投资方案，重点关注投资项目的收益和风险。企业选择投资项目应当突出主业，谨慎从事股票投资或衍生金融产品等高风险投资。

境外投资还应考虑政治、经济、法律、市场等因素的影响。

企业采用并购方式进行投资的，应当严格控制并购风险，重点关注并购对象的隐性债务、承诺事项、可持续发展能力、员工状况及其与本企业治理层及管理层的关联关系，合理确定支付对价，确保实现并购目标。

第十三条 企业应当加强对投资方案的可行性研究，重点对投资目标、规模、方式、资金来源、风险与收益等作出客观评价。企业根据实际需要，可以委托具备相应资质的专业机构进行可行性研究，提供独立的可行性研究报告。

第十四条 企业应当按照规定的权限和程序对投资项目进行决策审批，重点审查投资方案是否可行、投资项目是否符合国家产业政策及相关法律法规的规定，是否符合企业投资战略目标和规划、是否具有相应的资金能力、投入资金能否按时收回、预期收益能否实现，以及投资和并购风险是否可控等。重大投资项目，应当按照规定的权限和程序实行集体决策或者联签制度。

投资方案需经有关管理部门批准的，应当履行相应的报批程序。投资方案发生重大变更的，应当重新进行可行性研究并履行相应审批程序。

第十五条　企业应当根据批准的投资方案，与被投资方签订投资合同或协议，明确出资时间、金额、方式、双方权利义务和违约责任等内容，按规定的权限和程序审批后履行投资合同或协议。

企业应当指定专门机构或人员对投资项目进行跟踪管理，及时收集被投资方经审计的财务报告等相关资料，定期组织投资效益分析，关注被投资方的财务状况、经营成果、现金流量以及投资合同履行情况，发现异常情况，应当及时报告并妥善处理。

第十六条　企业应当加强对投资项目的会计系统控制，根据对被投资方的影响程度，合理确定投资会计政策，建立投资管理台账，详细记录投资对象、金额、持股比例、期限、收益等事项，妥善保管投资合同或协议、出资证明等资料。企业财会部门对于被投资方出现财务状况恶化、市价当期大幅下跌等情形的，应当根据国家统一的会计准则制度规定，合理计提减值准备、确认减值损失。

第十七条　企业应当加强投资收回和处置环节的控制，对投资收回、转让、核销等决策和审批程序作出明确规定。

企业应当重视投资到期本金的回收。转让投资应当由相关机构或人员合理确定转让价格，报授权批准部门批准，必要时可委托具有相应资质的专门机构进行评估。核销投资应当取得不能收回投资的法律文书和相关证明文件。

企业对于到期无法收回的投资，应当建立责任追究制度。

第四章　营　　运

第十八条　企业应当加强资金营运全过程的管理，统筹协调内部各机构在生产经营过程中的资金需求，切实做好资金在采购、生产、销售等各环节的综合平衡，全面提升资金营运效率。

第十九条　企业应当充分发挥全面预算管理在资金综合平衡中的作用，严格按照预算要求组织协调资金调度，确保资金及时收付，实现资金的合理占用和营运良性循环。

企业应当严禁资金的体外循环，切实防范资金营运中的风险。

第二十条 企业应当定期组织召开资金调度会或资金安全检查，对资金预算执行情况进行综合分析，发现异常情况，及时采取措施妥善处理，避免资金冗余或资金链断裂。

企业在营运过程中出现临时性资金短缺的，可以通过短期融资等方式获取资金。资金出现短期闲置的，在保证安全性和流动性的前提下，可以通过购买国债等多种方式，提高资金效益。

第二十一条 企业应当加强对营运资金的会计系统控制，严格规范资金的收支条件、程序和审批权限。

企业在生产经营及其他业务活动中取得的资金收入应当及时入账，不得账外设账，严禁收款不入账、设立"小金库"。

企业办理资金支付业务，应当明确支出款项的用途、金额、预算、限额、支付方式等内容，并附原始单据或相关证明，履行严格的授权审批程序后，方可安排资金支出。

企业办理资金收付业务，应当遵守现金和银行存款管理的有关规定，不得由一人办理货币资金全过程业务，严禁将办理资金支付业务的相关印章和票据集中一人保管。

企业内部控制应用指引第 7 号
——采购业务

第一章 总 则

第一条 为了促进企业合理采购，满足生产经营需要，规范采购行为，防范采购风险，根据有关法律法规和《企业内部控制基本规范》，制定本指引。

第二条 本指引所称采购，是指购买物资（或接受劳务）及支付款项等相关活动。

第三条 企业采购业务至少应当关注下列风险：

（一）采购计划安排不合理，市场变化趋势预测不准确，造成库存短缺或积压，可能导致企业生产停滞或资源浪费。

（二）供应商选择不当，采购方式不合理，招投标或定价机制不科学，授权审批不规范，可能导致采购物资质次价高，出现舞弊或遭受欺诈。

（三）采购验收不规范，付款审核不严，可能导致采购物资、资金损失或信用受损。

第四条 企业应当结合实际情况，全面梳理采购业务流程，完善采购业务相关管理制度，统筹安排采购计划，明确请购、审批、购买、验收、付款、采购后评估等环节的职责和审批权限，按照规定的审批权限和程序办理采购业务，建立价格监督机制，定期检查和评价采购过程中的薄弱环节，采取有效控制措施，确保物资采购满足企业生产经营需要。

第二章 购 买

第五条 企业的采购业务应当集中，避免多头采购或分散采购，以提高采购业务效率，降低采购成本，堵塞管理漏洞。

企业应当对办理采购业务的人员定期进行岗位轮换。重要和技术性较强的采购业务，应当组织相关专家进行论证，实行集体决策和审批。

企业除小额零星物资或服务外，不得安排同一机构办理采购业务全过程。

第六条 企业应当建立采购申请制度，依据购买物资或接受劳务的类型，确定归口管理部门，授予相应的请购权，明确相关部门或人员的职责权限及相应的请购和审批程序。

企业可以根据实际需要设置专门的请购部门，对需求部门提出的采购需求进行审核，并进行归类汇总，统筹安排企业的采购计划。

具有请购权的部门对于预算内采购项目，应当严格按照预算执行进度办理请购手续，并根据市场变化提出合理采购申请。对于超预算和预算外采购项目，应先履行预算调整程序，由具备相应审批权限的部门或人员审批后，再行办理请购手续。

第七条 企业应当建立科学的供应商评估和准入制度，确定合格供应商清单，与选定的供应商签订质量保证协议，建立供应商管理信息系统，对供应商提供物资或劳务的质量、价格、交货及时性、供货条件及其资信、经营状况等进行实时管理和综合评价，根据评价结果对供应商进行合理选择和调整。

企业可委托具有相应资质的中介机构对供应商进行资信调查。

第八条 企业应当根据市场情况和采购计划合理选择采购方式。大宗采购应当采用招标方式，合理确定招投标的范围、标准、实施程序和评标规则；一般物资或劳务等的采购可以采用询价或定向采购的方式并签订合同协议；小额零星物资或劳务等的采购可以采用直接购买等方式。

第九条 企业应当建立采购物资定价机制，采取协议采购、招标采购、谈判采购、询比价采购等多种方式合理确定采购价格，最大限度地减小市场变化对企业采购价格的影响。大宗采购等应当采用招投标方式确定采购价格，其他商品或劳务的采购，应当根据市场行情制定最高采购限价，并对最高采购限价适时调整。

第十条 企业应当根据确定的供应商、采购方式、采购价格等情况拟订采购合同，准确描述合同条款，明确双方权利、义务和违约责任，按照规定权限签订采购合同。

企业应当根据生产建设进度和采购物资特性，选择合理的运输工具和运输方式，办理运输、投保等事宜。

第十一条　企业应当建立严格的采购验收制度，确定检验方式，由专门的验收机构或验收人员对采购项目的品种、规格、数量、质量等相关内容进行验收，出具验收证明。涉及大宗和新、特物资采购的，还应进行专业测试。

验收过程中发现的异常情况，负责验收的机构或人员应当立即向企业有权管理的相关机构报告，相关机构应当查明原因并及时处理。

第十二条　企业应当加强物资采购供应过程的管理，依据采购合同中确定的主要条款跟踪合同履行情况，对有可能影响生产或工程进度的异常情况，应出具书面报告并及时提出解决方案。

企业应当做好采购业务各环节的记录，实行全过程的采购登记制度或信息化管理，确保采购过程的可追溯性。

第三章　付　　款

第十三条　企业应当加强采购付款的管理，完善付款流程，明确付款审核人的责任和权力，严格审核采购预算、合同、相关单据凭证、审批程序等相关内容，审核无误后按照合同规定及时办理付款。

企业在付款过程中，应当严格审查采购发票的真实性、合法性和有效性。发现虚假发票的，应查明原因，及时报告处理。

企业应当重视采购付款的过程控制和跟踪管理，发现异常情况的，应当拒绝付款，避免出现资金损失和信用受损。

企业应当合理选择付款方式，并严格遵循合同规定，防范付款方式不当带来的法律风险，保证资金安全。

第十四条　企业应当加强预付账款和定金的管理。涉及大额或长期的预付款项，应当定期进行追踪核查，综合分析预付账款的期限、占用款项的合理性、不可收回风险等情况，发现有疑问的预付款项，应当及时采取措施。

第十五条　企业应当加强对购买、验收、付款业务的会计系统控制，详细记录供应商情况、请购申请、采购合同、采购通知、验收证明、入库凭证、商业票据、款项支付等情况，确保会计记录、采购记录与仓储记录核对一致。

企业应当指定专人通过函证等方式,定期与供应商核对应付账款、应付票据、预付账款等往来款项。

第十六条 企业应当建立退货管理制度,对退货条件、退货手续、货物出库、退货货款回收等作出明确规定,并在与供应商的合同中明确退货事宜,及时收回退货货款。涉及符合索赔条件的退货,应在索赔期内及时办理索赔。

企业内部控制应用指引第8号
——资产管理

第一章 总 则

第一条 为了提高资产使用效能，保证资产安全，根据有关法律法规和《企业内部控制基本规范》，制定本指引。

第二条 本指引所称资产，是指企业拥有或控制的存货、固定资产和无形资产。

第三条 企业资产管理至少应当关注下列风险：

（一）存货积压或短缺，可能导致流动资金占用过量、存货价值贬损或生产中断。

（二）固定资产更新改造不够、使用效能低下、维护不当、产能过剩，可能导致企业缺乏竞争力、资产价值贬损、安全事故频发或资源浪费。

（三）无形资产缺乏核心技术、权属不清、技术落后、存在重大技术安全隐患，可能导致企业法律纠纷、缺乏可持续发展能力。

第四条 企业应当加强各项资产管理，全面梳理资产管理流程，及时发现资产管理中的薄弱环节，切实采取有效措施加以改进，并关注资产减值迹象，合理确认资产减值损失，不断提高企业资产管理水平。

企业应当重视和加强各项资产的投保工作，采用招标等方式确定保险人，降低资产损失风险，防范资产投保舞弊。

第二章 存 货

第五条 企业应当采用先进的存货管理技术和方法，规范存货管理流程，明确存货取得、验收入库、原料加工、仓储保管、领用发出、盘点处置等环节的管理要求，充分利用信息系统，强化会计、出入库等相关记录，确保存货管理全过程的风险得到有效控制。

第六条 企业应当建立存货管理岗位责任制，明确内部相关部门和岗位的职责权限，切实做到不相容岗位相互分离、制约和监督。

企业内部除存货管理、监督部门及仓储人员外，其他部门和人员接触存货，应当经过相关部门特别授权。

第七条 企业应当重视存货验收工作，规范存货验收程序和方法，对入库存货的数量、质量、技术规格等方面进行查验，验收无误方可入库。

外购存货的验收，应当重点关注合同、发票等原始单据与存货的数量、质量、规格等核对一致。涉及技术含量较高的货物，必要时可委托具有检验资质的机构或聘请外部专家协助验收。

自制存货的验收，应当重点关注产品质量，通过检验合格的半成品、产成品才能办理入库手续，不合格品应及时查明原因、落实责任、报告处理。

其他方式取得存货的验收，应当重点关注存货来源、质量状况、实际价值是否符合有关合同或协议的约定。

第八条 企业应当建立存货保管制度，定期对存货进行检查，重点关注下列事项：

（一）存货在不同仓库之间流动时应当办理出入库手续。

（二）应当按仓储物资所要求的储存条件贮存，并健全防火、防洪、防盗、防潮、防病虫害和防变质等管理规范。

（三）加强生产现场的材料、周转材料、半成品等物资的管理，防止浪费、被盗和流失。

（四）对代管、代销、暂存、受托加工的存货，应单独存放和记录，避免与本单位存货混淆。

（五）结合企业实际情况，加强存货的保险投保，保证存货安全，合理降低存货意外损失风险。

第九条 企业应当明确存货发出和领用的审批权限，大批存货、贵重商品或危险品的发出应当实行特别授权。仓储部门应当根据经审批的销售（出库）通知单发出货物。

第十条　企业仓储部门应当详细记录存货入库、出库及库存情况，做到存货记录与实际库存相符，并定期与财会部门、存货管理部门进行核对。

第十一条　企业应当根据各种存货采购间隔期和当前库存，综合考虑企业生产经营计划、市场供求等因素，充分利用信息系统，合理确定存货采购日期和数量，确保存货处于最佳库存状态。

第十二条　企业应当建立存货盘点清查制度，结合本企业实际情况确定盘点周期、盘点流程等相关内容，核查存货数量，及时发现存货减值迹象。企业至少应当于每年年度终了开展全面盘点清查，盘点清查结果应当形成书面报告。

盘点清查中发现的存货盘盈、盘亏、毁损、闲置以及需要报废的存货，应当查明原因、落实并追究责任，按照规定权限批准后处置。

第三章　固定资产

第十三条　企业应当加强房屋建筑物、机器设备等各类固定资产的管理，重视固定资产维护和更新改造，不断提升固定资产的使用效能，积极促进固定资产处于良好运行状态。

第十四条　企业应当制定固定资产目录，对每项固定资产进行编号，按照单项资产建立固定资产卡片，详细记录各项固定资产的来源、验收、使用地点、责任单位和责任人、运转、维修、改造、折旧、盘点等相关内容。

企业应当严格执行固定资产日常维修和大修理计划，定期对固定资产进行维护保养，切实消除安全隐患。

企业应当强化对生产线等关键设备运转的监控，严格操作流程，实行岗前培训和岗位许可制度，确保设备安全运转。

第十五条　企业应当根据发展战略，充分利用国家有关自主创新政策，加大技改投入，不断促进固定资产技术升级，淘汰落后设备，切实做到保持本企业固定资产技术的先进性和企业发展的可持续性。

第十六条　企业应当严格执行固定资产投保政策，对应投保的固定资产项目按规定程序进行审批，及时办理投保手续。

第十七条　企业应当规范固定资产抵押管理，确定固定资产抵押程序和审批权限等。

企业将固定资产用作抵押的，应由相关部门提出申请，经企业授权部门或人员批准后，由资产管理部门办理抵押手续。

企业应当加强对接收的抵押资产的管理，编制专门的资产目录，合理评估抵押资产的价值。

第十八条 企业应当建立固定资产清查制度，至少每年进行全面清查。对固定资产清查中发现的问题，应当查明原因，追究责任，妥善处理。

企业应当加强固定资产处置的控制，关注固定资产处置中的关联交易和处置定价，防范资产流失。

第四章 无形资产

第十九条 企业应当加强对品牌、商标、专利、专有技术、土地使用权等无形资产的管理，分类制定无形资产管理办法，落实无形资产管理责任制，促进无形资产有效利用，充分发挥无形资产对提升企业核心竞争力的作用。

第二十条 企业应当全面梳理外购、自行开发以及其他方式取得的各类无形资产的权属关系，加强无形资产权益保护，防范侵权行为和法律风险。无形资产具有保密性质的，应当采取严格保密措施，严防泄露商业秘密。企业购入或者以支付土地出让金等方式取得的土地使用权，应当取得土地使用权有效证明文件。

第二十一条 企业应当定期对专利、专有技术等无形资产的先进性进行评估，淘汰落后技术，加大研发投入，促进技术更新换代，不断提升自主创新能力，努力做到核心技术处于同行业领先水平。

第二十二条 企业应当重视品牌建设，加强商誉管理，通过提供高质量产品和优质服务等多种方式，不断打造和培育主业品牌，切实维护和提升企业品牌的社会认可度。

企业内部控制应用指引第 9 号
——销售业务

第一章 总 则

第一条 为了促进企业销售稳定增长，扩大市场份额，规范销售行为，防范销售风险，根据有关法律法规和《企业内部控制基本规范》，制定本指引。

第二条 本指引所称销售，是指企业出售商品（或提供劳务）及收取款项等相关活动。

第三条 企业销售业务至少应当关注下列风险：

（一）销售政策和策略不当，市场预测不准确，销售渠道管理不当等，可能导致销售不畅、库存积压、经营难以为继。

（二）客户信用管理不到位，结算方式选择不当，账款回收不力等，可能导致销售款项不能收回或遭受欺诈。

（三）销售过程存在舞弊行为，可能导致企业利益受损。

第四条 企业应当结合实际情况，全面梳理销售业务流程，完善销售业务相关管理制度，确定适当的销售政策和策略，明确销售、发货、收款等环节的职责和审批权限，按照规定的权限和程序办理销售业务，定期检查分析销售过程中的薄弱环节，采取有效控制措施，确保实现销售目标。

第二章 销 售

第五条 企业应当加强市场调查，合理确定定价机制和信用方式，根据市场变化及时调整销售策略，灵活运用销售折扣、销售折让、信用销售、代销和广告宣传等多种策略和营销方式，促进销售目标实现，不断提高市场占有率。

企业应当健全客户信用档案，关注重要客户资信变动情况，采取有效措施，防范信用风险。

企业对于境外客户和新开发客户,应当建立严格的信用保证制度。

第六条 企业在销售合同订立前,应当与客户进行业务洽谈、磋商或谈判,关注客户信用状况、销售定价、结算方式等相关内容。

重大的销售业务谈判应当吸收财会、法律等专业人员参加,并形成完整的书面记录。

销售合同应当明确双方的权利和义务,审批人员应当对销售合同草案进行严格审核。重要的销售合同,应当征询法律顾问或专家的意见。

第七条 企业销售部门应当按照经批准的销售合同开具相关销售通知。发货和仓储部门应当对销售通知进行审核,严格按照所列项目组织发货,确保货物的安全发运。

企业应当加强销售退回管理,分析销售退回原因,及时妥善处理。

企业应当严格按照发票管理规定开具销售发票。严禁开具虚假发票。

第八条 企业应当做好销售业务各环节的记录,填制相应的凭证,设置销售台账,实行全过程的销售登记制度。

第九条 企业应当完善客户服务制度,加强客户服务和跟踪,提升客户满意度和忠诚度,不断改进产品质量和服务水平。

第三章 收 款

第十条 企业应当完善应收款项管理制度,严格考核,实行奖惩。销售部门负责应收款项的催收,催收记录(包括往来函电)应妥善保存;财会部门负责办理资金结算并监督款项回收。

第十一条 企业应当加强商业票据管理,明确商业票据的受理范围,严格审查商业票据的真实性和合法性,防止票据欺诈。

企业应当关注商业票据的取得、贴现和背书,对已贴现但仍承担收款风险的票据以及逾期票据,应当进行追索监控和跟踪管理。

第十二条 企业应当加强对销售、发货、收款业务的会计系统控制,详细记录销售客户、销售合同、销售通知、发运凭证、商业票据、款项收回等情况,确保会计记录、销售记录与仓储记录核对一致。

企业应当指定专人通过函证等方式，定期与客户核对应收账款、应收票据、预收账款等往来款项。

企业应当加强应收款项坏账的管理。应收款项全部或部分无法收回的，应当查明原因，明确责任，并严格履行审批程序，按照国家统一的会计准则制度进行处理。

企业内部控制应用指引第10号
——研究与开发

第一章 总 则

第一条 为了促进企业自主创新，增强核心竞争力，有效控制研发风险，实现发展战略，根据有关法律法规和《企业内部控制基本规范》，制定本指引。

第二条 本指引所称研究与开发，是指企业为获取新产品、新技术、新工艺等所开展的各种研发活动。

第三条 企业开展研发活动至少应当关注下列风险：

（一）研究项目未经科学论证或论证不充分，可能导致创新不足或资源浪费。

（二）研发人员配备不合理或研发过程管理不善，可能导致研发成本过高、舞弊或研发失败。

（三）研究成果转化应用不足、保护措施不力，可能导致企业利益受损。

第四条 企业应当重视研发工作，根据发展战略，结合市场开拓和技术进步要求，科学制定研发计划，强化研发全过程管理，规范研发行为，促进研发成果的转化和有效利用，不断提升企业自主创新能力。

第二章 立项与研究

第五条 企业应当根据实际需要，结合研发计划，提出研究项目立项申请，开展可行性研究，编制可行性研究报告。

企业可以组织独立于申请及立项审批之外的专业机构和人员进行评估论证，出具评估意见。

第六条 研究项目应当按照规定的权限和程序进行审批，重大研究项目应当报经董事会或类似权力机构集体审议决策。审批过程中，应当重点关注研究项目促进企业发展的必要性、技术的先进性以及成果转化的可行性。

第七条 企业应当加强对研究过程的管理，合理配备专业人员，严格落实岗位责任制，确保研究过程高效、可控。

企业应当跟踪检查研究项目进展情况，评估各阶段研究成果，提供足够的经费支持，确保项目按期、保质完成，有效规避研究失败风险。

企业研究项目委托外单位承担的，应当采用招标、协议等适当方式确定受托单位，签订外包合同，约定研究成果的产权归属、研究进度和质量标准等相关内容。

第八条 企业与其他单位合作进行研究的，应当对合作单位进行尽职调查，签订书面合作研究合同，明确双方投资、分工、权利义务、研究成果产权归属等。

第九条 企业应当建立和完善研究成果验收制度，组织专业人员对研究成果进行独立评审和验收。

企业对于通过验收的研究成果，可以委托相关机构进行审查，确认是否申请专利或作为非专利技术、商业秘密等进行管理。企业对于需要申请专利的研究成果，应当及时办理有关专利申请手续。

第十条 企业应当建立严格的核心研究人员管理制度，明确界定核心研究人员范围和名册清单，签署符合国家有关法律法规要求的保密协议。

企业与核心研究人员签订劳动合同时，应当特别约定研究成果归属、离职条件、离职移交程序、离职后保密义务、离职后竞业限制年限及违约责任等内容。

第三章 开发与保护

第十一条 企业应当加强研究成果的开发，形成科研、生产、市场一体化的自主创新机制，促进研究成果转化。

研究成果的开发应当分步推进，通过试生产充分验证产品性能，在获得市场认可后方可进行批量生产。

第十二条 企业应当建立研究成果保护制度，加强对专利权、非专利技术、商业秘密及研发过程中形成的各类涉密图纸、程序、资料的管理，严格按照制度规定借阅和使用。禁止无关人员接触研究成果。

第十三条 企业应当建立研发活动评估制度，加强对立项与研究、开发与保护等过程的全面评估，认真总结研发管理经验，分析存在的薄弱环节，完善相关制度和办法，不断改进和提升研发活动的管理水平。

企业内部控制基本规范 企业内部控制配套指引

企业内部控制应用指引第 11 号
——工程项目

第一章 总 则

第一条 为了加强工程项目管理，提高工程质量，保证工程进度，控制工程成本，防范商业贿赂等舞弊行为，根据有关法律法规和《企业内部控制基本规范》，制定本指引。

第二条 本指引所称工程项目，是指企业自行或者委托其他单位所进行的建造、安装工程。

第三条 企业工程项目至少应当关注下列风险：

（一）立项缺乏可行性研究或者可行性研究流于形式，决策不当，盲目上马，可能导致难以实现预期效益或项目失败。

（二）项目招标暗箱操作，存在商业贿赂，可能导致中标人实质上难以承担工程项目、中标价格失实及相关人员涉案。

（三）工程造价信息不对称，技术方案不落实，概预算脱离实际，可能导致项目投资失控。

（四）工程物资质次价高，工程监理不到位，项目资金不落实，可能导致工程质量低劣，进度延迟或中断。

（五）竣工验收不规范，最终把关不严，可能导致工程交付使用后存在重大隐患。

第四条 企业应当建立和完善工程项目各项管理制度，全面梳理各个环节可能存在的风险点，规范工程立项、招标、造价、建设、验收等环节的工作流程，明确相关部门和岗位的职责权限，做到可行性研究与决策、概预算编制与审核、项目实施与价款支付、竣工决算与审计等不相容职务相互分离，强化工程建设全过程的监控，确保工程项目的质量、进度和资金安全。

第二章 工程立项

第五条 企业应当指定专门机构归口管理工程项目，根据发展战略和年度投资计划，提出项目建议书，开展可行性研究，编制可行性研究报告。

项目建议书的主要内容包括：项目的必要性和依据、产品方案、拟建规模、建设地点、投资估算、资金筹措、项目进度安排、经济效果和社会效益的估计、环境影响的初步评价等。

可行性研究报告的内容主要包括：项目概况，项目建设的必要性，市场预测，项目建设选址及建设条件论证，建设规模和建设内容，项目外部配套建设，环境保护，劳动保护与卫生防疫，消防、节能、节水，总投资及资金来源，经济、社会效益，项目建设周期及进度安排，招投标法规定的相关内容等。

企业可以委托具有相应资质的专业机构开展可行性研究，并按照有关要求形成可行性研究报告。

第六条 企业应当组织规划、工程、技术、财会、法律等部门的专家对项目建议书和可行性研究报告进行充分论证和评审，出具评审意见，作为项目决策的重要依据。

在项目评审过程中，应当重点关注项目投资方案、投资规模、资金筹措、生产规模、投资效益、布局选址、技术、安全、设备、环境保护等方面，核实相关资料的来源和取得途径是否真实、可靠和完整。

企业可以委托具有相应资质的专业机构对可行性研究报告进行评审，出具评审意见。从事项目可行性研究的专业机构不得再从事可行性研究报告的评审。

第七条 企业应当按照规定的权限和程序对工程项目进行决策，决策过程应有完整的书面记录。重大工程项目的立项，应当报经董事会或类似权力机构集体审议批准。总会计师或分管会计工作的负责人应当参与项目决策。

任何个人不得单独决策或者擅自改变集体决策意见。工程项目决策失误应当实行责任追究制度。

第八条 企业应当在工程项目立项后、正式施工前，依法取得建设用地、城市规划、环境保护、安全、施工等方面的许可。

第三章 工程招标

第九条 企业的工程项目一般应当采用公开招标的方式，择优选择具有相应资质的承包单位和监理单位。

在选择承包单位时，企业可以将工程的勘察、设计、施工、设备采购一并发包给一个项目总承包单位，也可以将其中的一项或者多项发包给一个工程总承包单位，但不得违背工程施工组织设计和招标设计计划，将应由一个承包单位完成的工程肢解为若干部分发包给几个承包单位。

企业应当依照国家招投标法的规定，遵循公开、公正、平等竞争的原则，发布招标公告，提供载有招标工程的主要技术要求、主要合同条款、评标的标准和方法，以及开标、评标、定标的程序等内容的招标文件。

企业可以根据项目特点决定是否编制标底。需要编制标底的，标底编制过程和标底应当严格保密。

在确定中标人前，企业不得与投标人就投标价格、投标方案等实质性内容进行谈判。

第十条 企业应当依法组织工程招标的开标、评标和定标，并接受有关部门的监督。

第十一条 企业应当依法组建评标委员会。评标委员会由企业的代表和有关技术、经济方面的专家组成。评标委员会应当客观、公正地履行职务、遵守职业道德，对所提出的评审意见承担责任。

企业应当采取必要的措施，保证评标在严格保密的情况下进行。评标委员会应当按照招标文件确定的标准和方法，对投标文件进行评审和比较，择优选择中标候选人。

第十二条 评标委员会成员和参与评标的有关工作人员不得透露对投标文件的评审和比较、中标候选人的推荐情况以及与评标有关的其他情况，不得私下接触投标人，不得收受投标人的财物或者其他好处。

第十三条 企业应当按照规定的权限和程序从中标候选人中确定中标人，及时向中标人发出中标通知书，在规定的期限内与中标人订立书面合同，明确双方的权利、义务和违约责任。

企业和中标人不得再行订立背离合同实质性内容的其他协议。

第四章 工程造价

第十四条 企业应当加强工程造价管理,明确初步设计概算和施工图预算的编制方法,按照规定的权限和程序进行审核批准,确保概预算科学合理。企业可以委托具备相应资质的中介机构开展工程造价咨询工作。

第十五条 企业应当向招标确定的设计单位提供详细的设计要求和基础资料,进行有效的技术、经济交流。

初步设计应当在技术、经济交流的基础上,采用先进的设计管理实务技术,进行多方案比选。

施工图设计深度及图纸交付进度应当符合项目要求,防止因设计深度不足、设计缺陷,造成施工组织、工期、工程质量、投资失控以及生产运行成本过高等问题。

第十六条 企业应当建立设计变更管理制度。设计单位应当提供全面、及时的现场服务。因过失造成设计变更的,应当实行责任追究制度。

第十七条 企业应当组织工程、技术、财会等部门的相关专业人员或委托具有相应资质的中介机构对编制的概预算进行审核,重点审查编制依据、项目内容、工程量的计算、定额套用等是否真实、完整和准确。

工程项目概预算按照规定的权限和程序审核批准后执行。

第五章 工程建设

第十八条 企业应当加强对工程建设过程的监控,实行严格的概预算管理,切实做到及时备料,科学施工,保障资金,落实责任,确保工程项目达到设计要求。

第十九条 按照合同约定,企业自行采购工程物资的,应当按照《企业内部控制应用指引第 7 号——采购业务》等相关指引的规定,组织工程物资采购、验收和付款;由承包单位采购工程物资的,企业应当加强监督,确保工程物资采购符合设计标准和合同要求。严禁不合格工程物资投入工程项目建设。

重大设备和大宗材料的采购应当根据有关招标采购的规定执行。

第二十条 企业应当实行严格的工程监理制度，委托经过招标确定的监理单位进行监理。工程监理单位应当依照国家法律法规及相关技术标准、设计文件和工程承包合同，对承包单位在施工质量、工期、进度、安全和资金使用等方面实施监督。

工程监理人员应当具备良好的职业操守，客观公正地执行监理任务，发现工程施工不符合设计要求、施工技术标准和合同约定的，应当要求承包单位改正；发现工程设计不符合建筑工程质量标准或者合同约定的质量要求的，应当报告企业要求设计单位改正。

未经工程监理人员签字，工程物资不得在工程上使用或者安装，不得进行下一道工序施工，不得拨付工程价款，不得进行竣工验收。

第二十一条 企业财会部门应当加强与承包单位的沟通，准确掌握工程进度，根据合同约定，按照规定的审批权限和程序办理工程价款结算，不得无故拖欠。

第二十二条 企业应当严格控制工程变更，确需变更的，应当按照规定的权限和程序进行审批。

重大的项目变更应当按照项目决策和概预算控制的有关程序和要求重新履行审批手续。

因工程变更等原因造成价款支付方式及金额发生变动的，应当提供完整的书面文件和其他相关资料，并对工程变更价款的支付进行严格审核。

第六章 工程验收

第二十三条 企业收到承包单位的工程竣工报告后，应当及时编制竣工决算，开展竣工决算审计，组织设计、施工、监理等有关单位进行竣工验收。

第二十四条 企业应当组织审核竣工决算，重点审查决算依据是否完备，相关文件资料是否齐全，竣工清理是否完成，决算编制是否正确。

企业应当加强竣工决算审计，未实施竣工决算审计的工程项目，不得办理竣工验收手续。

第二十五条 企业应当及时组织工程项目竣工验收。交付竣工验收的工程项目，应当符合规定的质量标准，有完整的工程技术经济资料，并具备国家规定的其他竣工条件。验收合格的工程项目，应当编制交付使用财产清单，及时办理交付使用手续。

第二十六条 企业应当按照国家有关档案管理的规定，及时收集、整理工程建设各环节的文件资料，建立完整的工程项目档案。

第二十七条 企业应当建立完工项目后评估制度，重点评价工程项目预期目标的实现情况和项目投资效益等，并以此作为绩效考核和责任追究的依据。

企业内部控制基本规范 企业内部控制配套指引

企业内部控制应用指引第 12 号
——担保业务

第一章 总 则

第一条 为了加强企业担保业务管理，防范担保业务风险，根据《中华人民共和国担保法》等有关法律法规和《企业内部控制基本规范》，制定本指引。

第二条 本指引所称担保，是指企业作为担保人按照公平、自愿、互利的原则与债权人约定，当债务人不履行债务时，依照法律规定和合同协议承担相应法律责任的行为。

第三条 企业办理担保业务至少应当关注下列风险：

（一）对担保申请人的资信状况调查不深，审批不严或越权审批，可能导致企业担保决策失误或遭受欺诈。

（二）对被担保人出现财务困难或经营陷入困境等状况监控不力，应对措施不当，可能导致企业承担法律责任。

（三）担保过程中存在舞弊行为，可能导致经办审批等相关人员涉案或企业利益受损。

第四条 企业应当依法制定和完善担保业务政策及相关管理制度，明确担保的对象、范围、方式、条件、程序、担保限额和禁止担保等事项，规范调查评估、审核批准、担保执行等环节的工作流程，按照政策、制度、流程办理担保业务，定期检查担保政策的执行情况及效果，切实防范担保业务风险。

第二章 调查评估与审批

第五条 企业应当指定相关部门负责办理担保业务，对担保申请人进行资信调查和风险评估，评估结果应出具书面报告。企业也可委托中介机构对担保业务进行资信调查和风险评估工作。企业在对担保申请人进行资信调查和风险评估时，应当重点关注以下事项：

（一）担保业务是否符合国家法律法规和本企业担保政策等相关要求。

（二）担保申请人的资信状况，一般包括：基本情况、资产质量、经营情况、偿债能力、盈利水平、信用程度、行业前景等。

（三）担保申请人用于担保和第三方担保的资产状况及其权利归属。

（四）企业要求担保申请人提供反担保的，还应当对与反担保有关的资产状况进行评估。

第六条　企业对担保申请人出现以下情形之一的，不得提供担保：

（一）担保项目不符合国家法律法规和本企业担保政策的。

（二）已进入重组、托管、兼并或破产清算程序的。

（三）财务状况恶化、资不抵债、管理混乱、经营风险较大的。

（四）与其他企业存在较大经济纠纷，面临法律诉讼且可能承担较大赔偿责任的。

（五）与本企业已经发生过担保纠纷且仍未妥善解决的，或不能及时足额交纳担保费用的。

第七条　企业应当建立担保授权和审批制度，规定担保业务的授权批准方式、权限、程序、责任和相关控制措施，在授权范围内进行审批，不得超越权限审批。重大担保业务，应当报经董事会或类似权力机构批准。

经办人员应当在职责范围内，按照审批人员的批准意见办理担保业务。对于审批人超越权限审批的担保业务，经办人员应当拒绝办理。

第八条　企业应当采取合法有效的措施加强对子公司担保业务的统一监控。企业内设机构未经授权不得办理担保业务。

企业为关联方提供担保的，与关联方存在经济利益或近亲属关系的有关人员在评估与审批环节应当回避。

对境外企业进行担保的，应当遵守外汇管理规定，并关注被担保人所在国家的政治、经济、法律等因素。

第九条　被担保人要求变更担保事项的，企业应当重新履行调查评估与审批程序。

第三章　执行与监控

第十条　企业应当根据审核批准的担保业务订立担保合同。担保合同应明确被担保人的权利、义务、违约责任等相关内容,并要求被担保人定期提供财务报告与有关资料,及时通报担保事项的实施情况。

担保申请人同时向多方申请担保的,企业应当在担保合同中明确约定本企业的担保份额和相应的责任。

第十一条 企业担保经办部门应当加强担保合同的日常管理,定期监测被担保人的经营情况和财务状况,对被担保人进行跟踪和监督,了解担保项目的执行、资金的使用、贷款的归还、财务运行及风险等情况,确保担保合同有效履行。

担保合同履行过程中,如果被担保人出现异常情况,应当及时报告,妥善处理。

对于被担保人未按有法律效力的合同条款偿付债务或履行相关合同项下的义务的,企业应当按照担保合同履行义务,同时主张对被担保人的追索权。

第十二条 企业应当加强对担保业务的会计系统控制,及时足额收取担保费用,建立担保事项台账,详细记录担保对象、金额、期限、用于抵押和质押的物品或权利以及其他有关事项。

企业财会部门应当及时收集、分析被担保人担保期内经审计的财务报告等相关资料,持续关注被担保人的财务状况、经营成果、现金流量以及担保合同的履行情况,积极配合担保经办部门防范担保业务风险。

对于被担保人出现财务状况恶化、资不抵债、破产清算等情形的,企业应当根据国家统一的会计准则制度规定,合理确认预计负债和损失。

第十三条 企业应当加强对反担保财产的管理,妥善保管被担保人用于反担保的权利凭证,定期核实财产的存续状况和价值,发现问题及时处理,确保反担保财产安全完整。

第十四条 企业应当建立担保业务责任追究制度,对在担保中出现重大决策失误、未履行集体审批程序或不按规定管理担保业务的部门及人员,应当严格追究相应的责任。

第十五条 企业应当在担保合同到期时,全面清查用于担保的财产、权利凭证,按照合同约定及时终止担保关系。

企业应当妥善保管担保合同、与担保合同相关的主合同、反担保函或反担保合同,以及抵押、质押的权利凭证和有关原始资料,切实做到担保业务档案完整无缺。

企业内部控制应用指引第 13 号
——业务外包

第一章 总 则

第一条 为了加强业务外包管理，规范业务外包行为，防范业务外包风险，根据有关法律法规和《企业内部控制基本规范》，制定本指引。

第二条 本指引所称业务外包，是指企业利用专业化分工优势，将日常经营中的部分业务委托给本企业以外的专业服务机构或其他经济组织（以下简称承包方）完成的经营行为。

本指引不涉及工程项目外包。

第三条 企业应当对外包业务实施分类管理，通常划分为重大外包业务和一般外包业务。重大外包业务是指对企业生产经营有重大影响的外包业务。

外包业务通常包括：研发、资信调查、可行性研究、委托加工、物业管理、客户服务、IT 服务等。

第四条 企业的业务外包至少应当关注下列风险：

（一）外包范围和价格确定不合理，承包方选择不当，可能导致企业遭受损失。

（二）业务外包监控不严、服务质量低劣，可能导致企业难以发挥业务外包的优势。

（三）业务外包存在商业贿赂等舞弊行为，可能导致企业相关人员涉案。

第五条 企业应当建立和完善业务外包管理制度，规定业务外包的范围、方式、条件、程序和实施等相关内容，明确相关部门和岗位的职责权限，强化业务外包全过程的监控，防范外包风险，充分发挥业务外包的优势。

企业应当权衡利弊，避免核心业务外包。

第二章 承包方选择

第六条 企业应当根据年度生产经营计划和业务外包管理制度，结合确定的业务外包范围，拟定实施方案，按照规定的权限和程序审核批准。总会计师或分管会计工作的负责人应当参与重大业务外包的决策。重大业务外包方案应当提交董事会或类似权力机构审批。

第七条 企业应当按照批准的业务外包实施方案选择承包方。承包方至少应当具备下列条件：

（一）承包方是依法成立和合法经营的专业服务机构或其他经济组织，具有相应的经营范围和固定的办公场所。

（二）承包方应当具备相应的专业资质，其从业人员符合岗位要求和任职条件，并具有相应的专业技术资格。

（三）承包方的技术及经验水平符合本企业业务外包的要求。

第八条 企业应当综合考虑内外部因素，合理确定外包价格，严格控制业务外包成本，切实做到符合成本效益原则。

第九条 企业应当引入竞争机制，遵循公开、公平、公正的原则，采用适当方式，择优选择外包业务的承包方。采用招标方式选择承包方的，应当符合招投标法的相关规定。企业及相关人员在选择承包方的过程中，不得收受贿赂、回扣或者索取其他好处。承包方及其工作人员不得利用向企业及其工作人员行贿、提供回扣或者给予其他好处等不正当手段承揽业务。

第十条 企业应当按照规定的权限和程序从候选承包方中确定最终承包方，并签订业务外包合同。业务外包合同内容主要包括：外包业务的内容和范围，双方权利和义务，服务和质量标准，保密事项，费用结算标准和违约责任等事项。

第十一条 企业外包业务需要保密的，应当在业务外包合同或者另行签订的保密协议中明确规定承包方的保密义务和责任，要求承包方向其从业人员提示保密要求和应承担的责任。

第三章 业务外包实施

第十二条 企业应当加强业务外包实施的管理，严格按照业务外包制度、工作流程和相关要求，组织开展业务外包，并采取有效的控制措施，确保承包方严格履行业务外包合同。

第十三条 企业应当做好与承包方的对接工作，加强与承包方的沟通与协调，及时搜集相关信息，发现和解决外包业务日常管理中存在的问题。

对于重大业务外包，企业应当密切关注承包方的履约能力，建立相应的应急机制，避免业务外包失败造成本企业生产经营活动中断。

第十四条 企业应当根据国家统一的会计准则制度，加强对外包业务的核算与监督，做好业务外包费用结算工作。

第十五条 企业应当对承包方的履约能力进行持续评估，有确凿证据表明承包方存在重大违约行为，导致业务外包合同无法履行的，应当及时终止合同。

承包方违约并造成企业损失的，企业应当按照合同对承包方进行索赔，并追究责任人责任。

第十六条 业务外包合同执行完成后需要验收的，企业应当组织相关部门或人员对完成的业务外包合同进行验收，出具验收证明。

验收过程中发现异常情况，应当立即报告，查明原因，及时处理。

企业内部控制基本规范　企业内部控制配套指引

企业内部控制应用指引第 14 号
——财务报告

第一章　总　　则

第一条　为了规范企业财务报告，保证财务报告的真实、完整，根据《中华人民共和国会计法》等有关法律法规和《企业内部控制基本规范》，制定本指引。

第二条　本指引所称财务报告，是指反映企业某一特定日期财务状况和某一会计期间经营成果、现金流量的文件。

第三条　企业编制、对外提供和分析利用财务报告，至少应当关注下列风险：

（一）编制财务报告违反会计法律法规和国家统一的会计准则制度，可能导致企业承担法律责任和声誉受损。

（二）提供虚假财务报告，误导财务报告使用者，造成决策失误，干扰市场秩序。

（三）不能有效利用财务报告，难以及时发现企业经营管理中存在的问题，可能导致企业财务和经营风险失控。

第四条　企业应当严格执行会计法律法规和国家统一的会计准则制度，加强对财务报告编制、对外提供和分析利用全过程的管理，明确相关工作流程和要求，落实责任制，确保财务报告合法合规、真实完整和有效利用。

总会计师或分管会计工作的负责人负责组织领导财务报告的编制、对外提供和分析利用等相关工作。

企业负责人对财务报告的真实性、完整性负责。

第二章　财务报告的编制

第五条　企业编制财务报告，应当重点关注会计政策和会计估计，对财务报告产生重大影响的交易或事项的处理应当按照规定的权限和程序进行审批。

企业在编制年度财务报告前,应当进行必要的资产清查、减值测试和债权债务核实。

第六条 企业应当按照国家统一的会计准则制度规定,根据登记完整、核对无误的会计账簿记录和其他有关资料编制财务报告,做到内容完整、数字真实、计算准确,不得漏报或者随意进行取舍。

第七条 企业财务报告列示的资产、负债、所有者权益金额应当真实可靠。

各项资产计价方法不得随意变更,如有减值,应当合理计提减值准备,严禁虚增或虚减资产。

各项负债应当反映企业的现时义务,不得提前、推迟或不确认负债,严禁虚增或虚减负债。

所有者权益应当反映企业资产扣除负债后由所有者享有的剩余权益,由实收资本、资本公积、留存收益等构成。企业应当做好所有者权益保值增值工作,严禁虚假出资、抽逃出资、资本不实。

第八条 企业财务报告应当如实列示当期收入、费用和利润。

各项收入的确认应当遵循规定的标准,不得虚列或者隐瞒收入,推迟或提前确认收入。

各项费用、成本的确认应当符合规定,不得随意改变费用、成本的确认标准或计量方法,虚列、多列、不列或者少列费用、成本。

利润由收入减去费用后的净额、直接计入当期利润的利得和损失等构成。不得随意调整利润的计算、分配方法,编造虚假利润。

第九条 企业财务报告列示的各种现金流量由经营活动、投资活动和筹资活动的现金流量构成,应当按照规定划清各类交易或事项的现金流量的界限。

第十条 附注是财务报告的重要组成部分,对反映企业财务状况、经营成果、现金流量的报表中需要说明的事项,作出真实、完整、清晰的说明。

企业应当按照国家统一的会计准则制度编制附注。

第十一条 企业集团应当编制合并财务报表,明确合并财务报表的合并范围和合并方法,如实反映企业集团的财务状况、经营成果和现金流量。

第十二条 企业编制财务报告,应当充分利用信息技术,提高工作效率和工作质量,减少或避免编制差错和人为调整因素。

第三章 财务报告的对外提供

第十三条 企业应当依照法律法规和国家统一的会计准则制度的规定，及时对外提供财务报告。

第十四条 企业财务报告编制完成后，应当装订成册，加盖公章，由企业负责人、总会计师或分管会计工作的负责人、财会部门负责人签名并盖章。

第十五条 财务报告须经注册会计师审计的，注册会计师及其所在的事务所出具的审计报告，应当随同财务报告一并提供。企业对外提供的财务报告应当及时整理归档，并按有关规定妥善保存。

第四章 财务报告的分析利用

第十六条 企业应当重视财务报告分析工作，定期召开财务分析会议，充分利用财务报告反映的综合信息，全面分析企业的经营管理状况和存在的问题，不断提高经营管理水平。

企业财务分析会议应吸收有关部门负责人参加。总会计师或分管会计工作的负责人应当在财务分析和利用工作中发挥主导作用。

第十七条 企业应当分析企业的资产分布、负债水平和所有者权益结构，通过资产负债率、流动比率、资产周转率等指标分析企业的偿债能力和营运能力；分析企业净资产的增减变化，了解和掌握企业规模和净资产的不断变化过程。

第十八条 企业应当分析各项收入、费用的构成及其增减变动情况，通过净资产收益率、每股收益等指标，分析企业的盈利能力和发展能力，了解和掌握当期利润增减变化的原因和未来发展趋势。

第十九条 企业应当分析经营活动、投资活动、筹资活动现金流量的运转情况，重点关注现金流量能否保证生产经营过程的正常运行，防止现金短缺或闲置。

第二十条 企业定期的财务分析应当形成分析报告，构成内部报告的组成部分。财务分析报告结果应当及时传递给企业内部有关管理层级，充分发挥财务报告在企业生产经营管理中的重要作用。

企业内部控制应用指引第15号
——全面预算

第一章 总 则

第一条 为了促进企业,实现发展战略,发挥全面预算管理作用,根据有关法律法规和《企业内部控制基本规范》,制定本指引。

第二条 本指引所称全面预算,是指企业对一定期间经营活动、投资活动、财务活动等作出的预算安排。

第三条 企业实行全面预算管理,至少应当关注下列风险:

(一)不编制预算或预算不健全,可能导致企业经营缺乏约束或盲目经营。

(二)预算目标不合理、编制不科学,可能导致企业资源浪费或发展战略难以实现。

(三)预算缺乏刚性、执行不力、考核不严,可能导致预算管理流于形式。

第四条 企业应当加强全面预算工作的组织领导,明确预算管理体制以及各预算执行单位的职责权限、授权批准程序和工作协调机制。

企业应当设立预算管理委员会履行全面预算管理职责,其成员由企业负责人及内部相关部门负责人组成。

预算管理委员会主要负责拟定预算目标和预算政策,制定预算管理的具体措施和办法,组织编制、平衡预算草案,下达经批准的预算,协调解决预算编制和执行中的问题,考核预算执行情况,督促完成预算目标。预算管理委员会下设预算管理工作机构,由其履行日常管理职责。预算管理工作机构一般设在财会部门。

总会计师或分管会计工作的负责人应当协助企业负责人负责企业全面预算管理工作的组织领导。

第二章 预算编制

第五条 企业应当建立和完善预算编制工作制度,明确编制依据、编制程序、编制方法等内容,确保预算编制依据合理、程序适当、方法科学,避免预算指标过高或过低。

企业应当在预算年度开始前完成全面预算草案的编制工作。

第六条 企业应当根据发展战略和年度生产经营计划,综合考虑预算期内经济政策、市场环境等因素,按照上下结合、分级编制、逐级汇总的程序,编制年度全面预算。

企业可以选择或综合运用固定预算、弹性预算、滚动预算等方法编制预算。

第七条 企业预算管理委员会应当对预算管理工作机构在综合平衡基础上提交的预算方案进行研究论证,从企业发展全局角度提出建议,形成全面预算草案,并提交董事会。

第八条 企业董事会审核全面预算草案,应当重点关注预算科学性和可行性,确保全面预算与企业发展战略、年度生产经营计划相协调。

企业全面预算应当按照相关法律法规及企业章程的规定报经审议批准。批准后,应当以文件形式下达执行。

第三章 预算执行

第九条 企业应当加强对预算执行的管理,明确预算指标分解方式、预算执行审批权限和要求、预算执行情况报告等,落实预算执行责任制,确保预算刚性,严格预算执行。

第十条 企业全面预算一经批准下达,各预算执行单位应当认真组织实施,将预算指标层层分解,从横向和纵向落实到内部各部门、各环节和各岗位,形成全方位的预算执行责任体系。

企业应当以年度预算作为组织、协调各项生产经营活动的基本依据,将年度预算细分为季度、月度预算,通过实施分期预算控制,实现年度预算目标。

第十一条 企业应当根据全面预算管理要求,组织各项生产经营活动和投融资活动,严格预算执行和控制。

企业应当加强资金收付业务的预算控制,及时组织资金收入,严格控制资金支付,调节资金收付平衡,防范支付风险。对于超预算或预算外的资金支付,应当实行严格的审批制度。

企业办理采购与付款、销售与收款、成本费用、工程项目、对外投融资、研究与开发、信息系统、人力资源、安全环保、资产购置与维护等业务和事项,均应符合预算要求。涉及生产过程和成本费用的，还应执行相关计划、定额、定率标准。

对于工程项目、对外投融资等重大预算项目，企业应当密切跟踪其实施进度和完成情况，实行严格监控。

第十二条　企业预算管理工作机构应当加强与各预算执行单位的沟通，运用财务信息和其他相关资料监控预算执行情况，采用恰当方式及时向决策机构和各预算执行单位报告、反馈预算执行进度、执行差异及其对预算目标的影响，促进企业全面预算目标的实现。

第十三条　企业预算管理工作机构和各预算执行单位应当建立预算执行情况分析制度，定期召开预算执行分析会议，通报预算执行情况，研究、解决预算执行中存在的问题，提出改进措施。

企业分析预算执行情况，应当充分收集有关财务、业务、市场、技术、政策、法律等方面的信息资料，根据不同情况分别采用比率分析、比较分析、因素分析等方法，从定量与定性两个层面充分反映预算执行单位的现状、发展趋势及其存在的潜力。

第十四条　企业批准下达的预算应当保持稳定，不得随意调整。由于市场环境、国家政策或不可抗力等客观因素，导致预算执行发生重大差异确需调整预算的，应当履行严格的审批程序。

第四章　预算考核

第十五条　企业应当建立严格的预算执行考核制度，对各预算执行单位和个人进行考核，切实做到有奖有惩、奖惩分明。

第十六条　企业预算管理委员会应当定期组织预算执行情况考核，将各预算执行单位负责人签字上报的预算执行报告和已掌握的动态监控信息进行核对，确认各执行单位预算完成情况。必要时，实行预算执行情况内部审计制度。

第十七条　企业预算执行情况考核工作，应当坚持公开、公平、公正的原则，考核过程及结果应有完整的记录。

企业内部控制基本规范　企业内部控制配套指引

企业内部控制应用指引第 16 号
——合同管理

第一章　总　　则

第一条　为了促进企业加强合同管理，维护企业合法权益，根据《中华人民共和国合同法》等有关法律法规和《企业内部控制基本规范》，制定本指引。

第二条　本指引所称合同，是指企业与自然人、法人及其他组织等平等主体之间设立、变更、终止民事权利义务关系的协议。

企业与职工签订的劳动合同，不适用本指引。

第三条　企业合同管理至少应当关注下列风险：

（一）未订立合同、未经授权对外订立合同、合同对方主体资格未达要求、合同内容存在重大疏漏和欺诈，可能导致企业合法权益受到侵害。

（二）合同未全面履行或监控不当，可能导致企业诉讼失败、经济利益受损。

（三）合同纠纷处理不当，可能损害企业利益、信誉和形象。

第四条　企业应当加强合同管理，确定合同归口管理部门，明确合同拟定、审批、执行等环节的程序和要求，定期检查和评价合同管理中的薄弱环节，采取相应控制措施，促进合同有效履行，切实维护企业的合法权益。

第二章　合同的订立

第五条　企业对外发生经济行为，除即时结清方式外，应当订立书面合同。合同订立前，应当充分了解合同对方的主体资格、信用状况等有关内容，确保对方当事人具备履约能力。

对于影响重大、涉及较高专业技术或法律关系复杂的合同，应当组织法律、技术、财会等专业人员参与谈判，必要时可聘请外部专家参与相关工作。

谈判过程中的重要事项和参与谈判人员的主要意见，应当予以记录并妥善保存。

第六条 企业应当根据协商、谈判等的结果，拟订合同文本，按照自愿、公平原则，明确双方的权利义务和违约责任，做到条款内容完整，表述严谨准确，相关手续齐备，避免出现重大疏漏。

合同文本一般由业务承办部门起草、法律部门审核。重大合同或法律关系复杂的特殊合同应当由法律部门参与起草。国家或行业有合同示范文本的，可以优先选用，但对涉及权利义务关系的条款应当进行认真审查，并根据实际情况进行适当修改。

合同文本须报经国家有关主管部门审查或备案的，应当履行相应程序。

第七条 企业应当对合同文本进行严格审核，重点关注合同的主体、内容和形式是否合法，合同内容是否符合企业的经济利益，对方当事人是否具有履约能力，合同权利和义务、违约责任和争议解决条款是否明确等。

企业对影响重大或法律关系复杂的合同文本，应当组织内部相关部门进行审核。相关部门提出不同意见的，应当认真分析研究，慎重对待，并准确无误地加以记录；必要时应对合同条款作出修改。内部相关部门应当认真履行职责。

第八条 企业应当按照规定的权限和程序与对方当事人签署合同。正式对外订立的合同，应当由企业法定代表人或由其授权的代理人签名或加盖有关印章。授权签署合同的，应当签署授权委托书。

属于上级管理权限的合同，下级单位不得签署。下级单位认为确有需要签署涉及上级管理权限的合同，应当提出申请，并经上级合同管理机构批准后办理。上级单位应当加强对下级单位合同订立、履行情况的监督检查。

第九条 企业应当建立合同专用章保管制度。合同经编号、审批及企业法定代表人或由其授权的代理人签署后，方可加盖合同专用章。

第十条 企业应当加强合同信息安全保密工作，未经批准，不得以任何形式泄露合同订立与履行过程中涉及的商业秘密或国家机密。

第三章　合同的履行

第十一条 企业应当遵循诚实信用原则严格履行合同，对合同履行实施有效监控，强化对合同履行情况及效果的检查、分析和验收，确保合同全面有效履行。合同生效后，企业就质量、价款、履行地点等内容与合同对方没有约定或者约定不明确的，可以协议补充；不能达成补充协议的，按照国家相关法律法规、合同有关条款或者交易习惯确定。

第十二条　在合同履行过程中发现有显失公平、条款有误或对方有欺诈行为等情形，或因政策调整、市场变化等客观因素，已经或可能导致企业利益受损，应当按规定程序及时报告，并经双方协商一致，按照规定权限和程序办理合同变更或解除事宜。

第十三条　企业应当加强合同纠纷管理，在履行合同过程中发生纠纷的，应当依据国家相关法律法规，在规定时效内与对方当事人协商并按规定权限和程序及时报告。

合同纠纷经协商一致的，双方应当签订书面协议。合同纠纷经协商无法解决的，应当根据合同约定选择仲裁或诉讼方式解决。

企业内部授权处理合同纠纷的，应当签署授权委托书。在纠纷处理过程中，未经授权批准，相关经办人员不得向对方当事人作出实质性答复或承诺。

第十四条　企业财会部门应当根据合同条款审核后办理结算业务。未按合同条款履约的，或应签订书面合同而未签订的，财会部门有权拒绝付款，并及时向企业有关负责人报告。

第十五条　合同管理部门应当加强合同登记管理，充分利用信息化手段，定期对合同进行统计、分类和归档，详细登记合同的订立、履行和变更等情况，实行合同的全过程封闭管理。

第十六条　企业应当建立合同履行情况评估制度，至少于每年年末对合同履行的总体情况和重大合同履行的具体情况进行分析评估，对分析评估中发现合同履行中存在的不足，应当及时加以改进。

企业应当健全合同管理考核与责任追究制度。对合同订立、履行过程中出现的违法违规行为，应当追究有关机构或人员的责任。

企业内部控制应用指引第17号
——内部信息传递

第一章 总 则

第一条 为了促进企业生产经营管理信息在内部各管理层级之间的有效沟通和充分利用,根据《企业内部控制基本规范》,制定本指引。

第二条 本指引所称内部信息传递,是指企业内部各管理层级之间通过内部报告形式传递生产经营管理信息的过程。

第三条 企业内部信息传递至少应当关注下列风险:

(一)内部报告系统缺失、功能不健全、内容不完整,可能影响生产经营有序运行。

(二)内部信息传递不通畅、不及时,可能导致决策失误、相关政策措施难以落实。

(三)内部信息传递中泄露商业秘密,可能削弱企业核心竞争力。

第四条 企业应当加强内部报告管理,全面梳理内部信息传递过程中的薄弱环节,建立科学的内部信息传递机制,明确内部信息传递的内容、保密要求及密级分类、传递方式、传递范围以及各管理层级的职责权限等,促进内部报告的有效利用,充分发挥内部报告的作用。

第二章 内部报告的形成

第五条 企业应当根据发展战略、风险控制和业绩考核要求,科学规范不同级次内部报告的指标体系,采用经营快报等多种形式,全面反映与企业生产经营管理相关的各种内外部信息。

内部报告指标体系的设计应当与全面预算管理相结合,并随着环境和业务的变化不断进行修订和完善。设计内部报告指标体系时,应当关注企业成本费用预

企业内部控制基本规范 企业内部控制配套指引

算的执行情况。

内部报告应当简洁明了、通俗易懂、传递及时,便于企业各管理层级和全体员工掌握相关信息,正确履行职责。

第六条 企业应当制定严密的内部报告流程,充分利用信息技术,强化内部报告信息集成和共享,将内部报告纳入企业统一信息平台,构建科学的内部报告网络体系。

企业内部各管理层级均应当指定专人负责内部报告工作,重要信息应及时上报,并可以直接报告高级管理人员。

企业应当建立内部报告审核制度,确保内部报告信息质量。

第七条 企业应当关注市场环境、政策变化等外部信息对企业生产经营管理的影响,广泛收集、分析、整理外部信息,并通过内部报告传递到企业内部相关管理层级,以便采取应对策略。

第八条 企业应当拓宽内部报告渠道,通过落实奖励措施等多种有效方式,广泛收集合理化建议。

企业应当重视和加强反舞弊机制建设,通过设立员工信箱、投诉热线等方式,鼓励员工及企业利益相关方举报和投诉企业内部的违法违规、舞弊和其他有损企业形象的行为。

第三章 内部报告的使用

第九条 企业各级管理人员应当充分利用内部报告管理和指导企业的生产经营活动,及时反映全面预算执行情况,协调企业内部相关部门和各单位的运营进度,严格绩效考核和责任追究,确保企业实现发展目标。

第十条 企业应当有效利用内部报告进行风险评估,准确识别和系统分析企业生产经营活动中的内外部风险,确定风险应对策略,实现对风险的有效控制。

企业对于内部报告反映出的问题应当及时解决;涉及突出问题和重大风险的,应当启动应急预案。

第十一条 企业应当制定严格的内部报告保密制度,明确保密内容、保密措施、密级程度和传递范围,防止泄露商业秘密。

第十二条 企业应当建立内部报告的评估制度,定期对内部报告的形成和使用进行全面评估,重点关注内部报告的及时性、安全性和有效性。

企业内部控制应用指引第 18 号
——信息系统

第一章 总 则

第一条 为了促进企业有效实施内部控制，提高企业现代化管理水平，减少人为因素，根据有关法律法规和《企业内部控制基本规范》，制定本指引。

第二条 本指引所称信息系统，是指企业利用计算机和通信技术，对内部控制进行集成、转化和提升所形成的信息化管理平台。

第三条 企业利用信息系统实施内部控制至少应当关注下列风险：

（一）信息系统缺乏或规划不合理，可能造成信息孤岛或重复建设，导致企业经营管理效率低下。

（二）系统开发不符合内部控制要求，授权管理不当，可能导致无法利用信息技术实施有效控制。

（三）系统运行维护和安全措施不到位，可能导致信息泄露或毁损，系统无法正常运行。

第四条 企业应当重视信息系统在内部控制中的作用，根据内部控制要求，结合组织架构、业务范围、地域分布、技术能力等因素，制定信息系统建设整体规划，加大投入力度，有序组织信息系统开发、运行与维护，优化管理流程，防范经营风险，全面提升企业现代化管理水平。

企业应当指定专门机构对信息系统建设实施归口管理，明确相关单位的职责权限，建立有效工作机制。企业可委托专业机构从事信息系统的开发、运行和维护工作。

企业负责人对信息系统建设工作负责。

企业内部控制基本规范　企业内部控制配套指引

第二章　信息系统的开发

第五条　企业应当根据信息系统建设整体规划提出项目建设方案，明确建设目标、人员配备、职责分工、经费保障和进度安排等相关内容，按照规定的权限和程序审批后实施。

企业信息系统归口管理部门应当组织内部各单位提出开发需求和关键控制点，规范开发流程，明确系统设计、编程、安装调试、验收、上线等全过程的管理要求，严格按照建设方案、开发流程和相关要求组织开发工作。

企业开发信息系统，可以采取自行开发、外购调试、业务外包等方式。选定外购调试或业务外包方式的，应当采用公开招标等形式择优确定供应商或开发单位。

第六条　企业开发信息系统，应当将生产经营管理业务流程、关键控制点和处理规则嵌入系统程序，实现手工环境下难以实现的控制功能。

企业在系统开发过程中，应当按照不同业务的控制要求，通过信息系统中的权限管理功能控制用户的操作权限，避免将不相容职责的处理权限授予同一用户。

企业应当针对不同数据的输入方式，考虑对进入系统数据的检查和校验功能。对于必需的后台操作，应当加强管理，建立规范的流程制度，对操作情况进行监控或者审计。

企业应当在信息系统中设置操作日志功能，确保操作的可审计性。对异常的或者违背内部控制要求的交易和数据，应当设计由系统自动报告并设置跟踪处理机制。

第七条　企业信息系统归口管理部门应当加强信息系统开发全过程的跟踪管理，组织开发单位与内部各单位的日常沟通和协调，督促开发单位按照建设方案、计划进度和质量要求完成编程工作，对配备的硬件设备和系统软件进行检查验收，组织系统上线运行等。

第八条　企业应当组织独立于开发单位的专业机构对开发完成的信息系统进行验收测试，确保在功能、性能、控制要求和安全性等方面符合开发需求。

第九条　企业应当切实做好信息系统上线的各项准备工作，培训业务操作和系统管理人员，制定科学的上线计划和新旧系统转换方案，考虑应急预案，确保新旧系统顺利切换和平稳衔接。系统上线涉及数据迁移的，还应制定详细的数据迁移计划。

第三章 信息系统的运行与维护

第十条 企业应当加强信息系统运行与维护的管理，制定信息系统工作程序、信息管理制度以及各模块子系统的具体操作规范，及时跟踪、发现和解决系统运行中存在的问题，确保信息系统按照规定的程序、制度和操作规范持续稳定运行。

企业应当建立信息系统变更管理流程，信息系统变更应当严格遵照管理流程进行操作。信息系统操作人员不得擅自进行系统软件的删除、修改等操作；不得擅自升级、改变系统软件版本；不得擅自改变软件系统环境配置。

第十一条 企业应当根据业务性质、重要性程度、涉密情况等确定信息系统的安全等级，建立不同等级信息的授权使用制度，采用相应技术手段保证信息系统运行安全有序。

企业应当建立信息系统安全保密和泄密责任追究制度。委托专业机构进行系统运行与维护管理的，应当审查该机构的资质，并与其签订服务合同和保密协议。

企业应当采取安装安全软件等措施防范信息系统受到病毒等恶意软件的感染和破坏。

第十二条 企业应当建立用户管理制度，加强对重要业务系统的访问权限管理，定期审阅系统账号，避免授权不当或存在非授权账号，禁止不相容职务用户账号的交叉操作。

第十三条 企业应当综合利用防火墙、路由器等网络设备，漏洞扫描、入侵检测等软件技术以及远程访问安全策略等手段，加强网络安全，防范来自网络的攻击和非法侵入。企业对于通过网络传输的涉密或关键数据，应当采取加密措施，确保信息传递的保密性、准确性和完整性。

第十四条 企业应当建立系统数据定期备份制度，明确备份范围、频度、方法、责任人、存放地点、有效性检查等内容。

第十五条 企业应当加强服务器等关键信息设备的管理，建立良好的物理环境，指定专人负责检查，及时处理异常情况。未经授权，任何人不得接触关键信息设备。

企业内部控制评价指引

第一章 总 则

第一条 为了促进企业全面评价内部控制的设计与运行情况,规范内部控制评价程序和评价报告,揭示和防范风险,根据有关法律法规和《企业内部控制基本规范》,制定本指引。

第二条 本指引所称内部控制评价,是指企业董事会或类似权力机构对内部控制的有效性进行全面评价、形成评价结论、出具评价报告的过程。

第三条 企业实施内部控制评价至少应当遵循下列原则:

(一)全面性原则。评价工作应当包括内部控制的设计与运行,涵盖企业及其所属单位的各种业务和事项。

(二)重要性原则。评价工作应当在全面评价的基础上,关注重要业务单位、重大业务事项和高风险领域。

(三)客观性原则。评价工作应当准确地揭示经营管理的风险状况,如实反映内部控制设计与运行的有效性。

第四条 企业应当根据本评价指引,结合内部控制设计与运行的实际情况,制定具体的内部控制评价办法,规定评价的原则、内容、程序、方法和报告形式等,明确相关机构或岗位的职责权限,落实责任制,按照规定的办法、程序和要求,有序开展内部控制评价工作。

企业董事会应当对内部控制评价报告的真实性负责。

第二章 内部控制评价的内容

第五条 企业应当根据《企业内部控制基本规范》、应用指引以及本企业的内部控制制度,围绕内部环境、风险评估、控制活动、信息与沟通、内部监督等要素,确定内部控制评价的具体内容,对内部控制设计与运行情况进行全面评价。

第六条 企业组织开展内部环境评价,应当以组织架构、发展战略、人力资源、企业文化、社会责任等应用指引为依据,结合本企业的内部控制制度,对内部环境的设计及实际运行情况进行认定和评价。

第七条 企业组织开展风险评估机制评价,应当以《企业内部控制基本规范》有关风险评估的要求,以及各项应用指引中所列主要风险为依据,结合本企业的内部控制制度,对日常经营管理过程中的风险识别、风险分析、应对策略等进行认定和评价。

第八条 企业组织开展控制活动评价,应当以《企业内部控制基本规范》和各项应用指引中的控制措施为依据,结合本企业的内部控制制度,对相关控制措施的设计和运行情况进行认定和评价。

第九条 企业组织开展信息与沟通评价,应当以内部信息传递、财务报告、信息系统等相关应用指引为依据,结合本企业的内部控制制度,对信息收集、处理和传递的及时性、反舞弊机制的健全性、财务报告的真实性、信息系统的安全性,以及利用信息系统实施内部控制的有效性等进行认定和评价。

第十条 企业组织开展内部监督评价,应当以《企业内部控制基本规范》有关内部监督的要求,以及各项应用指引中有关日常管控的规定为依据,结合本企业的内部控制制度,对内部监督机制的有效性进行认定和评价,重点关注监事会、审计委员会、内部审计机构等是否在内部控制设计和运行中有效发挥监督作用。

第十一条 内部控制评价工作应当形成工作底稿,详细记录企业执行评价工作的内容,包括评价要素、主要风险点、采取的控制措施、有关证据资料以及认定结果等。

评价工作底稿应当设计合理、证据充分、简便易行、便于操作。

第三章 内部控制评价的程序

第十二条 企业应当按照内部控制评价办法规定的程序,有序开展内部控制评价工作。

内部控制评价程序一般包括：制定评价工作方案、组成评价工作组、实施现场测试、认定控制缺陷、汇总评价结果、编报评价报告等环节。

企业可以授权内部审计部门或专门机构（以下简称内部控制评价部门）负责内部控制评价的具体组织实施工作。

第十三条 企业内部控制评价部门应当拟订评价工作方案，明确评价范围、工作任务、人员组织、进度安排和费用预算等相关内容，报经董事会或其授权机构审批后实施。

第十四条 企业内部控制评价部门应当根据经批准的评价方案，组成内部控制评价工作组，具体实施内部控制评价工作。评价工作组应当吸收企业内部相关机构熟悉情况的业务骨干参加。评价工作组成员对本部门的内部控制评价工作应当实行回避制度。

企业可以委托中介机构实施内部控制评价。为企业提供内部控制审计服务的会计师事务所，不得同时为同一企业提供内部控制评价服务。

第十五条 内部控制评价工作组应当对被评价单位进行现场测试，综合运用个别访谈、调查问卷、专题讨论、穿行测试、实地查验、抽样和比较分析等方法，充分收集被评价单位内部控制设计和运行是否有效的证据，按照评价的具体内容，如实填写评价工作底稿，研究分析内部控制缺陷。

第四章　内部控制缺陷的认定

第十六条 内部控制缺陷包括设计缺陷和运行缺陷。企业对内部控制缺陷的认定，应当以日常监督和专项监督为基础，结合年度内部控制评价，由内部控制评价部门进行综合分析后提出认定意见，按照规定的权限和程序进行审核后予以最终认定。

第十七条 企业在日常监督、专项监督和年度评价工作中，应当充分发挥内部控制评价工作组的作用。内部控制评价工作组应当根据现场测试获取的证据，对内部控制缺陷进行初步认定，并按其影响程度分为重大缺陷、重要缺陷和一般缺陷。

重大缺陷，是指一个或多个控制缺陷的组合，可能导致企业严重偏离控制目标。

重要缺陷，是指一个或多个控制缺陷的组合，其严重程度和经济后果低于重大缺陷，但仍有可能导致企业偏离控制目标。一般缺陷，是指除重大缺陷、重要缺陷之外的其他缺陷。

重大缺陷、重要缺陷和一般缺陷的具体认定标准，由企业根据上述要求自行确定。

第十八条　企业内部控制评价工作组应当建立评价质量交叉复核制度，评价工作组负责人应当对评价工作底稿进行严格审核，并对所认定的评价结果签字确认后，提交企业内部控制评价部门。

第十九条　企业内部控制评价部门应当编制内部控制缺陷认定汇总表，结合日常监督和专项监督发现的内部控制缺陷及其持续改进情况，对内部控制缺陷及其成因、表现形式和影响程度进行综合分析和全面复核，提出认定意见，并以适当的形式向董事会、监事会或者经理层报告。重大缺陷应当由董事会予以最终认定。

企业对于认定的重大缺陷，应当及时采取应对策略，切实将风险控制在可承受度之内，并追究有关部门或相关人员的责任。

第五章　内部控制评价报告

第二十条　企业应当根据《企业内部控制基本规范》、应用指引和本指引，设计内部控制评价报告的种类、格式和内容，明确内部控制评价报告编制程序和要求，按照规定的权限报经批准后对外报出。

第二十一条　内部控制评价报告应当分别内部环境、风险评估、控制活动、信息与沟通、内部监督等要素进行设计，对内部控制评价过程、内部控制缺陷认定及整改情况、内部控制有效性的结论等相关内容作出披露。

第二十二条　内部控制评价报告至少应当披露下列内容：

（一）董事会对内部控制报告真实性的声明。

（二）内部控制评价工作的总体情况。

（三）内部控制评价的依据。

（四）内部控制评价的范围。

（五）内部控制评价的程序和方法。

（六）内部控制缺陷及其认定情况。

（七）内部控制缺陷的整改情况及重大缺陷拟采取的整改措施。

（八）内部控制有效性的结论。

第二十三条　企业应当根据年度内部控制评价结果，结合内部控制评价工作底稿和内部控制缺陷汇总表等资料，按照规定的程序和要求，及时编制内部控制评价报告。

第二十四条　内部控制评价报告应当报经董事会或类似权力机构批准后对外披露或报送相关部门。

企业内部控制评价部门应当关注自内部控制评价报告基准日至内部控制评价报告发出日之间是否发生影响内部控制有效性的因素，并根据其性质和影响程度对评价结论进行相应调整。

第二十五条　企业内部控制审计报告应当与内部控制评价报告同时对外披露或报送。

第二十六条　企业应当以12月31日作为年度内部控制评价报告的基准日。内部控制评价报告应于基准日后4个月内报出。

第二十七条　企业应当建立内部控制评价工作档案管理制度。内部控制评价的有关文件资料、工作底稿和证明材料等应当妥善保管。

企业内部控制审计指引

第一章 总 则

第一条 为了规范注册会计师执行企业内部控制审计业务，明确工作要求，保证执业质量，根据《企业内部控制基本规范》《中国注册会计师鉴证业务基本准则》及相关执业准则，制定本指引。

第二条 本指引所称内部控制审计，是指会计师事务所接受委托，对特定基准日内部控制设计与运行的有效性进行审计。

第三条 建立健全和有效实施内部控制，评价内部控制的有效性是企业董事会的责任。按照本指引的要求，在实施审计工作的基础上对内部控制的有效性发表审计意见，是注册会计师的责任。

第四条 注册会计师执行内部控制审计工作，应当获取充分、适当的证据，为发表内部控制审计意见提供合理保证。

注册会计师应当对财务报告内部控制的有效性发表审计意见，并对内部控制审计过程中注意到的非财务报告内部控制的重大缺陷，在内部控制审计报告中增加"非财务报告内部控制重大缺陷描述段"予以披露。

第五条 注册会计师可以单独进行内部控制审计，也可将内部控制审计与财务报表审计整合进行（以下简称整合审计）。

在整合审计中，注册会计师应当对内部控制设计与运行的有效性进行测试，以同时实现下列目标：

（一）获取充分、适当的证据，支持其在内部控制审计中对内部控制有效性发表的意见。

（二）获取充分、适当的证据，支持其在财务报表审计中对控制风险的评估结果。

第二章 计划审计工作

第六条 注册会计师应当恰当地计划内部控制审计工作,配备具有专业胜任能力的项目组,并对助理人员进行适当的督导。

第七条 在计划审计工作时,注册会计师应当评价下列事项对内部控制、财务报表以及审计工作的影响:

(一) 与企业相关的风险。

(二) 相关法律法规和行业概况。

(三) 企业组织结构、经营特点和资本结构等相关重要事项。

(四) 企业内部控制最近发生变化的程度。

(五) 与企业沟通过的内部控制缺陷。

(六) 重要性、风险等与确定内部控制重大缺陷相关的因素。

(七) 对内部控制有效性的初步判断。

(八) 可获取的、与内部控制有效性相关的证据的类型和范围。

第八条 注册会计师应当以风险评估为基础,选择拟测试的控制,确定测试所需收集的证据。

内部控制的特定领域存在重大缺陷的风险越高,给予该领域的审计关注就越多。

第九条 注册会计师应当对企业内部控制自我评价工作进行评估,判断是否利用企业内部审计人员、内部控制评价人员和其他相关人员的工作以及可利用的程度,相应减少可能本应由注册会计师执行的工作。

注册会计师利用企业内部审计人员、内部控制评价人员和其他相关人员的工作,应当对其专业胜任能力和客观性进行充分评价。

与某项控制相关的风险越高,可利用程度就越低,注册会计师应当更多地对该项控制亲自进行测试。

注册会计师应当对发表的审计意见独立承担责任,其责任不因为利用企业内部审计人员、内部控制评价人员和其他相关人员的工作而减轻。

第三章 实施审计工作

第十条 注册会计师应当按照自上而下的方法实施审计工作。自上而下的方法是注册会计师识别风险、选择拟测试控制的基本思路。注册会计师在实施审计工作时,可以将企业层面控制和业务层面控制的测试结合进行。

第十一条 注册会计师测试企业层面控制,应当把握重要性原则,至少应当关注:

(一) 与内部环境相关的控制。

(二) 针对董事会、经理层凌驾于控制之上的风险而设计的控制。

(三) 企业的风险评估过程。

(四) 对内部信息传递和财务报告流程的控制。

(五) 对控制有效性的内部监督和自我评价。

第十二条 注册会计师测试业务层面控制,应当把握重要性原则,结合企业实际、企业内部控制各项应用指引的要求和企业层面控制的测试情况,重点对企业生产经营活动中的重要业务与事项的控制进行测试。

注册会计师应当关注信息系统对内部控制及风险评估的影响。

第十三条 注册会计师在测试企业层面控制和业务层面控制时,应当评价内部控制是否足以应对舞弊风险。

第十四条 注册会计师应当测试内部控制设计与运行的有效性。

如果某项控制由拥有必要授权和专业胜任能力的人员按照规定的程序与要求执行,能够实现控制目标,表明该项控制的设计是有效的。如果某项控制正在按照设计运行,执行人员拥有必要授权和专业胜任能力,能够实现控制目标,表明该项控制的运行是有效的。

第十五条 注册会计师应当根据与内部控制相关的风险,确定拟实施审计程序的性质、时间安排和范围,获取充分、适当的证据。与内部控制相关的风险越高,注册会计师需要获取的证据应越多。

第十六条 注册会计师在测试控制设计与运行的有效性时,应当综合运用询问适当人员、观察经营活动、检查相关文件、穿行测试和重新执行等方法。

询问本身并不足以提供充分、适当的证据。

第十七条　注册会计师在确定测试的时间安排时，应当在下列两个因素之间作出平衡，以获取充分、适当的证据：

（一）尽量在接近企业内部控制自我评价基准日实施测试。

（二）实施的测试需要涵盖足够长的期间。

第十八条　注册会计师对于内部控制运行偏离设计的情况（即控制偏差），应当确定该偏差对相关风险评估、需要获取的证据以及控制运行有效性结论的影响。

第十九条　在连续审计中，注册会计师在确定测试的性质、时间安排和范围时，应当考虑以前年度执行内部控制审计时了解的情况。

第四章　评价控制缺陷

第二十条　内部控制缺陷按其成因分为设计缺陷和运行缺陷，按其影响程度分为重大缺陷、重要缺陷和一般缺陷。

注册会计师应当评价其识别的各项内部控制缺陷的严重程度，以确定这些缺陷单独或组合起来，是否构成重大缺陷。

第二十一条　在确定一项内部控制缺陷或多项内部控制缺陷的组合是否构成重大缺陷时，注册会计师应当评价补偿性控制（替代性控制）的影响。企业执行的补偿性控制应当具有同样的效果。

第二十二条　表明内部控制可能存在重大缺陷的迹象，主要包括：

（一）注册会计师发现董事、监事和高级管理人员舞弊。

（二）企业更正已经公布的财务报表。

（三）注册会计师发现当期财务报表存在重大错报，而内部控制在运行过程中未能发现该错报。

（四）企业审计委员会和内部审计机构对内部控制的监督无效。

第五章　完成审计工作

第二十三条　注册会计师完成审计工作后，应当取得经企业签署的书面声明。书面声明应当包括下列内容：

（一）企业董事会认可其对建立健全和有效实施内部控制负责。

企业内部控制审计指引

（二）企业已对内部控制的有效性作出自我评价，并说明评价时采用的标准以及得出的结论。

（三）企业没有利用注册会计师执行的审计程序及其结果作为自我评价的基础。

（四）企业已向注册会计师披露识别出的所有内部控制缺陷，并单独披露其中的重大缺陷和重要缺陷。

（五）企业对于注册会计师在以前年度审计中识别的重大缺陷和重要缺陷，是否已经采取措施予以解决。

（六）企业在内部控制自我评价基准日后，内部控制是否发生重大变化，或者存在对内部控制具有重要影响的其他因素。

第二十四条　企业如果拒绝提供或以其他不当理由回避书面声明，注册会计师应当将其视为审计范围受到限制，解除业务约定或出具无法表示意见的内部控制审计报告。

第二十五条　注册会计师应当与企业沟通审计过程中识别的所有控制缺陷。对于其中的重大缺陷和重要缺陷，应当以书面形式与董事会和经理层沟通。

注册会计师认为审计委员会和内部审计机构对内部控制的监督无效的，应当就此以书面形式直接与董事会和经理层沟通。

书面沟通应当在注册会计师出具内部控制审计报告之前进行。

第二十六条　注册会计师应当对获取的证据进行评价，形成对内部控制有效性的意见。

第六章　出具审计报告

第二十七条　注册会计师在完成内部控制审计工作后，应当出具内部控制审计报告。标准内部控制审计报告应当包括下列要素：

（一）标题。

（二）收件人。

（三）引言段。

（四）企业对内部控制的责任段。

（五）注册会计师的责任段。

（六）内部控制固有局限性的说明段。

（七）财务报告内部控制审计意见段。

（八）非财务报告内部控制重大缺陷描述段。

（九）注册会计师的签名和盖章。

（十）会计师事务所的名称、地址及盖章。

（十一）报告日期。

第二十八条　符合下列所有条件的，注册会计师应当对财务报告内部控制出具无保留意见的内部控制审计报告：

（一）企业按照《企业内部控制基本规范》《企业内部控制应用指引》《企业内部控制评价指引》以及企业自身内部控制制度的要求，在所有重大方面保持了有效的内部控制。

（二）注册会计师已经按照《企业内部控制审计指引》的要求计划和实施审计工作，在审计过程中未受到限制。

第二十九条　注册会计师认为财务报告内部控制虽不存在重大缺陷，但仍有一项或者多项重大事项需要提请内部控制审计报告使用者注意的，应当在内部控制审计报告中增加强调事项段予以说明。

注册会计师应当在强调事项段中指明，该段内容仅用于提醒内部控制审计报告使用者关注，并不影响对财务报告内部控制发表的审计意见。

第三十条　注册会计师认为财务报告内部控制存在一项或多项重大缺陷的，除非审计范围受到限制，应当对财务报告内部控制发表否定意见。

注册会计师出具否定意见的内部控制审计报告，还应当包括下列内容：

（一）重大缺陷的定义。

（二）重大缺陷的性质及其对财务报告内部控制的影响程度。

第三十一条　注册会计师审计范围受到限制的，应当解除业务约定或出具无法表示意见的内部控制审计报告，并就审计范围受到限制的情况，以书面形式与董事会进行沟通。

注册会计师在出具无法表示意见的内部控制审计报告时，应当在内部控制审计报告中指明审计范围受到限制，无法对内部控制的有效性发表意见。

注册会计师在已执行的有限程序中发现财务报告内部控制存在重大缺陷的，应当在内部控制审计报告中对重大缺陷作出详细说明。

第三十二条　注册会计师对在审计过程中注意到的非财务报告内部控制缺陷，应当区别具体情况予以处理：

（一）注册会计师认为非财务报告内部控制缺陷为一般缺陷的，应当与企业进行沟通，提醒企业加以改进，但无需在内部控制审计报告中说明。

（二）注册会计师认为非财务报告内部控制缺陷为重要缺陷的，应当以书面形式与企业董事会和经理层沟通，提醒企业加以改进，但无需在内部控制审计报告中说明。

（三）注册会计师认为非财务报告内部控制缺陷为重大缺陷的，应当以书面形式与企业董事会和经理层沟通，提醒企业加以改进；同时应当在内部控制审计报告中增加非财务报告内部控制重大缺陷描述段，对重大缺陷的性质及其对实现相关控制目标的影响程度进行披露，提示内部控制审计报告使用者注意相关风险。

第三十三条 在企业内部控制自我评价基准日并不存在、但在该基准日之后至审计报告日之前（以下简称期后期间）内部控制可能发生变化，或出现其他可能对内部控制产生重要影响的因素。

注册会计师应当询问是否存在这类变化或影响因素，并获取企业关于这些情况的书面声明。注册会计师知悉对企业内部控制自我评价基准日内部控制有效性有重大负面影响的期后事项的，应当对财务报告内部控制发表否定意见。

注册会计师不能确定期后事项对内部控制有效性的影响程度的，应当出具无法表示意见的内部控制审计报告。

第七章 记录审计工作

第三十四条 注册会计师应当按照《中国注册会计师审计准则第1131号——审计工作底稿》的规定，编制内部控制审计工作底稿，完整记录审计工作情况。

第三十五条 注册会计师应当在审计工作底稿中记录下列内容：

（一）内部控制审计计划及重大修改情况。

（二）相关风险评估和选择拟测试的内部控制的主要过程及结果。

（三）测试内部控制设计与运行有效性的程序及结果。

（四）对识别的控制缺陷的评价。

（五）形成的审计结论和意见。

（六）其他重要事项。

附录

内部控制审计报告的参考格式

1. 标准内部控制审计报告

内部控制审计报告

××股份有限公司全体股东：

按照《企业内部控制审计指引》及中国注册会计师执业准则的相关要求，我们审计了××股份有限公司（以下简称××公司）××××年××月××日的财务报告内部控制的有效性。

一、企业对内部控制的责任

按照《企业内部控制基本规范》《企业内部控制应用指引》《企业内部控制评价指引》的规定，建立健全和有效实施内部控制，并评价其有效性是企业董事会的责任。

二、注册会计师的责任

我们的责任是在实施审计工作的基础上，对财务报告内部控制的有效性发表审计意见，并对注意到的非财务报告内部控制的重大缺陷进行披露。

三、内部控制的固有局限性

内部控制具有固有局限性，存在不能防止和发现错报的可能性。此外，由于情况的变化可能导致内部控制变得不恰当，或对控制政策和程序遵循的程度降低，根据内部控制审计结果推测未来内部控制的有效性具有一定风险。

四、财务报告内部控制审计意见

我们认为，××公司按照《企业内部控制基本规范》和相关规定在所有重大方面保持了有效的财务报告内部控制。

五、非财务报告内部控制的重大缺陷

在内部控制审计过程中,我们注意到××公司的非财务报告内部控制存在重大缺陷(描述该缺陷的性质及其对实现相关控制目标的影响程度)。由于存在上述重大缺陷,我们提醒本报告使用者注意相关风险。需要指出的是,我们并不对××公司的非财务报告内部控制发表意见或提供保证。本段内容不影响对财务报告内部控制有效性发表的审计意见。

××会计师事务所　　　　中国注册会计师:×××(签名并盖章)
　(盖章)　　　　　　　中国注册会计师:×××(签名并盖章)
中国××市　　　　　　　××××年×月×日

2. 带强调事项段的无保留意见内部控制审计报告

内部控制审计报告

××股份有限公司全体股东:

按照《企业内部控制审计指引》及中国注册会计师执业准则的相关要求,我们审计了××股份有限公司(以下简称××公司)××××年×月×日的财务报告内部控制的有效性。

["一、企业对内部控制的责任"至"五、非财务报告内部控制的重大缺陷"参见标准内部控制审计报告相关段落表述。]

六、强调事项

我们提醒内部控制审计报告使用者关注(描述强调事项的性质及其对内部控制的重大影响)。本段内容不影响已对财务报告内部控制发表的审计意见。

××会计师事务所　　　　中国注册会计师:×××(签名并盖章)
　(盖章)　　　　　　　中国注册会计师:×××(签名并盖章)
中国××市　　　　　　　××××年×月×日

3. 否定意见内部控制审计报告

内部控制审计报告

××股份有限公司全体股东：

按照《企业内部控制审计指引》及中国注册会计师执业准则的相关要求，我们审计了××股份有限公司（以下简称××公司）××××年×月×日的财务报告内部控制的有效性。

["一、企业对内部控制的责任"至"三、内部控制的固有局限性"参见标准内部控制审计报告相关段落表述。]

四、导致否定意见的事项

重大缺陷，是指一个或多个控制缺陷的组合，可能导致企业严重偏离控制目标。

[指出注册会计师已识别出的重大缺陷，并说明重大缺陷的性质及其对财务报告内部控制的影响程度。]

有效的内部控制能够为财务报告及相关信息的真实完整提供合理保证，而上述重大缺陷使××公司内部控制失去这一功能。

五、财务报告内部控制审计意见

我们认为，由于存在上述重大缺陷及其对实现控制目标的影响，××公司未能按照《企业内部控制基本规范》和相关规定在所有重大方面保持有效的财务报告内部控制。

六、非财务报告内部控制的重大缺陷

[参见标准内部控制审计报告相关段落表述。]

××会计师事务所	中国注册会计师：×××（签名并盖章）
（盖章）	中国注册会计师：×××（签名并盖章）
中国××市	××××年×月×日

4. 无法表示意见内部控制审计报告

内部控制审计报告

××股份有限公司全体股东：

我们接受委托，对××股份有限公司（以下简称××公司）××××年×月×日的财务报告内部控制进行审计。

［删除注册会计师的责任段，"一、企业对内部控制的责任"和"二、内部控制的固有局限性"参见标准内部控制审计报告相关段落表述。］

三、导致无法表示意见的事项

［描述审计范围受到限制的具体情况。］

四、财务报告内部控制审计意见

由于审计范围受到上述限制，我们未能实施必要的审计程序以获取发表意见所需的充分、适当证据，因此，我们无法对××公司财务报告内部控制的有效性发表意见。

五、识别的财务报告内部控制重大缺陷（如在审计范围受到限制前，执行有限程序未能识别出重大缺陷，则应删除本段）

重大缺陷，是指一个或多个控制缺陷的组合，可能导致企业严重偏离控制目标。

尽管我们无法对××公司财务报告内部控制的有效性发表意见，但在我们实施的有限程序的过程中，发现了以下重大缺陷：

［指出注册会计师已识别出的重大缺陷，并说明重大缺陷的性质及其对财务报告内部控制的影响程度。］

有效的内部控制能够为财务报告及相关信息的真实完整提供合理保证，而上述重大缺陷使××公司内部控制失去这一功能。

六、非财务报告内部控制的重大缺陷

［参见标准内部控制审计报告相关段落表述。］

××会计师事务所	中国注册会计师：×××（签名并盖章）
（盖章）	中国注册会计师：×××（签名并盖章）
中国××市	××××年×月×日

企业内部控制配套指引解读

健全组织架构 奠定内控基础

——财政部会计司解读《企业内部控制应用指引第1号——组织架构》

《企业内部控制应用指引第1号——组织架构》指出，组织架构是指企业按照国家有关法律法规、股东（大）会决议、企业章程，结合本企业实际，明确董事会、监事会、经理层和企业内部各层级机构设置、职责权限、人员编制、工作程序和相关要求的制度安排。组织架构的核心是完善公司治理结构、管理体制和解决运行机制问题。为什么要制定组织架构指引？该指引的主要内容有哪些？对组织架构的设计和运行等提出了哪些要求？本文就此进行解读。

一、关于组织架构指引的现实和长远意义

一个现代企业，无论是处于新建、重组改制还是存续状态，要实现发展战略，就必须把建立和完善组织架构放在首位或重中之重。否则，其他方面都无从谈起。

第一，建立和完善组织架构可以促进企业建立现代企业制度。一个企业怎样才能永远保持成功呢？这就要靠制度。这个制度就是现代企业制度。它是以完善的企业法人制度为基础，以有限责任制度为保证，以公司制企业为主要形式，以产权清晰、权责明确、政企分开、管理科学为条件的现代企业制度。可见，现代企业制度的核心是组织架构问题；或者，一个实施现代企业制度的企业，应当具备科学完善的组织架构。也可以说，建立现代企业制度必须从组织架构开始。从

发达市场经济国家企业和我国现代企业的实践证明，公司治理、管理体制和运行机制是永恒的主题。

第二，建立和完善组织架构可以有效防范和化解各种舞弊风险。

串谋舞弊是企业经营发展过程中难以避免的一颗"毒瘤"，也是内部控制建设的难点之一。2004年11月发生的震惊中外的中航油（新加坡）股份公司期权交易巨亏案就是一个典型。

第三，建立和完善组织架构可以为强化企业内部控制建设提供重要支撑。组织架构是企业内部环境的有机组成部分，也是企业开展风险评估、实施控制活动、促进信息沟通、强化内部监督的基础设施和平台载体。一个科学高效、分工制衡的组织架构，可以使企业自上而下地对风险进行识别和分析，进而采取控制措施予以应对，可以促进信息在企业内部各层级之间、企业与外部利益相关者之间及时、准确、顺畅的传递，可以提升日常监督和专项监督的力度和效能。

二、关于组织架构指引的主要内容

组织架构指引着力解决企业应如何进行组织架构设计和运行，核心是如何加强组织架构方面的风险管控。组织架构指引的主要内容包括：制定指引的必要性和依据，组织架构的本质、设计和运行过程中应关注的主要风险以及如何设计和运行组织架构等，分三章共十一条。

关于组织架构的本质，可从治理结构和内部机构两个层面理解。

治理结构即企业治理层面的组织架构。它是企业成为可以与外部主体发生各项经济关系的法人所必备的组织基础，具体是指企业根据相关的法律法规，设置不同层次、不同功能的法律实体及其相关的法人治理结构，从而使得企业能够在法律许可的框架下拥有特定权利、履行相应义务，以保障各利益相关方的基本权益。

内部机构则是企业内部机构层面的组织架构。它是指企业根据业务发展需要，分别设置不同层次的管理人员及其由各专业人员组成的管理团队，针对各项业务功能行使决策、计划、执行、监督、评价的权力并承担相应的义务，从而为业务顺利开展进而实现企业发展战略提供组织机构的支撑平台。企业应当根据发展战略、业务需要和控制要求，选择适合本企业的内部组织机构类型。

关于组织架构设计和运行的主要风险，组织架构指引从治理结构和内部机构两个角度作了描述。

（1）从治理结构层面看，主要风险在于：治理结构形同虚设，缺乏科学决策、良性运行机制和执行力，可能导致企业经营失败，难以实现发展战略。具体表现为：一是，股东大会是否规范而有效地召开，股东是否可以通过股东大会行使自己的权利；二是，企业与控股股东是否在资产、财务、人员方面实现相互独立，企业与控股股东的关联交易是否贯彻平等、公开、自愿的原则；三是，对与控股股东相关的信息是否根据规定及时完整地披露；四是，企业是否对中小股东权益采取了必要的保护措施，使中小股东能够和大股东同等条件参加股东大会，获得与大股东一致的信息，并行使相应的权利；五是，董事会是否独立于经理层和大股东，董事会及其审计委员会中是否有适当数量的独立董事存在且能有效发挥作用；六是，董事对于自身的权利和责任是否有明确的认知，并且有足够的知识、经验和时间来勤勉、诚信、尽责地履行职责；七是，董事会是否能够保证企业建立并实施有效的内部控制，审批企业发展战略和重大决策并定期检查、评价其执行情况，明确设立企业可接受的风险承受度，并督促经理层对内部控制有效性进行监督和评价；八是，监事会的构成是否能够保证其独立性，监事能力是否与相关领域相匹配；九是，监事会是否能够规范而有效地运行，监督董事会、经理层正确履行职责并纠正损害企业利益的行为；十是，对经理层的权力是否存在必要的监督和约束机制。

（2）从内部机构层面看，主要风险在于：内部机构设计不科学，权责分配不合理，可能导致机构重叠、职能交叉或缺失、推诿扯皮、运行效率低下。具体表现为：一是，企业内部组织机构是否考虑经营业务的性质，按照适当集中或分散的管理方式设置；二是，企业是否对内部组织机构设置、各职能部门的职责权限、组织的运行流程等有明确的书面说明和规定，是否存在关键职能缺位或职能交叉的现象；三是，企业内部组织机构是否支持发展战略的实施，并根据环境变化及时作出调整；四是，企业内部组织机构的设计与运行是否适应信息沟通的要求，有利于信息的上传、下达和在各层级、各业务活动间的传递，有利于为员工提供履行职权所需的信息；五是，关键岗位员工是否对自身权责有明确的认识，有足够的胜任能力去履行权责，是否建立了关键岗位员工轮换制度和强制休假制度；六是，企业是否对董事、监事、高级管理人员及全体员工的权限有明确的制度规定，对授权情况是否有正式的记录；七是，企业是否对岗位职责进行了恰当的描述和说明，是否存在不相容职务未分离的情况；八是，企业是否对权限的设置和履行情况进行了审核和监督，对于越权或权限缺位的行为是否及时予以纠正和处理。

三、关于组织架构的设计

组织架构的设计主要是针对按《公司法》新设立的企业，以及《公司法》颁布前存在的企事业单位转为公司制企业而言的。已按《公司法》运作的企业，重点应放在如何健全机制以确保组织架构有效运行。

企业在设计组织架构时，必须考虑内部控制的要求，合理确定治理层及内部各部门之间的权力和责任并建立恰当的报告关系。既要能够保证企业高效运营，又要能适应内部控制环境的需要进行相应的调整和变革。具体而言，至少应当遵循以下原则：一要依据法律法规；二要有助于实现发展战略；三要符合管理控制要求；四要能够适应内外环境变化。

（一）企业治理结构的设计

1. 企业治理结构设计一般要求

治理结构涉及股东（大）会、董事会、监事会和经理层。企业应当根据国家有关法律法规的规定，按照决策机构、执行机构和监督机构相互独立、权责明确、相互制衡的原则，明确董事会、监事会和经理层的职责权限、任职条件、议事规则和工作程序等。

从内部控制建设角度看，新设企业或转制企业如果一开始就在治理结构设计方面存在缺陷，必然会对以后企业的长远发展造成严重损害。比如，在组织架构指引起草调研过程中，我们发现，部分上市公司在董事会下没有设立"真正意义上"的审计委员会，其成员只是"形式上"符合有关法律法规的要求，难以胜任工作，甚至也"不愿"去履行职能。再如，部分上市公司监事会成员，或多或少地与上市董事长存在某种关系，在后续工作中难以秉公办事，直接或间接损害了股东尤其是小股东的合法权益。又如，有些上市公司因为在上市改制时组织架构设计不合理，出于照顾等因素让某人担任董事长，而实际上公司总经理才是幕后真正的"董事长"。凡此种种，都值得引起企业关注，应当在组织架构设计时尽力避免。也正因为如此，组织架构指引明确，董事会、监事会和经理层的产生程序应当合法合规，其人员构成、知识结构、能力素质应当满足履行职责的要求。

2. 上市公司治理结构的特殊要求

上市公司治理结构的设计，应当充分反映其"公众性"。其特殊之处主要表现在：

一是建立独立董事制度。上市公司董事会应当设立独立董事，独立董事应独立于所受聘的公司及其主要股东。独立董事不得在上市公司担任除独立董事外的其他任何职务。独立董事应按照有关法律法规和公司章程的规定，认真履行职责，维护公司整体利益，尤其要关注中小股东的合法权益不受损害。独立董事应独立履行职责，不受公司主要股东、实际控制人以及其他与上市公司存在利害关系的单位或个人的影响。

二是董事会专门委员会的特殊要求。上市公司董事会下设的审计委员会、薪酬与考核委员会中，独立董事应当占多数并担任负责人，审计委员会中至少还应有一名独立董事是会计专业人士。在董事会各专业委员会中，审计委员会对内部控制的建立健全和有效实施尤其发挥着重要作用。审计委员会对董事会负责并代表董事会对经理层进行监督，侧重加强对经理层提供的财务报告和内部控制评价报告的监督，同时通过指导和监督内部审计和外部审计工作，提高内部审计和外部审计的独立性，在信息披露、内部审计和外部审计之间建立起了一个独立的监督和控制机制。

三是设立董事会秘书。上市公司应当设立董事会秘书，董事会秘书为上市公司的高级管理人员，直接对董事会负责，并由董事长提名，董事会负责任免。在上市公司实务中，董事会秘书是一个重要的角色，负责公司股东大会和董事会会议的筹备，文件保管以及公司股东资料的管理，办理信息披露事务等事宜。

3. 国有独资企业治理结构设计的特殊要求

国有独资企业是我国比较独特的企业群体，其治理结构设计应充分反映其特色。其特色主要表现在：

一是，国有资产监督管理机构代行股东（大）会职权。国有独资企业不设股东（大）会，由国有资产监督管理机构行使股东（大）会职权。国有独资企业董事会可以根据授权部分行使股东（大）会的职权，决定公司的重大事项，但公司的合并、分立、解散、增加或者减少注册资本和发行公司债券，必须由国有资产监督管理机构决定。

二是，国有独资企业董事会成员中应当包括公司职工代表。董事会成员由国有资产监督管理机构委派；但是，董事会成员中的职工代表由公司职工代表大会选举产生。国有独资企业董事长、副董事长由国有资产监督管理机构从董事会成员中指定产生。

三是，国有独资企业监事会成员由国有资产监督管理机构委派，但是监事会成员中的职工代表由公司职工代表大会选举产生。监事会主席由国有资产监督管理机构从监事会成员中指定产生。

四是，外部董事由国有资产监督管理机构提名推荐，由任职公司以外的人员担任。外部董事在任期内，不得在任职企业担任其他职务。外部董事制度对于规范国有独资公司治理结构、提高决策科学性、防范重大风险具有重要意义。

（二）内部机构的设计

内部机构的设计是组织架构设计的关键环节。只有切合企业经营业务特点和内部控制要求的内部机构，才能为实现企业发展目标发挥积极促进作用。具体而言：

一是，企业应当按照科学、精简、高效、透明、制衡的原则，综合考虑企业性质、发展战略、文化理念和管理要求等因素，合理设置内部职能机构，明确各机构的职责权限，避免职能交叉、缺失或权责过于集中，形成各司其职、各负其责、相互制约、相互协调的工作机制。

二是，企业应当对各机构的职能进行科学合理的分解，确定具体岗位的名称、职责和工作要求等，明确各个岗位的权限和相互关系。

在内部机构设计过程中，应当体现不相容岗位相分离原则，努力识别出不相容职务，并根据相关的风险评估结果设立内部牵制机制，特别是在涉及重大或高风险业务处理程序时，必须考虑建立各层级、各部门、各岗位之间的分离和牵制，对因机构人员较少且业务简单而无法分离处理某些不相容职务时，企业应当制定切实可行的替代控制措施。

三是，企业应当制定组织结构图、业务流程图、岗（职）位说明书和权限指引等内部管理制度或相关文件，使员工了解和掌握组织架构设计及权责分配情况，正确履行职责。值得特别指出的是，就内部机构设计而言，建立权限指引和授权机制非常重要的。有了权限指引，不同层级的员工就知道该如何行使并承担相应责任，也利于事后考核评价。"授权"表明的是，企业各项决策和业务必须由具备适当权限的人员办理，这一权限通过公司章程约定或其他适当方式授予。

企业内部控制基本规范　企业内部控制配套指引

企业内部各级员工必须获得相应的授权，才能实施决策或执行业务，严禁越权办理。按照授权对象和形式的不同，授权分为常规授权和特别授权。常规授权一般针对企业日常经营管理过程中发生的程序性和重复性工作，可以在由企业正式颁布的岗（职）位说明书中予以明确，或通过制定专门的权限指引予以明确。特别授权一般是由董事会给经理层或经理层给内部机构及其员工授予处理某一突发事件（如法律纠纷）、作出某项重大决策、代替上级处理日常工作的临时性权力。

（三）对"三重一大"的特殊考虑

在实务中，无论是上市公司还是其他企业发生的重大经济案件中，不少都牵涉到"三重一大"问题，即"重大决策、重大事项、重要人事任免及大额资金使用"问题。

为此，组织架构指引明确要求，企业的重大决策、重大事项、重要人事任免及大额资金支付业务等，应当按照规定的权限和程序实行集体决策审批或者联签制度。任何个人不得单独进行决策或者擅自改变集体决策意见。此项要求是我国部分企业优秀管理经验的总结，可以有效避免"一言堂""一支笔"现象。特别是"三重一大"事项实行集体决策和联签制度有利于促进国有企业完善治理结构和健全现代企业制度。

四、关于组织架构的运行

组织机构运行涉及新企业治理结构和内部机构的运行，也涉及对存续企业组织架构的全面梳理。为此，组织架构指引明确提出，企业应当根据组织架构的设计规范，对现有治理结构和内部机构设置进行全面梳理，确保本企业治理结构、内部机构设置和运行机制等符合现代企业制度要求。

如何梳理？从治理结构层面看，应着力从两个方面入手。一是，关注董事、监事、经理及其他高级管理人员的任职资格和履职情况。就任职资格而言，重点关注行为能力、道德诚信、经营管理素质、任职程序等方面。就履职情况而言，着重关注合规、业绩以及履行忠实、勤勉义务等方面。二是关注董事会、监事会和经理层的运行效果。这方面要着重关注：董事会是否按时定期或不定期召集股东大会并向股东大会报告，是否严格认真地执行了股东大会的所有决议，是否合理地聘任或解聘经理及其他高级人员等；监事会是否按照规定对董事、高级管理人员行为进行监督，在发现违反相关法律法规或损害公司利益时，是否能够对其提出罢免建议或制止纠正其行为等；经理层是否认真有效地组织实施董事会决议，是否认真有效地组织实施董事会制定的年度生产经营计划和投资方案，是否能够完成董事会确定的生产经营计划和绩效目标等。

从内部机构层面看，应着力关注内部机构设置的合理性和运行的高效性。从合理性角度梳理，应重点关注：内部机构设置是否适应内外部环境的变化；是否以发展目标为导向；是否满足专业化的分工和协作，有助于企业提高劳动生产率；是否明确界定各机构和岗位的权利和责任，不存在权责交叉重叠，不存在只有权利而没有相对应的责任和义务的情况等。从运行的高效性角度梳理，应重点关注：内部各机构的职责分工是否针对市场环境的变化作出及时调整。特别是当企业面临重要事件或重大危机时，各机构间表现出的职责分工协调性，可以较好地检验内部机构运行的效率。此外，还应关注权力制衡的效率评估，包括机构权力是否过大并存在监督漏洞；机构权力是否被架空；机构内部或各机构之间是否存在权力失衡等。梳理内部机构的高效性，还应关注内部机构运行是否有利于保证信息的及时顺畅流通，在各机构间达到快捷沟通的目的。评估内部机构运行中的信息沟通效率，一般包括信息在内部机构间的流通是否通畅，是否存在信息阻塞；信息在现有组织架构下流通是否及时，是否存在信息滞后；信息在组织架构中的流通是否有助提高效率，是否存在沟通舍近求远。

当企业发展壮大为集团公司时，对组织架构进行梳理应给予足够重视。为此，组织架构指引强调：企业拥有子公司的，应当建立科学的投资管控制度，通过合法有效的形式履行出资人职责、维护出资人权益，重点关注子公司特别是异地、境外子公司的发展战略、年度财务预决算、重大投融资、重大担保、大额资金使用、主要资产处置、重要人事任免、内部控制体系建设等重要事项。这一方面是呼应组织架构设计的要求，同时也是现行企业实务中特别值得注意的问题。

企业在对治理结构和内部机构进行全面梳理的基础上，还应当定期对组织架构设计和运行的效率与效果进行综合评价，其目的在于发现可能存在的缺陷，及时优化调整，使公司的组织架构始终处于高效运行状态。

总之，只有不断健全公司法人治理结构，持续优化内部机构设置，才能为风险管理奠定扎实基础，才能提升经营管理效能，才能在当今激烈的国内外市场经济竞争中保持健康可持续发展。

企业内部控制基本规范 企业内部控制配套指引

强化发展战略管理 促进企业长远发展

——财政部会计司解读《企业内部控制应用指引第 2 号——发展战略》

无论是一个国家、一个地区、一个行业,还是一个微观组织,都面临发展战略管理的问题。作为一个现代企业,如果没有明确发展战略,就不可能在当今激烈的市场竞争和国际化浪潮冲击下求得长远发展。为此,我们研究制定了《企业内部控制应用指引第 2 号——发展战略》。该指引分为三章十一条,阐明了为什么要制定和实施发展战略、如何制定发展战略以及如何实施发展战略等问题。本文就此进行解读。

一、为什么要制定和实施发展战略

发展战略是企业在对现实状况和未来趋势进行综合分析和科学预测的基础上,制定并实施的中长期发展目标与战略规划。企业制定和实施发展战略,具有十分重要的意义。

第一,发展战略可以为企业找准市场定位。市场定位就是要在激烈的市场竞争环境中找准位置。定位准了,才能赢得市场,才能获得竞争优势,才能不断发展壮大。定位所要解决的问题很广泛,包括为社会提供什么样的产品或服务、以什么样的方式满足客户和市场需求、如何充分利用内外部资源以保持持续竞争力、如何才能更好更快地迈进行业前列等。发展战略要着力解决的正是企业发展过程中所面临的这些全局性、长期性的问题。从这个角度讲,制定发展战略,就是为企业进行市场定位。

第二,发展战略是企业执行层行动的指南。发展战略指明了企业的发展方向、目标与实施路径,描绘了企业未来经营方向和目标纲领,是企业发展的蓝图，关系着企业的长远生存与发展。只有制定科学合理的发展战略，企业执行层才有行动的指南，其在日常经营管理和决策时才不会迷失方向，才能知晓哪些是应着力做的"正确的事"；否则，要么盲目决策，要么无所作为，既浪费企业宝贵的资源，难以形成竞争优势，又可能失去发展机会，导致企业走向衰落甚至消亡。

第三，发展战略为内部控制设定了最高目标。《企业内部控制基本规范》明确指出，"内部控制的目标是合理保证企业经营管理合法合规、资产安全、财务报告及相关信息真实完整，提高经营效率和效果，促进企业实现发展战略"。从中可以看出，企业内部控制的系列目标中，促进发展战略实现是内部控制最高层次的目标。这一方面表明，企业内部控制最终所追求的是如何通过强化风险管控促进企业实现发展战略；另一方面也说明，实现发展战略必须通过建立和健全内部控制体系提供保证。发展战略为企业内部控制指明了方向，内部控制为企业实现发展战略提供了坚实保障。

二、如何制定发展战略

制定发展战略是企业实现健康可持续发展的起点。企业应当按照科学发展观的要求，将企业的前途与国家的命运紧密联系起来，立足当前，面向未来，科学制定切合自身实际又符合市场经济发展规律的发展战略。

（一）要建立和健全发展战略

制定机构发展战略联系着企业的现在和未来，企业各层级都应给予高度重视和大力支持，要在人力资源配置、组织机构设置等方面提供必要的保证。

企业应当在董事会下设立战略委员会，或指定相关机构负责发展战略管理工作，履行相应职责。

战略委员会对董事会负责，委员包括董事长和其他董事。战略委员会委员应当具有较强的综合素质和实践经验。比如，熟悉公司业务经营运作特点，具有市场敏感性和综合判断能力，了解国家宏观政策走向及国内外经济、行业发展趋势等。同时，委员的任职资格和选任程序应符合有关法律法规和企业章程的规定。战略委员会主席应当由董事长担任；委员中应当有一定数量的独立董事，以保证委员会更具独立性和专业性。必要时，战略委员会还可聘请社会专业人士担任顾问,提供专业咨询意见。

战略委员会的主要职责是对公司长期发展战略和重大投资决策进行研究并提出建议,具体包括:对公司的长期发展规划、经营目标、发展方针进行研究并提出建议,对公司涉及产品战略、市场战略、营销战略、研发战略、人才战略等经营战略进行研究并提出建议,对公司重大战略性投资、融资方案进行研究并提出建议,对公司重大资本运作、资产经营项目进行研究并提出建议等。为确保战略委员会议事过程透明、决策程序科学民主,企业应当明确相关议事规则,对战略委员会会议的召开程序、表决方式、提案审议、保密要求和会议记录等作出明确约定。

为了使公司发展战略管理工作落到实处,企业除了在董事会层面设立战略委员会外,还应在内部机构中设置专门的部门或指定相关部门,承担战略委员会有关具体工作。

(二)要综合分析评价影响发展战略的内外部因素

企业外部环境、内部资源等因素,是影响发展战略制定的关键因素。只有对企业所处的外部环境和拥有的内部资源展开深入分析,才能制定出科学合理的发展战略。在此过程中,企业应当综合考虑宏观经济政策、国内外市场需求变化、技术发展趋势、行业及竞争对手状况、可利用的资源水平和自身优势与劣势等影响因素。

1.分析外部环境,发现机会和威胁

外部环境是制定发展战略的重要影响因素,包括企业所处的宏观环境、行业环境及竞争对手、经营环境等。分析企业面临的外部环境,应当着重分析环境的变化和发展趋势及其对企业战略的重要影响,同时评估有哪些机会可以挖掘,以及企业可能面临哪些威胁。

第一,宏观环境分析。企业是一个开放的经济系统,其经营管理必然受到客观环境的控制和影响。企业要在充分研究外部环境的现状及未来发展趋势的基础上,抓住有利于企业发展的机会,避开环境威胁的因素。宏观环境分析一般通过政治和法律环境、经济环境、社会和文化环境、技术环境等因素分析企业所面临的状况。

第二,行业环境及竞争对手分析。企业应当加强对所处行业调研、分析、发现影响该行业盈亏的决定性因素、当前及预期的盈利性以及这些因素的变动情况。通过行业分析,确保企业在所提供产品或服务的类型、方式及地点,以及希

望实现的产业规模等方面，能够与同行业竞争对手区别开来，建立和巩固自身市场优势，制定差异化竞争战略。

第三，经营环境分析。经营环境分析侧重于对市场及竞争地位、消费者消费状况、融资者、劳动力市场状况等因素的分析。经营环境比宏观环境和行业环境更容易为企业所影响和控制，也更有利于企业主动应对其带来的机会和威胁。

2.分析内部资源，识别优势和劣势

内部资源是企业发展战略的重要制约条件，包括企业资源、企业能力、核心竞争力等各种有形和无形资源。分析企业拥有的内部资源和能力，应当着重分析这些资源和能力使企业在同行业中处于何种地位，与竞争对手相比，企业有哪些优势和劣势。

第一，企业资源分析。企业资源分析应着重对企业现有资源的数量和利用效率，以及资源的应变能力等方面的分析。通过企业资源分析，确定企业资源的状态，找出企业资源优势和劣势；通过与主要竞争对手资源情况的比较，明确形成企业核心能力和竞争优势的战略性资源。

第二，企业能力分析。企业能力是企业有形资源、无形资源和组织资源等各种资源有机组合的结果，主要包括：研发能力分析、生产能力分析、营销能力分析、财务能力分析、组织管理能力分析等。通过分析和挖掘企业能力，了解发展战略能否适应企业面临的各种机遇和挑战，同时还可能发现让竞争对手无法企及的新机会和新领域。

第三，核心竞争力分析。核心竞争力是指能为企业带来相对于竞争对手存在竞争优势的资源和能力。有助于企业构建核心竞争力的资源主要包括：稀缺资源、不可模仿的资源、不可替代的资源、持久的资源等。企业在战略分析时，应当将注意力特别集中在那些能够帮助企业建立核心竞争力的资源上。

（三）要科学编制发展战略

发展战略可以分为发展目标和战略规划两个层次。其中，发展目标是企业发展战略的核心和基本内容，是在最重要的经营领域对企业使命的具体化，表明企业在未来一段时期内所要努力的方向和所要达到的水平。战略规划是为了实现发展目标而制定的具体规划，表明企业在每个发展阶段的具体目标、工作任务和实施路径。

1. 制定发展目标

企业发展目标作为指导企业生产经营活动的准绳，通常包括：盈利能力、生产效率、市场竞争地位、技术领先程度、生产规模、组织结构、人力资源、用户服务、社会责任等。

关于发展目标的编制，有几点值得注意：第一，发展目标应当突出主业。在编制发展目标时突出主业，将其做精做强，做成行业"独一份"，不断增强核心竞争力，是许多成功的跨国公司的经验之谈。然而，我国少数大型企业存在盲目投资非主业的现象，特别是一些非地产主业的央企投资房地产，引发了社会各界的广泛争议。此举既不利于国家宏观调控政策的贯彻落实，也可能损害企业的长远发展。企业在发展过程中，只有集中精力做强主业，才能增强企业核心竞争力，才能在行业发展、产业发展中发挥引领和带头作用。第二，发展目标不能过于激进，不能盲目追逐市场热点，不能脱离企业实际，否则可能导致企业过度扩张或经营失败。为追求"超常规""跨越式"发展，有些企业转而制定激进的发展目标。在这种浮躁心态的驱使下，这些企业盲目做大，不惜成本，急于"铺摊子"，试图在短期内就打造成为巨型企业。但是，这种所谓"跨越式"发展，在内部管理能力难以跟上、风险管理水平不匹配的情况下，一旦遇到外部环境"风吹草动"，企业很可能顷刻间"灰飞烟灭"，迅速走向衰败。第三，发展目标不能过于保守，否则会丧失发展机遇和动力。在过于保守的战略引导下，企业由于发展目标易实现而沾沾自喜，久而久之，在激烈的市场竞争中往往不能及时抓住市场机会，导致发展滞后，最终难以逃脱被淘汰的命运。

2. 编制战略规划

发展目标确定后，就要考虑使用何种手段、采取何种措施、运用何种方法来达到目标，即编制战略规划。战略规划应当明确企业发展的阶段性和发展程度，制定每个发展阶段的具体目标和工作任务，以及达到发展目标必经的实施路径。

3. 严格审议和批准发展战略

发展战略拟订后，应当按照规定的权限和程序对发展战略方案进行审议和批准。

审议战略委员会提交的发展战略建议方案，是董事会的重要职责。在审议过程中，董事会应着力关注发展战略的全局性、长期性和可行性，具体包括：第一，发展战略是否符合国家行业发展规划和产业政策；第二，发展战略是否符合国家经济结构战略性调整方向;第三,发展战略是否突出主业,有助于提升企业核心竞争力;第四,发展战略是否具有可操作性;第五,发展战略是否客观全面地对未来商业机会和风险进行分析预测;第六,发展战略是否有相应的人力、财务、信息等资源保障等。董事会在审议中如果发现发展战略方案存在重大缺陷问题,应当责成战略委员会对建议方案进行调整。

企业发展战略方案经董事会审议通过后,应当报经股东(大)会批准后付诸实施。

三、如何实施发展战略

科学制定发展战略是一个复杂的过程,实施发展战略更是一个系统工程。企业只有重视和加强发展战略的实施,在所有相关目标领域全力推进,才有可能将发展战略描绘的蓝图转变为现实,铸就成核心竞争力。为此,企业应当加强对发展战略实施的统一领导,制定详细的年度工作计划,通过编制全面预算,将年度目标进行分解、落实,确保企业发展目标的实现。此外,还要加强对发展战略的宣传培训,通过组织结构调整、人员安排、薪酬调整、财务安排、管理变革等配套措施,保证发展战略的顺利实施。

(一)着力加强对发展战略实施的领导

要确保发展战略有效实施,加强组织领导是关键。企业经理层作为发展战略制定的直接参与者,往往比一般员工掌握更多的战略信息,对企业发展目标、战略规划和战略实施路径的理解和体会也更加全面深刻,应当担当发展战略实施的领导者。要本着"统一领导、统一指挥"的原则,围绕发展战略的有效实施,卓有成效地发挥企业经理层在资源分配、内部机构优化、企业文化培育、信息沟通、考核激励相关制度建设等方面的协调、平衡和决策作用,确保发展战略的有效实施。

(二)着力将发展战略分解落实

发展战略制定后,企业经理层应着手将发展战略逐步细化,确保"文件上"的发展战略落地变为现实。第一,要根据战略规划,制定年度工作计划。第二,要按照上下结合、分级编制、逐级汇总的原则编制全面预算,将发展目标分解并落实到产销水平、资产负债规模、收入及利润增长幅度、投资回报、风险管控、技术创新、品牌建设、人力资源建设、制度建设、企业文化、社会责任等可操作层面，确保发展战略能够真正有效地指导企业各项生产经营管理活动。第三，要进一步将年度预算细分为季度、月度预算，通过实施分期预算控制，促进年度预算目标的实现。第四，要通过建立发展战略实施的激励约束机制，将各责任单位年度预算目标完成情况纳入绩效考评体系，切实做到有奖有惩、奖惩分明，以促进发展战略的有效实施。

（三）着力保障发展战略有效实施

战略实施过程是一个系统的有机整体，需要研发、生产、营销、财务、人力资源等各个职能部门间的密切配合。在目前复杂动态的市场环境和激烈的市场竞争中，对企业内部不同部门之间的这种协同运作提出了越来越高的要求。为此，企业应当采取切实有效的保障措施，确保发展战略的顺利贯彻实施。

1. 要培育与发展战略相匹配的企业文化

企业文化是发展战略有效实施的重要支持。发展战略制定后，要充分利用企业文化所具有的导向、约束、凝聚、激励等作用，统一全体员工的观念行为，共同为发展战略的有效实施而努力奋斗。

2. 要优化调整组织结构

发展战略决定着企业组织结构模式的设计与选择，反过来，发展战略的实施过程及效果又受到所采取的组织结构模式的制约。要解决好发展战略前导性和组织结构滞后性之间的矛盾，企业必须在发展战略制定后，尽快调整企业组织结构、业务流程、权责关系等，以适应发展战略的要求。

3. 要整合内外部资源

企业能够利用的资源是有限的，如何调动和分配企业不同领域的人力、财力、物力和信息等资源来适应发展战略，是促进企业发展战略顺利实施的关键所在。企业在战略实施过程中，只有对拥有的资源进行优化配置，达到战略与资源的匹配，才能充分保证战略的实现。

4. 要相应调整管理方式

企业在战略实施过程中，往往需要克服各种阻力，改变企业日常惯例，在管理体制、机制及管理模式等方面实施变革，由粗放、层级制管理向集约、扁平化管理转变，为发展战略的有效实施提供强有力的支持。

（四）着力做好发展战略宣传培训工作

企业应当重视发展战略的宣传培训工作，为推进发展战略实施提供强有力的思想支撑和行为导向。一是，在企业董事、监事和高级管理人员中树立战略意识和战略思维，充分发挥其在战略制定与实施过程中的模范带头作用；二是，通过采取内部会议、培训、讲座、知识竞赛等多种行之有效的方式，把发展战略及其分解落实情况传递到内部各管理层级和全体员工，营造战略宣传的强大舆论氛围；三是，企业高管层要加强与广大员工的沟通，使全体员工充分认清企业的发展思路、战略目标和具体举措，自觉将发展战略与自己的具体工作结合起来，促进发展战略的有效实施。

四、如何实现发展战略转型

企业的内外部环境处于不断变化之中。当这种变化累积到一定程度时，发展战略可能会滞后或其执行偏离既定的发展目标。对此，企业战略委员会应当加强对发展战略实施情况的监控，定期收集和分析相关信息，对于明显偏离发展战略的情况，应当及时报告。同时，因经济形势、产业政策、技术进步、行业状况以及不可抗力等因素发生变化时，确需对发展战略作出调整优化甚至转型的，应当按照规定权限和程序，调整发展战略或实现战略转型。

（一）要加强对发展战略实施的监控

企业应当建立发展战略评估制度，加强对战略制定与实施的事前、事中和事后评估。从发展战略监控的角度讲，重点应当放在对实施中及实施后的评估。事中评估是对实施中发展战略的效果进行评估，是战略调整的重要依据。企业应当结合战略期内每一年度工作计划和经营预算完成情况，侧重对战略执行能力和执行效果进行分析评价。事后评估是对发展战略实施后效果的评估，应结合战略期末发展目标实现情况，侧重对发展战略的整体实施效果进行概括性的分析评价，总结经验教训，并为制定新一轮的发展战略提供信息、数据和经验。在发展战略评估过程中，企业应当采取定性与定量相结合、财务指标与非财务指标相结合的方法。发展战略制定与实施过程中存在的问题和偏差，应当及时进行内部报告，并采取措施予以纠正。

（二）要根据监控情况持续优化发展战略

发展战略明确了企业长期发展目标，在一定时期内应当保持相对稳定。但是，企业在开展战略监控和评估过程中，发现下列情况之一的，应当调整、优化发展战略，以促进企业内部资源能力和外部环境条件保持动态平衡：一是，经济形势、产业政策、技术进步、行业竞争态势以及不可抗力等因素发生较大变化，对企业发展战略实现有较大影响；二是，企业内部经营管理发生较大变化，确有必要对发展战略作出调整。

发展战略调整牵一发而动全身，应当按照规定的权限和程序进行。第一，各战略执行单位提出各自的战略规划评估报告和修订意见；第二，战略管理部门汇总各单位意见，并提出修订后的发展战略规划草案；第三，战略委员会对修订后发展战略规划草案进行评估论证，向董事会提出发展战略建议方案；第四，企业董事会严格审议战略委员会提交的发展战略建议方案。按公司章程规定，董事会审议通过的方案须报经股东（大）会批准的，还应履行相应的程序；第五，战略管理部门将批准的新发展战略，下发各战略执行单位遵照执行。

（三）要抢抓机遇顺利实现战略转型

当企业外部环境尤其是所从事行业的竞争状况发生重大变化时，或当企业步入新的成长阶段需要对生产经营与管理模式进行战略调整时，企业必须选择新的生存与发展模式，即战略转型。企业战略转型不是战略的局部调整，而是各个战略层次上的方向性改变。比如，海尔从产品制造企业向高端制造服务型企业的战略转型；吉利汽车从低端汽车产品向中端产品的战略转型等。

当前，随着环境和资源压力日益显现，粗放型和劳动密集型发展方式逐渐走到尽头，特别是在此次国际金融危机中，由于国际市场需求的严重萎缩，这种发展方式的致命弱点显露无遗。严峻的形势正"倒逼"着我国企业进行涅槃重生式的战略转型，正催促着我国的企业加快发展方式的转变。中海油高管层说得好，"加快经济发展方式转变，企业要一马当先，要起带头作用，特别是央企更要在节能减排、应对气候变化、发展低碳经济上走在前面"；"公司战略要服务服从于国家发展战略，在完成国家发展战略中打造企业的竞争优势"。

常言道："三年发展靠机遇，十年发展靠战略"。加强战略管理，提高战略管理水平，是企业谋求长远发展的不懈追求。后国际金融危机时期，我国正处在世界经济大变革、大转型的重要战略机遇期，企业应当以此为契机，强化发展战略管理，积极推进战略转型，加快发展方式转变，提升企业核心竞争力，实现健康可持续发展。

加强人力资源建设 夯实企业发展基石

——财政部会计司解读《企业内部控制应用指引第3号——人力资源》

毛泽东同志曾经说过:"政治路线确定以后,干部就是决定一切的因素。"古今中外,在影响一个国家、地区、行业或组织发展的因素当中,起决定性作用的是人力资源因素;国与国之间、企业与企业之间的竞争,归根到底是人力资源的竞争。《国家中长期人才发展规划纲要(2010—2020年)》把人才问题提到了前所未有的高度,明确指出"人才是社会文明进步、人民富裕幸福、国家繁荣昌盛的重要推动力量"。这些都表明,人力资源已经成为促进经济社会发展的第一要素。企业作为创造社会财富的主体,其组织架构和战略目标确定之后,人力资源管理应当摆在"重中之重"的位置。正是基于这样的理念和实际情况,财政部在会同有关部委联合发布的《企业内部控制指引》中,从优化内部环境的角度出发,将人力资源单独立项,制定了《企业内部控制应用指引第3号——人力资源》,旨在促进现代企业重视人力资源建设、不断优化人力资源布局,形成科学的人力资源管理制度和机制,全面提升企业的核心竞争力。

一、人力资源对企业发展的重要作用

人力资源对企业发展的重要作用,至少有以下三个方面:

第一,良好的人力资源管理制度和机制是增强企业活力的源泉。

人力资源管理要求企业根据发展战略,合理配置人力资源,调动全体员工的积极性,发挥员工的潜能和创造性,为企业创造价值,确保企业战略目标的实现。其核心和要义体现为"以人为本"的管理理念,力图实现董事、监事、高级管理人员和全体员工与企业之间的良性互动和共同发展。健全和实施良好的人力资源管理制度与机制,企业可以实现公开、公平、公正的用人自主权,引进需要的人,淘汰多余的人，建立干部能上能下，员工能进能出的灵活竞争机制，搞活企业，提高生产效率，让优秀人才有用武之地，让他们能在适合自己的岗位上得到全面发展，同时为企业和社会作出更大贡献。

第二，良好的人力资源管理制度和机制是提升企业核心竞争力的重要基础。

随着我国经济社会快速发展和经济全球化，特别是后国际金融危机时期世界经济格局的调整，优秀人才已经成为市场竞争中最重要的战略资源，人力资源在综合国力的提升和企业竞争中起着决定性作用。无论从宏观还是从微观角度，人力资源都是最活跃的、最有创造力的因素。人才就是效率，人才就是财富。无数事实证明，一个企业的生死存亡、经营成败，很大程度上取决于人力资源。

有了良好的人力资源机制和制度，才能凝聚全体员工，为实现企业发展战略而不懈奋斗。"百年老店"经久不衰的根本原因在于良好的人力资源政策，在于打造了一支结构合理、分工明确、运行有效、积极向上的精英团队。可以说，正是因为拥有优秀的人才队伍，它们的核心竞争力才不断增强，才能在竞争中保持长久的发展优势。

第三，良好的人力资源管理制度和机制是实现发展战略的根本动力。

现代企业要在激烈的竞争中求生存谋发展，在完善组织架构和制定科学的发展战略之后，起决定作用的就是要建立良好的人力资源制度和机制。在企业发展战略和人力资源管理两者的关系中，发展战略决定了人力资源政策；反过来，良好的人力资源政策又对发展战略具有积极促进作用，主要表现为：人力资源是企业发展的灵魂，有了良好的人力资源制度和运行机制，才能制定出科学的发展战略，决策才不会失误；有了良好的人力资源制度和运行机制，才能最大限度地激发专业技术人员充分发挥创造力，从事研究与开发；有了良好的人力资源制度，才能激发全体员工为实现发展战略而不懈奋斗，最终确保发展战略有效贯彻落实，实现预期发展目标。

二、人力资源指引的主要内容

人力资源指引的主要内容包括：制定指引的必要性和依据，人力资源管理的范畴，人力资源管理中应当关注的主要风险以及人力资源的引进、开发、使用和退出等，分为三章共十四条。人力资源指引的核心是如何建立一套科学的人力资源制度和机制，不断优化人力资源结构，实现人力资源的合理配置和布局，切实做到人尽其才，充分发挥人力资源的作用，强化激励机制，增强人才活力，合理引进和开发人才，用好和盘活现有人才，强化人力资源风险管理，全面提升管理团队、专业技术人才和全体员工的创造力，切实做到使每位员工都投身于企业可持续发展之中。

决策层和执行层的高管团队建设是企业人力资源管理的重要领域。企业董事会成员和董事长是决定企业发展战略的关键管理人员，其中，董事长的作用不可忽视。

决策层团队要具有战略眼光，具备对国内、国际形势和宏观政策的分析判断能力，要对同行业、本企业的优势具有很强的认知度。决策层决策失误，很可能葬送企业的前程。现代化企业要通过建立和完善良好的人力资源制度和机制，促进企业决策层处于优化状态。

执行层通常是指经理层。经理层应当树立的重要理念就是执行力。企业科学的发展战略必须通过经理层强有力的贯彻实施才能实现；否则，再好的发展战略如果执行不力，也会导致经营失败。建立和完善良好的人力资源制度和机制，必须能够引进优秀的管理团队，其中，总经理人选至关重要。近年来，大型企业不断创新引进优秀高管人才的方法，向国内外聘请职业经理人，就是为了实现上述目标。

一个从事实业且提供高科技产品的企业，在人力资源管理中，应凸显专业技术人员团队的重要性。此类企业需要建立和完善良好的人力资源制度和机制，激发科技人员研发的积极性。从某种程度上讲，专业技术人员掌握了企业生存与发展的核心技术和命脉。企业对于掌握核心技术的人员，需要予以高度的重视，要制定相应的政策，致力于在企业内部形成尊重知识和人才的良好氛围。

良好的人力资源制度和机制，能够调动全体员工的积极性，而且能够促进员工素质不断提升，使全体员工爱岗敬业、积极进取，甘愿为企业发展贡献终生。

三、人力资源管理的主要风险

人力资源指引按照优化人力资源的要求，明确指出了人力资源管理至少应当关注三个方面的重要风险。

（1）人力资源缺乏或过剩、结构不合理、开发机制不健全，可能导致企业发展战略难以实现。这一风险侧重于企业决策层和执行层的高管人员。如前所述，在现代企业中，决策层和执行层对于实现企业发展战略具有十分重要的作用。

因此，企业人力资源管理应当关注这一重要风险领域，只有这样，才能抓住"牛鼻子"。也就是说，在企业发展过程中，应当通过发展战略的制定与实施，不断验证决策层和执行层的工作能力和效率。如果发现重大风险，或对经营不利，应当及时评估决策层和执行层的高管人员是否具备应有的素质和水平。

在对决策层和执行层高管团队的评估考核过程中，如果发现有不胜任岗位工作的，应当通过有效方式及早加以解决，避免企业面临崩溃或走向消亡。当然，也不完全限于高管人员，其他人员缺乏和过剩、结构不合理等，也可能影响企业实现发展战略。

（2）人力资源激励约束制度不合理、关键岗位人员管理不完善，可能导致人才流失、经营效率低下或关键技术、商业秘密和国家机密泄露。这一风险侧重于企业的专业技术人员，特别是掌握企业发展命脉核心技术的专业人员。掌握企业核心技术或商业秘密，甚至国家秘密的专业人才，是企业在激烈竞争中立于不败之地的关键"资本"。就实现发展战略而言，核心专业人才的流失，无疑会给企业的正常运作和长远发展带来巨大隐患，同时也会对人力资源造成巨大损失。为了留住核心专业人才，企业要有容纳人才共同创造价值的企业文化和环境；要有识才的慧眼、用才的气魄、爱才的感情；要知人善任，相信人才、依靠人才，做到用人不疑，疑人不用。特别是，面对科学技术日新月异的飞速发展，企业要不断更新专业技术人员的知识结构，紧密结合企业技术攻关及新技术、新工艺和新产品开发，开展各种专业培训等继续教育，帮助专业技术人员不断补充、拓宽、深化和更新知识。与此同时，还要建立良好的人才激励约束机制，做到以事业、待遇、情感留人与有效的约束限制相结合。企业对于掌握或涉及产品技术、市场、管理等方面关键技术、知识产权、商业秘密或国家机密的工作岗位的员工，要按照国家有关法律法规并结合企业实际情况，加强管理，建立健全相关规章制度，防止企业的核心技术、商业秘密和国家机密泄密，给企业带来严重后果。

（3）人力资源退出机制不当，可能导致法律诉讼或企业声誉受损。这一风险侧重于企业辞退员工、解除员工劳动合同等而引发的劳动纠纷。为了避免和减少此类风险，企业应根据发展战略，在遵循国家有关法律法规的基础上，建立健全良好的人力资源退出机制，采取渐进措施执行退出计划。在具体执行过程中，要充分体现人性化和柔性化。

四、人力资源的引进与开发

无论是新设立企业还是存续企业,为实现其发展目标,都会遇到人力资源引进和开发问题。人力资源作为企业总体资源的组成部分,与其他资源有机结合在一起,共同促进企业健康发展。从量上看,人力资源的引进要依据年度人力资源需求计划;从质上看,人力资源引进要符合相关能力框架、知识结构和综合素质;从层次上看,人力资源的引进要注意区分高级管理人员、专业技术人员和一般员工。同时,人力资源的开发也应依据相应的管理要求。

(一)高管人员的引进与开发

高管人员对实现企业发展战略的重要性不再重复叙述,其引进与开发应当处于首要位置。企业应当制定高管人员引进计划,要提交董事会审议通过后实施。董事会在审议高管人员引进计划时,应当关注高管人员的引进是否符合企业发展战略,是否符合企业当前和长远需要,是否有明确的岗位设定和能力要求,是否设定了公平、公正、公开的引进方式。通常情况下,企业引进的高管人员必须对企业所处行业及其在行业的发展定位、优势等有足够的认知,对企业的文化和价值观有充分的认同;同时,必须具有全局性的思维,有对全局性、决定全局的重大事项进行谋划的能力;必须具有解决复杂问题的能力;必须具有综合分析能力和敏锐的洞察力,有广阔的思路和前瞻性、宽广的胸怀等;必须精明强干并具备奉献精神;在引进高管人员过程中,还要坚持重真才实学,不唯学历。在高管人员开发过程中,要注重激励和约束相结合,创造良好的干事业的环境,让他们的聪明才智充分显现,使其真正成为企业的核心领导者。

(二)专业技术人员的引进与开发

专业技术人员特别是核心专业技术人员是企业发展的动力。企业的发展离不开专业技术人员的创新和研发。在后金融危机时期,企业普遍都在开展自主创新,推进企业技术升级,走低碳可持续发展道路。在企业现有专业技术人员不能满足发展战略的情况下,企业要注重通过各种方式大胆引进专业技术人员为我所用。专业技术人员的引进,既要满足企业当前实际生产经营需要,同时又要有一定的前瞻性,适量储备人才,以备急需;既要注重专业人才的专业素质、科研能力,同时也应注意其道德素质、协作精神以及对企业价值观和文化的认同感;同时关注专业技术人员的事业心、责任感和使命感。专业技术人员的开发，要注重知识持续更新，紧密结合企业技术攻关及新技术、新工艺和新产品开发来开展各种专题培训等继续教育，帮助专业技术人员不断补充、拓宽、深化和更新知识。同时，要建立良好的专业人才激励约束机制，努力做到以事业、待遇、情感留人。

（三）一般员工的引进与开发

一般员工占据企业人力资源的大部分，主要在企业生产经营的一线。一般员工通常具有流动性强的特点，因此往往成为企业年度人力资源引进工作的重要内容。为确保企业生产经营正常运转，企业应当根据年度人力资源计划和生产经营的实际需要，通过公开招聘方式引进一般员工。在此过程中，企业应当严格遵循国家有关法律法规的要求，注意招收那些具有一定技能、能够独立承担工作任务的员工，以确保产品和服务质量。在经济发展迅速、环境变化较快的今天，企业要根据组织生产经营需要，不断拓展一般员工的知识和技能，加强岗位培训，不断提升一般员工的技能和水平。同时，要善待一般员工，在最低工资标准、保险保障标准等方面严格按照国家或地区要求办理，努力营造一种宽松的工作环境。

五、人力资源的使用与退出

人力资源的使用与退出是人力资源管理的重要组成部分。良好的人力资源使用机制，可以促进企业员工队伍充满活力，保证员工连续的职业生涯，并有利于企业人力资源符合企业发展目标，实现企业和员工的双赢。同时，为了确保人力资源的有效利用，使员工队伍持续保持优化状态，企业应当建立和完善人力资源激励约束机制，从战略层面、管理层面，理性对待人力资源退出，致力促进企业人力资源系统良性循环。

（一）人力资源的使用

企业应当设置科学的业绩考核指标体系，对各级管理人员和全体员工进行严格考核与评价，以此作为确定员工薪酬、职级调整和解除劳动合同等的重要依据。为了充分发挥人才的作用，要创新激励保障机制，激发人才干事创业的积极性；要建立以绩效为核心的分配激励制度；要完善按劳分配为主体、多种分配方式并存的分配制度，坚持效率优先、兼顾公平，多种生产要素按贡献参与分配。企业要注意发挥绩效考核对调动员工积极性和创造性的引导作用，注重对绩效考核结果的科学运用。

人力资源的使用,应当重视打破"大锅饭"体制,干好干坏一个样,必然损害全体员工的利益,长此以往必然导致企业效益下降甚至走向衰亡。有的企业不同程度地存在着"一个干的,一个看的,一个捣乱的"现象,这种状况的存在是非常危险的。必须要改革人力资源使用制度和机制,彻底解决干好干坏一个样的问题。

人力资源的绩效考评结果应当着重运用于改进工作绩效、薪酬及奖金的分配、职务调整、培训与再教育、员工职业生涯规划以及作为员工退出的重要依据等多方面。

绩效考核要与薪酬相挂钩,要切实做到薪酬安排与员工贡献相协调,既体现效率优先又兼顾公平,杜绝高管人员获得超越其实际贡献的薪酬;同时,要注意发挥企业福利对企业发展的重要促进作用,既吸引企业所需要员工、降低员工的流动率,又激励员工、提高员工士气及对企业的认可度与忠诚度。

在人才的使用过程中,还要注意策略,通过对人才"压担子""给路子""搭梯子",促进人才的快速成长。

真正做到量才适用、人事相宜,什么等级的人就安排什么等级的事。切实做到人才使用科学合理,既使人才感到轻微的压力,又不至于感到压力过大,工作职位稍有挑战性,有助于激励人才奋发进取的精神。

要尊重人才成长规律,善于克服人力资源管理的"疲劳效应"。在人才发展最好时,要适时地调整岗位和职位,使之始终处于亢奋期和临战状态。

(二)人力资源的退出

建立企业人力资源退出机制是实现企业发展战略的必然要求。

人力资源只进不出,人力资源就会造成滞胀,严重影响企业有效运行。实施人力资源退出,可以保证企业人力资源团队的精干、高效和富有活力。通过自愿离职、再次创业、待命停职、提前退休、离岗转岗等途径,可以实现不适合于企业战略或流程的员工直接或间接地退出,让更优秀的人员充实相应的岗位,真正做到"能上能下、能进能出",实现人力资源的优化配置和战略目标。

人力资源的退出必须以科学的绩效考核机制为前提,同时还需要相关的环境支撑。第一,要在观念上将人员退出机制纳入人力资源管理系统和企业文化之中,使人力资源退出从计划到操作成为可能,同时获得员工的理解与支持。第二,要建立科学合理的人力资源退出标准,使人力资源退出机制程序化、公开化,有效消除人力资源退出可能造成的不良影响。第三,人力资源退出一定要建立在遵守法律法规的基础上,严格按照法律规定进行操作。一方面,退出方法要根据相关法律的规定制定,要有书面材料记录员工相关行为,使员工退出具有充分证据;另一方面,在实施退出时,要注意和劳动部门做好沟通,并按《中华人民共和国劳动法》规定,给予退出员工相应补偿金额。

总之,为确保企业发展战略实现,企业应当注重健全人力资源管理制度与机制;同时,还应当定期对其制定的年度人力资源计划执行情况进行评估,总结人力资源管理经验,分析存在的主要缺陷和不足,及时改进和完善人力资源政策,促进企业整体团队充满生机和活力,为企业长远战略和价值提升提供充足的人力资源保障。

履行社会责任是企业应尽的义务和使命

——财政部会计司解读《企业内部控制应用指引第4号——社会责任》

一般认为，企业就是创造利润的，利润最大化或股东财富最大化是企业发展的唯一目标，社会责任是政府的事情，与己无关。这种观点和定位有失偏颇。企业创造利润或实现股东财富最大化固然重要，但在经济社会高速发展的当今时代，尤其是我国作为发展中国家，大力发展社会主义市场经济，企业作为重要的市场主体，如果不顾一切地追逐利润而不履行社会责任，显然不符合科学发展观与建设和谐社会的要求。即使是西方发达国家，企业也要履行社会责任。履行社会责任是企业应尽的义不容辞的义务，也是企业的光荣使命。因此，在企业内部控制应用指引中，从实现企业与社会协调发展的要求出发，单独规定了社会责任指引，旨在促进企业在发展中不能忘记履行社会责任。

一、企业为什么要履行社会责任

本指引所称的社会责任，是指企业在经营发展过程中应当履行的社会职责和义务，主要包括安全生产、产品质量（含服务）、环境保护、资源节约、促进就业、员工权益保护等。根据本指引对社会责任的描述，企业履行社会责任至少具有如下意义：

（1）企业创造利润或财富与履行社会责任是统一的有机整体，企业创造利润或财富，要依法纳税、向股东分红，并向管理者和员工发放年薪或工资，企业创造的利润或财富越多，上缴税收和分红就越多，年薪和工资也就随之升高，从而为国家、股东和员工作出贡献，同时促进客户发展，等等。这在本质上也属于履行社会责任。在这一过程中，要做到安全生产，提升产品质量，重视环境保护和资源节约，促进就业和保护员工权益，属于企业直接为社会相关方面作出贡献。两者之间的目标是一致的，不应将两者对立起来。正确处理两者的关系，实现两者的有机统一，企业才能进入良性发展的轨道；反之，如果单纯为了追求利润或财富而不履行社会责任，就难以实现发展战略。

（2）企业履行社会责任是提升发展质量的重要标志，也是实现可持续长远发展的根本所在。随着我国经济的高速发展，党中央和国务院十分强调转变发展方式，归根到底是要求提升发展质量问题。履行社会责任是企业提升发展质量的重要标志。众所周知，如果企业做不到安全生产，事故频发，人员伤亡，必然是欲速则不达甚至关闭；如果企业产品质量低劣，损害消费者利益，很快将失去市场，或者在全国乃至国际市场造成负面影响，定会导致停产；如果以牺牲环境为代价追逐利润，这就违背了企业发展宗旨，如果环境污染影响人类健康，这是犯罪行为。

以浪费资源为代价追求速度和效益，必然危及子孙后代，如此等等。

由此可见，企业在制定和实现发展战略过程中，应当充分考虑履行社会责任的要求，否则，企业必然短命。企业只有重视和履行社会责任，才能从根本上转变发展方式，提升发展质量，实现持续长远发展的目标。

（3）企业履行社会责任，是打造和提升企业形象的重要举措。企业形象是指企业的社会认同度，包括国内认同度和国际认同度。社会认同度高的企业必然是优质企业。企业如何提升社会认同度呢？有的企业通过广告宣传，有的企业通过包装手段，形式有多种多样。但是，这都不能持久，真正提升企业形象取决于履行社会责任。如果一个企业切实做到安全生产，产品质量第一，环境保护符合国家质量标准，避免掠夺性开发资源，促进社会就业等等，从发展质量上下功夫，苦练内功，重视内涵，在认真履行社会责任的前提下实现发展目标，或将履行社会责任作为发展战略的重要组成部分，这样的优质企业才能从根本上改变和不断提升企业形象，在此基础上的企业形象必然被社会广泛认可。

二、企业应当履行哪些社会责任

《企业内部控制应用指引第4号——社会责任》规定企业履行的社会责任包括安全生产、产品质量、环境保护、资源节约、促进就业、员工权益保护等方面。这是就一般企业而言，特殊行业的企业应履行的社会责任不完全相同。

（一）安全生产

企业如何实现安全生产，社会责任指引规定了以下方面：

一是建章建制，建立健全安全生产管理机构。近年来，国家立法部门相继制定了《安全生产法》等近30部关于安全生产的专门法律和行政法规，企业应当依据国家有关安全生产方面的法律法规规定,结合本企业生产经营的特点,建立健全安全生产方面的规章制度、操作规范和应急预案。建章建制的关键是落实到位。近年来的重大安全事故频发,原因并不是没有建章建制,而是在巨大的经济利益驱动下,无视规章制度。人为因素往往是重大安全事故频发的重要原因,这是值得深思的。如果将国家和企业制定的一系列涉及安全生产的规章制度落实到位,就能够杜绝安全事故的发生。

二是不断加大安全生产投入和经常性维护管理。企业特别是高危行业的企业,应当将安全生产投入列为首位,"磨刀不误砍柴工",急于求成、急功近利是不足取的。

企业一定要重视安全生产投入,将员工的生命安全视为头等大事,加大安全生产的技术更新,保证投入安全生产所需的资金、人力、财物及时和足额到位。企业还应组织开展生产设备的经常性维护管理,及时排除安全隐患,切实做到安全生产。

三是开展员工安全生产教育,实行特殊岗位资格认证制度。加强对员工进行安全生产培训教育至关重要。通过培训教育,让员工牢固树立"安全第一、预防为主"的思想,提高他们防范灾害的技能和水平。培训教育应当经常化、制度化,做到警钟长鸣,不能有丝毫放松和懈怠。对于特殊作业人员和特殊资质要求的生产岗位,因工作接触的不安全因素较多,危险性较大,容易发生事故,必须依法实行资格认证制度,持证上岗。

四是建立安全生产事故应急预警和报告机制。企业必须要建立事故应急处理预案,建立专门的应急指挥部门,配备专业队伍和必要的专业器材等,在发生安全生产事故时做到临危不乱,按照预定程序有条不紊地处理好发生的安全生产事故,尽快消除事故产生的影响,同时按照国家有关规定及时报告,不得迟报、谎报和瞒报。安全生产必须实行严格的责任追究制度。

(二)产品质量

产品质量是企业长久发展的生命线。如何保证产品质量,结合社会责任指引要求,企业至少应做到以下方面:

一是建立健全产品质量标准体系。产品质量的危害不言而喻,一害自己,二害他人,"损人不利己"。为了更加有效地提升产品质量,企业应当根据国家法律法规规定,结合企业产品特点,制定完善产品质量标准体系,包括生产设备条件、生产技术水平、原料组成、产品规格、售后服务等,努力为社会提供优质安全健康的产品和服务，最大限度地满足消费者的需求，对社会和公众负责。

二是严格质量控制和检验制度。从原材料进厂，一直到产品销售等各个环节和流程，都必须有严格的质量控制标准作保证。企业应当加强对产品质量的检验，严禁未经检验合格的产品流入市场。如果每个企业都能把好市场准入关口，严防假冒伪劣产品进入市场，不仅对企业自身有利，而且能够推动社会进步。

三是加强产品售后服务。企业售后服务不仅是一种经营，更是一种文化、一种理念，是企业与客户、消费者沟通和联系的一个纽带。企业通过优质的售后服务，促进与客户、消费者的关系更加紧密，树立企业形象，提高产品信誉，扩大产品影响，培养客户的忠诚度。企业应当把售后服务作为企业采取有效竞争策略、提高产品服务增值的重要手段，重视和加强售后服务，创新售后服务方法，力争做到件件有结果、有分析、有整改、有考核。

对有缺陷的产品，应当采取及时召回、实行"三包"等，赢得消费者对企业产品的信赖和支持，维护消费者合法权益。

（三）环境保护与资源节约

为建设资源节约型、环境友好型企业，社会责任指引从以下方面提出了要求：

一是转变发展方式，实现清洁生产和循环经济。企业要在快速增长中破解资源与环境的双重约束，在市场竞争中争取主动，必须转变发展方式，重视生态保护，调整产业结构，发展低碳经济和循环经济。加大对环保工作的人力、物力、财力的投入和技术支持，不断改进工艺流程，加强节能减排，降低能耗和污染物排放水平，实现清洁生产。加强对废气、废水、废渣的自行回收、利用和处置等综合治理，推动生产、流通和消费过程中对资源的减量化、再利用、资源化，以最小的资源消耗、最少的废物排放和最小的环境代价来换取最大的经济效益。

二是依靠科技进步和技术创新，着力开发利用可再生资源。企业发展离不开能源和资源。随着我国经济的高速发展，能源、资源对企业经济发展的"瓶颈"制约作用也越来越凸显。企业只有不断增强自主创新能力，通过技术进步推动替代技术和发展替代产品、可再生资源，降低资源消耗和污染物排放，实现低投入、低消耗、低排放和高效率，才能有效实现资源节约和环境保护。

三是建立完善监测考核体系，强化日常监控。资源节约和环境保护人人有责。只有建立环境保护和资源节约监测考核体系，完善激励与约束机制，明确职责，各司其职、各尽其责，严格监督，落实岗位责任制，才能保证环境保护和资源节约等各项工作落到实处。企业要加强日常监控，定期开展监督检查，发现问题，及时采取措施予以纠正。发生紧急、重大环境污染事件时，应当立即启动应急机制，同时根据国家法律法规规定，及时上报，并依法追究相关责任人的责任。

（四）促进就业

促进员工就业是企业社会责任的重要体现。保障就业、稳定就业，是社会稳定和发展的大计。中国是世界上人口最多的国家，又是世界上最大的发展中国家。面对庞大的人口数量，国民经济还相对薄弱，要让尽可能多的劳动者享受改革发展的成果，促进社会稳定和谐，就要最大限度地创造就业，这不仅是各级政府的责任，也是企业应尽的义务。中国的企业家身上不能只流淌着金钱和利润的血液，更应流淌着道德的血液，应该做超越资本运营者的更高层次的企业家。为此，配套指引对企业促进充分就业作出了明确规定。

企业作为就业工作的最大载体，应当以宽广的胸怀接纳各方人士，为国家和社会分担困难，促进充分就业。在各级政府培训提高劳动者专业技能和素质、鼓励企业扩大就业方面给予税收等优惠待遇同时，企业应结合实际需要，转变陈旧或功利的用人观念，在满足自身发展的情况下，公开招聘、公平竞争、公正录用，为社会提供尽可能多的就业岗位，特别是建筑企业、服务型企业、商业零售企业、劳动服务企业等劳动密集型企业，应当成为吸纳农民工就业的主体。企业在录用员工时，不能因民族、种类、性别、宗教信仰不同而受歧视，要保证劳动者依法享有平等就业和自主择业的权利。

（五）保护员工合法权益

员工是企业生存发展的内在动力。不断提高员工的素质，维护员工的合法权益，既是社会和谐稳定的需要，也是企业长远发展的需要。企业应当尊重员工，关爱员工，维护员工权益，促进企业与员工的和谐稳定和共同发展。为此，社会责任指引作出了以下要求：

一是建立完善科学的员工培训和晋升机制。培训的目的是让员工得到尽快发展。企业应当保证晋升对每个人的公平、公正，每个人有主宰自己的命运，适应快、能力强的人能迅速掌握各阶段的技能，自然能得到更快的晋升。不同员工个性化的培训，保持员工及时获得必要的知识储备，才能通过公平竞争和优越的机会吸引大批有能力的员工为企业真诚服务。

二是建立科学合理的员工薪酬增长机制。薪酬的高低，无疑是吸引和争夺人才的一个关键性因素。企业应当遵循按劳分配、同工同酬的原则，结合内外部因素和员工自身表现等,建立科学有效的薪酬正常增长机制,最大限度地激发员工工作热情、敬业精神和工作绩效。员工工资等薪酬应当及时发放,员工各类社会保险应当及时足额缴纳,不得无故拖欠和克扣。企业应当重视和关注,积极缩小高管薪酬与员工的收入差距,促进企业高管人员与员工的薪酬有机协调统一。

三是维护员工的身心健康。现代社会的激烈竞争和快节奏,导致员工身心高度紧张,承受过重的职业压力,很多员工处于亚健康状态。企业应当关心员工身体健康,保障员工充分的休息休假权利,广泛开展娱乐休闲活动。加强职工代表大会和工会组织建设,通过企业内部员工热线、信访接待、内部媒体、员工建议箱等渠道,保证员工与企业上层的信息畅通,帮助员工减压,不断提高员工的身体素质。要加强对职业病的预防、控制和消除,贯彻落实国家有关职业卫生的法律法规,加强生产安全管理工作,定期对劳动者进行体检,建立职业健康档案等,预防、控制和有效消除职业危害,确保员工身心健康。

(六)重视产学研用结合

党和政府历来高度重视产学研用结合工作,企业、高校和科研机构在实践中积极探索产学研用结合的有效模式和机制,取得了明显成效,支撑了我国产业技术进步和相关行业的发展,尤其是推动教育改革和应用型人才培养。为促进企业重视加强产学研用结合,社会责任指引作出了明确规定。

企业应当重视产学研用结合,牢固确立企业技术创新主体地位这个核心,把产学研用结合的基点放在人才培养方面。要充分运用市场机制和手段,积极开展与高校和科研院所的战略合作,联合创建国家重点实验室、工程中心等研发和产业化基地,实行优势互补,激发科研机构的创新活力。要重视和加强与高校和科研院所人才培养和交流,加速科技成果的转化和产业化,引导技术创新要素聚集到企业创造社会财富过程中来,使企业获得持续创新的能力。同时促进应用型人才的培养,确保企业发展中亟须人才不断得到补充。

(七)支持慈善事业

中华民族具有深厚的慈善文化传承,乐善好施、扶贫济困、安老助孤、帮残助医、支教助学等慈善爱心活动,是中华民族传统美德和人类社会文明的重要组成部分。大力推动企业支持社会慈善爱心活动,对于组织调动社会资源、调节贫富差距、缓解社会矛盾、促进社会公平、构建和谐社会具有重要而深远的意义。

因此,社会责任指引要求企业重视支持慈善事业,扶助社会弱势群体。

"予人玫瑰,手有余香"。通过捐赠等慈善公益事业,企业能够达到无与伦比的广告效应，既能享受税收优惠，又能提升企业的形象和消费者的认可度与赞誉度，提高市场占有率。著名的王老吉饮料公司2007年的销售收入是46亿元，2008年捐赠1亿元给汶川地震灾区后，实现全年销售收入96亿元，1亿元的捐赠换来了50亿元的收入。"仰承福泽，报效桑梓"。企业在关注公司自身发展的同时，应当勇于承担社会责任，积极支持慈善事业，奉献爱心和善举，扶助社会弱势群体，把参与慈善活动作为创新产品和服务的潜在市场，将慈善行为与企业发展目标有机地联系起来，不断增强自身参与社会慈善事业发展的积极性和可持续性，以实际行动践行企业公民的责任和义务。

三、企业如何履行社会责任

企业重视并切实履行社会责任，既是为企业前途、命运负责，也是为社会、为国家、为人类负责。企业应当高度重视履行社会责任，积极采取措施促进社会责任的履行。

（一）企业负责人要高度重视强化社会责任

企业履行社会责任，很大程度上取决于企业负责人的意识和态度。企业负责人应当高度重视这项工作，树立社会责任意识，把履行社会责任提上企业重要议事日程，经常研究和部署社会责任工作，加强社会责任全员培训和普及教育，不断创新管理理念和工作方式，努力形成履行社会责任的企业价值观和企业文化。

（二）建立和完善履行社会责任的体制和运行机制

企业要把履行社会责任融入企业发展战略，落实到生产经营的各个环节，明确归口管理部门，建立健全预算安排，逐步建立和完善企业社会责任指标统计和考核体系，为企业履行社会责任提供坚实的基础与保障。

（三）建立企业社会责任报告制度

发布社会责任报告，是企业履行社会责任的重要组成部分。发布企业社会责任报告，让股东、债权人、员工、客户、社会等各方面知晓自己在社会责任领域所做的工作、所取得的成就，可以增强企业的战略管理能力，使企业由外而内地深入审视与社会的互动关系，全面提高企业服务能力和水平，提高企业的品牌形象和价值。

加强企业文化建设 提升企业软实力

——财政部会计司解读《企业内部控制应用指引第5号——企业文化》

企业文化是指企业在生产经营实践中逐步形成的、为整体团队所认同并遵守的价值观、经营理念和企业精神，以及在此基础上形成的行为规范的总称。著名经济学家于光远先生站在战略高度精辟指出，"国家富强在于经济，经济繁荣在于企业，企业兴旺在于管理，管理优劣在于文化"。可见，企业文化对于企业发展壮大的关键作用。企业有了积极向上的优秀文化，它就会重视创新、尊重知识、尊重人才、赢得客户、打响品牌，终成"百年老店"；反之，企业缺乏优秀的文化，它就像一个没有个性和创业激情的人，终将在市场竞争中湮没沉沦，失去竞争力，为市场所唾弃。正是由于企业文化在促进企业发展战略实现过程中的灵魂和支柱作用，在企业内部控制应用指引中单独立项加以规范。本文就此进行解读。

一、企业文化在促进企业发展战略实践中的重要作用

美国兰德公司研究表明，世界500强之所以强，固然受多种因素的影响，但关键在于以文化力制胜。这是不可否认的事实。在当今激烈的市场经济竞争条件下，企业要实现发展战略，做大做强，应当重视和加强企业文化建设。

（一）企业文化建设可以为企业提供精神支柱

一个人活在世上应该有一点精神，要有理想和追求。因为有了积极向上的精神，他才能活出精彩，活得有价值。一个企业要在市场竞争中取胜，保持可持续健康发展，同样需要具备顽强拼搏、不懈奋斗的精神。有了这种现代企业精神，才能将企业董事、监事、高级管理人员和全体员工的心紧紧连在一起，让他们尽最大努力，充分发挥主观能动性，为企业创造最大价值。有了这种现代企业精神，才能让企业在遭遇国际金融危机等重大困难情况下不致被击倒；才能让企业抓住

发展机遇，实现跨越式发展。这种现代企业精神集中体现为企业文化。从这意义上讲，建设企业文化，可以为企业提供精神支柱。

（二）企业文化建设可以提升企业的核心竞争力

企业核心竞争力是企业所具有的不可交易和不可模仿的独特的优势因素，是企业竞争中最具有长远和决定性影响的内在因素。通常认为，拥有核心竞争力的企业具有以下特征：具有良好市场前景的关键技术、真实稳健的财务状况、内外一致的企业形象、真实诚信的服务态度、团结协作的团队精神、以客户为中心的经营理念、公平公正善待员工、鼓励员工开拓创新的激励机制等。所有这些特征中，几乎都与企业文化有关。我国中医药行业的著名老字号——北京同仁堂，之所以历经300多年而不衰，不可否认的是其拥有"核心技术"，但同样重要的在于历代同仁堂人前赴后继、不懈追求，始终恪守和培育"炮制虽繁必不敢省人工，品味虽贵必不敢减物力""修合无人心，存心有天知"的文化传承。为此，企业应当重视和加强企业文化建设，不断提升核心竞争力。

（三）企业文化建设可以为内部控制有效性提供有力保证

《企业内部控制基本规范》明确指出，"企业应当加强文化建设，培育积极向上的价值观和社会责任感，倡导诚实守信、爱岗敬业、开拓创新和团队协作精神，树立现代管理理念，强化风险意识。"企业文化是企业建立和完善内部控制的重要基础。内部控制作为企业管理的重要抓手，表现形式往往是系列规章制度及其落实。这些规章制度连同其他管理规范，甚至包括企业的发展目标和战略规划，要真正落实到位，都必须努力建设优秀的企业文化。规章制度的生命力在于执行。没有优秀的企业文化，就不能统一董事、监事、高级管理人员和全体员工的思想和意志，就不能激发其潜力和热情，就不能培育对企业的认同感，就不能形成卓越的执行力。从这个意义上讲，为了真正发挥内部控制在强化企业管理、提升企业经营管理效率和效果、促进实现发展战略中的重要作用，应当重视和加强企业文化建设，致力于打造优秀的企业文化。

二、如何打造优秀的企业文化

打造优秀的企业文化，是一个长期而复杂的系统工程，不能一蹴而就。

第一，要注重塑造企业核心价值观。核心价值观是企业在经营过程中坚持不懈、努力使全体员工都必须信奉的信条，体现了企业核心团队的精神，往往也是企业家身体力行并坚守的理念。它明确提倡什么、反对什么，哪一种行为是企业所崇尚的，鼓励大家去做的；哪一种行为是企业反对的，大家不应该去做的。正像一个人的所有行为都是由他的价值观所决定的那样，一个企业的行为取向也是由企业的价值观所决定的。这种价值观和理念是一个企业的文化核心，凝聚着董事、监事、高级管理人员和全体员工的思想观念，从而使大家的行为朝着一个方向去努力，反映出一个企业的行为和价值取向。比如，迪斯尼公司的核心价值观就是"健康而富有创造力"，简短而内涵丰富。企业文化建设始于核心价值观的精心培育，忠于核心价值观的维护、延续和创新。这是成功企业不变的法则。为此，应当注重以下3个方面：一要着力挖掘自身文化。要注意从企业特定的外部环境和内部条件出发，把共性和个性、一般和个别有机地结合起来，总结出本企业的优良传统和经营风格，挖掘整理出本企业长期形成的宝贵的文化资源，在企业精神提炼、理念概括、实践方式上体现出鲜明的特色，形成既具有时代特征又独具魅力的企业文化。二要着力博采众长。要紧紧把握先进文化的前进方向，以开放、学习、兼容、整合的态度，坚持以我为主、博采众长、融合创新、自成一家的方针，广泛借鉴国外先进企业的优秀文化成果，大胆吸取世界新文化、新思想、新观念中的先进内容，取其精华，去其糟粕，扬长避短，为我所用。三要根据塑造形成的核心价值观指导企业的实际行动。

第二，要重点打造以主业为核心的品牌。品牌通常是指能够给企业带来溢价、产生增值的一种无形的资产，其载体是用于和其他竞争者的产品或劳务相区分的名称、术语、象征、记号或者设计及其组合。企业产品或劳务的品牌与企业的整体形象联系在一起，是企业的"脸面"或"标识"。品牌之所以能够增值，主要来自消费者心智中形成的关于其载体的印象。在市场竞争中，企业无不重视其产品或劳务品牌的建设。打造以主业为核心的品牌，是企业文化建设的重要内容。企业应当将核心价值观贯穿于自主创新、产品质量、生产安全、市场营销、售后服务等方面的文化建设中，着力打造源于主业且能够让消费者长久认可、在国内外市场上彰显强大竞争优势的品牌。

第三，要充分体现以人为本的理念。"以人为本"是企业文化建设应当信守的重要原则。企业要在企业文化建设过程中牢固树立以人为本的思想，坚持全心全意依靠全体员工办企业的方针，尊重劳动、尊重知识、尊重人才、尊重创造，用美好的愿景鼓舞人，用宏伟的事业凝聚人，用科学的机制激励人，用优美的环境熏陶人。努力为全体员工搭建发展平台，提供发展机会，挖掘创造潜能，增强其主人翁意识和社会责任感，激发其积极性、创造性和团队精神。同时，要尊重全体员工的首创精神，在统一领导下，有步骤地发动全体员工广泛参与，从基层文化抓起，集思广益，群策群力，全员共建。努力使全体员工在主动参与中了解企业文化建设的内容，认同企业的核心理念，形成上下同心、共谋发展的良好氛围。

第四，要强化企业文化建设中的领导责任。在建设优秀的企业文化过程中，领导是关键。俗话说，一头狮子带领一群绵羊，久而久之，这群绵羊就会变成"狮子"。要建设好企业文化，领导必须高度重视，认真规划、狠抓落实，才能取得实效。企业主要负责人应当站在促进企业长远发展的战略高度重视企业文化建设，切实履行第一责任人的职责，对企业文化建设进行系统思考，出思想、谋思路、定对策，确定本企业文化建设的目标和内容，提出正确的经营管理理念。企业文化建设的领导体制要与现代企业制度和法人治理结构相适应，要明确企业文化建设的主管部门，安排专（兼）职人员负责此项工作，形成企业文化主管部门负责组织、各职能部门分工落实、员工广泛参与的工作体系。与此同时，企业要深入调研、制定规划，认真梳理整合各项工作任务，分清轻重缓急，扎实推进。要着力将核心价值观转化为企业文化规范，通过梳理完善相关管理制度，对员工日常行为和工作行为进行细化，逐步形成企业文化规范，以理念引导员工的思维，以制度规范员工的行为，使企业全体员工增强主人翁意识，做到与企业同呼吸、共命运、同成长、共生死，真正实现"人企合一"，充分发挥核心价值观对企业发展的强大推动作用。

三、如何解决并购重组中的文化整合

浙江吉利控股集团有限公司收购享有"世界上最安全汽车"美誉的瑞典豪华品牌沃尔沃轿车，堪称"蛇吞象"故事的现代版。由此，人们自然会想起2004年联想集团收购IBM个人电脑事业部，它们之间不乏相同点。联想集团董事长柳传志回顾收购后5年多走过的历程，在肯定收购取得了初步成功的同时，对联想曾经走过的弯路，提起经验之谈：对境外并购交易中文化融合的难度，估计多高都不算过分。柳传志由此发出感叹："文化磨合决定收购的成败！"

当初评估收购风险时，柳传志认为主要存在于四个方面：市场流失、员工流失、文化磨合和业务整合。其中，文化磨合是他最为担心的。收购后维持上至最高管理层、下至销售人员不变，只是迈出文化磨合的第一步。在收购后的日常管理中，两国复杂的国情和两个企业各具特色的企业文化，还是给联想集团带来了种种不和谐的尴尬。由此可见，我国企业在进行企业并购尤其是境外并购过程中，应当重视并购相关风险，尤其应防止忽视企业间文化差异和理念冲突，确保并购重组成功。

根据国际著名咨询公司科尔尼公司的统计分析表明，企业并购失败风险主要发生在两个阶段，即企业并购交易开始前可研阶段和并购完成后整合阶段；而在约三成的失败案例中，风险均发生在并购前可研阶段。因此，企业在并购前，应当重视对并购双方的企业文化调查研究和分析评估，并将评估的重点放在并购双方在国家文化和企业文化之间的差异，以及文化能否相互融合等方面。企业并购完成后是否会发生文化冲突，应当作为可行性研究报告的重要内容。

企业并购完成后，应当特别注重文化整合。一要在组织架构设计环节考虑文化整合因素。如果企业并购采用的是吸收合并方式，则必然会遇到各参与并购企业员工"合并"工作的情况。为防止文化冲突，既要在治理结构层面上强调融合，也要在内部机制设置层级上体现"一家人"的思想，务必防止吸收合并方员工与被吸收合并方员工"分拨"现象。如果企业并购采用的控股合并方式，则应在根据公司法组建企业集团时体现文化整合。要在坚持共性的前提下体现个性化。要以统一的企业精神、核心理念、价值观念和企业标识规范集团文化，保持集团内部文化的统一性，增强集团的凝聚力、向心力，树立集团的整体形象。同时允许子公司企业在统一性指导下培育和创造特色文化，为下属企业留有展示个性的空间。二要在并购交易完成后的企业运行中，进行深度的文化整合。可以考虑以下三种整合方式：以并购方的文化进行整合；以并购方的文化为主体、吸收被并购方文化中优秀的一面进行整合；以并购双方的文化为基础创建全新的优秀的文化。无论采用哪种方式，其过程相对都会较长。境外并购尤其如此。不变的原则是，应当采取多种有效措施，促进文化融合，减少文化冲突，求同存异，优势互补，实现企业文化的有效对接，促进企业文化的整合与再造，确保企业并购真正成功。

四、如何实现企业文化的创新

企业文化形成并用于指导领导和全体员工行为后,应当保持相对稳定,防止朝令夕改。当企业内外部环境和条件发生变化时,企业的发展战略可能发生改变,企业文化也应进行相应的调整,实现文化的创新与发展。

第一,要着力构建企业文化评估体系。企业文化评估是企业文化建设与创新的重要环节。企业应当定期对企业文化建设工作以及取得的进展和实际效果进行检查和评估,着力关注以下主要内容:董事、监事、经理和其他高级管理人员在企业文化建设中的责任履行情况;全体员工对企业核心价值观的认同感;企业经营管理行为与企业文化的一致性;企业品牌的社会影响力;参与企业并购重组各方文化的融合度;员工对企业未来发展的信心等。在此过程中,应当把握以下原则:一是,全面评估与重点评估相结合,注重评估指标的导向性。要突出关键指标,确保评估指标的可操作性。二是,定性与定量相结合,注重评估方法的科学性。要根据评估内容和指标功能,量身定制不同的评估标准。三是,内部评价与外部评价相结合,注重评估结果的有效性。既要引导企业通过对照评估标准,自我改进、自我完善,不断激发企业的积极性、主动性和创造性,又要兼顾社会公众以及企业利益相关者,借助专业机构力量,提升文化评估专业水平和公信力。

第二,要着力根据综合评估结果推进企业文化创新。创新是事物发展的持续动力。企业要重视企业文化评估结果的利用,既要巩固和发扬文化建设取得的成果,又要针对评估过程中发现的企业文化缺失,研究分析深层次的原因,及时采取措施加以改进,以此推进企业文化建设;在此基础上,还要结合企业发展战略调整以及企业内外部政治、经济、技术、资源等因素的变化,着力在价值观、经营理念、管理制度、品牌建设、企业形象等方面持续推动企业文化创新。其中,要特别注意通过不断打造以主业为核心的企业品牌,实现企业文化的创新和跨越。

企业的软环境,不仅事关企业形象,而且事关人心向背;不仅事关当前,而且事关长远。在复杂多变的后危机时期,挑战前所未有,机遇同时存在。为抢抓这一重要机遇,企业尤其应当重视企业文化软环境建设,让持续优秀的企业文化促进企业走跨越发展之路。

强化资金风险管控 不断提升企业效益

——财政部会计司解读《企业内部控制应用指引第6号——资金活动》

资金是企业生存和发展的重要基础,被视为企业生产经营的血液,一直受到企业的高度重视。本次国际金融危机爆发后,全球经济萧条,大量企业陷入困境,资金链断裂导致很多企业经营困难甚至破产倒闭,如何防范资金风险、维护资金安全、提高资金效益成了社会广泛关注的热点问题。在这种背景下,财政部会同有关部委单独立项制定了《企业内部控制应用指引第6号——资金活动》(以下简称"资金活动指引"),为我国企业应对危机、防范和化解资金活动相关风险,全面提升经营管理水平提供了科学指导和制度保障。

一、加强资金活动管控的意义

资金活动指引分为四章,共二十一条,对企业开展资金筹集、投放和营运等活动的业务流程、主要风险类型和风险控制措施作出了具体规定;同时,明确指出,发布资金活动指引的目的,是维护资金的安全与完整、防范资金活动风险、提高资金效益,促进企业健康发展。

(一)资金活动的风险管控事关企业生死存亡

第一,资金活动影响企业生产经营的全过程。企业的资金活动与生产经营过程密不可分,企业生产经营活动的开展,总是依赖于一定形式的资金支持;生产经营的过程和结果,也是通过一定形式的资金活动体现出来。因此,资金管理一直被视为企业财务管理的核心内容,构成企业经营管理的重要部分。

第二,资金活动内部控制通常是企业内部管理的关键薄弱环节。由于影响企业资金活动的因素很多,涉及面很广、不确定性很强,企业资金活动的管理和控制面临的困难很大。一是做好资金活动的管控,需要企业对自身业务活动做出科学的、准确的定位;二是做好资金活动的管控,需要对企业所处的政治、经济、文化和技术等环境做出客观的、清晰的判断;三是做好企业资金活动的管控,需要企业相机抉择,合理处理自身与外界的各种关系和矛盾。企业由于受到主客观条件的限制,很难做到自动对资金活动施以有效控制。资金活动内部控制的失误,往往给企业带来致命打击。中航油事件等众多事实表明,资金活动内部控制失效,轻则带来巨额损失,重则可能将企业的百年基业毁于一旦。可见资金活动及其内部管控情况,对企业的生产经营影响巨大;加强和改进资金活动内部控制,是企业生存和发展的内在需要。

(二)加强企业资金管控有利于企业可持续发展

第一,有利于企业防范资金活动风险,维护资金安全。资金活动贯穿企业生产经营的全过程,企业内部各部门、企业外部相关单位和个人都直接或间接参与企业资金活动,其中任何一个环节、任何一个机构和个人出现差错,都可能危及资金安全、导致企业损失。加强资金活动内部控制,有利于企业及时发现问题,防范并化解有关风险。

第二,可以促进企业资金合理使用,提高资金效率。企业生产经营活动的有效开展,依赖于资金所具有的合理存量和流量。根据资金活动指引开展资金活动内部控制,正确评价企业的资源条件和未来前景,科学地进行筹资和投资,并对生产经营中的资金余缺进行合理调剂,有利于资金均衡流动、提高资金的使用效率,获得更好的经济效益。

第三,可以规范企业经营活动,推动企业可持续发展。由于资金活动与企业生产经营活动紧密结合,根据资金活动指引规范企业的资金活动,实际上是从资金流转的角度对生产经营过程进行控制,有利于促使企业规范地开展业务活动、实现长期可持续发展。

二、资金活动内部控制的总体要求

对资金活动实施内部控制,需要建立健全相应的内部控制制度:即根据国家和地方有关法律法规和监管制度的要求,结合企业生产经营的实际需要,设计科学合理、重点突出、便于操作的业务流程,同时还要有针对关键控制点以及主要风险来源的内控措施。

第一，科学决策是核心。推进资金管理信息化建设，将资金预算管理与资金适时监控相结合，及时准确地反映资金运行状况和风险，可以提高决策的科学性，提高资金管理的及时性。具体地说，企业应当根据自身发展战略，综合考虑宏观经济政策、市场环境、环保要求等因素，结合本企业发展实际，科学确定投融资目标和规划。如果目标不明确，决策不正确，控制措施就难以执行到位，资金活动将难以顺利进行。

第二，制度建设是基础。制度是企业经营管理各项活动顺利开展的基础性保障，要大力推动资金运作的合法性和规范性。企业应当根据内部控制规范等法律法规及企业自身的管理需要，完善资金管理制度，强化资金内控管理。企业资金活动内部控制制度主要涉及资金授权、批准、审验等方面。比如，通过资金集中归口管理制度，明确筹资、投资、营运等各环节相关部门和人员的职责权限；通过不相容岗位分离制度，形成有力的内部牵制关系；通过严格的监督检查和项目后评价等制度，跟踪资金活动内部控制的实际情况，据以修正制度、改善控制效果。

第三，业务流程是重点。对资金活动实施内部控制，本质上是对资金业务的控制。企业在设计资金活动相关内控制度时，应该重点明确各种资金活动的业务流程，确定每一个环节、每一个步骤的工作内容和应该履行的程序，并将其落实到具体部门和人员。此外，由于很多资金业务是伴随企业生产经营活动的开展而开展的，两者相互联系又互相影响，因此，在设计资金活动业务流程的同时，要充分考虑相关生产经营活动的特征，根据生产经营活动的流程设计合理的资金控制流程；反之，也可以根据资金控制流程调整和优化生产经营活动流程，达到通过控制资金活动来规范企业生产经营活动的目标。

第四，风险控制点是关键。在资金活动较为复杂的情况下，资金内部控制不可能面面俱到。因此，企业必须识别并关注主要风险来源和主要风险控制点，以提高内部控制的效率。具体而言，是明确业务流程以后，企业应该针对流程中的每一个环节、每一个步骤，认真细致地进行分析，根据不确定性的大小、危害性的严重程度等，明确关键的业务、关键的程序、关键的人员和岗位等，从而确定关键的风险控制点；然后针对关键风险控制点制定有效的控制措施，集中精力管控住关键风险。

第五，资金集中管理是方向。一般认为，企业规模越大，管理的难度也越大，如果管理技能一定，企业应当在集权与分权之间做出适当均衡。由于科学技术的快速发展，极大地提高了企业资金管理的能力，资金集中管理的优势明显扩大，并且日益成为较大规模企业的首选资金管控模式。另外，集团公司是企业发展到一定规模后，为了进一步优化资源配置而采用的一种组织形式。集团公司的资金内部控制，同样首推集中管控模式。也就是说，无论是企业相对其内部部门和分支机构，还是企业集团相对其子公司，都应该加强资金的集中统一管控。企业有子公司的，更加应当采取合法有效措施，强化对子公司资金业务的统一监控；有条件的企业集团，应当探索财务公司、资金结算中心等资金集中管控模式。

第六，严格执行是保障。再好的制度、措施，如果只停留在纸面，不严格执行，就只能流于形式而无法发挥实效。对资金活动进行内部控制时，虽然找对了业务流程、找准了关键风险控制点，但是如果不采取具体措施，对关键风险进行有效控制，那么同样可能造成严重损失。因此，制度的执行到位与否是事关整个内控活动能否取得实效的关键，只有严格执行，才能保证实现资金活动决策目标。为了加强对资金活动的管控，促使资金活动内部控制制度得到切实有效的实施，企业财会部门应负责资金活动的日常管理，参与投融资方案等可行性研究；总会计师或分管会计工作的负责人应当参与投融资决策过程。

三、关于筹资活动

筹资活动是企业资金活动的起点，也是企业整个经营活动的基础。通过筹资活动，企业取得投资和日常生产经营活动所需的资金，从而使企业投资、生产经营活动能够顺利进行。企业应当根据经营和发展战略的资金需要，确定融资战略目标和规划，结合年度经营计划和预算安排，拟定筹资方案，明确筹资用途、规模、结构和方式等相关内容，对筹资成本和潜在风险作出充分估计。如果是境外筹资，还必须考虑所在地的政治、经济、法律和市场等因素。

企业的生产经营活动过程，是一个人力资源作用于物质资源的过程。在这个过程中，物质资源的运动，一方面表现为有形的货币和实物资产的周转运动，另一方面表现为物质资源运动中蕴藏的无形的资金价值运动。因此，对企业生产经营活动中物质资源运动过程的内部控制，就是对有形的货币和实物资产周转运动的内部控制，以及对这个过程中体现出来的无形的资金价值周转运动的内部控制。

筹资活动的内部控制，不仅决定着企业能不能顺利筹集生产经营和未来发展所需资金，而且决定着企业能以什么样的筹资成本筹集资金，能以什么样的筹资风险筹集所需资金，并决定着企业所筹集资金最终的使用效益。较低的筹资成本、合理的资本结构和较低的筹资风险，能够使企业应付自如、进退有据，不至于背负沉重的压力，可以从容地追求长期目标，实现可持续发展；而较高的筹资成本、不合理的资本结构和较高的筹资风险，常常使企业经营压力倍增。企业一方面要保持更高的资金流动性以应付不合理资本结构带来的财务风险；另一方面要追求更高的投资收益以补偿高额的筹资成本。因此，企业难以追求长期目标，往往过度追求短期利益，饮鸩止渴或者铤而走险，发展战略不能得到很好执行，经营活动的可持续性得不到保证，企业经营和发展难以为继，财务风险很大，企业正常发展受到严重制约。

（一）筹资活动的业务流程

企业筹资活动的内部控制，应该根据筹资活动的业务流程，区分不同筹资方式，按照业务流程中不同环节体现出来的风险，结合资金成本与资金使用效益情况，采用不同措施进行控制。因此，设计筹资活动的内部控制制度，首先必须深入分析筹资业务流程，见图1。通常情况下，筹资活动的业务流程包括：

第一，提出筹资方案。一般由财务部门根据企业经营战略、预算情况与资金现状等因素，提出筹资方案，一个完整的筹资方案应包括筹资金额、筹资形式、利率、筹资期限、资金用途等内容，提出筹资方案的同时还应与其他生产经营相关业务部门沟通协调，在此基础上才能形成初始筹资方案。

第二，筹资方案论证。初始筹资方案还应经过充分的可行性论证。企业应组织相关专家对筹资项目进行可行性论证，可行性论证是筹资业务内部控制的重要环节。一般可以从下列几个方面进行分析论证：一是筹资方案的战略评估。主要评估筹资方案是否符合企业整体发展战略，若符合，应控制企业筹资规模，防止因盲目筹资而给企业造成沉重的债务负担。企业应对筹资方案是否符合企业整体战略方向进行严格审核，只有符合企业发展需要的筹资方案才具有可行性。另外，企业在筹资规模上，也不可过于贪多求大。资金充裕是企业发展的重要保障，然而任何资金都是有成本的，企业在筹集资金时一定要有战略考虑，切不可盲目筹集过多的资金，造成资金闲置，同时给企业增加财务负担。二是筹资方案的经济性评估。主要分析筹资方案是否符合经济性要求，是否以最低的筹资成本获得了所需的资金，是否还有降低筹资成本的空间以及更好的筹资方式，筹资期限等是

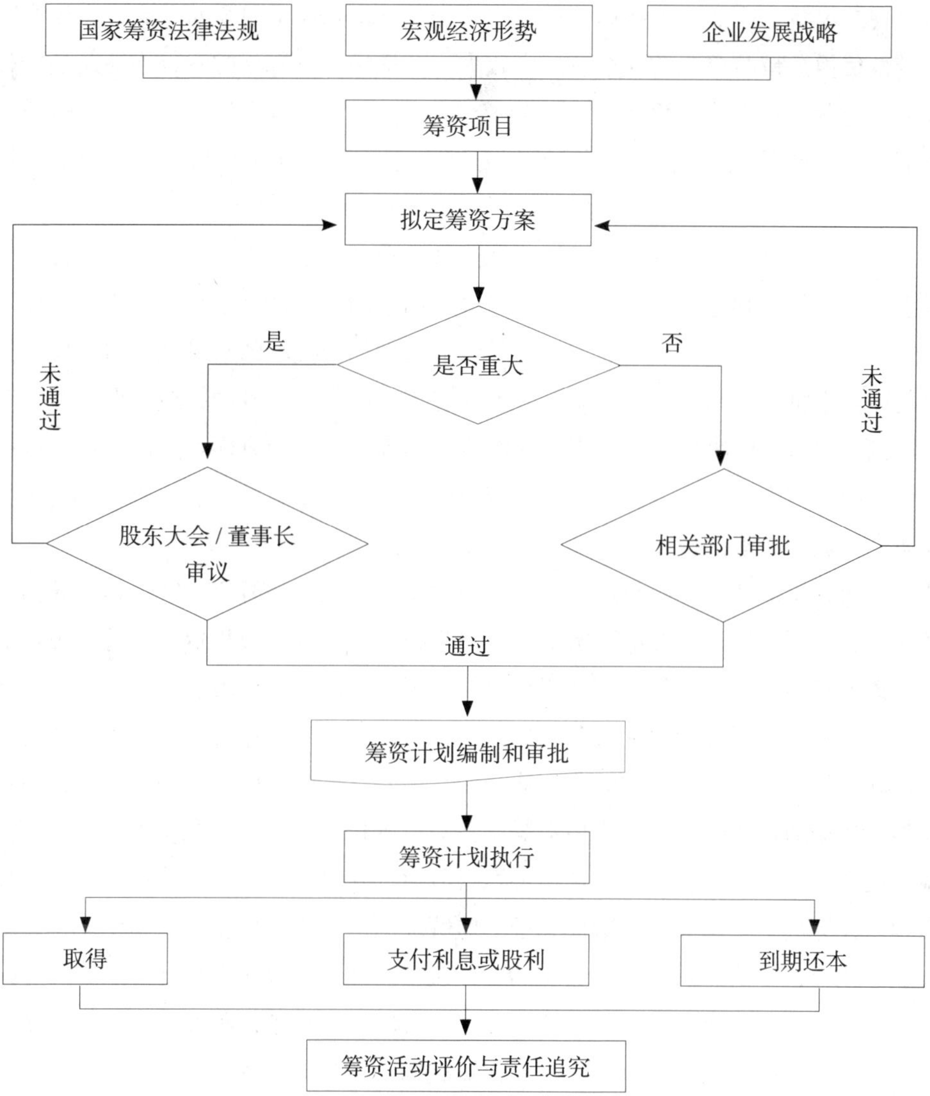

```
                        ┌──────────────────┐
                        │ 国家筹资法律法规 │  ┌──────────────┐  ┌──────────────┐
                        └──────────────────┘  │ 宏观经济形势 │  │ 企业发展战略 │
                                              └──────────────┘  └──────────────┘
                                       │
                                  ┌─────────┐
                                  │ 筹资项目 │
                                  └─────────┘
                                       │
                                  ┌───────────┐
                                  │ 拟定筹资方案 │
                                  └───────────┘
```

图 1　筹资活动流程图

否经济合理，利息、股息等水平是否在企业可承受的范围之内。例如，筹集相同的资金，选择股票与选择债券方式，就会面临不同的筹资成本；选择不同的债券种类或者期限结构，也会面临不同的成本，所以企业必须认真评估筹资成本，并结合收益与风险进行筹资方案的经济性评估。三是筹资方案的风险评估。对筹资方案面临的风险进行分析，特别是对于利率、汇率、货币政策、宏观经济走势等重要条件进行预测分析，对筹资方案面临的风险做出全面评估，并有效地应对可能出现的风险。比如，若选择债权方式筹资，其按期还本付息对于企业来说是一种刚性负担，带给企业的现金流压力较大；若选择股权筹资方式，在股利的支付政策上企业有较大的灵活性，且无需还本，因而企业的现金流压力较小，但股权筹资的成本也是比较高的，而且股权筹资可能会使得企业面临较大的控制权风险。所以，企业应在不同的筹资风险之间进行权衡。

第三，筹资方案审批。通过可行性论证的筹资方案，需要在企业内部按照分级授权审批的原则进行审批，重点关注筹资用途的可行性。重大筹资方案，应当提交股东（大）会审议，筹资方案需经有关管理部门批准的，应当履行相应的报批程序。审批人员与筹资方案编制人员应适当分离。在审批中，应贯彻集体决策的原则，实行集体决策审批或者联签制度。在综合正反两方面意见的基础上进行决策，而不应由少数人主观决策。筹资方案发生重大变更的，应当重新履行可行性研究以及相关审批程序。

第四，筹资计划编制与执行。企业应根据审核批准的筹资方案，编制较为详细的筹资计划，经过财务部门批准后，严格按照相关程序筹集资金。通过银行借款方式筹资的，应当与有关金融机构进行洽谈，明确借款规模、利率、期限、担保、还款安排、相关的权利义务和违约责任等内容。双方达成一致意见后签署借款合同，据此办理相关借款业务。通过发行债券方式筹资的，应当合理选择债券种类，如普通债券还是可转换债券等，并对还本付息方案作出系统安排，确保按期、足额偿还到期本金和利息。通过发行股票方式筹资的，应当依照《中华人民共和国证券法》等有关法律法规和证券监管部门的规定，优化企业组织架构，进行业务整合，并选择具备相应资质的中介机构，如证券公司、会计师事务所、律师事务所等协助企业做好相关工作，确保符合股票发行条件和要求。同时，企业应当选择合理的股利支付方式，兼顾投资者的近期与长远利益，调动投资者的积极性，避免分配不足或过度；股利分配方案最终应经股东大会审批通过，如果是上市公司还必须按信息披露要求进行公告。另外，企业应通过及时足额还本付息，以及合理分配和支付股利，保持企业良好的信用记录，这一点对于企业顺利进行再融资具有重要意义。

第五，筹资活动的监督、评价与责任追究。要加强筹资活动的检查监督，严格按照筹资方案确定的用途使用资金，确保款项的收支、股息和利息的支付、股票和债券的保管等符合有关规定。筹资活动完成后要按规定进行筹资后评价，对存在违规现象的，严格追究其责任。

（二）筹资活动的主要风险及其控制措施

企业筹资业务可能面临的重要风险类型较多，企业在相应的内控活动中应注意识别关键风险，设计相关内控制度，有效地进行风险控制。

第一，缺乏完整的筹资战略规划导致的风险。企业在筹资活动中，应以企业在资金方面的战略规划为指导，具体包括资本结构、资金来源、筹资成本等，在企业具体的筹资活动中，应贯彻既定的资金战略，以目标资本结构为指导，协调企业的资金来源、期限结构、利率结构等，如果忽视战略导向，缺乏对目标资本结构的清晰认识，很容易导致盲目筹资，使得企业资本结构、资金来源结构、利率结构等处于频繁变动中，给企业的生产经营带来巨大的财务风险。

第二，缺乏对企业资金现状的全面认识导致的风险。企业在筹资之前，应首先对企业的资金现状有一个全面正确的了解，并在此基础上结合企业战略和宏、微观形势等提出筹资方案。如果资金预算和资金管控工作不到位，使得企业无法全面了解资金现状，将使得企业无法正确评估资金的实际需要以及期限等，很容易导致筹资过度或者筹资不足。特别是对于大型企业集团来说，如果没有对全集团的资金现状做一个深入完整的了解，很可能出现一部分企业资金结余，而其他部分企业仍然对外筹资，使得集团的资金利用效率低下，增加了不必要的财务成本。

第三，缺乏完善的授权审批制度导致的风险。筹资方案必须经过完整的授权审批流程方可正式实施，这一流程既是企业上下沟通的一个过程，也是各个部门、各个管理层次对筹资方案进行审核的重要风险控制程序。在审批流程中，每一个审批环节都应对筹资方案的风险控制等问题进行评估，并认真履行审批职责。完善的授权审批制度有助于对筹资风险进行管控，如果忽略这一完善的授权审批制度，则有可能忽视筹资方案中的潜在风险，使得筹资方案草率决策、仓促上马，给企业带来严重的潜在风险。

第四，缺乏对筹资条款的认真审核导致的风险。企业在筹资活动中，都要签订相应的筹资合同、协议等法律文件，筹资合同一般应载明筹资数额、期限、利率、违约责任等内容，企业应认真审核、仔细推敲筹资合同的具体条款，防止因合同条款而给企业带来潜在的不利影响，使得企业在未来可能发生的经济纠纷或诉讼中处于不利地位。在这一方面，企业可以借助专业的法律中介机构来进行合同文本的审核。

第五，因无法保证支付筹资成本导致的风险。任何筹资活动都需要支付相应的筹资成本。对于债权类筹资活动来说，相应的筹资成本表现为固定的利息费用，是企业的刚性成本，企业必须按期足额支付，用以作为资金提供者的报酬。对于股权类筹资活动来说，虽然没有固定的利息费用而且没有还本的压力，但是保证股权投资者的报酬一样不可忽视，企业应认真制定好股利支付方案，包括股利金额、支付时间、支付方式等，如果股利支付不足，或者对股权投资者报酬不足，将会导致股东抛售股票，从而使得企业股价下跌，给企业的经营带来重大不利影响。

第六，缺乏严密的跟踪管理制度导致的风险。企业筹资活动的流程很长，不仅包括资金的筹集到位，更要包括资金使用过程中的利息、股利等筹资费用的计提支付，以及最终的还本工作，这一流程一般贯穿于企业整个经营活动的始终，是企业的一项常规管理工作。企业在筹资跟踪管理方面应制定完整的管理制度，包括资金到账、资金使用、利息支付、股利支付等，并时刻监控资金的动向。如果缺乏严密的跟踪管理，可能会使企业资金管理失控，因资金被挪用而导致财务损失，也可能因此导致利息没有及时支付而被银行罚息，这些都会使得企业面临不必要的财务风险。

筹资活动的流程较长，根据筹资业务流程，找出其中的关键风险控制点（见表1）进行风险控制，可以提高风险管控的效率。一般来说，筹资活动中各环节的主要风险控制点包括：一是提出筹资方案。提出筹资方案是筹资活动中的第一个重要环节，也是筹资活动的起点，筹资方案的内容是否完整、考虑是否周密、测算是否准确等，直接决定着筹资决策的正确性，关系到整个筹资活动的效率和风险。二是筹资方案审批。相关责任部门拟定投资方案并进行可行性论证以后，股东（大）会或者董事会、高管层应对筹资方案履行严格的审批责任。审批中应实行集体决策审议或者联签制度，避免一人说了算或者拍脑袋行为。三是编制筹资计划。根据批准的筹资方案，财务部门应制定严密细致的筹资计划，通过筹资计划，对筹资活动进行周密安排和控制，使筹资活动在严密控制下高效、有序进行。四是实施筹资方案。筹资计划经层层授权审批之后，就应付诸实施。在实施筹资计划的过程中，企业必须认真做好筹资合同的签订、资金的划拨、使用以及跟踪管理等工作，保证筹资活动按计划进

表1 筹资内部控制的关键控制点、控制目标与控制措施

关键控制点	控制目标	控制措施
提出筹资方案	进行筹资方案可行性论证	1. 进行筹资方案的战略性评估，包括是否与企业发展战略相符合，筹资规模是否适当； 2. 进行筹资方案的经济性评估，如筹资成本是否最低，资本结构是否恰当，筹资成本与资金收益是否匹配； 3. 进行筹资方案的风险性评估，如筹资方案面临哪些风险，风险大小是否适当、可控，是否与收益匹配
筹资方案审批	选择批准最优筹资方案	1. 根据分级授权审批制度，按照规定程序严格审批经过可行性论证的筹资方案； 2. 审批中应实行集体审议或联签制度，保证决策的科学性
制定筹资计划	制定切实可行的具体筹资计划，科学规划筹资活动，保证低成本、高效率筹资	1. 根据筹资方案，结合当时经济金融形势，分析不同筹资方式的资金成本，正确选择筹资方式和不同方式的筹资数量，财务部门或资金管理部门制定具体筹资计划； 2. 根据授权审批制度报有关部门批准
实施筹资	保证筹资活动正确、合法、有效进行	1. 根据筹资计划进行筹资； 2. 签订筹资协议，明确权利义务； 3. 按照岗位分离与授权审批制度，各环节和各责任人正确履行审批监督责任，实施严密的筹资程序控制和岗位分离控制； 4. 做好严密的筹资记录，发挥会计控制的作用
筹资活动评价与责任追究	保证筹集资金的正确有效使用，维护筹资信用	1. 促成各部门严格按照确定的用途使用资金； 2. 监督检查，督促各环节严密保管未发行的股票、债券； 3. 监督检查，督促正确计提、支付利息； 4. 加强债务偿还和股利支付环节的监督管理； 5. 评价筹资活动过程，追究违规人员责任

行,妥善管理所筹集的资金,保证资金的安全性。五是筹资后管理。筹集资金到位以后,企业应该做好筹资费用的计提、支付以及会计核算等工作。对于债券类筹资,企业应按时计提并及时支付债务利息,保持良好的信用记录,对于股权类筹资,企业应制定科学合理并能让股东满意的股利支付方案,并严格按方案支付股利。筹资费用的管理事关资金提供者的积极性,对培养企业良好的筹资环境极为重要。

(三)筹资业务的会计控制

对于筹资业务,企业还应设置记录筹资业务的会计凭证和账簿,按照国家统一会计准则和制度,正确核算和监督资金筹集、本息偿还、股利支付等相关情况,妥善保管筹资合同或协议、收款凭证、入库凭证等资料,定期与资金提供方进行账务核对,确保筹资活动符合筹资方案的要求。具体从以下4个方面入手:一是对筹资业务进行准确的账务处理。企业应按照国家统一的会计准则,对筹资业务进行准确的会计核算与账务处理,应通过相应的账户准确进行筹集资金核算、本息偿付、股利支付等工作。二是对筹资合同、收款凭证、入库凭证等,应妥善保管。企业的会计部门需对筹资活动相关的重要文件,如合同、协议、凭证等,登记造册、妥善保管,以备查用。三是企业会计部门应做好具体资金管理工作,随时掌握资金情况。财会部门应编制贷款申请表、内部资金调拨审批表等,严格管理筹资程序;应通过编制借款存量表、借款计划表、还款计划表等,掌握贷款资金的动向;应与资金提供者定期进行账务核对,以保证资金及时到位与资金安全。四是财务部门还应协调好企业筹资的利率结构、期限结构等,力争最大限度地降低企业的资金成本。

四、关于投资活动

企业投资活动是筹资活动的延续,也是筹资的重要目的之一。投资活动作为企业一种盈利活动,对于筹资成本补偿和企业利润创造,具有举足轻重的意义。企业应该根据自身发展战略和规划,结合企业资金状况以及筹资可能性,拟定投资目标,制定投资计划,合理安排资金投放的数量、结构、方向与时机,慎选投资项目,突出主业,谨慎从事股票或衍生金融工具等高风险投资。境外投资还应考虑政治、经济、金融、法律、市场等环境因素。如果采用并购方式进行投资,应当严格控制并购风险，注重并购协同效应的发挥。

（一）投资活动业务流程

企业投资活动的内部控制，应该根据不同投资类型的业务流程，以及流程中各个环节体现出来的风险，采用不同的具体措施进行投资活动的内部控制。投资活动的业务流程（见图2）一般包括：

第一，拟定投资方案。应根据企业发展战略、宏观经济环境、市场状况等，提出本企业的投资项目规划。在对规划进行筛选的基础上，确定投资项目。

第二，投资方案可行性论证。对投资项目应进行严格的可行性研究与分析。可行性研究需要从投资战略是否符合企业的发展战略、是否有可靠的资金来源、能否取得稳定的投资收益、投资风险是否处于可控或可承担范围内、投资活动的技术可行性、市场容量与前景等几个方面进行论证。

第三，投资方案决策。按照规定的权限和程序对投资项目进行决策审批，要通过分级审批，集体决策来进行，决策者应与方案制定者适当分离。重点审查投资方案是否可行、投资项目是否符合投资战略目标和规划、是否具有相应的资金能力、投入资金能否按时收回、预计收益能否实现，以及投资和并购风险是否可控等。重大投资项目，应当报经董事会或股东（大）会批准。投资方案需要经过有关管理部门审批的，应当履行相应的报批程序。

第四，投资计划编制与审批。根据审批通过的投资方案，与被投资方签订投资合同或协议，编制详细的投资计划，落实不同阶段的资金投资数量、投资具体内容、项目进度、完成时间、质量标准与要求等，并按程序报经有关部门批准。签订投资合同。

第五，投资计划实施。投资项目往往周期较长，企业需要指定专门机构或人员对投资项目进行跟踪管理，进行有效管控。在投资项目执行过程中，必须加强对投资项目的管理，密切关注投资项目的市场条件和政策变化，准确做好投资项目的会计记录和处理。企业应及时收集被投资方经审计的财务报告等相关资料，定期组织投资效益分析，关注被投资方的财务状况、经营成果、现金流量以及投资合同履行情况，发现异常情况的，应当及时报告并妥善处理。同时，在项目实施中，还必须根据各种条件，准确对投资的价值进行评估，根据投资项目的公允价值进行会计记录。如果发生投资减值，应及时提取减值准备。

第六，投资项目的到期处置。对已到期投资项目的处置同样要经过相关审批流程，妥善处置并实现企业最大的经济收益。企业应加强投资收回和处置环节的控制，对投资收回、转让、核销等决策和审批程序作出明确规定：重视投资到期本金的回收；转让投资应当由相关机构或人员合理确定转让价格，报授权批准部门批准，必要时可委托具有相应资质的专门机构进行评估；核销投资应当取得不能收回投资的法律文书和相关证明文件。

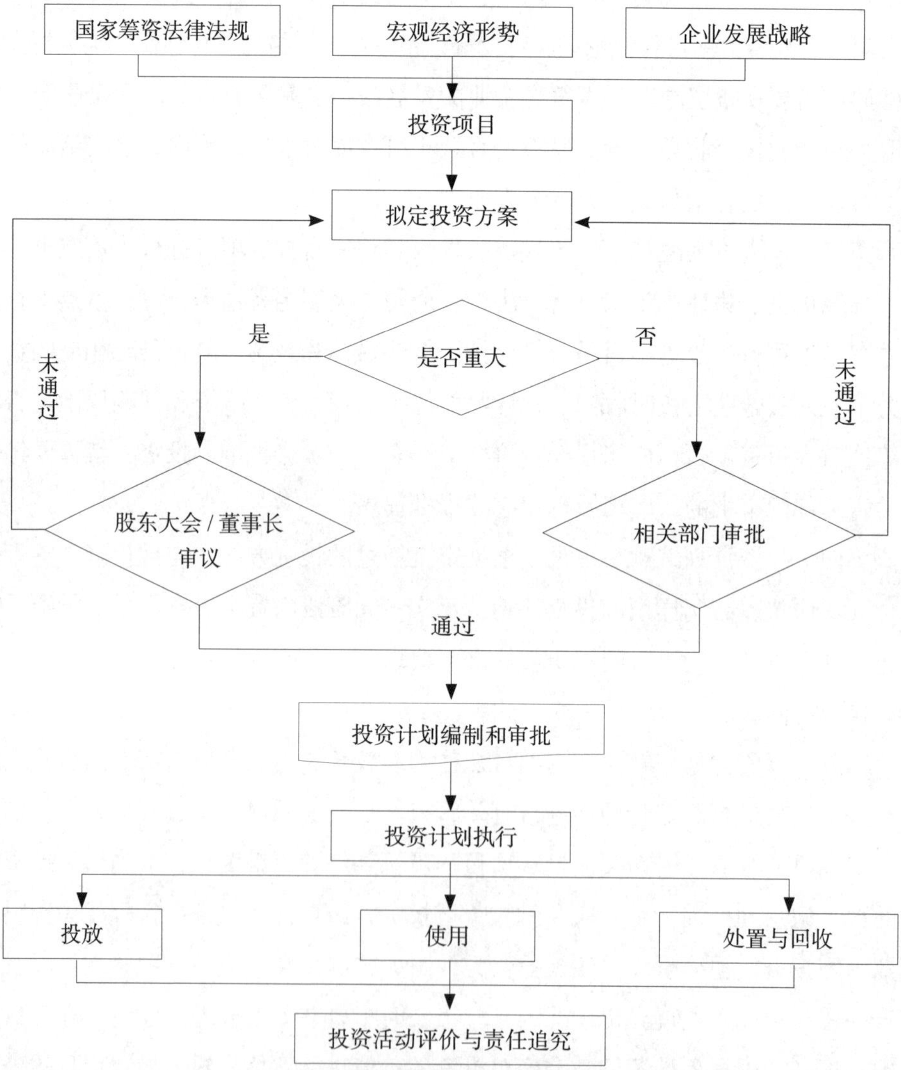

图 2　投资活动业务流程图

（二）投资活动的主要风险点及其控制措施

第一，投资活动与企业战略不符带来的风险。企业发展战略是企业投资活动、生产经营活动的指南和方向。企业投资活动应该以企业发展战略为导向，正确选择投资项目，合理确定投资规模，恰当权衡收益与风险。要突出主业，妥善选择并购目标，控制并购风险；要避免盲目投资，或者贪大贪快，乱铺摊子，以及投资无所不及、无所不能的现象。

第二，投资与筹资在资金数量、期限、成本与收益上不匹配的风险。投资活动的资金需求，需要通过筹资予以满足。不同的筹资方式，可筹集资金的数量、偿还期限、筹资成本不一样，这就要求投资应量力而为，不可贪大求全，超过企业资金实力和筹资能力进行投资；投资的现金流量在数量和时间上要与筹资现金流量保持一致，以避免财务危机发生；投资收益要与筹资成本相匹配，保证筹资成本的足额补偿和投资盈利性。

第三，投资活动忽略资产结构与流动性的风险。企业的投资活动会形成特定资产，并由此影响企业的资产结构与资产流动性。对企业而言，资产流动性和盈利性是一对矛盾，这就要求企业在投资中要恰当处理资产流动性和盈利性的关系，通过投资保持合理的资产结构，在保证企业资产适度流动性的前提下追求最大盈利性，这也就是投资风险与收益均衡问题。

第四，缺乏严密的授权审批制度和不相容职务分离制度的风险。授权审批制度是保证投资活动合法性和有效性的重要手段，不相容职务分离制度则通过相互监督与牵制，保证投资活动在严格控制下进行，这是堵塞漏洞、防止舞弊的重要手段。没有严格的授权审批制度和不相容职务分离制度，企业投资就会呈现出随意、无序、无效的状况，导致投资失误和企业生产经营失败。因此，授权审批制度和不相容职务分离制度是投资内部控制、防范风险的重要手段。同时，与投资责任制度相适应，还应建立严密的责任追究制度，使责权利得到统一。

第五，缺乏严密的投资资产保管与会计记录的风险。投资是直接使用资金的行为，也是形成企业资产的过程，容易发生各种舞弊行为。在严密的授权审批制度和不相容职务分离制度以外，是否有严密的投资资产保管制度和会计控制制度，也是避免投资风险、影响投资成败的重要因素。企业应建立严密的资产保管制度，明确保管责任，建立健全账簿体系，严格账簿记录，通过账簿记录对投资资产进行详细、动态反映和控制。投资业务的风险控制点、控制目标和对应的控制措施见表2。

表2 投资业务的关键风险控制点、控制目标和控制措施

风险控制点	控制目标	控制措施
提出投资方案	进行投资方案可行性论证	1.进行投资方案的战略性评估，包括是否与企业发展战略相符合； 2.投资规模、方向和时机是否适当； 3.对投资方案进行技术、市场、财务可行性研究，深入分析项目的技术可行性与先进性、市场容量与前景，以及项目预计现金流量、风险与报酬，比较或评价不同项目的可行性
投资方案审批	选择批准最优投资方案	1.明确审批人对投资业务的授权批准方式、权限、程序和责任，不得越权； 2.审批中应实行集体决策审议或者联签制度； 3.与有关被投资方签署投资协议
编制投资计划	制定切实可行的具体投资计划，作为项目投资的控制依据	1.核查企业当前资金额及正常生产经营预算对资金的需求量，积极筹措投资项目所需资金； 2.制定详细的投资计划，并根据授权审批制度报有关部门审批
实施投资方案	保证投资活动按计划合法、有序、有效进行	1.根据投资计划进度，严格分期、按进度适时投放资金，严格控制资金流量和时间； 2.以投资计划为依据，按照职务分离制度和授权审批制度，各环节和各责任人正确履行审批监督责任，对项目实施过程进行监督和控制，防止各种舞弊行为，保证项目建设的质量和进度要求； 3.做好严密的会计记录，发挥会计控制的作用； 4.做好跟踪分析工作，及时评价投资的进展，将分析和评价的结果反馈给决策层，以便及时调整投资策略或制定投资退出策略
投资资产处置控制	保证投资资产的处理符合企业的利益	1.投资资产的处置应该通过专业中介机构，选择相应的资产评估方法，客观评估投资价值，同时确定处置策略； 2.投资资产的处置必须经过董事会的授权批准

（三）投资业务的会计控制

企业应当按照会计准则的规定，准确进行投资的会计处理。根据对被投资方的影响程度，合理确定投资业务适用的会计政策，建立投资管理台账，详细记录投资对象、金额、期限、收益等事项，妥善保管投资合同或协议、出资证明等资料。对于被投资方出现财务状况恶化、市价当期大幅下跌等情形的，企业财会机构应当根据国家统一的会计准则和制度规定，合理计提减值准备、确认减值损失。具体包括：一是企业必须按照会计准则的要求，对投资项目进行准确的会计核算、记录与报告，确定合理的会计政策，准确反映企业投资的真实状况。二是企业应当妥善保管投资合同、协议、备忘录、出资证明等重要的法律文书。三是企业应当建立投资管理台账，详细记录投资对象、金额、期限等情况，作为企业重要的档案资料以备查用。四是企业应当密切关注投资项目的营运情况，一旦出现财务状况恶化、市价大幅下跌等情形，必须按会计准则的要求，合理计提减值准备。企业必须准确合理地对减值情况进行估计，而不应滥用会计估计，把减值准备作为调节利润的手段。

五、关于资金营运活动

企业资金营运内部控制的主要目标是：第一，保持生产经营各环节资金供求的动态平衡。企业应当将资金合理安排到采购、生产、销售等各环节，做到实物流和资金流的相互协调、资金收支在数量上及在时间上相互协调。第二，促进资金合理循环和周转，提高资金使用效率。资金只有在不断流动的过程中才能带来价值增值。加强资金营运的内部控制，就是要努力促使资金正常周转效率，为短期资金寻找适当的投资机会，避免出现资金闲置和沉淀等低效现象。第三，确保资金安全。企业的资金营运活动大多与流动资金尤其是货币资金相关，这些资金由于流动性很强，出现错弊的可能性更大，保护资金安全的要求更迫切。

（一）资金营运活动的业务流程

企业资金营运活动是一种价值运动，为保证资金价值运动的安全、完整、有效，企业资金营运活动应按照设计严密的流程进行控制。

第一，资金收付需要以业务发生为基础。企业资金收付，应该有根有据，不能凭空付款或收款。所有收款或者付款需求，都有特定的业务引起，因此，有真实的业务发生，是资金收付的基础。

第二，企业授权部门审批。收款方应该向对方提交相关业务发生的票据或者证明，收取资金。资金支付涉及企业经济利益流出，应严格履行授权分级审批制度。不同责任人应该在自己授权范围内，审核业务的真实性，金额的准确性，以及申请人提交票据或者证明的合法性，严格监督资金支付。

第三，财务部门复核。财务部门收到经过企业授权部门审批签字的相关凭证或证明后，应再次复核业务的真实性，金额的准确性，以及相关票据的齐备性，相关手续的合法性和完整性，并签字认可。

第四，出纳或资金管理部门在收款人签字后，根据相关凭证支付资金。

（二）资金营运内部控制的关键控制点及控制措施

资金营运内部控制的关键控制点（见表3）主要包括：

一是审批控制点。把收支审批点作为关键点，是为了控制资金的流入和流出，审批权限的合理划分是资金营运活动业务顺利开展的前提条件。审批活动关键点包括：制定资金的限制接近措施，经办人员进行业务活动时应该得到授权审批，任务未经授权的人员不得办理资金收支业务；使用资金的部门应提出用款申请，记载用途、金额、时间等事项；经办人员在原始凭证上签章；经办部门负责人、主管总经理和财务部门负责人审批并签章。

二是复核控制点。复核控制点是减少错误和舞弊的重要措施。根据企业内部层级的隶属关系可以划分为纵向复核和横向复核这两种类型。前者是指上级主管对下级活动的复核；后者是指平级或无上下级关系人员的相互核对，如财务系统内部的核对。复核关键点包括：资金营运活动会计主管审查原始凭证反映的收支业务是否真实合法，经审核通过并签字盖章后才能填制原始凭证；凭证上的主管、审核、出纳和制单等印章是否齐全。

三是收付控制点。资金的收付导致资金流入流出，反映着资金的来龙去脉。该控制点包括：出纳人员按照审核后的原始凭证收付款，并对已完成收付的凭证加盖戳记，并登记日记账；主管会计人员及时准确地记录在相关账簿中，定期与出纳人员的日记账核对。

四是记账控制点。资金的凭证和账簿是反映企业资金流入流出的信息源，如果记账环节出现管理漏洞，很容易导致整个会计信息处理结果失真。记账控制点包括：出纳人员根据资金收付凭证登记日记账，会计人员根据相关凭证登记有关明细分类账；主管会计登记总分类账。

五是对账控制点。对账是账簿记录系统的最后一个环节，也是报表生成前一个环节，对保证会计信息的真实性起到重要作用。对账控制点包括：账证核对、账账核对、账表核对、账实核对等。

六是银行账户管理控制点。企业应当严格按照《支付结算办法》等国家有关规定，加强银行账户的管理，严格按规定开立账户，办理存款、取款和结算。银行账户管理的关键控制点包括银行账户的开立、使用和撤销是否有授权，下属企业或单位是否有账外账。

七是票据与印章管理控制点。印章是明确责任、表明业务执行及完成情况的标记。印章的保管要贯彻不相容职务分离的原则，严禁将办理资金支付业务的相关印章和票据集中一人保管，印章要与空白票据分管，财务专用章要与企业法人章分管。

表3 资金运营内部控制的关键风险控制点、控制目标及控制措施

风险控制点	控制目标	控制措施
审批	合法性	未经授权不得经办资金收付业务；明确不同级别管理人员的权限
复核	真实性与合法性	会计对相关凭证进行横向复核和纵向复核
收支点	收入入账完整，支出手续完备	出纳根据审核后的相关收付款原始凭证收款和付款，并加盖戳记
记账	真实性	出纳人员根据资金收付凭证登记日记账，会计人员根据相关凭证登记有关明细分类账；主管会计登记总分类账
对账	真实性和财产安全	账证核对、账表核对与账实核对
保管	财产安全与完整	授权专人保管资金；定期、不定期盘点
银行账户管理	防范小金库；加强业务管控	开设、使用与撤销的授权；是否有账外账
票据与印章管理	财产安全	票据统一印制或购买；票据由专人保管；印章与空白票据分管；财务专用章与企业法人章分管

总之，强化企业资金管理，控制资金风险，保障资金安全，发挥资金规模效益，有利于企业宏观掌握和控制资金筹措、运用及综合平衡，促进企业可持续健康发展。

强化采购风险管控 提高企业采购效能

——财政部会计司解读《企业内部控制应用指引第 7 号——采购业务》

《企业内部控制应用指引第 7 号——采购业务》中所称采购，是指企业购买物资（或接受劳务）及支付款项等相关活动。其中，物资主要包括企业的原材料、商品、工程物资、固定资产等。采购是企业生产经营的起点，既是企业的"实物流"的重要组成部分，又与"资金流"密切关联。众所周知，采购物资的质量和价格、供应商的选择、采购合同的订立、物资的运输、验收等供应链状况，在很大程度上决定了企业的生存与可持续发展。采购流程的环节虽不很复杂，但蕴藏的风险却是巨大的。基于以上考虑，《企业内部控制应用指引第 7 号——采购业务》对采购的主要流程进行了梳理，明确了采购业务的主要风险点，针对性地提出了相应的控制措施。本文就此进行解读。

企业在健全采购业务内部控制时，应当比照健全资金、资产业务内部控制，着力从全面梳理相关流程入手。在此过程中，企业应当对采购业务管理现状进行全面分析与评价，既要对照现有采购管理制度，检查相关管理要求是否落实到位，又要审视相关管理流程是否科学合理、是否能够较好地保证物资和劳务供应顺畅、物资采购是否能够与生产和销售等供应链其他环节紧密衔接。在此基础上，要着力健全各项采购业务管理制度，落实责任制，不断提高制度执行力，确保物资和劳务采购按质按量按时和经济高效地满足生产经营的需求。

一、采购业务流程

采购业务流程主要涉及编制需求计划和采购计划、请购、选择供应商、确定采购价格、订立框架协议或采购合同、管理供应过程、验收、退货、付款、会计控制等环节，如图 1 所示。图 1 列示的采购流程适用于各类企业的一般采购业务，具有通用性。企业在实际开展采购业务时，可以参照此流程，并结合自身情况予以扩充和具体化。

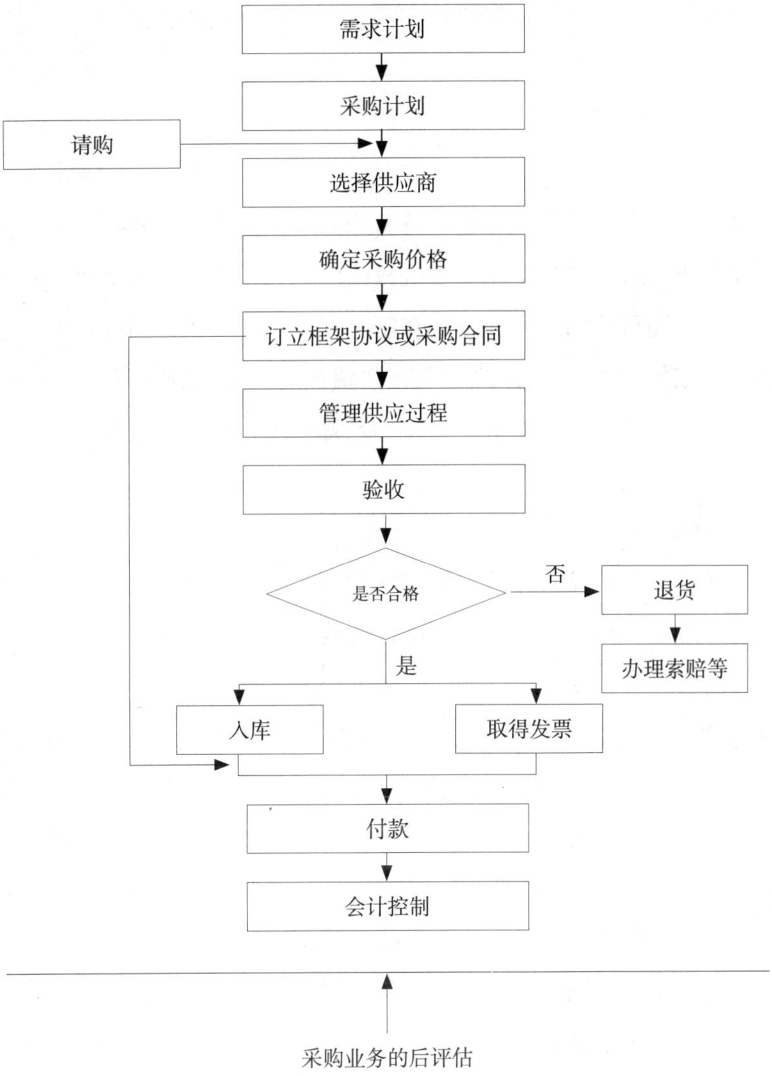

```
          需求计划
             ↓
          采购计划
   请购 →     ↓
          选择供应商
             ↓
         确定采购价格
             ↓
       订立框架协议或采购合同
             ↓
         管理供应过程
             ↓
            验收
             ↓
         是否合格 —否→ 退货
             ↓是          ↓
       ↓         ↓     办理索赔等
      入库      取得发票
             ↓
            付款
             ↓
          会计控制
             ↓
        采购业务的后评估
```

图1 采购业务的流程

二、各环节的主要风险点及管控措施

（一）编制需求计划和采购计划

采购业务从计划（或预算）开始，包括需求计划和采购计划。企业实务中，需求部门一般根据生产经营需要向采购部门提出物资需求计划,采购部门根据该需求计划归类汇总平衡现有库存物资后,统筹安排采购计划,并按规定的权限和程序审批后执行。该环节的主要风险是:需求或采购计划不合理、不按实际需求安排采购或随意超计划采购,甚至与企业生产经营计划不协调等。

主要管控措施:第一,生产、经营、项目建设等部门,应当根据实际需求准确、及时编制需求计划。需求部门提出需求计划时,不能指定或变相指定供应商。对独家代理、专有、专利等特殊产品应提供相应的独家、专有资料,经专业技术部门研讨后,经具备相应审批权限的部门或人员审批。第二,采购计划是企业年度生产经营计划的一部分,在制定年度生产经营计划过程中,企业应当根据发展目标实际需要,结合库存和在途情况,科学安排采购计划,防止采购过高或过低。第三,采购计划应纳入采购预算管理,经相关负责人审批后,作为企业刚性指令严格执行。

(二)请购

请购是指企业生产经营部门根据采购计划和实际需要,提出的采购申请。该环节的主要风险是:缺乏采购申请制度,请购未经适当审批或超越授权审批,可能导致采购物资过量或短缺,影响企业正常生产经营。

主要管控措施:第一,建立采购申请制度,依据购买物资或接受劳务的类型,确定归口管理部门,授予相应的请购权,明确相关部门或人员的职责权限及相应的请购程序。企业可以根据实际需要设置专门的请购部门,对需求部门提出的采购需求进行审核,并进行归类汇总,统筹安排企业的采购计划。第二,具有请购权的部门对于预算内采购项目,应当严格按照预算执行进度办理请购手续,并根据市场变化提出合理采购申请。对于超预算和预算外采购项目,应先履行预算调整程序,由具备相应审批权限的部门或人员审批后,再行办理请购手续。第三,具备相应审批权限的部门或人员审批采购申请时,应重点关注采购申请内容是否准确、完整,是否符合生产经营需要,是否符合采购计划,是否在采购预算范围内等。对不符合规定的采购申请,应要求请购部门调整请购内容或拒绝批准。

(三)选择供应商

选择供应商,也就是确定采购渠道。它是企业采购业务流程中非常重要的环节。该环节的主要风险是:供应商选择不当,可能导致采购物资质次价高,甚至出现舞弊行为。

主要管控措施：第一，建立科学的供应商评估和准入制度，对供应商资质信誉情况的真实性和合法性进行审查，确定合格的供应商清单，健全企业统一的供应商网络。企业新增供应商的市场准入、供应商新增服务关系以及调整供应商物资目录，都要由采购部门根据需要提出申请，并按规定的权限和程序审核批准后，纳入供应商网络。企业可委托具有相应资质的中介机构对供应商进行资信调查。第二，采购部门应当按照公平、公正和竞争的原则，择优确定供应商，在切实防范舞弊风险的基础上，与供应商签订质量保证协议。第三，建立供应商管理信息系统和供应商淘汰制度，对供应商提供物资或劳务的质量、价格、交货及时性、供货条件及其资信、经营状况等进行实时管理和考核评价，根据考核评价结果，提出供应商淘汰和更换名单，经审批后对供应商进行合理选择和调整，并在供应商管理系统中作出相应记录。

（四）确定采购价格

如何以最优"性价比"采购到符合需求的物资，是采购部门的永恒主题。该环节的主要风险是：采购定价机制不科学，采购定价方式选择不当，缺乏对重要物资品种价格的跟踪监控，引起采购价格不合理，可能造成企业资金损失。

主要管控措施：第一，健全采购定价机制，采取协议采购、招标采购、询比价采购、动态竞价采购等多种方式，科学合理地确定采购价格。对标准化程度高、需求计划性强、价格相对稳定的物资，通过招标、联合谈判等公开、竞争方式签订框架协议。第二，采购部门应当定期研究大宗通用重要物资的成本构成与市场价格变动趋势，确定重要物资品种的采购执行价格或参考价格。建立采购价格数据库，定期开展重要物资的市场供求形势及价格走势商情分析并合理利用。

（五）订立框架协议或采购合同

框架协议是企业与供应商之间为建立长期物资购销关系而作出的一种约定。采购合同是指企业根据采购需要、确定的供应商、采购方式、采购价格等情况与供应商签订的具有法律约束力的协议，该协议对双方的权利、义务和违约责任等情况作出了明确规定（企业向供应商支付合同规定的金额、结算方式，供应商按照约定时间、期限、数量与质量、规格交付物资给采购方）。该环节的主要风险是：框架协议签订不当，可能导致物资采购不顺畅；未经授权对外订立采购合同，合同对方主体资格、履约能力等未达要求、合同内容存在重大疏漏和欺诈，可能导致企业合法权益受到侵害。

主要管控措施：第一，对拟签订框架协议的供应商的主体资格、信用状况等进行风险评估；框架协议的签订应引入竞争制度，确保供应商具备履约能力。第二，根据确定的供应商、采购方式、采购价格等情况，拟订采购合同，准确描述合同条款，明确双方权利、义务和违约责任，按照规定权限签署采购合同。对于影响重大、涉及较高专业技术或法律关系复杂的合同，应当组织法律、技术、财会等专业人员参与谈判，必要时可聘请外部专家参与相关工作。第三，对重要物资验收量与合同量之间允许的差异，应当作出统一规定。

（六）管理供应过程

管理供应过程，主要是指企业建立严格的采购合同跟踪制度，科学评价供应商的供货情况，并根据合理选择的运输工具和运输方式，办理运输、投保等事宜，实时掌握物资采购供应过程的情况。该环节的主要风险是：缺乏对采购合同履行情况的有效跟踪，运输方式选择不合理，忽视运输过程保险风险，可能导致采购物资损失或无法保证供应。

主要管控措施：第一，依据采购合同中确定的主要条款跟踪合同履行情况，对有可能影响生产或工程进度的异常情况，应出具书面报告并及时提出解决方案，采取必要措施，保证需求物资的及时供应。第二，对重要物资建立并执行合同履约过程中的巡视、点检和监造制度。对需要监造的物资，择优确定监造单位，签订监造合同，落实监造责任人，审核确认监造大纲，审定监造报告，并及时向技术等部门通报。第三，根据生产建设进度和采购物资特性等因素，选择合理的运输工具和运输方式，办理运输、投保等事宜。第四，实行全过程的采购登记制度或信息化管理，确保采购过程的可追溯性。

（七）验收

验收是指企业对采购物资和劳务的检验接收，以确保其符合合同相关规定或产品质量要求。该环节的主要风险是：验收标准不明确、验收程序不规范、对验收中存在的异常情况不作处理，可能造成账实不符、采购物资损失。

主要管控措施：第一，制定明确的采购验收标准，结合物资特性确定必检物资目录，规定此类物资出具质量检验报告后方可入库。第二，验收机构或人员应当根据采购合同及质量检验部门出具的质量检验证明，重点关注采购合同、发票等原始单据与采购物资的数量、质量、规格型号等核对一致。对验收合格的物资，填制入库凭证，加盖物资"收讫章"，登记实物账，及时将入库凭证传递给财会部门。物资入库前，采购部门须检查质量保证书、商检证书或合格证等证明文件。验收时涉及技术性强的、大宗的和新、特物资，还应进行专业测试，必要时可委托具有检验资质的机构或聘请外部专家协助验收。第三，对于验收过程中发现的异常情况，比如无采购合同或大额超采购合同的物资、超采购预算采购的物资、毁损的物资等，验收机构或人员应当立即向企业有权管理的相关机构报告，相关机构应当查明原因并及时处理。对于不合格物资，采购部门依据检验结果办理让步接收、退货、索赔等事宜。对延迟交货造成生产建设损失的，采购部门要按照合同约定索赔。

（八）付款

付款是指企业在对采购预算、合同、相关单据凭证、审批程序等内容审核无误后，按照采购合同规定及时向供应商办理支付款项的过程。该环节的主要风险是：付款审核不严格、付款方式不恰当、付款金额控制不严，可能导致企业资金损失或信用受损。

主要管控措施：企业应当加强采购付款的管理，完善付款流程，明确付款审核人的责任和权力，严格审核采购预算、合同、相关单据凭证、审批程序等相关内容，审核无误后按照合同规定，合理选择付款方式，及时办理付款。要着力关注以下方面：第一，严格审查采购发票等票据的真实性、合法性和有效性，判断采购款项是否确实应予支付。如审查发票填制的内容是否与发票种类相符合、发票加盖的印章是否与票据的种类相符合等。企业应当重视采购付款的过程控制和跟踪管理，如果发现异常情况，应当拒绝向供应商付款，避免出现资金损失和信用受损。第二，根据国家有关支付结算的相关规定和企业生产经营的实际，合理选择付款方式，并严格遵循合同规定，防范付款方式不当带来的法律风险，保证资金安全。除了不足转账起点金额的采购可以支付现金外，采购价款应通过银行办理转账。第三，加强预付账款和定金的管理，涉及大额或长期的预付款项，应当定期进行追踪核查，综合分析预付账款的期限、占用款项的合理性、不可收回风险等情况，发现有疑问的预付款项，应当及时采取措施，尽快收回款项。

（九）会计控制

会计控制主要指采购业务会计系统控制。该环节的主要风险是：缺乏有效的采购会计系统控制，未能全面真实地记录和反映企业采购各环节的资金流和实物流情况，相关会计记录与相关采购记录、仓储记录不一致，可能导致企业采购业务未能如实反映,以及采购物资和资金受损。

主要管控措施:第一,企业应当加强对购买、验收、付款业务的会计系统控制,详细记录供应商情况、采购申请、采购合同、采购通知、验收证明、入库凭证、退货情况、商业票据、款项支付等情况,做好采购业务各环节的记录,确保会计记录、采购记录与仓储记录核对一致。第二,指定专人通过函证等方式,定期向供应商寄发对账函,核对应付账款、应付票据、预付账款等往来款项,对供应商提出的异议应及时查明原因,报有权管理的部门或人员批准后,做出相应调整。

三、采购业务的后评估

由于采购业务对企业生存与发展具有重要影响,《企业内部控制应用指引第7号——采购业务》强调企业应当建立采购业务后评估制度。就此,企业应当定期对物资需求计划、采购计划、采购渠道、采购价格、采购质量、采购成本、协调或合同签约与履行情况等物资采购供应活动进行专项评估和综合分析,及时发现采购业务薄弱环节,优化采购流程,同时,将物资需求计划管理、供应商管理、储备管理等方面的关键指标纳入业绩考核体系,促进物资采购与生产、销售等环节的有效衔接,不断防范采购风险,全面提升采购效能。

保障企业资产安全 全面提升资产效能

——财政部会计司解读《企业内部控制应用指引第8号——资产管理》

资产作为企业重要的经济资源，是企业从事生产经营活动并实现发展战略的物质基础。资产管理贯穿于企业生产经营全过程，也就是通常所说的"实物流"管控。在企业早期的资产管理实践中，如何保障货币性资产的安全是内部控制的重点。在现代企业制度下，资产业务内部控制已从如何防范资金挪用、非法占用和实物资产被盗拓展到重点关注资产效能，充分发挥资产资源的物质基础作用。鉴于资产管理的重要性，《企业内部控制基本规范》将合理保证资产安全作为内部控制目标之一，同时单独制定了《企业内部控制应用指引第8号——资产管理》，着重对存货、固定资产和无形资产等资产提出了全面风险管控要求，旨在促进企业在保障资产安全的前提下，提高资产效能。本文就此进行解读。

一、资产管理的总体要求

为促进实现资产管理目标，资产管理指引要求企业加强各项资产管控，全面梳理资产管理流程，及时发现资产管理中的薄弱环节，采取有效措施及时加以改进。

（一）全面梳理资产管理流程

对于一般工商企业，存货、固定资产和无形资产在资产总额中占比最大。无论是新企业或是存续企业，为组织生产经营活动，都需要或已经制定了相关资产管理制度，按照严格的制度管理各项资产。为了保障资产安全、提升资产管理效能，企业应当全面梳理资产流程。在梳理过程中，既要注意从大类上区分存货、固定资产和无形资产，又要分别对存货、固定资产和无形资产等进行细化和梳理。比如，存货需要从原材料、在产品、半成品、产成品、商品、周转材料等进行梳理；固定资产需要从房屋建筑物、机器设备和其他固定资产进行梳理；无形资产需要从专利权、非专利技术、商标权、特许权、土地使用权等进行梳理。企业梳理资产管理流程，应当贯穿于各类存货、固定资产和无形资产从"进入到退出"各个环节。比如，对存货通常可以从验收入库、仓储保管、出库、盘点和处置等环节进行梳理。梳理存货、固定资产和无形资产管理流程，不仅要对照现有管理制度，检查相关管理要求是否落实到位，而且应当审视相关管理流程是否科学、是否能够较好地保证物流顺畅、是否能够不断减少物流风险、是否能够不断降低相关成本费用、各项资产是否最大限度地发挥了应有的效能，等等。

（二）查找资产管理薄弱环节

通过全面梳理资产管理流程，查找资产管理薄弱环节，是企业强化资产管理的关键步骤。这些薄弱环节若不引起重视并加以及时改进，通常引发资产流失或运行风险，或者企业资产不能发挥应有的效能。资产管理指引针对当前企业资产管理实务中存在的实际问题，分别存货、固定资产和无形资产，要求企业着力关注下列主要风险：一是，存货积压或短缺，可能导致流动资金占用过量、存货价值贬损或生产中断；二是，固定资产更新改造不够、使用效能低下、维护不当、产能过剩，可能导致企业缺乏竞争力、资产价值贬损、安全事故频发或资源浪费；三是，无形资产缺乏核心技术、权属不清、技术落后、存在重大技术安全隐患，可能导致企业法律纠纷、缺乏可持续发展能力。企业应当在全面梳理资产管理流程的基础上，着重围绕上述三个方面的主要风险，结合企业实际进行细化，全面查找资产管理漏洞，确保资产管理不断处于优化状态。

（三）健全和落实资产管控措施

在全面梳理资产流程、查找管理薄弱环节之后，企业应当对发现的薄弱环节和问题进行归类整理，深入分析，查找原因，健全和落实相关措施。企业应当按照内部控制规范提出的各项存货、固定资产和无形资产管理要求，结合所在行业和企业的实际情况，建立健全各项资产管理措施。属于缺乏相关资产管理制度的，应当建立健全相关制度；属于现行管理制度不健全的，应当对现行制度予以补充完善；属于现行制度执行不到位的，应当加大制度执行力，避免形式主义作"表面文章"。一些企业由于"实物流"管控不严，导致重大风险的发生，往往不是属于制度不健全，而是制度一大堆，手册到处有，更多的是用于应付检查，实际执行是两回事。这种做法是自欺欺人，到头来是企业自身遭受损失。在激烈的竞争时代，企业只有科学管理，强化管控措施，确保各项资产安全并发挥效能，才能防范资产风险，提升核心竞争力，实现发展目标。

二、关于存货

存货主要包括原材料、在产品、产成品、半成品、商品及周转材料等；企业代销、代管、代修、受托加工的存货，虽不归企业所有，也应纳入企业存货管理范畴。不同类型的企业有不同的存货业务特征和管理模式；即使同一企业，不同类型存货的业务流程和管控方式也可能不尽相同。企业建立和完善存货内部控制制度，必须结合本企业的生产经营特点，针对业务流程中主要风险点和关键环节，制定有效的控制措施；同时，充分利用计算机信息管理系统，强化会计、出入库等相关记录，确保存货管理全过程的风险得到有效。图 1 和图 2 分别列示了生产企业和商品流通企业存货流转的程序。

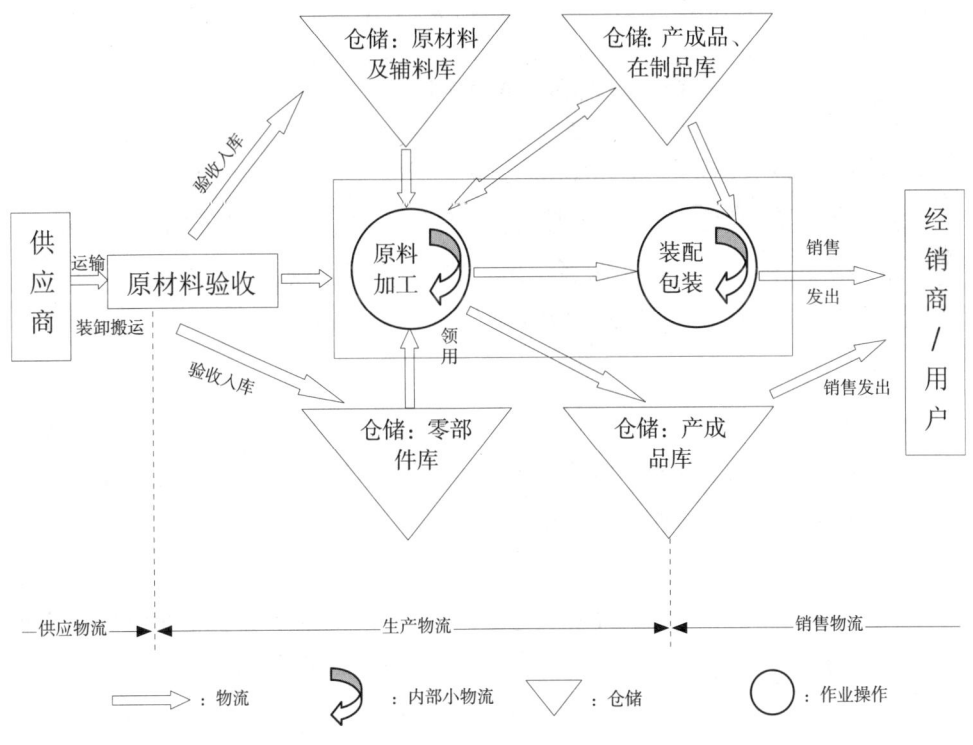

图 1　生产企业物流流程图

从图1可以看出，一般生产企业的存货业务流程可分为取得、验收、仓储保管、生产加工、盘点处置等四个阶段，历经取得存货、验收入库、仓储保管、领用发出、原料加工、装配包装、盘点清查、销售处置等主要环节。具体到某个特定生产企业，存货业务流程可能较为复杂，不仅涉及上述所有环节，甚至有更多、更细的流程，且存货在企业内部要经历多次循环。比如，原材料要经历验收入库、领用加工，形成半成品后又入库保存或现场保管、领用半成品继续加工，加工完成为产成品后再入库保存，直至发出销售等过程。也有部分生产企业的生产经营活动较为简单，其存货业务流程可能只涉及上述阶段中的某几个环节。

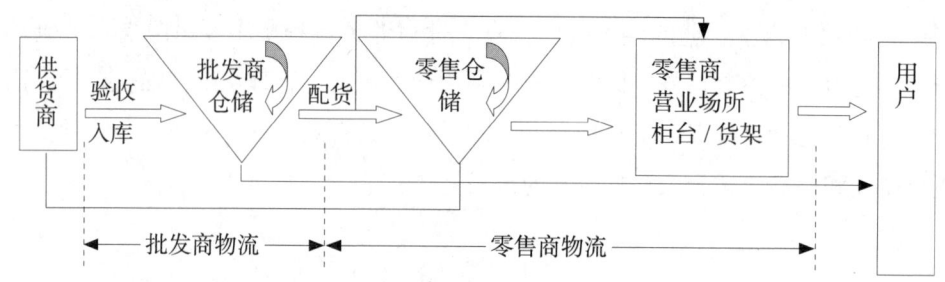

图2　商品流通企业物流流程图

从图2可以看出，作为商品流通企业的批发商的存货，通常经过取得、验收入库、仓储保管和销售发出等主要环节；零售商从生产企业或批发商（经销商）那里取得商品，经验收后入库保管或者直接放置在经营场所对外销售。比如，仓储式超市货架里摆放的商品就是超市的存货，商品仓储与销售过程紧密联系在一起。

概括讲，无论是生产企业，还是商品流通企业，存货取得、验收入库、仓储保管、领用发出、盘点清查、销售处置等是其共有的环节。以下对这些环节可能存在的主要风险及管控措施加以阐述。

（一）取得存货

存货的取得有诸如外购、委托加工或自行生产等多种方式，企业应根据行业特点、生产经营计划和市场因素等综合考虑，本着成本效益原则，确定不同类型的存货取得方式。该环节的主要风险是：存货预算编制不科学、采购计划不合理，可能导致存货积压或短缺。

主要管控措施：企业存货管理实务中，应当根据各种存货采购间隔期和当前库存，综合考虑企业生产经营计划、市场供求等因素，充分利用信息系统，合理确定存货采购日期和数量，确保存货处于最佳库存状态。考虑到存货取得的风险管控措施主要体现在预算编制和采购环节，将由相关的预算和采购内部控制应用指引加以规范。

（二）验收入库

不论是外购原材料或商品，还是本企业生产的产品，都必须经过验收（质检）环节，以保证存货的数量和质量符合合同等有关规定或产品质量要求。该环节的主要风险是：验收程序不规范、标准不明确，可能导致数量克扣、以次充好、账实不符。

主要管控措施：企业应当重视存货验收工作，规范存货验收程序和方法，着力做好以下工作。

（1）外购存货的验收应当重点关注合同、发票等原始单据与存货的数量、质量、规格等核对一致。涉及技术含量较高的货物，必要时可委托具有检验资质的机构或聘请外部专家协助验收。

（2）自制存货的验收，应当重点关注产品质量，通过检验合格的半成品、产成品才能办理入库手续，不合格品应及时查明原因、落实责任、报告处理。

（3）其他方式取得存货的验收，应当重点关注存货来源、质量状况、实际价值是否符合有关合同或协议的约定。

经验收合格的存货进入入库或销售环节。仓储部门对于入库的存货，应根据入库单的内容对存货的数量、质量、品种等进行检查，符合要求的予以入库；不符合要求的，应当及时办理退换货等相关事宜。入库记录要真实、完整，定期与财会等相关部门核对，不得擅自修改。

（三）仓储保管

一般而言，生产企业为保证生产过程的连续性，需要对存货进行仓储保管；商品流通企业的存货从购入到销往客户之间也存在仓储保管环节。该环节的主要风险是：存货仓储保管方法不适当、监管不严密，可能导致损坏变质、价值贬损、资源浪费。

主要管控措施：

（1）存货在不同仓库之间流动时，应当办理出入库手续。

（2）存货仓储期间要按照仓储物资所要求的储存条件妥善储存，做好防火、防洪、防盗、防潮、防病虫害、防变质等保管工作，不同批次、型号和用途的产品要分类存放。生产现场的在加工原料、周转材料、半成品等要按照有助于提高生产效率的方式摆放，同时防止浪费、被盗和流失。

（3）对代管、代销、暂存、受托加工的存货，应单独存放和记录，避免与本单位存货混淆。

（4）结合企业实际情况，加强存货的保险投保，保证存货安全，合理降低存货意外损失风险。

（5）仓储部门应对库存物料和产品进行每日巡查和定期抽检，详细记录库存情况；发现毁损、存在跌价迹象的，应及时与生产、采购、财务等相关部门沟通。对于进入仓库的人员应办理进出登记手续，未经授权人员不得接触存货。

（四）领用发出

企业生产部门领用原材料、辅料、燃料和零部件等用于生产加工、仓储部门根据销售部门开出的发货单向经销商或用户发出产成品，商品流通领域的批发商根据合同或订货单等向下游经销商或零售商发出商品，消费者凭交款凭证等从零售商处取走商品，都涉及存货领用发出问题。该环节的主要风险是：存货领用发出审核不严格、手续不完备，可能导致货物流失。

主要管控措施：企业应当根据自身的业务特点，确定适用的存货发出管理模式，制定严格的存货准出制度，明确存货发出和领用的审批权限，健全存货出库手续，加强存货领用记录。通常情况下，对于一般的生产企业，仓储部门应核对经过审核的领料单或发货通知单的内容，做到单据齐全，名称、规格、计量单位准确；符合条件的准予领用或发出，并与领用人当面核对、点清交付。在商场超市等商品流通企业，在存货销售发出环节应侧重于防止商品失窃、随时整理弃置商品、每日核对销售记录和库存记录等。无论是何种企业，对于大批存货、贵重商品或危险品的发出，均应当实行特别授权；仓储部门应当根据经审批的销售（出库）通知单发出货物。

（五）盘点清查

存货盘点清查一方面是要核对实物的数量，是否与相关记录相符、账实相符；另一方面也要关注实物的质量，是否有明显的损坏。该环节的主要风险是：

存货盘点清查制度不完善、计划不可行，可能导致工作流于形式、无法查清存货真实状况。

主要管控措施：企业应当建立存货盘点清查工作规程，结合本企业实际情况确定盘点周期、盘点流程、盘点方法等相关内容，定期盘点和不定期抽查相结合。盘点清查时，应拟定详细的盘点计划，合理安排相关人员，使用科学的盘点方法，保持盘点记录的完整，以保证盘点的真实性、有效性。盘点清查结果要及时编制盘点表，形成书面报告，包括盘点人员、时间、地点、实际所盘点存货名称、品种、数量、存放情况以及盘点过程中发现的账实不符情况等内容，对盘点清查中发现的问题，应及时查明原因，落实责任，按照规定权限报经批准后处理。多部门人员共同盘点，应当充分体现相互制衡，严格按照盘点计划，认真记录盘点情况。此外，企业至少应当于每年年度终了开展全面的存货盘点清查，及时发现存货减值迹象，将盘点清查结果形成书面报告。

（六）存货处置

存货销售处置是存货退出企业生产经营活动的环节，包括商品和产成品的正常对外销售以及存货因变质、毁损等进行的处置。该环节的主要风险是：存货报废处置责任不明确、审批不到位，可能导致企业利益受损。

主要管控措施：企业应定期对存货进行检查，及时、充分了解存货的存储状态，对于存货变质、毁损、报废或流失的处理要分清责任、分析原因、及时合理。

三、关于固定资产

固定资产主要包括房屋、建筑物、机器、机械、运输工具，以及其他与生产经营活动有关的设备、器具、工具等。固定资产属于企业的非流动资产，是企业开展正常的生产经营活动必要的物资条件，其价值随着企业生产经营活动逐渐转移到产品成本中。固定资产的安全、完整直接影响到企业生产经营的可持续发展能力。

企业应当根据固定资产特点，分析、归纳、设计合理的业务流程，查找管理的薄弱环节，健全全面风险管控措施，保证固定资产安全、完整、高效运行。固定资产业务流程，通常可以分为取得、验收移交、日常维护、更新改造和淘汰处置等五个环节，如图3所示。

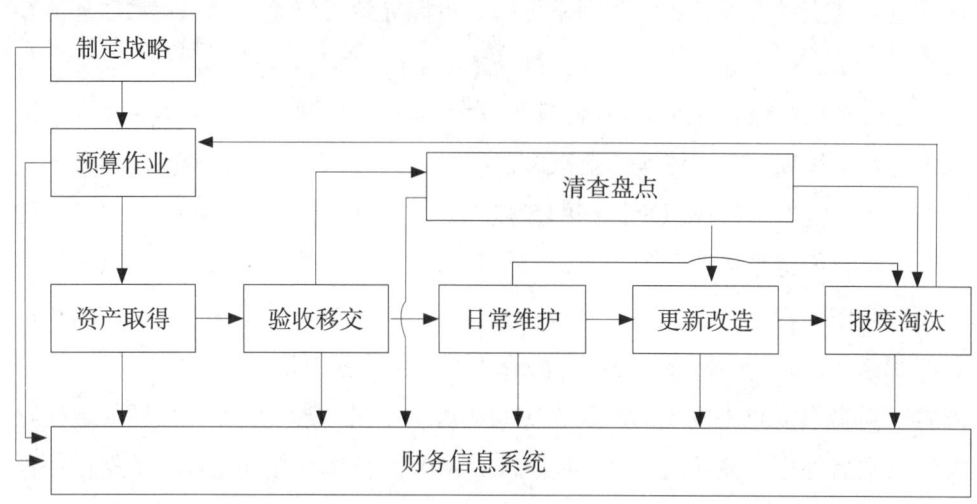

图3　固定资产基本业务流程图

（一）固定资产取得

固定资产涉及外购、自行建造、非货币性资产交换换入等方式。生产设备、运输工具、房屋建筑物、办公家具和办公设备等不同类型固定资产有不同的验收程序和技术要求，同一类固定资产也会因其标准化程度、技术难度等的不同而对验收工作提出不同的要求。通常来说，办公家具、电脑、打印机等标准化程度较高的固定资产验收过程较为简化，对一些复杂的大型生产设备，尤其是定制的高科技精密仪器，以及建筑物竣工验收等，需要一套规范、严密的验收制度。该环节的主要风险是：新增固定资产验收程序不规范，可能导致资产质量不符要求、进而影响资产运行；固定资产投保制度不健全，可能导致应投保资产未投保、索赔不力，不能有效防范资产损失风险。

主要管控措施：

（1）建立严格的固定资产交付使用验收制度。企业外购固定资产应当根据合同、供应商发货单等对所购固定资产的品种、规格、数量、质量、技术要求及其他内容进行验收，出具验收单，编制验收报告。企业自行建造的固定资产，应由建造部门、固定资产管理部门、使用部门共同填制固定资产移交使用验收单，验收合格后移交使用部门投入使用。未通过验收的不合格资产，不得接收，必须按照合同等有关规定办理退换货或其他弥补措施。对于具有权属证明的资产，取得时必须有合法的权属证书。

（2）重视和加强固定资产的投保工作。企业应当通盘考虑固定资产状况，根据其性质和特点，确定和严格执行固定资产的投保范围和政策。投保金额与投保项目力求适当，对应投保的固定资产项目按规定程序进行审批，办理投保手续，规范投保行为，应对固定资产损失风险。对于重大固定资产项目的投保，应当考虑采取招标方式确定保险人，防范固定资产投保舞弊。已投保的固定资产发生损失的，及时调查原因及受损金额，向保险公司办理相关的索赔手续。

（二）资产登记造册

企业取得每项固定资产后均需要进行详细登记，编制固定资产目录，建立固定资产卡片，便于固定资产的统计、检查和后续管理。该环节的主要风险是：固定资产登记内容不完整，可能导致资产流失、资产信息失真、账实不符。

主要管控措施：

（1）根据固定资产的定义，结合自身实际情况，制定适合本企业的固定资产目录，列明固定资产编号、名称、种类、所在地点、使用部门、责任人、数量、账面价值、使用年限、损耗等内容，有利于企业了解固定资产使用情况的全貌。

（2）按照单项资产建立固定资产卡片，固定资产卡片应在资产编号上与固定资产目录保持对应关系，详细记录各项固定资产的来源、验收、使用地点、责任单位和责任人、运转、维修、改造、折旧、盘点等相关内容，便于固定资产的有效识别。固定资产目录和卡片均应定期或不定期复核，保证信息的真实和完整。

（三）固定资产运行维护

该环节的主要风险是：固定资产操作不当、失修或维护过剩，可能造成资产使用效率低下、产品残次率高，甚至发生生产事故，或资源浪费。

主要管控措施：

（1）固定资产使用部门会同资产管理部门负责固定资产日常维修、保养，将固定资产日常维护流程体制化、程序化、标准化，定期检查，及时消除风险，提高固定资产的使用效率，切实消除安全隐患。

（2）固定资产使用部门及管理部门建立固定资产运行管理档案，并据以制定合理的日常维修和大修理计划，并经主管领导审批。

（3）固定资产实物管理部门审核施工单位资质和资信，并建立管理档案；修理项目应分类，明确需要招投标项目。修理完成，由施工单位出具交工验收报告，经资产使用和实物管理部门核对工程量并审批。重大项目应专项审计。

（4）企业生产线等关键设备的运作效率与效果将直接影响企业的安全生产和产品质量，操作人员上岗前应由具有资质的技术人员对其进行充分的岗前培训，特殊设备实行岗位许可制度，需持证上岗，必须对资产运转进行实时监控，保证资产使用流程与既定操作流程相符，确保安全运行，提高使用效率。

（四）固定资产升级改造

企业需要定期或不定期对固定资产进行升级改造，以便不断提高产品质量，开发新品种，降低能源资源消耗，保证生产的安全环保。固定资产更新有部分更新与整体更新两种情形，部分更新的目的通常包括局部技术改造、更换高性能部件、增加新功能等方面，需权衡更新活动的成本与效益综合决策；整体更新主要指对陈旧设备的淘汰与全面升级，更侧重于资产技术的先进性，符合企业的整体发展战略。该环节的主要风险是：固定资产更新改造不够，可能造成企业产品线老化、缺乏市场竞争力。

主要管控措施：

（1）定期对固定资产技术先进性评估，结合盈利能力和企业发展可持续性，资产使用部门根据需要提出技改方案，与财务部门一起进行预算可行性分析，并且经过管理部门的审核批准。

（2）管理部门需对技改方案实施过程适时监控、加强管理，有条件的企业建立技改专项资金并定期或不定期审计。

（五）资产清查

企业应建立固定资产清查制度，至少每年全面清查，保证固定资产账实相符、及时掌握资产盈利能力和市场价值。固定资产清查中发现的问题，应当查明原因，追究责任，妥善处理。该环节的风险主要是：固定资产丢失、毁损等造成账实不符或资产贬值严重。

主要管控措施：

（1）财务部门组织固定资产使用部门和管理部门需定期进行清查，明确资产权属，确保实物与卡、财务账表相符，在清查作业实施之前编制清查方案，经过管理部门审核后进行相关的清查作业。

（2）在清查结束后，清查人员需要编制清查报告，管理部门需就清查报告进行审核，确保真实性、可靠性。

（3）清查过程中发现的盘盈（盘亏），应分析原因，追究责任，妥善处理，报告审核通过后及时调整固定资产账面价值，确保账实相符，并上报备案。

（六）抵押质押

抵押是指债务人或者第三人不转移对财产的占有权，而将该财产抵押作为债权的担保，当债务人不履行债务时，债权人有权依法以抵押财产折价或以拍卖、变卖抵押财产的价款优先受偿。质押也称质权，就是债务人或第三人将其动产移交债权人占有，将该动产作为债权的担保，当债务人不履行债务时，债权人有权依法就该动产卖得价金优先受偿。企业有时因资金周转等原因以其固定资产作抵押物或质物向银行等金融机构借款，如到期不能归还借款，银行则有权依法以该固定资产折价或拍卖。该环节的主要风险是：固定资产抵押制度不完善，可能导致抵押资产价值低估和资产流失。

主要管控措施：

（1）加强固定资产抵押、质押的管理，明晰固定资产抵押、质押流程，规定固定资产抵押、质押的程序和审批权限等，确保资产抵押、质押经过授权审批及适当程序。同时，应做好相应记录，保障企业资产安全。

（2）财务部门办理资产抵押时，如需要委托专业中介机构鉴定评估固定资产的实际价值，应当会同金融机构有关人员、固定资产管理部门、固定资产使用部门现场勘验抵押品，对抵押资产的价值进行评估。对于抵押资产，应编制专门的抵押资产目录。

（七）固定资产处置

该环节的主要风险是：固定资产处置方式不合理，可能造成企业经济损失。主要管控措施：企业应当建立健全固定资产处置的相关制度，区分固定资产不同的处置方式，采取相应控制措施，确定固定资产处置的范围、标准、程序和审批权限，保证固定资产处置的科学性，使企业的资源得到有效的运用。

（1）对使用期满、正常报废的固定资产，应由固定资产使用部门或管理部门填制固定资产报废单，经企业授权部门或人员批准后对该固定资产进行报废清理。

（2）对使用期限未满、非正常报废的固定资产，应由固定资产使用部门提出报废申请，注明报废理由、估计清理费用和可回收残值、预计处置价格等。企业应组织有关部门进行技术鉴定，按规定程序审批后进行报废清理。

（3）对拟出售或投资转出及非货币交换的固定资产，应由有关部门或人员提出处置申请，对固定资产价值进行评估，并出具资产评估报告。报经企业授权部门或人员批准后予以出售或转让。企业应特别关注固定资产处置中的关联交易和处置定价，固定资产的处置应由独立于固定资产管理部门和使用部门的相关授权人员办理，固定资产处置价格应报经企业授权部门或人员审批后确定。对于重大固定资产处置，应当考虑聘请具有资质的中介机构进行资产评估，采取集体审议或联签制度。涉及产权变更的，应及时办理产权变更手续。

（4）对出租的固定资产由相关管理部门提出出租或出借的申请，写明申请的理由和原因，并由相关授权人员和部门就申请进行审核。审核通过后应签订出租或出借合同，包括合同双方的具体情况，出租的原因和期限等内容。

四、关于无形资产

无形资产是企业拥有或控制的没有实物形态的可辨认非货币性资产，通常包括专利权、非专利技术、商标权、著作权、特许权、土地使用权等。企业应当加强对无形资产的管理，建立健全无形资产分类管理制度，保护无形资产的安全，提高无形资产的使用效率，充分发挥无形资产对提升企业创新能力和核心竞争力的作用。

（一）无形资产管理的流程

无形资产管理的基本流程包括无形资产的取得、验收并落实权属、自用或授权其他单位使用、安全防范、技术升级与更新换代、处置与转移等环节，如图4所示。

（二）无形资产管理的关键控制点和控制措施

企业应当在对无形资产取得、验收、使用、保护、评估、技术升级、处置等环节进行全面梳理的基础上，明确无形资产业务流程中的主要风险，并采用适当的控制措施实施无形资产内部控制。

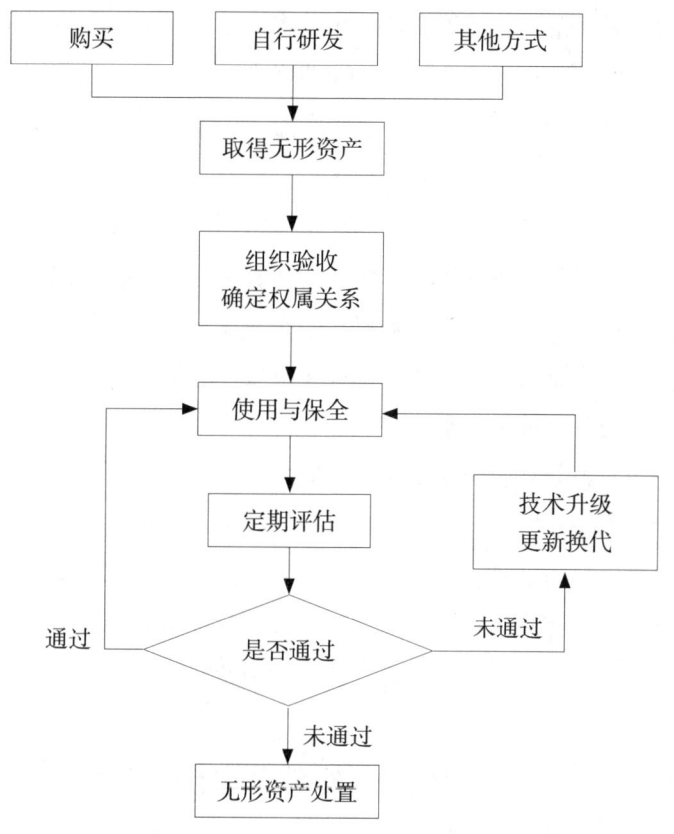

图4 无形资产基本业务流程图

1. 无形资产取得与验收

该环节的主要风险是：取得的无形资产不具先进性，或权属不清，可能导致企业资源浪费或引发法律诉讼。主要管控措施：企业应当建立严格的无形资产交付使用验收制度，明确无形资产的权属关系，及时办理产、权登记手续。企业外购无形资产，必须仔细审核有关合同协议等法律文件，及时取得无形资产所有权的有效证明文件，同时特别关注外购无形资产的技术先进性；企业自行开发的无形资产，应由研发部门、无形资产管理部门、使用部门共同填制无形资产移交使用验收单，移交使用部门使用；企业购入或者以支付土地出让金方式取得的土地使用权，必须取得土地使用权的有效证明文件。当无形资产权属关系发生变动时，应当按照规定及时办理权证转移手续。

2. 无形资产的使用与保全

该环节的主要风险是：无形资产使用效率低下，效能发挥不到位；缺乏严格的保密制度，致使体现在无形资产中的商业机密泄露；由于商标等无形资产疏于管理，导致其他企业侵权，严重损害企业利益。主要管控措施：企业应当强化无形资产使用过程的风险管控，充分发挥无形资产对提升企业产品质量和市场影响力的重要作用；建立健全无形资产核心技术保密制度，严格限制未经授权人员直接接触技术资料，对技术资料等无形资产的保管及接触应保有记录，实行责任追究，保证无形资产的安全与完整；对侵害本企业无形资产的，要积极取证并形成书面调查记录，提出维权对策，按规定程序审核并上报，等等。

3. 无形资产的技术升级与更新换代

该环节的主要风险是：无形资产内含的技术未能及时升级换代，导致技术落后或存在重大技术安全隐患。主要管控措施：企业应当定期对专利、专有技术等无形资产的先进性进行评估。发现某项无形资产给企业带来经济利益的能力受到重大不利影响时，应当考虑淘汰落后技术，同时加大研发投入，不断推动企业自主创新与技术升级，确保企业在市场经济竞争中始终处于优势地位。

4. 无形资产的处置

该环节的主要风险在于：无形资产长期闲置或低效使用，就会逐渐失去其使用价值；无形资产处置不当，往往造成企业资产流失。主要管控措施：企业应当建立无形资产处置的相关管理制度，明确无形资产处置的范围、标准、程序和审批权限等要求。无形资产的处置应由独立于无形资产管理部门和使用部门的其他部门或人员按照规定的权限和程序办理；应当选择合理的方式确定处置价格，并报经企业授权部门或人员审批；重大的无形资产处置，应当委托具有资质的中介机构进行资产评估。

规范销售行为　扩大市场占有

——财政部会计司解读《企业内部控制应用指引第9号——销售业务》

销售业务是指企业出售商品（或提供劳务）及收取款项等相关活动。企业生存、发展、壮大的过程，在相当程度上就是不断加大销售力度、拓宽销售渠道、扩大市场占有的过程。生产企业的产品或流通企业的商品如不能实现销售的稳定增长，售出的货款如不能足额收回或不能及时收回，必将导致企业持续经营受阻、难以为继。正因为如此，《企业内部控制应用指引第9号——销售业务》以促进企业销售稳定增长、扩大市场份额为出发点，提出了销售业务应当关注的主要风险以及相应的管控措施。本文就此进行解读。

一、销售业务流程

企业强化销售业务管理，应当对现行销售业务流程进行全面梳理，查找管理漏洞，及时采取切实措施加以改正；与此同时，还应当注重健全相关管理制度，明确以风险为导向的、符合成本效益原则的销售管控措施，实现与生产、资产、资金等方面管理的衔接，落实责任制，有效防范和化解经营风险。

图1是综合不同类型企业形成的销售业务流程图，具有普适性。企业在实际操作中，应当充分结合自身业务特点和管理要求，构建和优化销售业务流程。

二、各流程的主要风险及管控措施

企业销售业务流程，主要包括销售计划管理、客户开发与信用管理、销售定价、订立销售合同、发货、收款、客户服务和会计系统控制等环节。

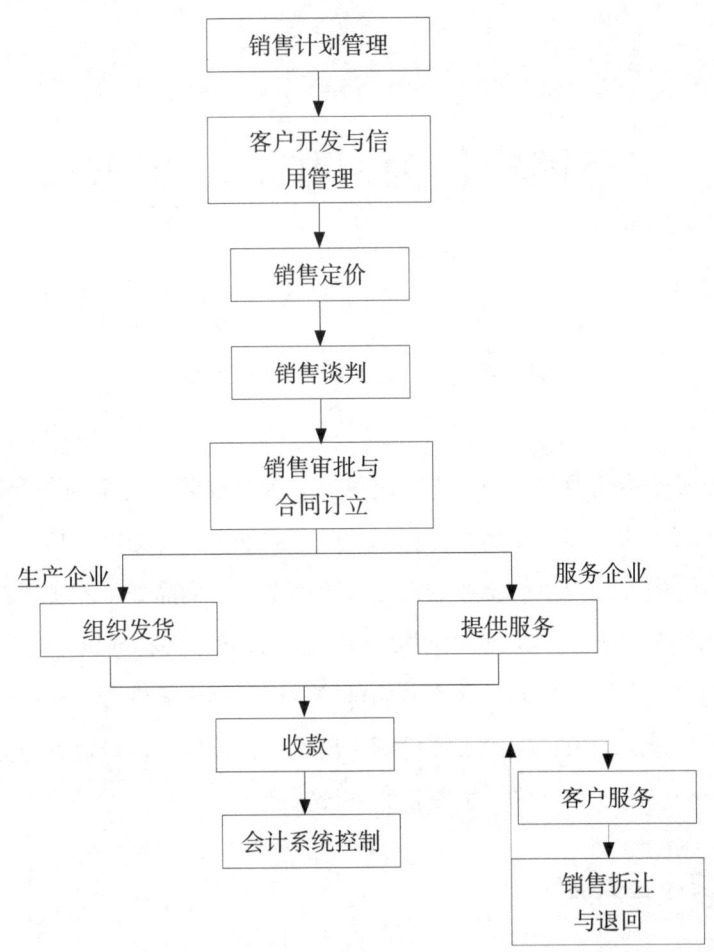

图1 销售业务流程

（一）销售计划管理

销售计划是指在进行销售预测的基础上，结合企业生产能力，设定总体目标额及不同产品的销售目标额，进而为能实现该目标而设定具体营销方案和实施计划，以支持未来一定期间内销售额的实现。该环节主要风险是：销售计划缺乏或不合理，或未经授权审批，导致产品结构和生产安排不合理，难以实现企业生产经营的良性循环。

主要管控措施：第一，企业应当根据发展战略和年度生产经营计划，结合企业实际情况，制定年度销售计划，在此基础上，结合客户订单情况，制定月度销售计划，并按规定的权限和程序审批后下达执行。第二，定期对各产品（商品）的区域销售额、进销差价、销售计划与实际销售情况等进行分析，结合生产现状，及时调整销售计划，调整后的销售计划需履行相应的审批程序。

（二）客户开发与信用管理

企业应当积极开拓市场份额，加强现有客户维护，开发潜在目标客户，对有销售意向的客户进行资信评估，根据企业自身风险接受程度确定具体的信用等级。该环节的主要风险是：现有客户管理不足、潜在市场需求开发不够，可能导致客户丢失或市场拓展不利；客户档案不健全，缺乏合理的资信评估，可能导致客户选择不当，销售款项不能收回或遭受欺诈，从而影响企业的资金流转和正常经营。

主要管控措施：第一，企业应当在进行充分市场调查的基础上，合理细分市场并确定目标市场，根据不同目标群体的具体需求，确定定价机制和信用方式，灵活运用销售折扣、销售折让、信用销售、代销和广告宣传等多种策略和营销方式，促进销售目标实现，不断提高市场占有率。第二，建立和不断更新维护客户信用动态档案，由与销售部门相对独立的信用管理部门对客户付款情况进行持续跟踪和监控，提出划分、调整客户信用等级的方案。根据客户信用等级和企业信用政策，拟定客户赊销限额和时限，经销售、财会等部门具有相关权限的人员审批。对于境外客户和新开发客户，应当建立严格的信用保证制度。

（三）销售定价

销售定价是指商品价格的确定、调整及相应审批。该环节的主要风险是：定价或调价不符合价格政策，未能结合市场供需状况、盈利测算等进行适时调整，造成价格过高或过低、销售受损；商品销售价格未经恰当审批，或存在舞弊，可能导致损害企业经济利益或者企业形象。

主要管控措施：第一，应根据有关价格政策、综合考虑企业财务目标、营销目标、产品成本、市场状况及竞争对手情况等多方面因素，确定产品基准定价。定期评价产品基准价格的合理性，定价或调价需经具有相应权限人员的审核批准。第二，在执行基准定价的基础上，针对某些商品可以授予销售部门一定限度的价格浮动权，销售部门可结合产品市场特点，将价格浮动权向下实行逐级递减分配，同时明确权限执行人。价格浮动权限执行人必须严格遵守规定的价格浮动范围，不得擅自突破。第三，销售折扣、销售折让等政策的制定应由具有相应权限人员审核批准。销售折扣、销售折让授予的实际金额、数量、原因及对象应予以记录，并归档备查。

（四）订立销售合同

企业与客户订立销售合同，明确双方权利和义务，以此作为开展销售活动的基本依据。该环节的主要风险是：合同内容存在重大疏漏和欺诈，未经授权对外订立销售合同，可能导致企业合法权益受到侵害；销售价格、收款期限等违背企业销售政策，可能导致企业经济利益受损。

主要管控措施：第一，订立销售合同前，企业应当指定专门人员与客户进行业务洽谈、磋商或谈判，关注客户信用状况，明确销售定价、结算方式、权利与义务条款等相关内容。重大的销售业务谈判还应当吸收财会、法律等专业人员参加，并形成完整的书面记录。第二，企业应当建立健全销售合同订立及审批管理制度，明确必须签订合同的范围，规范合同订立程序，确定具体的审核、审批程序和所涉及的部门人员及相应权责。审核、审批应当重点关注销售合同草案中提出的销售价格、信用政策、发货及收款方式等。重要的销售合同，应当征询法律专业人员的意见。第三，销售合同草案经审批同意后，企业应授权有关人员与客户签订正式销售合同。

（五）发货

发货是根据销售合同的约定向客户提供商品的环节。该环节的主要风险是：未经授权发货或发货不符合合同约定，可能导致货物损失或客户与企业的销售争议、销售款项不能收回。

主要管控措施：第一，销售部门应当按照经审核后的销售合同开具相关的销售通知交仓储部门和财会部门。第二，仓储部门应当落实出库、计量、运输等环节的岗位责任，对销售通知进行审核，严格按照所列的发货品种和规格、发货数量、发货时间、发货方式、接货地点等，按规定时间组织发货，形成相应的发货单据，并应连续编号。第三，应当以运输合同或条款等形式明确运输方式、商品短缺、毁损或变质的责任、到货验收方式、运输费用承担、保险等内容，货物交接环节应做好装卸和检验工作，确保货物的安全发运，由客户验收确认。第四，应当做好发货各环节的记录，填制相应的凭证，设置销售台账，实现全过程的销售登记制度。

（六）收款

收款指企业经授权发货后与客户结算的环节。按照发货时是否收到货款，可分为现销和赊销。该环节的主要风险是：企业信用管理不到位，结算方式选择不当，票据管理不善，账款回收不力，导致销售款项不能收回或遭受欺诈；收款过程中存在舞弊，使企业经济利益受损。

主要管控措施：第一，结合公司销售政策，选择恰当的结算方式，加快款项回收，提高资金的使用效率。对于商业票据，结合销售政策和信用政策，明确应收票据的受理范围和管理措施。第二，建立票据管理制度，特别是加强商业汇票的管理：一是，对票据的取得、贴现、背书、保管等活动予以明确规定；二是，严格审查票据的真实性和合法性，防止票据欺诈；三是，由专人保管应收票据，对即将到期的应收票据，及时办理托收，定期核对盘点；四是，票据贴现、背书应经恰当审批。第三，加强赊销管理。一是，需要赊销的商品，应由信用管理部门按照客户信用等级审核，并经具有相应权限的人员审批。二是，赊销商品一般应取得客户的书面确认，必要时，要求客户办理资产抵押、担保等收款保证手续。三是，应完善应收款项管理制度，落实责任、严格考核、实行奖惩。销售部门负责应收款项的催收，催收记录（包括往来函电）应妥善保存。第四，加强代销业务款项的管理，及时与代销商结算款项。第五，收取的现金、银行本票、汇票等应及时缴存银行并登记入账。防止由销售人员直接收取款项，如必须由销售人员收取的，应由财会部门加强监控。

（七）客户服务

客户服务是在企业与客户之间建立信息沟通机制，对客户提出的问题，企业应予以及时解答或反馈、处理，不断改进商品质量和服务水平，以提升客户满意度和忠诚度。客户服务包括产品维修、销售退回、维护升级等。该环节的主要风险是：客户服务水平低，消费者满意度不足，影响公司品牌形象，造成客户流失。

主要管控措施：第一，结合竞争对手客户服务水平，建立和完善客户服务制度，包括客户服务内容、标准、方式等。第二，设专人或部门进行客户服务和跟踪。有条件的企业可以按产品线或地理区域建立客户服务中心。加强售前、售中和售后技术服务，实行客户服务人员的薪酬与客户满意度挂钩。第三，建立产品质量管理制度，加强销售、生产、研发、质量检验等相关部门之间的沟通协调。

第四，做好客户回访工作，定期或不定期开展客户满意度调查；建立客户投诉制度，记录所有的客户投诉，并分析产生原因及解决措施。第五，加强销售退回控制。销售退回需经具有相应权限的人员审批后方可执行；销售退回的商品应当参照物资采购入库管理。

（八）会计系统控制

会计系统控制是指利用记账、核对、岗位职责落实和相互分离、档案管理、工作交接程序等会计控制方法，确保企业会计信息真实、准确、完整。会计系统控制包括销售收入的确认、应收款项的管理、坏账准备的计提和冲销、销售退回的处理等内容。该环节的主要风险是：缺乏有效的销售业务会计系统控制，可能导致企业账实不符、账证不符、账账不符或者账表不符，影响销售收入、销售成本、应收款项等会计核算的真实性和可靠性。

主要管控措施：第一，企业应当加强对销售、发货、收款业务的会计系统控制，详细记录销售客户、销售合同、销售通知、发运凭证、商业票据、款项收回等情况，确保会计记录、销售记录与仓储记录核对一致。具体为：财会部门开具发票时，应当依据相关单据（计量单、出库单、货款结算单、销售通知单等）并经相关岗位审核。销售发票应遵循有关发票管理规定，严禁开具虚假发票。财会部门对销售报表等原始凭证审核销售价格、数量等，并根据国家统一的会计准则制度确认销售收入，登记入账。财会部门与相关部门月末应核对当月销售数量，保证各部门销售数量的一致性。第二，建立应收账款清收核查制度，销售部门应定期与客户对账，并取得书面对账凭证，财会部门负责办理资金结算并监督款项回收。第三，及时收集应收账款相关凭证资料并妥善保管；及时要求客户提供担保；对未按时还款的客户，采取申请支付令、申请诉前保全和起诉等方式及时清收欠款。对收回的非货币性资产应经评估和恰当审批。第四，企业对于可能成为坏账的应收账款，应当按照国家统一的会计准则规定计提坏账准备，并按照权限范围和审批程序进行审批。对确定发生的各项坏账，应当查明原因，明确责任，并在履行规定的审批程序后作出会计处理。企业核销的坏账应当进行备查登记，做到账销案存。已核销的坏账又收回时应当及时入账，防止形成账外资金。

企业内部控制配套指引解读

促进企业自主创新 全面提升核心竞争力

——财政部会计司解读《企业内部控制应用指引第 10 号——研究与开发》

研究与开发是企业核心竞争力的本源，是促进企业自主创新的重要体现，是企业加快转变经济发展方式的强大推动力。钱学森同志曾经说过，科技创新就是自主研发拥有曾经"买不到、买不起、买回来已落后"的核心技术；即使买到产品，也买不到产权；买到产权，买不到知识；买到知识，买不到人才。由此说明，创新、产权、知识、人才是核心资源，自主创新是第一要务。在经济全球化背景下，特别是为了抢抓后危机时期重要发展机遇，企业应坚定不移地走自主创新之路，重视和加强研究与开发，并将相关成果转化为生产力，在竞争中赢得主动权，夺得先机。《企业内部控制应用指引第 10 号——研究与开发》旨在有效控制研发风险，提升企业自主创新能力，充分发挥科技的支撑引领作用，促进实现企业发展战略。本文就此进行解读。

一、研究与开发业务流程

企业应当着力梳理研究与开发业务流程，针对主要风险点和关键环节，制定切实有效的控制措施，不断提升研发活动全过程的风险管控效能。

图 9 列示了一般生产企业研究与开发活动的业务流程图。

二、研究与开发业务的主要风险及管控措施

如图 1 所示，研究与开发的基本流程，主要涉及立项、研发过程管理、结题验收、研究成果的开发和保护等。

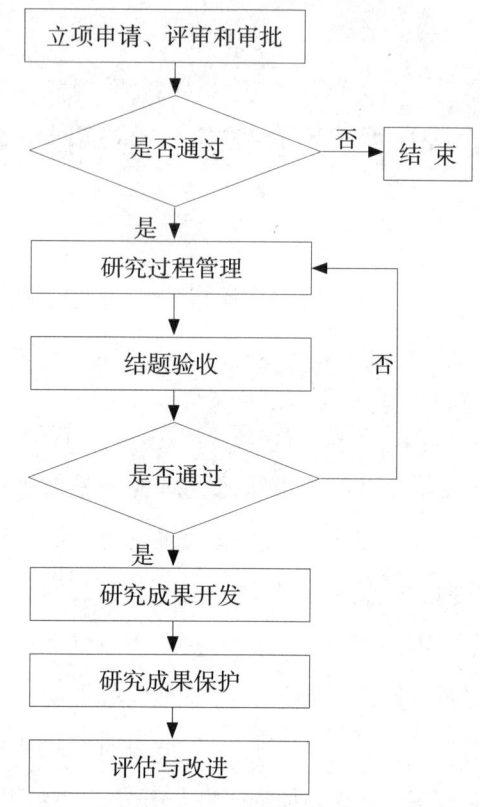

图 1　一般生产企业研究与开发活动的业务流程图

（一）立项

立项主要包括立项申请、评审和审批。该环节的主要风险是：研发计划与国家（或企业）科技发展战略不匹配，研发承办单位或专题负责人不具有相应资质，研究项目未经科学论证或论证不充分，评审和审批环节把关不严，可能导致创新不足或资源浪费。

主要的管控措施：第一，建立完善的立项、审批制度，确定研究开发计划制定原则和审批人，审查承办单位或专题负责人的资质条件和评估、审批流程等。第二，结合企业发展战略、市场及技术现状，制定研究项目开发计划。第三，企业应当根据实际需要，结合研发计划，提出研究项目立项申请，开展可行性研究，编制可行性研究报告。企业可以组织独立于申请及立项审批之外的专业机构和人员进行评估论证，出具评估意见。第四，研究项目应当按照规定的权限和程序进行审批,重大研究项目应当报经董事会或类似权力机构集体审议决策。审批过程中,应当重点关注研究项目促进企业发展的必要性、技术的先进性以及成果转化的可行性。第五,制定开题计划和报告,开题计划经科研管理部门负责人审批,开题报告应对市场需求与效益、国内外在该方向的研究现状、主要技术路线、研究开发目标与进度、已有条件与基础、经费等进行充分论证、分析,保证项目符合企业需求。

(二)研发过程管理

研发过程是研发的核心环节。实务中,研发通常分为自主研发、委托研发和合作研发。

1. 自主研发

自主研发是指企业依靠自身的科研力量,独立完成项目,包括原始创新、集成创新和在引进消化基础上的再创新三种类型。其主要风险包括:第一,研究人员配备不合理,导致研发成本过高、舞弊或研发失败。第二,研发过程管理不善,费用失控或科技收入形成账外资产,影响研发效率,提高研发成本甚至造成资产流失。第三,多个项目同时进行时,相互争夺资源,出现资源的短期局部缺乏,可能造成研发效率下降。第四,研究过程中未能及时发现错误,导致修正成本提高。第五,科研合同管理不善,导致权属不清,知识产权存在争议。

主要的管控措施:第一,建立研发项目管理制度和技术标准,建立信息反馈制度和研发项目重大事项报告制度;严格落实岗位责任制。第二,合理设计项目实施进度计划和组织结构,跟踪项目进展,建立良好的工作机制,保证项目顺利实施。第三,精确预计工作量和所需资源,提高资源使用效率。第四,建立科技开发费用报销制度,明确费用支付标准及审批权限,遵循不相容岗位牵制原则,完善科技经费入账管理程序,按项目正确划分资本性支出和费用性支出,准确开展会计核算,建立科技收入管理制度。第五,开展项目中期评审,及时纠偏调整;优化研发项目管理的任务分配方式。

2. 委托(合作)研发

委托研发是指企业委托具有资质的外部承办单位进行研究和开发。合作研发是指合作双方基于研发协议,就共同的科研项目,以某种合作形式进行研究和开发。

委托(合作)研发的主要风险是:委托(合作)单位选择不当,知识产权界定不清。合作研发还包括与合作单位沟通障碍、合作方案设计不合理、权责利不能合理分配、资源整合不当等风险。

主要的管控措施：第一，加强委托（合作）研发单位资信、专业能力等方面管理。第二，委托研发应采用招标、议标等方式确定受托单位，制定规范详尽的委托研发合同，明确产权归属、研究进度和质量标准等相关内容。第三，合作研发应对合作单位进行尽职调查，签订书面合作研究合同，明确双方投资、分工、权利义务、研究成果产权归属等。第四，加强项目的管理监督，严格控制项目费用，防止挪用、侵占等。第五，根据项目进展情况、国内外技术最新发展趋势和市场需求变化情况，对项目的目标、内容、进度、资金进行适当调整。

（三）结题验收

结题验收是对研究过程形成的交付物进行质量验收。结题验收分检测鉴定、专家评审、专题会议等三种方式。其主要风险包括：由于验收人员的技术、能力、独立性等造成验收成果与事实不符；测试与鉴定投入不足，导致测试与鉴定的不充分，不能有效地降低技术失败的风险。

主要的管控措施：第一，建立健全技术验收制度，严格执行测试程序。第二，对验收过程中发现的异常情况应重新进行验收申请或补充进行研发，直至研发项目达到研发标准为止。第三，落实技术主管部门验收责任，由独立的、具备专业胜任能力测试人员进行鉴定试验，并按计划进行正式的、系统的、严格的评审。第四，加大企业在测试和鉴定阶段的投入，对重要的研究项目可以组织外部专家参加鉴定。

（四）研究成果开发

研究成果开发是指企业将研究成果经过开发过程转换为企业的产品。其主要风险包括：研究成果转化应用不足，导致资源闲置；新产品未经充分测试，导致大批量生产不成熟或成本过高；营销策略与市场需求不符，导致营销失败。

主要的管控措施：第一，建立健全研究成果开发制度，促进成果及时有效转化。第二，科学鉴定大批量生产的技术成熟度，力求降低产品成本。第三，坚持开展以市场为导向的新产品开发消费者测试。第四，建立研发项目档案，推进有关信息资源的共享和应用。

（五）研究成果保护

研究成果保护是企业研发管理工作的有机组成部分。有效的研发成果保护，可保护研发企业的合法权益。其主要风险是：未能有效识别和保护知识产权，权属未能得到明确规范，开发出的新技术或产品被限制使用；核心研究人员缺乏管理激励制度，导致形成新的竞争对手或技术秘密外泄。

主要的管控措施：第一，进行知识产权评审，及时取得权属。第二，研发完成后确定采取专利或技术秘密等不同保护方式。第三，利用专利文献选择较好的工艺路线。第四，建立研究成果保护制度，加强对专利权、非专利技术、商业秘密及研发过程中形成的各类涉密图纸、程序、资料的管理，严格按照制度规定借阅和使用。禁止无关人员接触研究成果。第五，建立严格的核心研究人员管理制度，明确界定核心研究人员范围和名册清单并与之签署保密协议。第六，企业与核心研究人员签订劳动合同时，应当特别约定研究成果归属、离职条件、离职移交程序、离职后保密义务、离职后竞业限制年限及违约责任等内容。第七，实施合理有效的研发绩效管理，制定科学的核心研发人员激励体系，注重长效激励。

后评估是研究与开发内部控制建设的重要环节。企业应当建立研发活动评估制度，加强对立项与研究、开发与保护等过程的全面评估，认真总结研发管理经验，分析存在的薄弱环节，完善相关制度和办法，不断改进和提升研发活动的管理水平。

总之，研究与开发是企业持久发展的不竭动力，始终坚持把研究与开发作为企业发展的重要战略，紧密跟踪科技发展趋势，是切实提升核心竞争力、增强企业国际竞争力的重要保证。

企业内部控制基本规范　企业内部控制配套指引

强化风险管控　确保工程质量

——财政部会计司解读《企业内部控制应用指引第 11 号——工程项目》

工程项目是企业自行或者委托其他单位进行的建造、安装活动。重大工程项目往往体现企业发展战略和中长期发展规划,对于提高企业再生产能力和支撑保障能力、促进企业可持续发展具有关键作用。国有及国有控股大型企业的重大工程项目,在调整经济结构、转变经济发展方式、促进产业升级和技术进步中更是举足轻重。同时应当看到,由于工程项目投入资源多、占用资金大、建设工期长、涉及环节多、多种利益关系错综复杂,构成经济犯罪和腐败问题的"高危区"。现实中,工程资金高估冒算,招投标环节的暗箱操作,曝光的"豆腐渣"工程,以及相关经济犯罪和腐败案例时有发生,引发社会各界对工程领域的批评和关注。针对工程项目的特点和存在的问题,《企业内部控制应用指引第 11 号——工程项目》全面梳理了立项、设计、招标、建设和竣工验收等主要流程(见图1),找出各流程环节的主要风险,并提出了相应的管控措施。

一、工程立项

工程立项属于项目决策过程,是对拟建项目的必要性和可行性进行技术经济论证,对不同建设方案进行技术经济比较并做出判断和决定的过程。立项决策正确与否,直接关系到项目建设成败。

(一)工程立项流程

工程立项阶段的主要工作包括编制项目建议书、可行性研究、项目评估和决策,具体流程见图2。

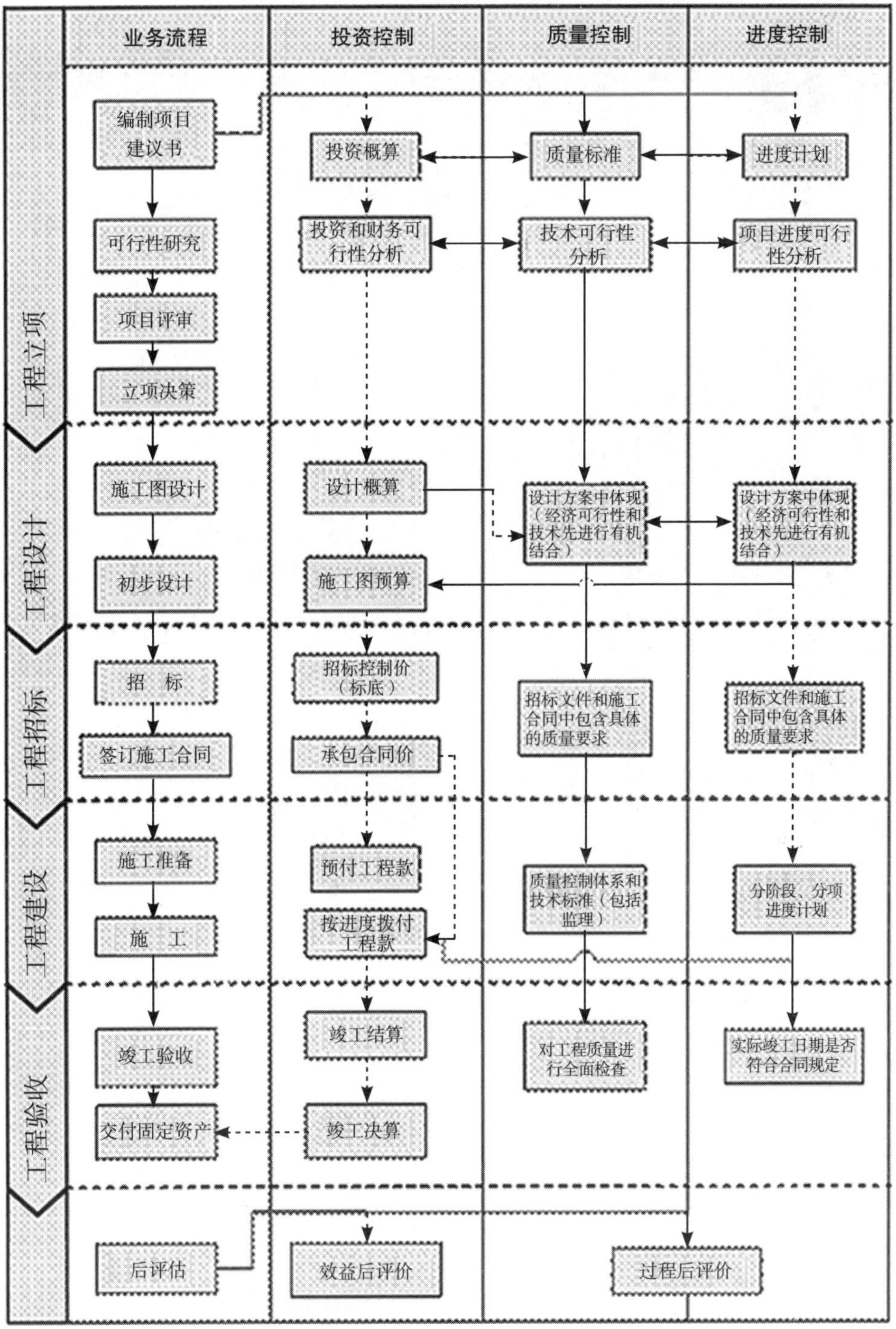
业务流程
投资控制
质量控制
进度控制
工程立项
工程设计
工程招标
工程建设
工程验收
编制项目建议书
可行性研究
项目评审
立项决策
投资概算
投资和财务可行性分析
质量标准
技术可行性分析
进度计划
项目进度可行性分析
施工图设计
初步设计
设计概算
施工图预算
设计方案中体现（经济可行性和技术先进行有机结合）
设计方案中体现（经济可行性和技术先进行有机结合）
招　标
签订施工合同
招标控制价（标底）
承包合同价
招标文件和施工合同中包含具体的质量要求
招标文件和施工合同中包含具体的质量要求
施工准备
施　工
预付工程款
按进度拨付工程款
质量控制体系和技术标准（包括监理）
分阶段、分项进度计划
竣工验收
交付固定资产
竣工结算
竣工决算
对工程质量进行全面检查
实际竣工日期是否符合合同规定
后评估
效益后评价
过程后评价

图 1　工程项目一般流程

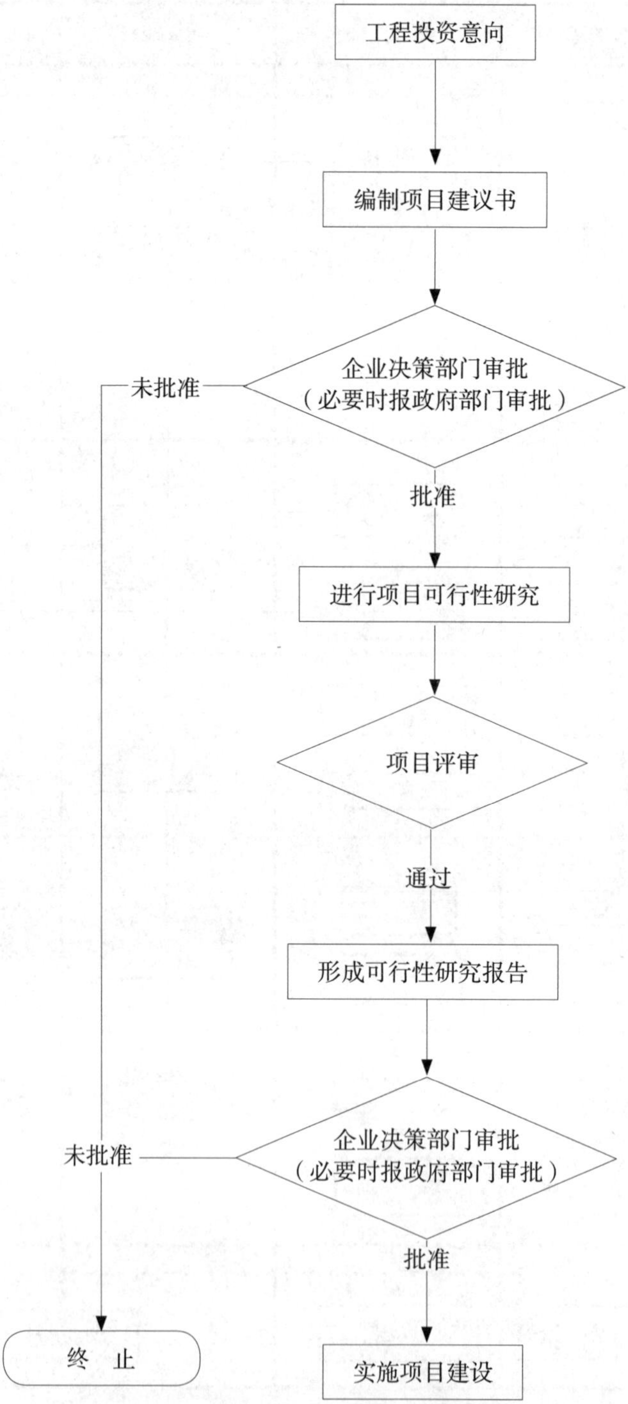

```
                  ┌──────────────┐
                  │ 工程投资意向 │
                  └──────┬───────┘
                         ▼
                  ┌──────────────┐
                  │ 编制项目建议书│
                  └──────┬───────┘
                         ▼
                      ◇──────◇
          未批准   企业决策部门审批
        ◀────────（必要时报政府部门审批）
                      ◇──────◇
                         │批准
                         ▼
                  ┌──────────────────┐
                  │ 进行项目可行性研究│
                  └────────┬─────────┘
                           ▼
                        ◇──────◇
                        项目评审
                        ◇──────◇
                           │通过
                           ▼
                  ┌────────────────────┐
                  │ 形成可行性研究报告 │
                  └──────────┬─────────┘
                             ▼
                          ◇──────◇
          未批准    企业决策部门审批
        ◀────────（必要时报政府部门审批）
                          ◇──────◇
                             │批准
             ▼               ▼
         ┌────────┐    ┌──────────────┐
         │  终 止 │    │ 实施项目建设 │
         └────────┘    └──────────────┘
```

图 2 工程立项流程

(二)工程立项环节的主要风险及管控措施

1. 编制项目建议书

项目建议书是企业(项目建设单位)根据工程投资意向、综合考虑产业政策、发展战略、经营计划等提出的建设某一工程项目的建议文件,是对拟建项目提出的框架性总体设想。对于非重大项目,也可以不编制项目建议书,但仍需开展可行性研究。项目建议书的内容一般包括:①项目的必要性和依据;②产品方案、拟建规模和建设地点的初步设想;③投资估算、资金筹措方案设想;④项目的进度安排;⑤经济效果和社会效益的初步估计;⑥环境影响的初步评价等。项目建议书编制完成后,应报企业决策机构审议批准,并视法规要求和具体情况报有关政府部门审批或备案。该环节的主要风险是:投资意向与国家产业政策和企业发展战略脱节;项目建议书内容不合规、不完整,项目性质、用途模糊,拟建规模、标准不明确,项目投资估算和进度安排不协调。

主要管控措施:第一,企业应当明确投资分析、编制和评审项目建议书的职责分工。第二,企业应当全面了解所处行业和地区的相关政策规定,以法律法规和政策规定为依据,结合实际建设条件和经济环境变化趋势,客观分析投资机会,确定工程投资意向。第三,企业应当根据国家和行业有关要求,结合本企业实际,规定项目建议书的主要内容和格式,明确编制要求;在编制过程中,要对工程质量标准、投资规模和进度计划等进行分析论证,做到协调平衡。第四,对于专业性较强和较为复杂的工程项目,可以委托专业机构进行工程投资分析,编制项目建议书。第五,企业决策机构应当对项目建议书进行集体审议,必要时,可以成立专家组或委托专业机构进行评审;承担评审任务的专业机构不得参与项目建议书的编制。第六,根据国家规定应当报批的项目建议书必须及时报批并取得有效批文。

2. 可行性研究

企业应当根据经批准的项目建议书开展可行性研究、编制可行性研究报告。可行性研究报告的主要内容包括:①项目概况;②项目建设的必要性和市场预测;③项目建设选址及建设条件论证;④建设规模和建设内容;⑤项目外部配套建设;⑥环境保护,劳动保护与卫生防疫,消防、节能、节水;⑦总投资及资金来源;⑧经济、社会效益;⑨项目建设周期及进度安排;⑩招投标法

企业内部控制基本规范 企业内部控制配套指引

规定的相关内容等。项目建议书和可行性研究报告中的投资估算,是项目立项的重要依据,也是研究、分析项目投资经济效果的重要条件。可行性研究报告一经批准,投资估算就是具体项目投资的最高限额,其误差一般应控制在10%以内。该环节的主要风险是:缺乏可行性研究,或可行性研究流于形式,导致决策不当,难以实现预期效益,甚至可能导致项目失败;可行性研究的深度达不到质量标准和实际要求,无法为项目决策提供充分、可靠的依据。

主要管控措施:第一,企业应当根据国家和行业有关规定以及本企业实际,确定可行性研究报告的内容和格式,明确编制要求。第二,委托专业机构进行可行性研究的,应当制定专业机构的选择标准,确保可行性研究科学、准确、公正。在选择专业机构时,应当重点关注其专业资质、业绩和声誉、专业人员素质、相关业务经验等。第三,切实做到投资、质量和进度控制的有机统一,即技术先进性和经济可行性要有机结合。建设标准要符合企业实际情况和财力、物力的承受能力,技术要先进适用,对于拟采用的工艺,既要考虑其对产品质量的提升作用,又要考虑企业营销状况和走势,避免盲目追求技术先进而造成投资损失浪费。

3. 项目评审与决策

可行性研究报告形成后,企业应当组织有关部门或委托具有相应资质的专业机构,对可行性研究报告进行全面审核和评价,提出评审意见,作为项目决策的重要依据。该环节的主要风险是:项目评审流于形式,误导项目决策;权限配置不合理,或者决策程序不规范,导致决策失误,给企业带来巨大经济损失。

主要管控措施:第一,企业应当组建项目评审组或委托具有资质的专业机构对可行性研究报告进行评审。项目评审组成员不得参与可行性研究,委托专业机构进行评审的,该专业机构不得参与项目可行性研究;评审组成员应当熟悉工程业务,并具有较广泛的代表性;评审组的决策机制不能简单采用"少数服从多数"原则,而要充分兼顾项目投资、质量、进度各方面的不同意见;项目评审应实行问责制,评审组成员要对其出具的评审意见承担责任。第二,在项目评审中,要重点关注项目投资方案、投资规模、资金筹措、生产规模、布局选址、技术、安全、环境保护等方面情况,核实相关资料的来源和取得途径是否真实、可靠,特别要对经济技术可行性进行深入分析和全面论证。第三,企业应当按照规定的权限和程序对工程项目进行决策,决策过程必须有完整的书面记录,并实行决策责任追究制度。重大工程项目,应当报经董事会或者类似决策机构集体审议批准,任何个人不得单独决策或者擅自改变集体决策意见，防止出现"一言堂""一支笔"。

工程项目立项后、正式施工前，建设单位（为同后文中出现的设计单位、监理单位、施工单位等区分，下文中将一律以"建设单位"替代"企业"）还应当依法取得建设用地、城市规划、环境保护、安全、施工等方面的许可。例如：通过"招标、拍卖、挂牌"等方式获得土地使用权，向人防主管部门报批人防规划设计，向园林主管部门报批绿化规划方案，在开工前向建设行政主管部门申请办理施工许可证等。

二、工程设计

（一）工程设计流程

项目立项后，能否保证工程质量，加快建设进度，节省工程投资，设计工作十分重要。根据国家规定，一般工业项目设计可按初步设计和施工图设计两个阶段进行，对于技术上复杂、在设计时有一定难度的工程，可以按初步设计、技术设计和施工图设计三个阶段进行。对于大型建设项目，如大型矿区、油田等的设计除按上述规定分为三个阶段外，还应进行总体规划设计或总体设计；对于小型工程项目，也可以简化为施工图设计一个阶段。本文主要介绍初步设计和施工图设计。

（二）工程设计环节的主要风险及管控措施

1. 初步设计

建设单位可以自行完成初步设计或委托其他单位进行初步设计。初步设计是整个设计构思基本形成的阶段。通过初步设计可以明确拟建工程在指定地点和规定期限内建设的技术可行性和经济合理性，同时确定主要技术方案、工程总造价和主要技术经济指标。初步设计阶段的一项重要工作是编制设计概算。设计概算是在投资估算的控制下由设计单位根据初步设计的图纸及说明，利用国家或地区发布的概算指标、概算定额或综合指标预算定额、设备材料预算价格等资料，运用科学的方法计算和确定建筑安装工程全部建设费用的经济文件。设计概算是编制项目投资计划、确定和控制项目投资的依据，也是签订施工合同的基础依据。该环节存在的主要风险是：设计单位不符合项目资质要求；初步设计未进行多方案比选；设计人员对相关资料研究不透彻，初步设计出现较大疏漏；设计深度不足，造成施工组织不周密、工程质量存隐患、投资失控以及投产后运行成本过高等。

主要管控措施：第一，建设单位应当引入竞争机制，尽量采用招标方式确定设计单位，根据项目特点选择具有相应资质和经验的设计单位。第二，在工程设计合同中，要细化设计单位的权利和义务，特别是一个项目由几个单位共同设计时，要指定一个设计单位为主体设计单位，主体设计单位对建设项目设计的合理性和整体性负责。第三，建设单位应当向设计单位提供开展设计所需的详细的基础资料，并进行有效的技术经济交流，避免因资料不完整造成设计保守、投资失控等问题。第四，建立严格的初步设计审查和批准制度，通过严格的复核、专家评议等制度，层层把关，确保评审工作质量。在初步设计审查中，技术方案是审查的核心和重点，重大技术方案必须进行技术经济分析比较、多方案比选。此外，还应关注初步设计规模是否与可行性研究报告、设计任务书一致，有无夹带项目、超规模、超面积和超标准的问题。

2. 施工图设计

施工图设计主要是通过图纸，把设计者的意图和全部设计结果表达出来，作为施工建造的依据。与施工图设计直接关联的是施工图预算。施工图预算是在施工图设计完成后、工程开工前，根据已批准的施工图纸、现行的预算定额、费用定额和所在地区人工、材料、设备与机械台班等资源价格，按照规定的计算程序确定工程造价的技术经济文件。对建设单位而言，施工图预算是确定工程招标控制价的依据，也是拨付工程款及办理工程结算的依据。对施工单位而言，施工图预算是施工单位投标报价的参考依据，也是安排调配施工力量，组织材料供应的依据。该环节存在的主要风险是：概预算严重脱离实际，导致项目投资失控；工程设计与后续施工未有效衔接或过早衔接，导致技术方案未得到有效落实，影响工程质量，或造成工程变更，发生重大经济损失。

主要管控措施：第一，建立严格的概预算编制与审核制度。概预算的编制要严格执行国家、行业和地方政府有关建设和造价管理的各项规定和标准，完整、准确地反映设计内容和当时当地的价格水平。建设单位应当组织工程、技术、财会等部门的相关专业人员或委托具有相应资质的中介机构对编制的概算进行审核，重点审查编制依据、项目内容、工程量的计算、定额套用等是否真实、完整和准确。如发现施工图预算如超过初步设计批复的投资概算规模，应对项目概算进行修正，并经审批。第二，建立严格的施工图设计管理制度和交底制度。在对施工图设计进行审查时，应重点关注施工图设计深度能否满足全面施工及各类设备安装要求，施工图设计质量是否符合国家和行业规定，各专业工种之间是否做到了有效配合等。施工图设计基本完成后，应召开施工图会审会议，由建设单位、设计单位、施工单位、监理单位等共同审阅施工图文件，设计单位应进行技术交底，介绍设计意图和技术要求，及时沟通问题，修改不符合实际和有错误的图纸，会议应形成书面纪要。第三，制定严格的设计变更管理制度。设计单位应当提供全面、及时的现场服务，避免设计与施工相脱节的现象发生，减少设计变更的发生。对确需进行的变更，应尽量控制在设计阶段，采用层层审批等方法，以使投资得到有效控制。因设计单位的过失造成设计变更的，应由设计单位承担相应责任。第四，建设单位应当严格按照国家法律法规和本单位管理要求执行各项设计报批要求，上一环节尚未批准的，不得进入下一环节，杜绝出现边勘察、边设计、边施工的"三边"现象。第五，可以引入设计监理，提高设计质量。

三、工程招标

工程招标是指建设单位在立项之后、项目发包之前，依照法定程序，以公开招标或邀请招标等方式，鼓励潜在的投标人依据招标文件参与竞争，通过评标择优选定中标人的一种经济活动。实行招投标是提高工程项目建设相关工作公开性、公平性、公正性和透明度的重要制度安排，是防范和遏制工程领域商业贿赂的有效举措。

（一）工程招标流程

工程招标一般包括招标、投标、开标、评标和定标五个主要环节（见图3）。

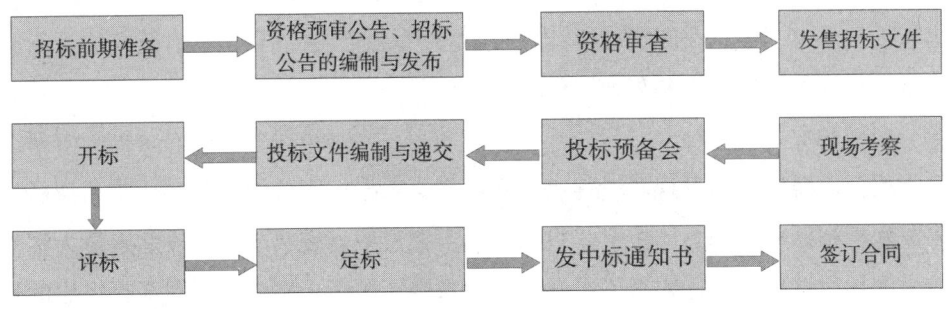

图3 工程招标流程图

（二）工程招标环节的主要风险及管控措施

1. 招标

这一阶段的主要工作包括招标前期准备和招标公告、资格预审公告的编制与发布。在招标前期准备阶段，应确定招标组织方式（自行招标、委托招标）和招标方式（公开招标、邀请招标）等。招标公告、资格预审公告可以由招标人自行编制，也可以委托专业招标机构编制。投标资格的审查可以在投标前审查（资格预审），也可以在开标后审查（资格后审）。该环节存在的主要风险是：招标人肢解建设项目，致使招标项目不完整，或逃避公开招标；投标资格条件因人而设，未做到公平、合理，可能导致中标人并非最优选择；相关人员违法违纪泄露标底，存在舞弊行为。

主要管控措施：第一，建设单位应当按照《招标投标法》《工程建设施工招标投标管理办法》等相关法律法规，结合本单位实际情况，本着公开、公正、平等竞争的原则，建立健全本单位的招投标管理制度，明确应当进行招标的工程项目范围、招标方式、招标程序，以及投标、开标、评标、定标等各环节的管理要求。第二，工程立项后，对于是否采用招标，以及招标方式、标段划分等，应由建设单位工程管理部门牵头提出方案，报经建设单位招标决策机构集体审议通过后执行。第三，建设单位确需划分标段组织招标的，应当进行科学分析和评估，提出专业意见；划分标段时，应当考虑项目的专业要求、管理要求、对工程投资的影响以及各项工作的衔接，不得违背工程施工组织设计和招标设计方案，将应当由一个承包单位完成的工程项目肢解成若干部分发包给几个承包单位。第四，招标公告的编制要公开、透明，严格根据项目特点确定投标人的资格要求，不得根据"意向中标人"的实际情况确定投标人资格要求。建设单位不具备自行招标能力的，应当委托具有相应资质的招标机构代理招标。第五，建设单位应当根据项目特点决定是否编制标底；需要编制标底的，标底编制过程和标底应当严格保密。

2. 投标

投标主要包括项目现场考察、投标预备会、投标文件的编制和递交。招标人可以根据招标项目的具体情况，组织投标人考察项目现场，以便投标人更为深入地了解项目情况。招标人可以召开投标预备会，解答投标人对工程项目提出的具体问题。之后，投标人应当按照招标文件的要求编制投标文件，投标文件必须对招标文件提出的实质性要求和条件作出响应。该环节存在的主要风险是：招标人与投标人串通投标，存在舞弊行为；投标人的资质条件不符合要求或挂靠、冒用他人名义投标，可能导致工程质量难以达到规定标准等。

主要管控措施：第一，对投标人的信息采取严格的保密措施，防止投标人之间串通舞弊。第二，科学编制招标公告，合理确定投标人资格要求，尽量扩大潜在投标人的范围，增强市场竞争性。第三，严格按照招标公告或资格预审文件中确定的投标人资格条件对投标人进行实质审查，通过查验资质原件、实地考察，或到工商和税务机关调查核实等方式，确定投标人的实际资质，预防假资质中标。第四，建设单位应当履行完备的标书签收、登记和保管手续。签收人要记录投标文件签收日期、地点和密封状况，签收标书后应将投标文件存放在安全保密的地方，任何人不得在开标前开启投标文件。

3. 开标、评标和定标

投标工作结束后，建设单位应当组织开标、评标和定标。开标时间和地点应当在招标文件中预先确定。评标由招标人依法组建的评标委员会负责。评标委员会应当按照招标文件确定的评标标准和方法，对投标文件进行评审和比较，推荐合格的中标候选人。建设单位应当按照规定的权限和程序从中标候选人中确定中标人，向中标人发出中标通知书。开标、评标和定标环节存在的主要风险是：开标不公开、不透明，损害投标人利益；评标委员会成员缺乏专业水平，或者建设单位向评标委员会施加影响，致使评标流于形式；评标委员会成员与投标人串通作弊，损害招标人利益。

主要管控措施：第一，开标过程应邀请所有投标人或其代表出席，并委托公证机构进行检查和公证。第二，依法组建评标委员会，确保其成员具有较高的职业道德水平，并具备招标项目专业知识和丰富经验。评标委员会成员名单在中标结果确定前应当严格保密。评标委员会成员和参与评标的有关工作人员不得私下接触投标人，不得收受投标人任何形式的商业贿赂。第三，建设单位应当为保证评标委员会独立、客观地进行评标工作创造良好条件，不得向评标委员会成员施加影响，干扰其客观评判。第四，评标委员会应当在评标报告中详细说明每位成员的评价意见以及集体评审结果，对于中标候选人和落标人要分别陈述具体理由。每位成员应对其出具的评审意见承担个人责任。第五，中标候选人是1个以上时，招标人应当按照规定的程序和权限，由决策机构审议决定中标人。

4. 签订合同

中标人确定后，建设单位应当在规定期限内同中标人订立书面合同，双方不得另行订立背离招标文件实质性内容的其他协议。在工程项目的合同管理方面，除应当遵循《企业内部控制应用指引第16号——合同管理》的统一要求外，还应特别注意以下几个方面。第一，建设单位应当制定工程合同管理制度，明确各部门在工程合同管理和履行中的职责，严格按照合同行使权力和履行义务。第二，建设工程施工合同、各类分包合同、工程项目施工内部承包合同应当按照国家或本建设单位制定的示范文本的内容填写，清楚列明质量、进度、资金、安全等各项具体标准，有施工图纸的，施工图纸是合同的重要附件，与合同具有同等法律效力。第三，建设单位应当建立合同履行执行情况台账，记录合同的实际履约情况，并随时督促对方当事人及时履行其义务，建设单位的履约情况也应及时做好记录并经对方确认。

四、工程建设

本指引中的工程建设指的是工程建设实施，即施工阶段。建设成本、进度和质量的具体控制主要就在这一阶段。基本流程见图4。

在工程建设阶段，有几项重要工作穿插在施工过程中，包括工程监理、工程物资采购和工程价款结算等。工程监理是指具有相关资质的监理单位受建设单位的委托，依据国家批准的工程项目建设文件、有关工程建设的法律、法规和工程建设监理合同及其他工程建设合同，代替建设单位对承建单位的工程建设实施监控的一种专业化服务活动。监理单位接受委任后应组建现场监理机构，并在发布开工通知前进驻工地，及时开展监理工作。工程监理本身就是工程中一项重要的监控措施，它与建设期间的其他工作是紧密联系在一起的，相关风险及管控措施结合其他环节一并说明，不再单列。

下面将侧重介绍工程施工过程中的质量、进度、安全控制，物资采购控制，以及工程价款结算控制和工程变更控制等。

（一）施工质量、进度和安全的主要管控措施

建设单位和承包单位（施工单位）应按设计和开工前签订的合同所确定的工

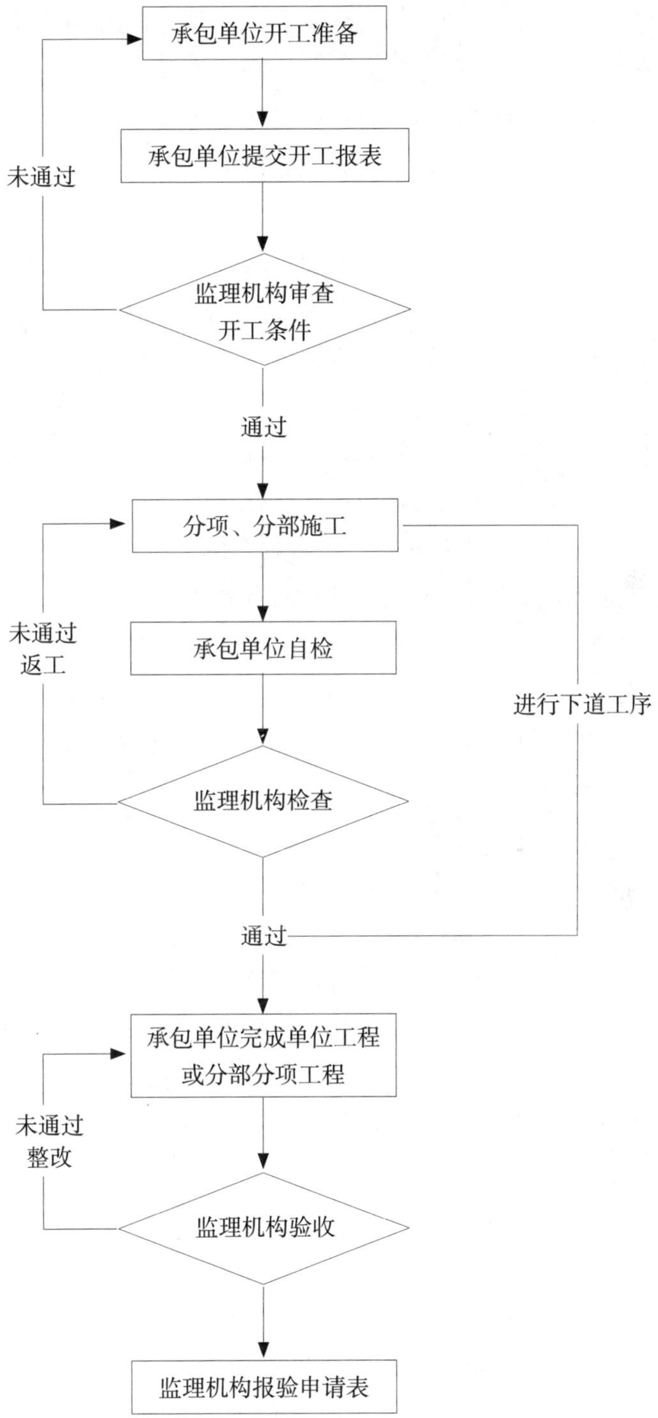
承包单位开工准备
承包单位提交开工报表
未通过
监理机构审查
开工条件
通过
分项、分部施工
承包单位自检
未通过
返工
进行下道工序
监理机构检查
通过
承包单位完成单位工程
或分部分项工程
未通过
整改
监理机构验收
监理机构报验申请表

图 4　工程施工流程图

期、进度计划等相关要求进行施工建设,并采用科学规范的管理方式保证施工质量、进度和安全。

该环节存在的主要风险有:盲目赶进度,牺牲质量、费用目标,导致质量低劣,费用超支;质量、安全监管不到位,存在质量隐患。主要管控措施具体如以下4方面。

在工程进度管控方面:第一,监理单位应当建立监理进度控制体系,明确相关程序、要求和责任。第二,承包单位应按合同规定的工程进度编制详细的分阶段或分项进度计划,报送监理机构审批后,严格按照进度计划开展工作。制定的进度计划应当适合建设工程的实际条件和施工现场的实际情况,并与承包单位劳动力、材料、机械设备的供应计划协调一致。确需调整进度的,必须优先保证质量,并同建设单位、监理机构达成一致意见。第三,承包单位至少应按月对完成投资情况进行统计、分析和对比,工程的实际进度与批准的合同进度计划不符时,承包单位应提交修订合同进度计划的申请报告,并附原因分析和相关措施,报监理机构审批。

在工程质量管控方面:第一,承包单位应当建立全面的质量控制制度,按照国家相关法律法规和本单位质量控制体系进行建设,并在施工前列出重要的质量控制点,报经监理机构同意后,在此基础上实施质量预控。质量控制点中的重点控制对象包括:人的行为,关键过程、关键操作,施工设备材料的性能和质量,施工技术参数,某些工序之间的作业顺序,有些作业之间的技术间歇时间、新工艺、新技术、新材料的应用,对工程质量产生重大影响的施工方法等。第二,承包单位应按合同约定对材料、工程设备以及工程的所有部位及其施工工艺进行全过程的质量检查和检验,定期编制工程质量报表,报送监理机构审查。关键工序作业人员必须持证上岗。第三,监理机构有权对工程的所有部位及其施工工艺进行检查验收,发现工程质量不符合要求的,应当要求承包单位立即返工修改,直至符合验收标准为止。对于主要工序作业,只有监理机构审验后,才能进行下道工序。

在安全建设管控方面:第一,建设单位应当加强对施工单位的安全检查,并授权监理机构按合同约定的安全工作内容监督、检查承包单位安全工作的实施。此外,建设单位不得对承包单位、监理机构等提出不符合建设工程安全生产法律、法规和强制性标准规定的要求,不得压缩合同约定的工期。建设单位在编制工程概算时,应当确定建设工程安全作业环境及安全施工措施所需费用。第二,工程监理单位和监理工程师应当按照法律、法规和工程建设强制性标准实施监理，并对建设工程安全生产承担监理责任。在实施监理过程中，发现存在安全事故隐患的，应当要求施工单位整改；情况严重的，应当要求施工单位暂时停止施工，并及时报告建设单位。第三，承包单位应当设立安全生产管理机构，配备专职安全生产管理人员，依法建立安全生产、文明施工管理制度，细化各项安全防范措施。承包单位应当对所承担的建设工程进行定期和专项安全检查，并做好安全检查记录。

施工过程中的造价控制主要体现在编制资金使用计划和工程款结算方面，可参见"工程价款结算"部分。

（二）工程物资采购的主要管控措施

工程物资包括材料和设备。为了保证项目顺利进行，需要按照施工进度需要，及时购置材料和设备。材料和设备采购一般占到工程总造价的60%以上，对工程投资、进度、质量等具有重大影响。该环节的主要风险是：工程物资采购过程控制不力，材料和设备质次价高，不符合设计标准和合同要求，影响工程质量和进度。在工程物资采购管理方面，除应当遵循《企业内部控制应用指引第7号——采购业务》的统一要求外，还应当特别关注以下方面：第一，重大设备和大宗材料的采购应当采用招标方式。第二，对于由承包单位购买的工程物资，建设单位应当采取必要措施，确保工程物资符合设计标准和合同要求。首先，在施工合同中，建设单位应具体说明建筑材料和设备应达到的质量标准，明确责任追究方式。其次，对于承包单位提供的重要材料和工程设备，应由监理机构进行检验，查验材料合格证明和产品合格证书，一般材料要进行抽检。未经监理人员签字，工程物资不得在工程上使用或安装，不得进行下一道工序施工。最后，运入施工场地的材料、工程设备，包括备品、备件、安装专用工器具等，必须专用于合同工程，未经监理人员同意，承包单位不得运出施工场地或挪作他用。

（三）工程价款结算的主要管控措施

建设单位与承包单位之间的工程价款结算是建设期间的一项重要内容。根据财政部、建设部《建设工程价款结算暂行办法》的规定，工程价款结算，是指对建设工程的发包承包合同价款进行约定和依据合同约定进行工程预付款、工程进度款、工程竣工价款结算的活动。施工合同签订后，建设单位一般先向承包单位支付一笔预付款，之后，按周期或项目目标拨付工程进度款。实际工作中，工程进度款大部分按月结算，并在年终或工程竣工后进行清算，工程进度款结算程序见图5。该环节存在的主要风险是建设资金使用管理混乱，项目资金不落实，导致工程进度延迟或中断。

图5 工程进度款结算流程图

主要管控措施：第一，建设单位应当建立完善的工程价款结算制度，明确工作流程和职责权限划分，并切实遵照执行。财会部门应当安排专职的工程财会人员，认真开展工程项目核算与财务管理工作。第二，资金筹集和使用应与工程进度协调一致，建设单位应当根据项目组成（分部、分项工程）结合时间进度编制资金使用计划，作为资产管控和工程价款结算的重要依据。这方面的管控措施同时可参照《企业内部控制应有指引第6号——资金活动》。第三，建设单位财会部门应当加强与承包单位和监理机构的沟通，准确掌握工程进度，确保财务报表能够准确、全面地反映资产价值，并根据施工合同约定，按照规定的审批权限和程序办理工程价款结算。建设单位财会部门应认真审核相关凭证，严格按合同规定的付款方式付款，既不应违规预支，也不得无故拖欠。第四，施工过程中，如果工程的实际成本突破了工程项目预算，建设单位应当及时分析原因，按照规定的程序予以处理。

（四）工程变更的主要管控措施

工程建设周期通常较长。在建设过程中由于某些情况发生变化，如建设单位对工程提出新要求、出现设计错误、外部环境条件产生变化等，有时需要对工程进行必要变更。工程变更包括工程量变更、项目内容的变更、进度计划的变更、施工条件的变更等，但最终往往表现为设计变更。以设计变更为例，其基本流程见图6。该环节存在的主要风险是现场控制不当，工程变更频繁，导致费用超支、工期延误。

主要管控措施：第一，建设单位要建立严格的工程变更审批制度，严格控制工程变更，确需变更的，要按照规定程序尽快办理变更手续，减少经济损失。对于重大的变更事项，必须经建设单位、监理机构和承包单位集体商议，同时严加审核文件，提高审批层级，依法需报有关政府部门审批的，必须取得同意变更的

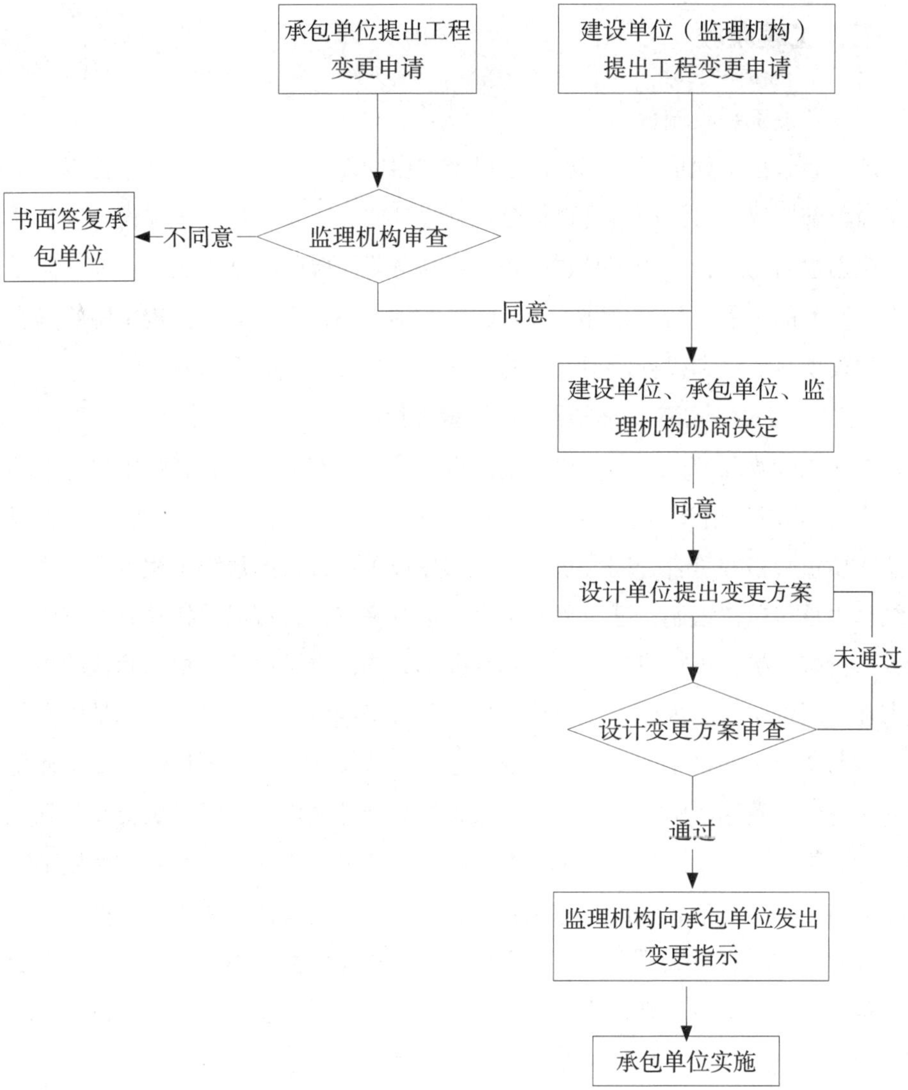

企业内部控制配套指引解读

图6 工程变更流程图

批复文件。第二，工程变更获得批准后，应尽快落实变更设计和施工，承包单位应在规定期限内全面落实变更指令。第三，如因人为原因引发工程变更，如设计失误、施工缺陷等，应当追究当事单位和人员的责任。第四，对工程变更价款的支付实施更为严格的审批制度，变更文件必须齐备，变更工程量的计算必须经过监理机构复核并签字确认，防止承包单位虚列工程费用。

五、工程验收

（一）竣工验收流程

竣工验收指工程项目竣工后由建设单位会同设计、施工、监理单位以及工程质量监督部门等，对该项目是否符合规划设计要求以及建筑施工和设备安装质量进行全面检验的过程。竣工验收一般建立在分阶段验收的基础之上，前一阶段已经完成验收的工程项目在全部工程验收时原则上不再重新验收。竣工验收是全面检验建设项目质量和投资使用情况的重要环节，其基本流程见图7。

（二）竣工验收环节的主要风险及管控措施

在竣工验收环节，除对工程质量进行验收，还有竣工结算和竣工决算两项重要工作。工程竣工结算是指承包单位按照合同规定的内容全部完成所承包的工程，经验收质量合格并符合合同要求之后，与建设单位进行的最终工程价款结算。竣工结算由承包单位编制，建设单位可直接进行审查，也可以委托具有相应资质的工程造价咨询机构进行审查。竣工结算办理完毕，建设单位应根据确认的竣工结算书在合同约定时间内向承包单位支付工程竣工结算价款。竣工决算是以实物数量和货币指标为计量单位，综合反映竣工项目从筹建开始到项目竣工交付使用为止的全部建设费用、财务情况和投资效果的总结性文件。建设单位应在收到工程竣工验收报告后，及时编制竣工决算。竣工决算是办理固定资产交付使用手续的依据，竣工验收环节存在的主要风险是：竣工验收不规范，质量检验把关不严，可能导致工程存在重大质量隐患；虚报项目投资完成额、虚列建设成本或者隐匿结余资金，竣工决算失真；固定资产达到预定可使用状态后，未及时进行估价、结转。

主要管控措施：第一，建设单位应当健全竣工验收各项管理制度，明确竣工验收的条件、标准、程序、组织管理和责任追究等。第二，竣工验收必须履行规定的程序，至少应经过承包单位初检、监理机构审核、正式竣工验收三个程序。正式竣工验收前，根据合同规定应当进行试运行的，应当由建设单位、监理单位和承包单位共同参与试运行。试运行符合要求的，才能进行正式验收。正式验收时，应当组成由建设单位、设计单位、施工单位、监理单位等组成的验收组，共同审验。重大项目的验收，可吸收相关方面专家组进行评审。第三，初检后，确定固定资产达到预定可使用状态的，承包单位应及时通知建设单位，建设单位会

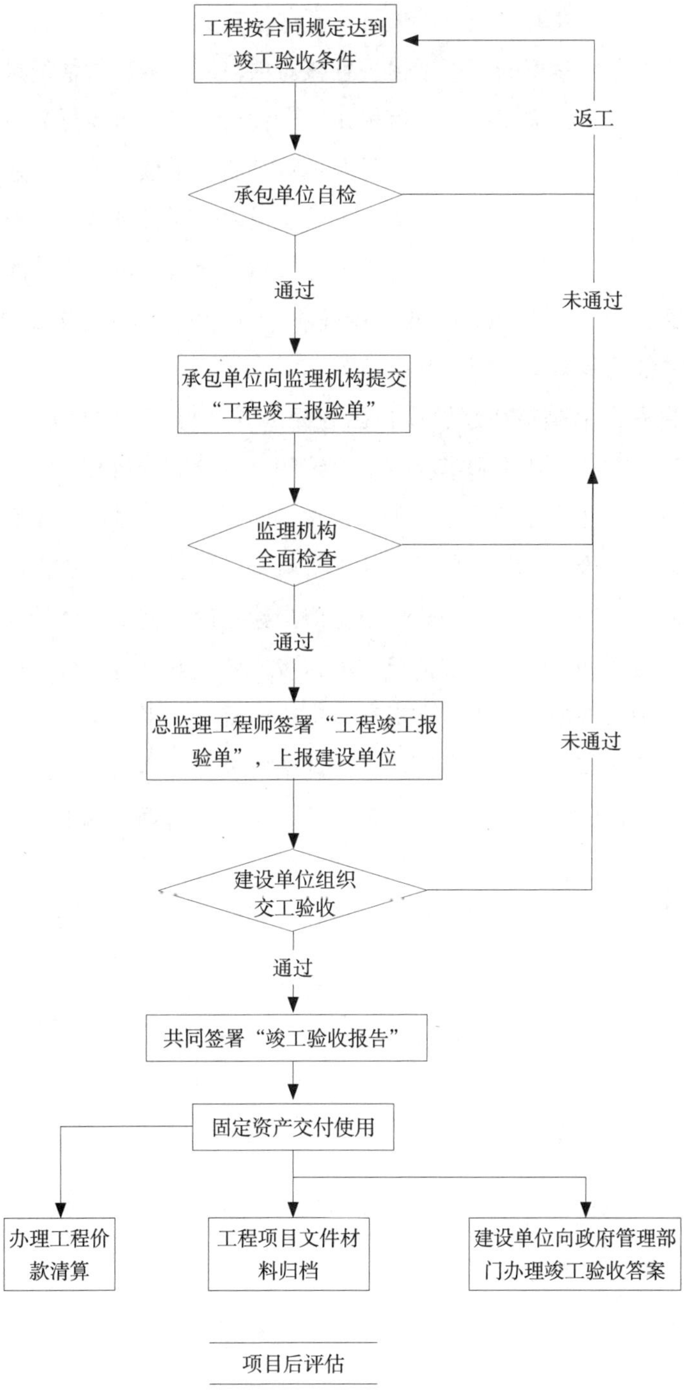
工程按合同规定达到竣工验收条件
返工
承包单位自检
通过
未通过
承包单位向监理机构提交“工程竣工报验单”
监理机构全面检查
通过
总监理工程师签署“工程竣工报验单”，上报建设单位
未通过
建设单位组织交工验收
通过
共同签署“竣工验收报告”
固定资产交付使用
办理工程价款清算
工程项目文件材料归档
建设单位向政府管理部门办理竣工验收答案
项目后评估

图7　工程验收流程

同监理单位初验后应及时对项目价值进行暂估，转入固定资产核算。建设单位财务部门应定期根据所掌握的工程项目进度核对项目固定资产暂估记录。第四，建设单位应当加强对工程竣工决算的审核，应先自行审核，再委托具有相应资质的中介机构实施审计；未经审计的，不得办理竣工验收手续。第五，建设单位要加强对完工后剩余物资的管理。工程竣工后，建设单位对各种节约的材料、设备、施工机械工具等，要清理核实，妥善处理。第六，建设单位应当按照国家有关档案管理的规定，及时收集、整理工程建设各环节的文件资料，建立工程项目档案。需报政府有关部门备案的，应当及时备案。

工程项目后评估是指在建设项目已经完成并运行一段时间后，对项目的目的、执行过程、效益、作用和影响进行系统的、客观的分析和总结的一种技术经济活动。项目后评估通常安排在工程项目竣工验收后6个月或1年后，多为效益后评价和过程后评价。工程项目后评估本身就是一项重要的管控措施，建设单位要予以重视并认真用好。首先，建设单位应当建立健全完工项目的后评估制度，对完工工程项目预期目标的实现情况和项目投资效益等进行综合分析与评价，总结经验教训，为未来项目的决策和提高投资决策管理水平提出建议。其次，建设单位应当采取切实有效措施，保证项目后评估的公开、客观和公正。原则上，凡是承担项目可行性研究报告编制、立项决策、设计、监理、施工等业务的机构不得从事该项目的后评估工作，以保证后评估的独立性。最后，要严格落实工程项目决策及执行相关环节责任追究制度，项目后评估结果应当作为绩效考核和责任追究的依据。

严控担保风险　促进稳健发展

——财政部会计司解读《企业内部控制应用指引第12号——担保业务》

《企业内部控制应用指引第12号——担保业务》中所称担保，是指企业作为担保人按照公平、自愿、互利的原则与债权人约定，当债务人不履行债务时，依照法律规定和合同协议承担相应法律责任的行为。担保制度起源于商品交易活动，但早期的简单商品交易，往往是以物易物，或者是钱货两清的即时交易，交易主体间失信问题不突出，也就没有担保的必要。随着商品交换形式不断发展，非即时交易大量出现，商品和货币的交付有了时间差，债权债务应运而生，随之而来的问题就是，在对债务人没有百分之百信赖的情形下，债权人需要通过某种方式确保债权的实现，而担保制度正好满足了这种需要。在现代市场经济中，担保一方面有利于银行等债权人降低贷款风险；另一方面使债权人与债务人形成了稳定可靠的资金供需关系。

但是，必须看到担保业务具有"双刃剑"特征，一些企业包括上市公司陷入担保怪圈和旷日持久的诉讼拉锯战，导致发生重大经济损失的案件时有发生。财政部会计司发布的《我国上市公司2007年执行新会计准则情况分析报告》显示，在1 570家上市公司中，有287家存在预计负债，占18.28%，这287家上市公司2007年确认的预计负债总额为148.50亿元，其中，因担保事项确认的预计负债达到22.26亿元，占到了14.99%。另有研究资料表明，我国上市公司担保业务增速快、金额大、风险高、违规情况较为严重，仅2001—2004年，平均每年新增121家上市公司涉及担保事项，年均增速达到35%；截至2004年10月，837家沪市上市公司中，有180家存在违规担保情况，涉及金额为279.98亿元，违规担保金额占上市公司担保总额的26.72%；在深市505家上市公司中，涉及担保的公司311家，担保总额达420亿元，其中违规担保金额为131亿元，占担保总额的31.19%。鉴于担保业务的"双刃剑"特征,《企业内部控制应用指引第12号——担保业务》对严控担保风险提出了一系列有针对性的管控措施。

一、担保业务一般流程

企业办理担保业务，一般包括受理申请、调查评估、审批、签订担保合同、进行日常监控等流程。具体而言，一是担保申请人提出担保申请；二是担保人对担保项目和被担保人资信状况进行调查，对担保业务进行风险评估；三是担保人根据调查评估结果，结合本企业担保政策和授权审批制度，对担保业务进行审批，重大担保业务应提交董事会或类似权力机构批准；四是担保人依据既定权限和程序，与被担保人签订担保合同；五是担保人切实加强对担保合同的日常管理，对被担保人经营情况、财务状况和担保项目执行情况等进行跟踪监控；六是如果被担保人不能如期偿债，担保人应履行代为清偿义务并向被担保人追偿债务；同时，应当按照本企业担保业务责任追究制度，严格追究有关人员的责任。具体流程如图1所示，该图列示的担保流程适用于各类企业的一般担保业务，具有通用性。企业在开展担保业务时，可以参照此流程并结合自身情况予以扩充和细化。

二、担保业务关键控制点和主要控制措施

（一）受理申请

受理申请是企业办理担保业务的第一道关口，其主要风险是：企业担保政策和相关管理制度不健全，导致难以对担保申请人提出的担保申请进行初步评价和审核；或者虽然建立了担保政策和相关管理制度，但对担保申请人提出的担保申请审查把关不严，导致申请受理流于形式。

这一业务环节的主要控制措施：第一，依法制定和完善本企业的担保政策和相关管理制度，明确担保的对象、范围、方式、条件、程序、担保限额和禁止担保的事项；第二，严格按照担保政策和相关管理制度对担保申请人提出的担保申请进行审核。比如，担保申请人是否属于可以提供担保的对象。一般而言，对于与本企业存在密切业务关系需要互保的企业、与本企业有潜在重要业务关系的企业、本企业的子公司及具有控制关系的其他企业等，可以考虑提供担保；反之，则必须十分慎重。又如，对担保申请人整体实力、经营状况、信用水平的了解情

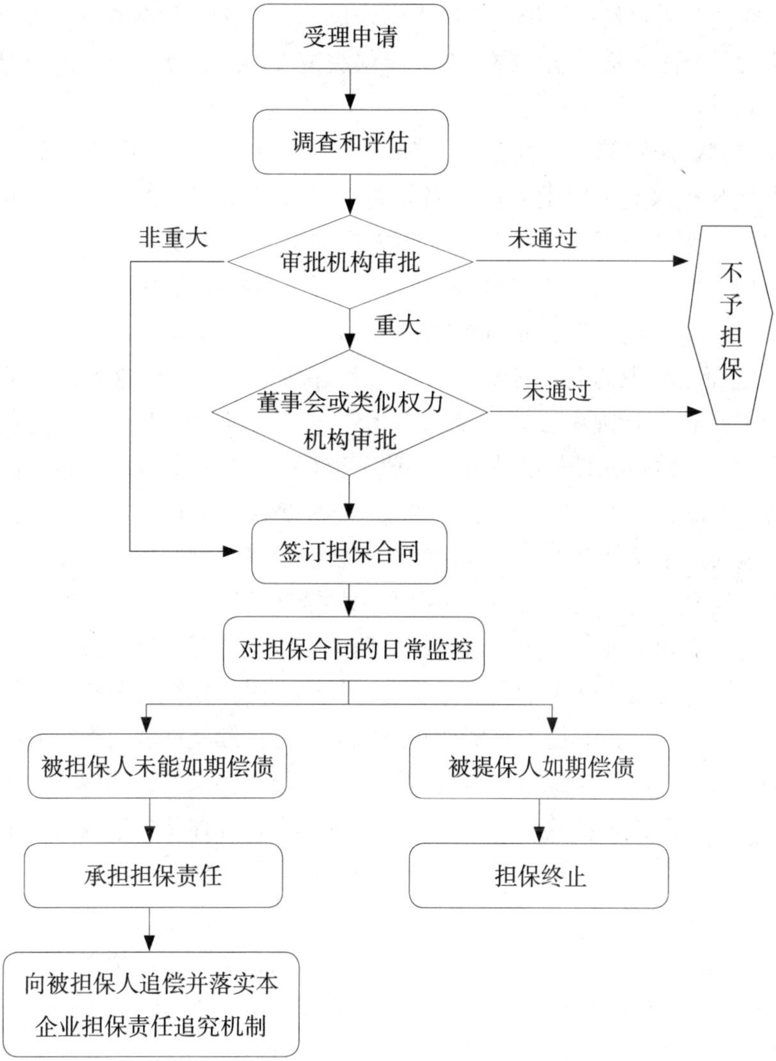

企业内部控制配套指引解读

```
                    ┌──────────┐
                    │ 受理申请  │
                    └────┬─────┘
                         ↓
                    ┌──────────┐
                    │ 调查和评估│
                    └────┬─────┘
                         ↓
          非重大    ╱审批机构审批╲   未通过    ┌────┐
       ┌──────────《              》──────────→│不予│
       │          ╲              ╱            │担保│
       │               ↓ 重大                  └────┘
       │          ╱董事会或类似权力╲  未通过      ↑
       │         《   机构审批     》────────────┘
       │          ╲              ╱
       │               ↓
       │          ┌──────────┐
       └─────────→│签订担保合同│
                  └────┬─────┘
                       ↓
                  ┌──────────────┐
                  │对担保合同的日常监控│
                  └──┬───────────┬─┘
                     ↓           ↓
            ┌──────────────┐  ┌──────────────┐
            │被担保人未能如期偿债│  │被提保人如期偿债│
            └──────┬───────┘  └──────┬───────┘
                   ↓                  ↓
            ┌──────────┐        ┌──────────┐
            │承担担保责任│        │ 担保终止 │
            └────┬─────┘        └──────────┘
                 ↓
    ┌──────────────────────┐
    │向被担保人追偿并落实本  │
    │企业担保责任追究机制    │
    └──────────────────────┘
```

图 1　担保业务流程图

况。如果担保申请人实力较强、经营良好、恪守信用，可以考虑接受申请；反之不应受理。再如，担保申请人申请资料的完备情况，如果资料完备、情况翔实，可予受理；反之，不予受理。

（二）调查和评估

企业在受理担保申请后对担保申请人进行资信调查和风险评估，是办理担保业务中不可或缺的重要环节，在相当程度上影响甚至决定担保业务的未来走向。

这一环节的主要风险是：对担保申请人的资信调查不深入、不透彻，对担保项目的风险评估不全面、不科学，导致企业担保决策失误或遭受欺诈，为担保业务埋下巨大隐患。

主要控制措施：第一，委派具备胜任能力的专业人员开展调查和评估。调查评估人员与担保业务审批人员应当分离。担保申请人为企业关联方的，与关联方存在经济利益或近亲属关系的有关人员不得参与调查评估。企业可以自行对担保申请人进行资信调查和风险评估，也可以委托中介机构承担这一工作，同时应加强对中介机构工作情况的监控。第二，对担保申请人资信状况和有关情况进行全面、客观的调查评估。在调查和评估中，应当重点关注以下事项：①担保业务是否符合国家法律法规和本企业担保政策的要求，凡与国家法律法规和本企业担保政策相抵触的业务，一律不得提供担保；②担保申请人的资信状况，包括基本情况、资产质量、财务状况、经营情况、信用程度、行业前景等；③担保申请人用于担保和第三方担保的资产状况及其权利归属；④企业要求担保申请人提供反担保的，还应对与反担保有关的资产状况进行评估。企业应当综合运用各种行之有效的方式方法，对担保申请人的资信状况进行调查了解，务求真实准确。比如，在对担保申请人财务状况进行调查时，要深入分析其短期偿债能力、长期偿债能力、盈利能力、资产管理能力和可持续发展能力等核心指标，从而做到胸有成竹、防患于未然。涉及对境外企业提供担保的，还应特别关注担保申请人所在国家和地区的政治、经济、法律等因素，并评估外汇政策、汇率变动等可能对担保业务造成的影响。第三，对担保项目经营前景和盈利能力进行合理预测。企业整体的资信状况和担保项目的预期运营情况，构成判断担保申请人偿债能力的两大重要方面，应当予以重视。第四，划定不予担保的"红线"，并结合调查评估情况作出判断。《企业内部控制应用指引第12号——担保业务》明确规定了以下5类不予担保的情形：①担保项目不符合国家法律法规和本企业担保政策的；②担保申请人已进入重组、托管、兼并或破产清算程序的；③担保申请人财务状况恶化、资不抵债、管理混乱、经营风险较大的；④担保申请人与其他企业存在较大经济纠纷，面临法律诉讼且可能承担较大赔偿责任的；⑤担保申请人与本企业已经发生过担保纠纷且仍未妥善解决的，或不能及时足额交纳担保费用的。各企业应当将上述5类情形作为办理担保业务的"高压线"，严格遵守、不得突破；同时，可以结合企业自身的实际情况，进一步充实、完善有关管理要求，切实防范为"带病"企业提供担保。第五，形成书面评估报告，全面反映调查评估情况，为担保决策提供第一手资料。企业应当规范评估报告的形式和内容，妥善保管评估报告，并作为日后追究有关人员担保责任的重要依据。

（三）审批

审批环节在担保业务中具有承上启下的作用，既是对调查评估结果的判断和认定，也是担保业务能否进入实际执行阶段的必经之路。这一环节的主要风险是：授权审批制度不健全，导致对担保业务的审批不规范；审批不严格或者越权审批，导致担保决策出现重大疏漏，可能引发严重后果；审批过程存在舞弊行为，可能导致经办审批等相关人员涉案或企业利益受损。

主要控制措施：第一，建立和完善担保授权审批制度，明确授权批准的方式、权限、程序、责任和相关控制措施，规定各层级人员应当在授权范围内进行审批，不得超越权限审批。企业内设机构不得以企业名义对外提供担保。企业应当加大对分公司对外提供担保的管控力度，严格限制分公司担保行为，避免因分公司违规担保为本企业带来不利后果。第二，建立和完善重大担保业务的集体决策审批制度。企业应当根据《公司法》等国家法律法规，结合企业章程和有关管理制度，明确重大担保业务的判断标准、审批权限和程序。上市公司的重大对外担保，应取得董会全体成员2/3以上签署同意或者经股东大会批准，未经董事会或者类似权力机构批准，不得对外提供重大担保。第三，认真审查对担保申请人的调查评估报告，在充分了解掌握有关情况的基础上，权衡比较本企业净资产状况、担保限额与担保申请人提出的担保金额，确保将担保金额控制在企业设定的担保限额之内。第四，从严办理担保变更审批。被担保人要求变更担保事项的，企业应当重新履行调查评估程序，根据新的调查评估报告重新履行审批手续。

（四）签订担保合同

担保合同是审批机构同意办理担保业务的直接体现，也是约定担保双方权利义务的基础载体。签订担保合同的主要风险是：未经授权对外订立担保合同，或者担保合同内容存在重大疏漏和欺诈，可能导致企业诉讼失败、权利追索被动、经济利益和形象信誉受损。

主要控制措施：第一，严格按照经审核批准的担保业务订立担保合同。合同订立经办人员应当在职责范围内，按照审批人员的批准意见拟订合同条款。第二，认真审核合同条款，确保担保合同条款内容完整、表述严谨准确、相关手续齐备。在担保合同中应明确被担保人的权利、义务、违约责任等相关内容，并要求被担保人定期提供财务报告和有关资料，及时通报担保事项的实施情况。如果担保申请人同时向多方申请担保的，企业应当在担保合同中明确约定本企业的担保份额和相应的责任。第三，实行担保合同会审联签。除担保业务经办部门之外，鼓励和倡导企业法律部门、财会部门、内审部门等参与担保合同会审联签,增强担保合同的合法性、规范性、完备性,有效避免权利和义务约定、合同文本表述等方面的疏漏。第四,加强对有关身份证明和印章的管理。比如,在担保合同签订过程中,依照法律规定和企业内部管理制度,往往需要提供、使用企业法定代表人的身份证明、个人印章和担保合同专用章等。从近年来暴露出来的一些担保典型案例看,由于一些企业在有关人员身份证明、印章管理中存在薄弱环节,导致身份证明和印章被盗用,造成了难以挽回的严重后果。因此,必须加强对身份证明和印章的管理,保证担保合同用章用印符合当事人真实意愿。第五,规范担保合同记录、传递和保管,确保担保合同运转轨迹清晰完整、有案可查。

（五）日常监控

担保合同的签订,标志着企业的担保权利和担保责任进入法律意义上的实际履行阶段。切实加强对担保合同执行情况的日常监控,通过及时、准确、全面地了解掌握被担保人的经营状况、财务状况和担保项目运行情况,最大限度地实现企业担保权益,最大限度地降低企业担保责任,是一项艰巨而重要的任务。这一环节的主要风险是:重合同签订,轻后续管理,对担保合同履行情况疏于监控或监控不当,导致企业不能及时发现和妥善应对被担保人的异常情况,可能延误处置时机,加剧担保风险,加重经济损失。

主要控制措施:第一,指定专人定期监测被担保人的经营情况和财务状况,对被担保人进行跟踪和监督,了解担保项目的执行、资金的使用、贷款的归还、财务运行及风险等情况,促进担保合同有效履行。企业财会部门要及时,最好是按月或者按季收集、分析被担保人担保期内的财务报告等相关资料,持续关注被担保人的财务状况、经营成果、现金流量以及担保合同的履行情况,积极配合担保经办部门防范担保业务风险。第二,及时报告被担保人异常情况和重要信息。企业有关部门和人员在实施日常监控过程中发现被担保人经营困难、债务沉重,或者存在违反担保合同的其他各种情况,应当按照《企业内部控制应用指引第 17 号——内部信息传递》的要求,在第一时间向企业有关管理人员作出报告,以便于及时采取有针对性的应对措施。

（六）会计控制

担保业务直接涉及担保财产、费用收取、财务分析、债务承担、会计处理和相关信息披露等,决定了会计控制在担保业务经办中具有举足轻重的重要作用。这一环节的主要风险是:会计系统控制不力,可能导致担保业务记录残缺不全,日常监控难以奏效,或者担保会计处理和信息披露不符合有关监管要求,可能引发行政处罚。

主要控制措施：第一，健全担保业务经办部门与财会部门的信息沟通机制，促进担保信息及时有效沟通；第二，建立担保事项台账，详细记录担保对象、金额、期限、用于抵押和质押的物品或权利以及其他有关事项；同时，及时足额收取担保费用，维护企业担保权益；第三，严格按照国家统一的会计准则制度进行担保会计处理，发现被担保人出现财务状况恶化、资不抵债、破产清算等情形的，应当合理确认预计负债和损失。属于上市公司的，还应当区别不同情况依法予以公告；第四，切实加强对反担保财产的管理，妥善保管被担保人用于反担保的权利凭证，定期核实财产的存续状况和价值，发现问题及时处理，确保反担保财产安全完整；第五，夯实担保合同基础管理，妥善保管担保合同、与担保合同相关的主合同、反担保函或反担保合同，以及抵押、质押的权利凭证和有关原始资料，做到担保业务档案完整无缺。当担保合同到期时，企业要全面清查用于担保的财产、权利凭证，按照合同约定及时终止担保关系。

（七）代为清偿和权利追索

被担保人在担保期间如果顺利履行了对银行等债权人的偿债义务，且向担保企业及时足额支付了担保费用，担保合同一般应予终止，担保双方可以解除担保权利责任。但在实践中，由于各方面因素的影响，部分被担保人无法偿还到期债务，"连累"担保企业不得不按照担保合同约定承担清偿债务的责任。因此，在代为清偿后依法主张对被担保人的追索权，成为担保企业降低担保损失的最后一道屏障。这一环节的主要风险是：违背担保合同约定不履行代为清偿义务，可能被银行等债权人诉诸法律成为连带被告，影响企业形象和声誉；承担代为清偿义务后向被担保人追索权利不力，可能造成较大经济损失。

主要控制措施：第一，强化法制意识和责任观念，在被担保人确实无力偿付债务或履行相关合同义务时，自觉按照担保合同承担代偿义务，维护企业诚实守信的市场形象；第二，运用法律武器向被担保人追索赔偿权利，在此过程中，企业担保业务经办部门、财会部门、法律部门等应当通力合作，做到在司法程序中举证有力；同时，依法处置被担保人的反担保财产，尽力减少企业经济损失；第三，启动担保业务后评估工作，严格落实担保业务责任追究制度，对在担保中出现重大决策失误、未履行集体审批程序或不按规定管理担保业务的部门及人员，严格追究其行政责任和经济责任，并深入开展总结分析，举一反三，不断完善担保业务内控制度，严控担保风险，促进企业健康稳健发展。

加强业务外包管理 防范业务外包风险

——财政部会计司解读《企业内部控制应用指引第 13 号——业务外包》

《企业内部控制应用指引第 13 号——业务外包》所称的业务外包,是指企业利用专业化分工优势,将日常经营中的部分业务委托给本企业以外的专业服务机构或经济组织(以下简称承包方)完成的经营行为,通常包括研发、资信调查、可行性研究、委托加工、物业管理、客户服务、IT 服务等。随着社会主义市场发展及国际产业分工呈细化趋势,我国业务外包市场必将有较大发展。适应这种发展趋势,财政部研究制定了《企业内部控制应用指引第 13 号——业务外包》,对于规范业务外包行为,防范业务外包风险,具有重要的意义。本文就此进行解读。

一、业务外包流程

业务外包流程主要包括:制定业务外包实施方案、审核批准、选择承包方、签订业务外包合同、组织实施业务外包活动、业务外包过程管理、验收、会计控制等环节,如图 1 所示。该图列示的业务外包流程适用于各类企业的一般业务外包,具有通用性。企业在实际开展业务外包时,可以参照此流程,并结合自身情况予以扩充和具体化。

二、各环节的主要风险点及管控措施

(一)制定业务外包实施方案

制定业务外包实施方案,是指企业根据年度生产经营计划和业务外包管理制度,结合确定的业务外包范围,制定实施方案。该环节的风险主要是:企业缺乏业务外包管理制度,导致制定实施方案时无据可依;业务外包管理制度未明确业

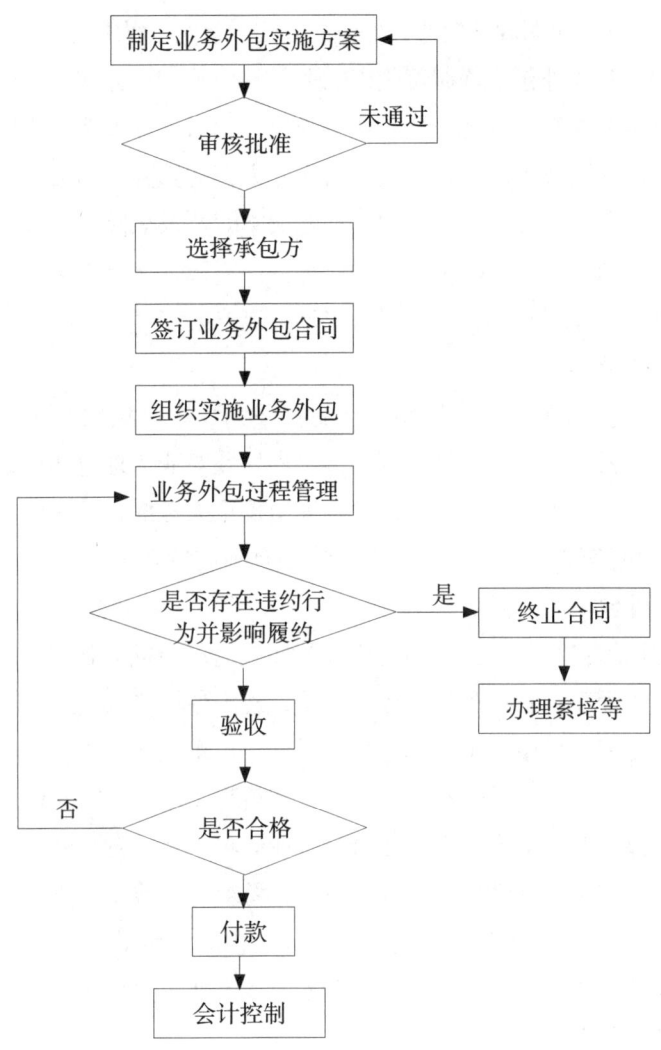

图 1　业务外包基本流程图

务外包范围,可能导致有关部门在制定实施方案时,将不宜外包的核心业务进行外包;实施方案不合理、不符合企业生产经营特点或内容不完整,可能导致业务外包失败。

主要管控措施:第一,建立和完善业务外包管理制度,根据各类业务与核心主业的关联度、对外包业务的控制程度以及外部市场成熟度等标准,合理确定业务外包的范围,并根据是否对企业生产经营有重大影响,对外包业务实施分类管理,以突出管控重点,同时明确规定业务外包的方式、条件、程序和实施等相关内容。第二,严格按照业务外包管理制度规定的业务外包范围、方式、条件、程序和实施等内容制定实施方案,避免将核心业务外包,同时确保方案的完整性。第三,根据企业年度预算以及生产经营计划,对实施方案的重要方面进行深入评估以及复核,包括承包方的选择方案、外包业务的成本效益及风险、外包合同期限、外包方式、员工培训计划等,确保方案的可行性。第四,认真听取外部专业人员对业务外包的意见,并根据其合理化建议完善实施方案。

（二）审核批准

审核批准,是指企业应当按照规定的权限和程序审核批准业务外包实施方案。该环节的主要风险是:审批制度不健全,导致对业务外包的审批不规范;审批不严格或者越权审批,导致业务外包决策出现重大疏漏,可能引发严重后果;未能对业务外包实施方案是否符合成本效益原则进行合理审核以及做出恰当判断,导致业务外包不经济。

主要管控措施:第一,建立和完善业务外包的审核批准制度。明确授权批准的方式、权限、程序、责任和相关控制措施,规定各层级人员应当在授权范围内进行审批,不得超越权限审批。同时加大对分公司重大业务外包的管控力度,避免因分公司越权进行业务外包给企业带来不利后果。第二,在对业务外包实施方案进行审查和评价时,应当着重对比分析该业务项目在自营与外包情况下的风险和收益,确定外包的合理性和可行性。第三,总会计师或企业分管会计工作的负责人应当参与重大业务外包的决策,对业务外包的经济效益做出合理评价。第四,对于重大业务外包方案,应当提交董事会或类似权力机构审批。

（三）选择承包方

选择承包方,是指企业应当按照批准的业务外包实施方案选择承包方。该环节的主要风险是:承包方不是合法设立的法人主体,缺乏应有的专业资质,从业人员也不具备应有的专业技术资格,缺乏从事相关项目的经验,导致企业遭受损失甚至陷入法律纠纷;外包价格不合理,业务外包成本过高导致难以发挥业务外包的优势;存在接受商业贿赂的舞弊行为,导致相关人员涉案。

主要管控措施:第一,充分调查候选承包方的合法性,即是否为依法成立、合法经营的专业服务机构或经济组织,是否具有相应的经营范围和固定的办公场所。第二,调查候选承包方的专业资质、技术实力及其从业人员的履历和专业技能。第三,考察候选承包方从事类似项目的成功案例、业界评价和口碑。第四,综合考虑企业内外部因素，对业务外包的人工成本、营销成本、业务收入、人力资源等指标进行测算分析，合理确定外包价格，严格控制业务外包成本。第五，引入竞争机制，按照有关法律法规，遵循公开、公平、公正的原则，采用招标方式等适当方式，择优选择承包方。第六，按照规定的程序和权限从候选承包方中做出选择，并建立严格的回避制度和监督处罚制度，避免相关人员在选择承包方过程中出现受贿和舞弊行为。

（四）签订业务外包合同

确定承包方后，企业应当及时与选定的承包方签订业务外包合同，约定业务外包的内容和范围，双方权利和义务，服务和质量标准，保密事项，费用结算标准和违约责任等事项。该环节的主要风险是：合同条款未能针对业务外包风险做出明确的约定，对承办方的违约责任界定不够清晰，导致企业陷入合同纠纷和诉讼；合同约定的业务外包价格不合理或成本费用过高，导致企业遭受损失。

主要管控措施：第一，在订立外包合同前，充分考虑业务外包方案中识别出的重要风险因素，并通过合同条款予以有效规避或降低。第二，在合同的内容和范围方面，明确承包方提供的服务类型、数量、成本，以及明确界定服务的环节、作业方式、作业时间、服务费用等细节。第三，在合同的权利和义务方面，明确企业有权督促承包方改进服务流程和方法，承包方有责任按照合同协议规定的方式和频率，将外包实施的进度和现状告知企业，并对存在问题进行有效沟通。第四，在合同的服务和质量标准方面，应当规定外包商最低的服务水平要求以及如果未能满足标准实施的补救措施。第五，在合同的保密事项方面，应具体约定对于涉及本企业机密的业务和事项，承包方有责任履行保密义务。第六，在费用结算标准方面，综合考虑内外部因素，合理确定外包价格，严格控制业务外包成本。第七，在违约责任方面，制定既具原则性又体现一定灵活性的合同条款，以适应环境、技术和企业自身业务的变化。

（五）组织实施业务外包

组织实施业务外包，是指企业严格按照业务外包制度、工作流程和相关要求，组织业务外包过程中人、财、物等方面的资源分配，建立与承包方的合作机制，为下一环节的业务外包过程管理做好准备，确保承包方严格履行业务外包合同。企业在组织实施业务外包时，应当根据业务外包合同条款，落实双方应投入的人力资源、资金、硬件及专有资产等，明确承包方提供服务或产品的工作流程、模式、职能架构、项目实施计划等内容。该环节的主要风险是：组织实施业务外包的工作不充分或未落实到位，影响下一环节业务外包过程管理的有效实施，导致难以实现业务外包的目标。

主要管控措施：第一，按照业务外包制度、工作流程和相关要求，制定业务外包实施全过程的管控措施，包括落实与承包方之间的资产管理、信息资料管理、人力资源管理、安全保密管理等机制，确保承包方在履行外包业务合同时有章可循。第二，做好与承包方的对接工作，通过培训等方式确保承包方充分了解企业的工作流程和质量要求，从价值链的起点开始控制业务质量。第三，与承包方建立并保持畅通的沟通协调机制，以便及时发现并有效解决业务外包过程存在的问题。第四，梳理有关工作流程，提出每个环节上的岗位职责分工、运营模式、管理机制、质量水平等方面的要求，并建立对应的即时监控机制，及时检查、收集和反馈业务外包实施过程的相关信息。

（六）业务外包过程管理

根据业务外包合同的约定，承包方会采取在特定时点向企业一次性交付产品或在一定期间内持续提供服务的方式交付业务外包成果。由于承包方交付成果的方式不同，业务外包过程也有所不同，前者的业务外包过程是指承包方对产品的设计制造过程，后者的业务外包过程是指承包方持续提供服务的整个过程。该环节的主要风险是：承包方在合同期内因市场变化等原因不能保持履约能力，无法继续按照合同约定履行义务，导致业务外包失败和本企业生产经营活动中断；承包方出现未按照业务外包合同约定的质量要求持续提供合格的产品或服务等违约行为，导致企业难以发挥业务外包优势，甚至遭受重大损失；管控不力，导致商业秘密泄漏。

主要管控措施：第一，在承包方提供服务或制造产品的过程中，密切关注重大业务外包承包方的履约能力，采取承包方动态管理方式，对承包方开展日常绩效评价和定期考核。第二，对承包方的履约能力进行持续评估，包括承包方对该项目的投入是否能够支持其产品或服务质量达到企业预期目标，承包方自身的财务状况、生产能力、技术创新能力等综合能力是否满足该项目的要求。第三，建立即时监控机制，一旦发现偏离合同目标等情况，应及时要求承包方调整改进。第四，对重大业务外包的各种意外情况做出充分预计，建立相应的应急机制，制定临时替代方案，避免业务外包失败造成企业生产经营活动中断。第五，有确凿证据表明承包方存在重大违约行为，并导致业务外包合同无法履行的，应当及时终止合同，并指定有关部门按照法律程序向承包方索赔。第六，切实加强对业务外包过程中形成的商业信息资料的管理。

（七）验收

在业务外包合同执行完成后需要验收的，企业应当组织相关部门或人员对完成的业务外包合同进行验收。该环节的主要风险是：验收方式与业务外包成果交付方式不匹配，验收标准不明确，验收程序不规范，使验收工作流于形式，不能及时发现业务外包质量低劣等情况，可能导致企业遭受损失。

主要管控措施：第一，根据承包方业务外包成果交付方式的特点，制定不同的验收方式。一般而言，可以对最终产品或服务进行一次性验收，也可以在整个外包过程中分阶段验收。第二，根据业务外包合同的约定，结合在日常绩效评价基础上对外包业务质量是否达到预期目标的基本评价，确定验收标准。第三，组织有关职能部门、财会部门、质量控制部门等的相关人员，严格按照验收标准对承包方交付的产品或服务进行审查和全面测试，确保产品或服务符合需求，并出具验收证明。第四，验收过程中发现异常情况的，应当立即报告，查明原因，视问题的严重性与承包方协商采取恰当的补救措施，并依法索赔。第五，根据验收结果对业务外包是否达到预期目标作出总体评价，据此对业务外包管理制度和流程进行改进和优化。

（八）会计控制

会计控制是指企业应当根据国家统一的会计准则制度，加强对外包业务的核算与监督，并做好外包费用结算工作。该环节的主要风险是：缺乏有效的业务外包会计系统控制，未能全面真实地记录和反映企业业务外包各环节的资金流和实物流情况，可能导致企业资产流失或贬损；业务外包相关会计处理不当，可能导致财务报告信息失真；结算审核不严格、支付方式不恰当、金额控制不严，可能导致企业资金损失或信用受损。

主要管控措施：第一，企业财会部门应当根据国家统一的会计准则制度，对业务外包过程中交由承包方使用的资产、涉及资产负债变动的事项以及外包合同诉讼等加强核算与监督。第二，根据企业会计准则制度的规定，结合外包业务特点和企业管理机制，建立完善外包成本的会计核算方法，进行有关会计处理，并在财务报告中进行必要、充分的披露。第三，在向承包方结算费用时，应当依据验收证明，严格按照合同约定的结算条件、方式和标准办理支付。

提高财务报告质量 夯实企业发展基础

——财政部会计司解读《企业内部控制应用指引第 14 号——财务报告》

财务报告是企业投资者、债权人做出科学投资、信贷决策的重要依据。近年来,国内外发生的安然、世通、银广夏、琼民源等财务丑闻事件都产生了较为严重的不良后果,原因之一是由于企业财务报告内部控制缺失或不健全所致。为了防范和化解企业法律责任,确保财务报告信息真实可靠,提升企业治理和经营管理水平,促进资本市场和市场经济健康可持续发展,应当强化财务报告内部控制。研究制定了《企业内部控制应用指引第 14 号——财务报告》(以下简称财务报告内控指引),就是为了引导和规范企业加强财务报告内部控制,防范财务报告风险。本文就此进行解读。

一、财务报告内部控制的总体要求

(一)规范企业财务报告控制流程,明晰各岗位职责

企业应当制定明确的财务报告编制、报送及分析利用等相关流程,职责分工、权限范围和审批程序应当明确规范,机构设置和人员配备应当科学合理,并确保全过程中财务报告的编制、披露和审核等不相容岗位相互分离。企业总会计师或分管会计工作的负责人负责组织领导财务报告编制和分析利用工作,企业负责人对财务报告的真实性和完整性承担责任,企业财会部门负责财务报告编制和分析报告编写工作,企业内部参与财务报告编制的各部门应当及时向财会部门提供编制财务报告所需的信息,参与财务分析会议的部门应当积极提出意见和建议以促进财务报告的有效利用,企业法律事务部门或外聘律师应当对财务报告对外提供的合法合规性进行审核。

(二)健全财务报告各环节授权批准制度

企业应当健全财务报告编制、对外提供和分析利用各环节的授权批准制度,具体包括:编制方案的审批、会计政策与会计估计的审批、重大交易和事项会计处理的审批,对财务报告内容的审核审批等。为此,企业应做好以下几项工作:第一,根据经济业务性质、组织机构设置和管理层级安排,建立分级管理制度;第二,规范审核审批的手续和流程,确保报送和进行审核审批的级别符合所授的管理权限、申报材料翔实完整、签字盖章齐全、用印用章符合要求,切实履行检查审核义务而非流于形式等;第三,建立相关政策,限制对现有财务报告流程进行越权操作。任何越权操作行为,必须另行授权审批后方能进行,且授权审批文件应妥善归档。

(三)建立日常信息核对制度

企业应当从会计记录的源头做起,建立起日常信息定期核对制度,以保证财务报告的真实、完整,防范出于主观故意的编造虚假交易,虚构收入、费用的风险,以及由于会计人员业务能力不足导致的会计记录与实际业务发生的金额、内容不符的风险。企业在日常会计处理中应及时进行对账,将会计账簿记录与实物资产、会计凭证、往来单位或者个人等进行相互核对,发现差异及时查明原因予以解决,并记录在适当的会计期间,以保证账证相符、账账相符、账实相符,确保会计记录的数字真实、内容完整计算准确、依据充分、期间适当。

(四)充分利用会计信息技术

企业应当充分利用信息技术,提高工作效率和工作质量,减少或避免编制差错和人为调整因素。同时,企业也应当注意防范信息技术所带来的特有风险,做好以下几项工作:第一,定期更新和维护会计信息系统,确保取数、计算公式以及数据钩稽关系准确无误;第二,建立访问安全制度,操作权限、信息使用、信息管理应当有明确规定,确保财务报告数据安全保密,防止对数据的非法修改和删除;第三,对正在使用的会计核算软件进行修改、对通用会计软件进行升级和对计算机硬件设备进行更换时,企业应有规范的审批流程,并采取替代性措施确保财务报告数据的连续性;第四,做好数据源的管理,保证原始数据从录入环节的真实、准确、完整,满足财务分析的需要;第五,制定业务操作规范,保证系统各项技术和业务配置维护符合会计准则要求和内部管理规定,月结和年结流程规范、及时,等等;第六,指定专人负责信息化会计档案的管理,定期备份,做好防消磁、防火、防潮和防尘等工作;对于存储介质保存的会计档案,应当定期检查，防止由于介质损坏而使会计档案丢失。

二、财务报告业务流程

财务报告流程由财务报告编制流程、财务报告对外提供流程、财务报告分析利用流程三个阶段组成。其通用流程如图 1 所示。企业在实际操作中，应当充分结合自身业务特点和管理要求，构建和优化财务报告内部控制流程。

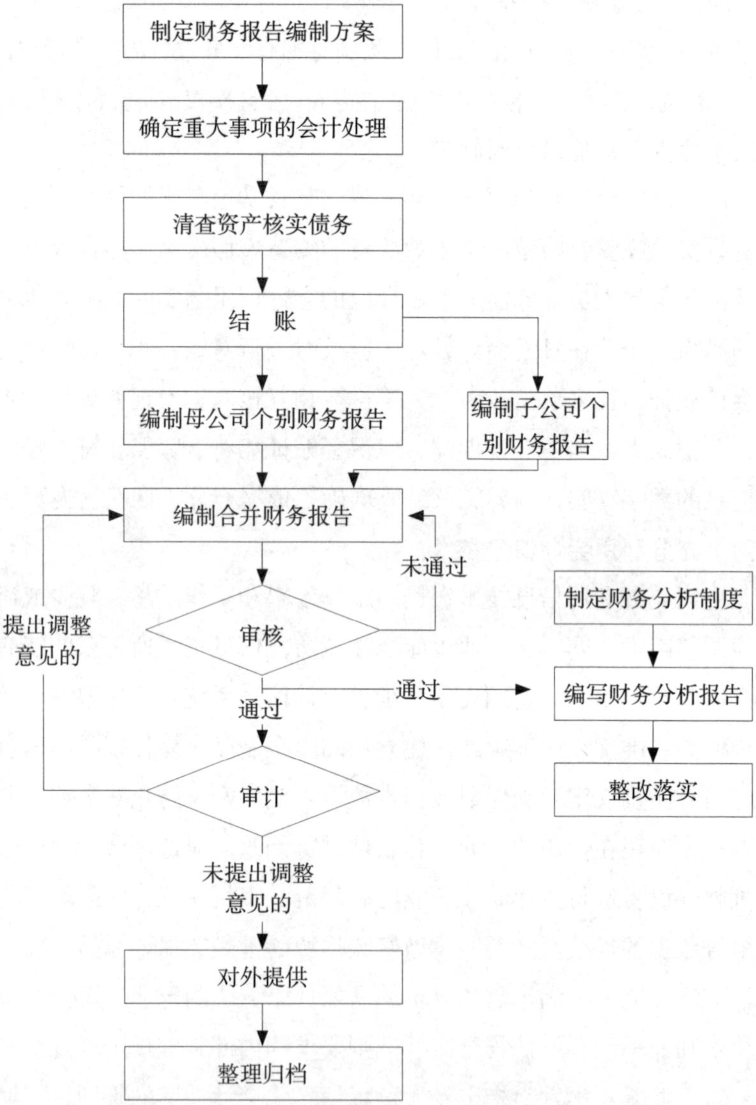

图 1　财务报告业务流程

三、财务报告编制阶段的主要风险点及管控措施

（一）制定财务报告编制方案

企业财会部门应在编制财务报告前制定财务报告编制方案，并由财会部门负责人审核。财务报告编制方案应明确财务报告编制方法（包括会计政策和会计估计、合并方法、范围与原则等）、财务报告编制程序、职责分工（包括牵头部门与相关配合部门的分工与责任等）、编报时间安排等相关内容。

该环节的主要风险是：会计政策未能有效更新，不符合有关法律法规；重要会计政策、会计估计变更未经审批，导致会计政策使用不当；会计政策未能有效贯彻、执行；各部门职责、分工不清，导致数据传递出现差错、遗漏、格式不一致等；各步骤时间安排不明确，导致整体编制进度延后，违反相关报送要求。

主要管控措施：第一，会计政策应符合国家有关会计法规和最新监管要求的规定。企业应按照国家最新会计准则制度规定，结合自身情况，制定企业统一的会计政策。企业应有专人关注与会计相关法律法规、规章制度的变化及监管机构的最新规定等，并及时对企业的内部会计规章制度和财务报告流程等做出相应更改。第二，会计政策和会计估计的调整，无论是强制还是自愿，均需按照规定的权限和程序审批。第三，企业的内部会计规章制度至少要经财会部门负责人审批后生效，财务报告流程、年报编制方案应当经公司分管财务会计工作的负责人核准后签发。第四，企业应建立完备的信息沟通渠道，将内部会计规章制度和财务流程、会计科目表和相关文件及时有效地传达至相关人员，使其了解相关职责要求、掌握适当的会计知识、会计政策并加以执行。企业还应通过内部审计等方式，定期进行测试，保证会计政策有效执行，且在不同业务部门、不同期间内保持一致性。第五，应明确各部门的职责分工，总会计师或分管会计工作的负责人负责组织领导；财会部门负责财务报告编制工作；各部门应当及时向财会部门提供编制财务报告所需的信息，并对所提供信息的真实性和完整性负责。第六，应根据财务报告的报送要求，倒排工时，为各步骤设置关键时间点，并由财会部门负责督促和考核各部门的工作进度，及时进行提醒，对未能及时完成的进行相关处罚。

（二）确定重大事项的会计处理

在编制财务报告前，企业应当确认对当期有重大影响的主要事项，并确定重

大事项的会计处理。该环节的主要风险是：重大事项，如债务重组、非货币性交易、公允价值的计量、收购兼并、资产减值等的会计处理不合理，会导致会计信息扭曲，无法如实反映企业实际情况。

主要管控措施：第一，企业应对重大事项的予以关注，通常包括以前年度审计调整以及相关事项对当期的影响、会计准则制度的变化及对财务报告的影响、新增业务和其他新发生的事项及对财务报告的影响、年度内合并（汇总）报告范围的变化及对财务报告的影响等。企业应建立重大事项的处理流程，报适当管理层审批后，予以执行。第二，及时沟通需要专业判断的重大会计事项并确定相应会计处理。企业应规定下属各部门、各单位人员及时将重大事项信息报告至同级财会部门。财会部门应定期研究、分析并与相关部门组织沟通重大事项的会计处理，逐级报请总会计师或分管会计工作的负责人审批后下达各相关单位执行。特别是资产减值损失、公允价值计量等涉及重大判断和估计时，财会部门应定期与资产管理部门进行沟通。

（三）清查资产核实债务

企业应在编制财务报告前，组织财务和相关部门进行资产清查、减值测试和债权债务核实工作。该环节的主要风险是：资产、负债账实不符，虚增或虚减资产、负债；资产计价方法随意变更；提前、推迟甚至不确认资产、负债等。

主要管控措施：第一，确定具体可行的资产清查、负债核实计划，安排合理的时间和工作进度，配备足够的人员、确定实物资产盘点的具体方法和过程，同时做好业务准备工作。第二，做好各项资产、负债的清查、核实工作，包括：与银行核对对账单、盘点库存现金、核对票据；核查结算款项，包括应收款项、应付款项、应交税费等是否存在，与债务、债权单位的相应债务、债权金额是否一致；核查原材料、在产品、自制半成品、库存商品等各项存货的实存数量与账面数量是否一致，是否有报废损失和积压物资等；核查账面投资是否存在，投资收益是否按照国家统一的会计准则制度规定进行确认和计量；核查房屋建筑物、机器设备、运输工具等各项固定资产的实存数量与账面数量是否一致，清查土地、房屋的权属证明，确定资产归属；核查在建工程的实际发生额与账面记录是否一致等。第三，对清查过程中发现的差异，应当分析原因，提出处理意见，取得合法证据和按照规定权限经审批，将清查、核实的结果及其处理办法向企业的董事会或者相应机构报告，并根据国家统一的会计准则制度的规定进行相应的会计处理。

（四）结账

企业在编制年度财务报告前，应在日常定期核对信息的基础上完成对账、调账、差错更正等业务，然后实施关账操作。该环节的主要风险是：账务处理存在错误，导致账证、账账不符；虚列或隐瞒收入，推迟或提前确认收入；随意改变费用、成本的确认标准或计量方法，虚列、多列、不列或者少列费用、成本；结账的时间、程序不符合相关规定；关账后又随意打开已关闭的会计期间等。

主要管控措施：第一，核对各会计账簿记录与会计凭证的内容、金额等是否一致，记账方向是否相符。第二，检查相关账务处理是否符合国家统一的会计准则制度和企业制定的核算方法。第三，调整有关账项，合理确定本期应计的收入和应计的费用。例如，计提固定资产折旧、计提坏账准备等；各项待摊费用按规定摊配并分别记入本期有关科目；属于本期的应计收益应确认计入本期收入等。第四，检查是否存在因会计差错、会计政策变更等原因需要调整前期或者本期相关项目。对于调整项目，需取得和保留审批文件，以保证调整有据可依。第五，不得为了赶编财务报告而提前结账，或把本期发生的经济业务事项延至下期登账，也不得先编财务报告后结账，应在当期所有交易或事项处理完毕并经财会部门负责人审核签字确认后，实施关账和结账操作。第六，如果在关账之后需要重新打开已关闭的会计期间，须填写相应的申请表，经总会计师或分管会计工作的负责人审批后进行。

（五）编制个别财务报告

企业应当按照国家统一的会计准则制度规定的财务报告格式和内容，根据登记完整、核对无误的会计账簿记录和其他有关资料编制财务报告，做到内容完整、数字真实、计算准确，不得漏报或者任意进行取舍。该环节的主要风险是：提供虚假财务报告，误导财务报告使用者，造成决策失误，干扰市场秩序；报表数据不完整、不准确；报表种类不完整；附注内容不完整等。

主要管控措施：第一，企业财务报告列示的资产、负债、所有者权益金额应当真实可靠。一是各项资产计价方法不得随意变更，如有减值，应当合理计提减值准备，严禁虚增或虚减资产。二是各项负债应当反映企业的现时义务，不得提前、推迟或不确认负债，严禁虚增或虚减负债。三是所有者权益应当反映企业资产扣除负债后由所有者享有的剩余权益，由实收资本、资本公积、留存收益等构成。企业应当做好所有者权益保值增值工作，严禁虚假出资、抽逃出资、资本不实。第二，企业财务报告应当如实列示当期收入、费用和利润。一是各项收入的确认应当遵循规定的标准，不得虚列或者隐瞒收入，推迟或提前确认收入。二是各项费用、成本的确认应当符合规定，不得随意改变费用、成本的确认标准或计量方法，虚列、多列、不列或者少列费用、成本。三是利润由收入减去费用后的净额、直接计入当期利润的利得和损失等构成。不得随意调整利润的计算、分配方法，编造虚假利润。第三，企业财务报告列示的各种现金流量由经营活动、投资活动和筹资活动的现金流量构成，应当按照规定划清各类交易或事项的现金流量的界限。第四，按照岗位分工和规定的程序编制财务报告。一是财会部门制定本单位财务报告编制分工表，并由财会部门负责人审核，确保报告编制范围完整。二是财会部门报告编制岗位按照登记完整、核对无误的会计账簿记录和其他有关资料对相关信息进行汇总编制，确保财务报告项目与相关账户对应关系正确，计算公式无误。三是进行校验审核工作，包括期初数核对、财务报告内有关项目的对应关系审核、报表前后钩稽关系审核、期末数与试算平衡表和工作底稿核对、财务报告主表与附表之间的平衡及钩稽关系校验等。第五，按照国家统一的会计准则制度编制附注。附注是财务报告的重要组成部分，企业对反映企业财务状况、经营成果、现金流量的报表中需要说明的事项，作出真实、完整、清晰的说明。检查担保、诉讼、未决事项、资产重组等重大或有事项是否在附注中得到反映和披露。第六，财会部门负责人审核报表内容和种类的真实、完整性，通过后予以上报。

（六）编制合并财务报告

企业集团应当编制合并财务报告，分级收集合并范围内分公司及内部核算单位的财务报告并审核，进而合并全资及控股公司财务报告，如实反映企业集团的财务状况、经营成果和现金流量。该环节的主要风险是：合并范围不完整；合并内部交易或事项不完整；合并抵销分录不准确。

主要管控措施：第一，编报单位财会部门应依据经同级法律事务部门确认的产权（股权）结构图，并考虑所有相关情况以确定合并范围符合国家统一的会计准则制度的规定，由财会部门负责人审核、确认合并范围是否完整。第二，财会部门收集、审核下级单位财务报告，并汇总出本级次的财务报告，经汇总单位财会部门负责人审核。第三，财会部门制定内部交易或事项核对表及填制要求，报财会部门负责人审批后下发纳入合并范围内各单位。财会部门核对本单位及纳入合并范围内各单位之间内部交易或事项和金额，如有差异，应及时查明原因并进行调整。编制内部交易表及内部往来表交财会部门负责人审核。第四，合并抵销分录应有相应的标准文件和证据进行支持，由财会部门负责人审核。第五，对合并抵销分录实行交叉复核制度，具体编制人完成调整分录后即提交相应复核人进行审核，审核通过后才可录入试算平衡表。通过交叉复核，保证合并抵销分录的真实性、完整性。

四、财务报告对外提供阶段的主要风险点及管控措施

（一）财务报告对外提供前的审核

财务报告对外提供前需按规定程序进行审核，主要包括财会部门负责人审核财务报告的准确性并签名盖章；总会计师或分管会计工作的负责人审核财务报告的真实性、完整性、合法合规性，并签名盖章；企业负责人审核财务报告整体合法合规性，并签名盖章。该环节的主要风险是：在财务报告对外提供前未按规定程序进行审核，对内容的真实性、完整性以及格式的合规性等审核不充分。

主要管控措施：第一，企业应严格按照规定的财务报告编制中的审批程序，由各级负责人逐级把关，对财务报告内容的真实性、完整性，格式的合规性等予以审核。第二，企业应保留审核记录，建立责任追究制度。第三，财务报告在对外提供前应当装订成册，加盖公章，并由企业负责人、总会计师或分管会计工作的负责人、财会部门负责人签名并盖章。

（二）财务报告对外提供前的审计

《公司法》等法律法规规定了公司应编制的年度财务报告需依法经会计师事务所审计，审计报告应随同财务报告一并对外提供。《关于会计师事务所从事证券、期货相关业务有关问题的通知》等还对为特定公司进行审计的会计师事务所的资格进行了规定。因此，相关企业需按规定在财务报告对外提供前，选择具有相关业务资格的会计师事务所进行审计。该环节的主要风险是：财务

报告对外提供前未经审计，审计机构不符合相关法律法规的规定，审计机构与企业串通舞弊。

主要管控措施：第一，企业应根据相关法律法规的规定，选择符合资质的会计师事务所对财务报告进行审计。第二，企业不得干扰审计人员的正常工作，并对审计意见予以落实。第三，注册会计师及其所在的事务所出具的审计报告，应随财务报告一并提供。

（三）财务报告的对外提供

一般企业的财务报告经完整审核并签名盖章后即可对外提供。上市公司还需经董事会和监事会审批通过后方能对外提供，财务报告应与审计报告一同向投资者、债权人、政府监管部门等报送。该环节的主要风险是：对外提供未遵循相关法律法规的规定，导致承担相应的法律责任；对外提供的财务报告的编制基础、编制依据、编制原则和方法不一致，影响各方对企业情况的判断和经济决策的作出；未能及时对外报送财务报告，导致财务报告信息的使用价值降低，同时也违反有关法律法规；财务报告在对外提供前提前泄露或使不应知晓的对象获悉，导致发生内幕交易等，使投资者或企业本身蒙受损失。

主要管控措施：第一，企业应根据相关法律法规的要求，在企业相关制度中明确负责财务报告对外提供的对象，在相关制度性文件中予以明确并由企业负责人监督，如国有企业应当依法定期向监事会提供财务报告，至少每年一次向本企业的职工代表大会公布财务报告。上市公司的财务报告需经董事会、监事会审核通过后向全社会提供。第二，企业应严格按照规定的财务报告编制中的审批程序，由财会部门负责人、总会计师或分管会计工作的负责人、企业负责人逐级把关，对财务报告内容的真实性、完整性，格式的合规性等予以审核，确保提供给投资者、债权人、政府监管部门、社会公众等各方面的财务报告的编制基础、编制依据、编制原则和方法完全一致。第三，企业应严格遵守相关法律法规和国家统一的会计准则制度对报送时间的要求，在财务报告的编制、审核、报送流程中的每一步骤设置时间点，对未能按时及时完成的相关人员进行处罚。第四，企业应设置严格的保密程序，对能够接触财务报告信息的人员进行权限设置，保证财务报告信息在对外提供前控制在适当的范围。并对财务报告信息的访问情况予以记录，以便了解情况，及时发现可能的泄密行为，在泄密后也易于找到相应的责任人。第五，企业对外提供的财务报告应当及时整理归档，并按有关规定妥善保存。

五、财务报告分析利用阶段的主要风险点及管控措施

（一）制定财务分析制度

企业财会部门应在对企业基本情况进行分析研究的基础上，提出财务报告分析制度草案，并经财会部门负责人、总会计师或分管会计工作的负责人、企业负责人检查、修改、审批。该环节的主要风险是：制定的财务分析制度不符合企业实际情况，财务分析制度未充分利用企业现有资源，财务分析的流程、要求不明确，财务分析制度未经审批等。

主要管控措施：第一，企业在对基本情况分析时，应当重点了解企业的发展背景，包括企业的发展史、企业组织机构、产品销售及财务资产变动情况等，熟悉企业业务流程，分析研究企业的资产及财务管理活动。第二，企业在制定财务报告分析制度时，应重点关注：财务报告分析的时间、组织形式、参加的部门和人员；财务报告分析的内容、分析的步骤、分析方法和指标体系；财务报告分析报告的编写要求等。第三，财务报告分析制度草案经由财会部门负责人、总会计师或分管会计工作的负责人、企业负责人检查、修改、审批之后，根据制度设计的要求进行试行，发现问题及时总结上报。第四，财会部门根据试行情况进行修正，确定最终的财务报告分析制度文稿，并经财会部门负责人、总会计师或分管会计工作的负责人、企业负责人进行最终的审批。

（二）编写财务分析报告

财会部门应按照财务分析制度定期编写财务分析报告，并通过定期召开财务分析会议等形式对分析报告的内容予以完善，以充分利用财务报告反映的综合信息，全面分析企业的经营管理状况和存在的问题，不断提高经营管理水平。该环节的主要风险是：财务分析报告的目的不正确或者不明确，财务分析方法不正确；财务分析报告的内容不完整，未对本期生产经营活动中发生的重大事项做专门分析；财务分析局限于财会部门，未充分利用相关部门的资源，影响质量和可用性；财务分析报告未经审核等。

主要管控措施：第一，编写时要明确分析的目的，运用正确的财务分析方法，并能充分、灵活地运用各项资料。分析内容包括：一是企业的资产分布、负债水平和所有者权益结构，通过资产负债率、流动比率、资产周转率等指标分析企业

的偿债能力和营运能力;分析企业净资产的增减变化,了解和掌握企业规模和净资产的不断变化过程。二是分析各项收入、费用的构成及其增减变动情况,通过净资产收益率、每股收益等指标,分析企业的盈利能力和发展能力,了解和掌握当期利润增减变化的原因和未来发展趋势。三是分析经营活动、投资活动、筹资活动现金流量的运转情况,重点关注现金流量能否保证生产经营过程的正常运行,防止现金短缺或闲置。第二,总会计师或分管会计工作的负责人应当在财务分析和利用工作中发挥主导作用,负责组织领导。财会部门负责人审核财务分析报告的准确性,判断是否需要对特殊事项进行补充说明,并对财务分析报告进行补充说明。对生产经营活动中的重要资料、重大事项以及与上年同期数据相比有较大差异的情况做重点说明。第三,企业财务分析会议应吸收有关部门负责人参加,对各部门提出的意见,财会部门应充分沟通、分析,进而修改完善财务分析报告。第四,修订后的财务分析报告应及时报送企业负责人,企业负责人负责审批分析报告,并据此进行决策,对于存在的问题及时采取措施。

(三)整改落实

财会部门应将经过企业负责人审批的报告及时报送各部门负责人,各部门负责人根据分析结果进行决策和整改落实。该环节的主要风险是:财务分析报告的内容传递不畅,未能及时使有关各部门获悉;各部门对财务分析报告不够重视,未对其中的意见进行整改落实。

主要管控措施:第一,定期的财务分析报告应构成内部报告的组成部分,并充分利用信息技术和现有内部报告体系在各个层级上进行沟通。第二,根据财务分析报告的意见,明确各部门职责。责任部门按要求落实改正,财会部门负责监督、跟踪责任部门的落实情况,并及时向有关负责人反馈落实情况。

强化全面预算管理 促进实现发展战略

——财政部会计司解读《企业内部控制应用指引第15号——全面预算》

全面预算是指企业对一定期间的经营活动、投资活动、财务活动等作出的预算安排。全面预算作为一种全方位、全过程、全员参与编制与实施的预算管理模式，凭借其计划、协调、控制、激励、评价等综合管理功能，整合和优化配置企业资源，提升企业运行效率，成为促进实现企业发展战略的重要抓手。正如美国著名管理学家戴维·奥利所指出的那样：全面预算管理是为数不多的几个能把组织的所有关键问题融合于一个体系之中的管理控制方法之一。制定和实施《企业内部控制应用指引第15号——全面预算》，旨在引导和规范企业加强全面预算管理各环节的风险管控，促进全面预算管理在推动企业实现发展战略过程中发挥积极作用。本文就此进行解读。

一、如何正确认识和理解全面预算

正确认识和理解全面预算的内涵、本质及作用，应当把握以下几个方面。

（一）全方位、全过程、全员参与编制与实施的预算管理模式

全面预算的"全方位"，体现在企业的一切经济活动，包括经营、投资、财务等各项活动，以及企业的人、财、物各个方面，供、产、销各个环节，都必须纳入预算管理。因此，全面预算是由经营预算（也称业务预算）、投资预算、筹资预算、财务预算等一系列预算组成的相互衔接和钩稽的综合预算体系。全面预算的"全过程"，体现在企业组织各项经济活动的事前、事中和事后都必须纳入预算管理，即全面预算不仅限于预算编制、分解和下达，而是由预算编制、执行、分析、调整、考核、奖惩等一系列环节所组成的管理活动。全面预算的"全员"

参与,指企业内部各部门、各单位、各岗位,上至最高负责人,下至各部门负责人、各岗位员工都必须参与预算编制与实施。

(二)企业实施内部控制、防范风险的重要手段和措施

全面预算的本质是企业内部管理控制的一项工具,即预算本身不是最终目标,而是为实现企业目标所采用的管理与控制手段,从而有效控制企业风险。全面预算的制定和实施过程,就是企业不断用量化的工具,使自身所处的经营环境与拥有的资源和企业的发展目标保持动态平衡的过程,也是企业在此过程中所面临的各种风险的识别、预测、评估与控制过程。因此,《企业内部控制基本规范》将预算控制列为重要的控制活动和风险控制措施。

(三)企业实现发展战略和年度经营目标的有效方法和工具

"三分战略、七分执行",企业战略制定得再好,如果得不到有效实施,终不能将美好的蓝图和"愿景"转变为现实,甚至可能因实际运营背离战略目标而导致经营失败。通过实施全面预算,将根据发展战略制定的年度经营目标进行分解、落实,可以使企业的长期战略规划和年度具体行动方案紧密结合,从而实现"化战略为行动",确保企业发展目标的实现。《企业内部控制应用指引第2号——发展战略》中明确规定企业应当编制全面预算。

(四)有利于企业优化资源配置、提高经济效益

全面预算是为数不多的能够将企业的资金流、实物流、业务流、信息流、人力流等相整合的管理控制方法之一。全面预算以经营目标为起点,以提高投入产出比为目的,其编制和执行过程就是将企业有限的资源加以整合,协调分配到能够提高企业经营效率效果的业务、活动、环节中去,从而实现企业资源的优化配置,增强资源的价值创造能力,提高企业经济效益。

(五)有利于实现制约和激励

全面预算可以将企业各层级之间、各部门之间、各责任单位之间等内部权、责、利关系予以规范化、明细化、具体化、可度量化,从而实现出资者对经营者的有效制约,以及经营者对企业经营活动、企业员工的有效计划、控制和管理。通过全面预算的编制,企业可以规范内部各个利益主体对企业具体的约定投入、约定效果及相应的约定利益;通过全面预算执行及监控,可以真实反馈内部各个利益主体的实际投入及其对企业的影响并加以制约;通过全面预算执行结果的考核,可以检查契约的履行情况并实施相应的奖惩,从而调动和激励员工的积极性，最终实现企业目标。

二、全面预算的组织

全面预算组织领导与运行体制健全，是防止预算管理松散、随意，预算编制、执行、考核等各环节流于形式，预算管理的作用得不到有效发挥的关键。为此，全面预算指引提出了明确的控制要求，即：企业应当加强全面预算工作的组织领导，明确预算管理体制以及各预算执行单位的职责权限、授权批准程序和工作协调机制。

（一）健全预算管理体制

企业设置全面预算管理体制，应遵循合法科学、高效有力、经济适度、全面系统、权责明确等基本原则，一般具备全面预算管理决策机构、工作机构和执行单位三个层次的基本架构。

1. 全面预算管理决策机构——预算管理委员会

企业应当设立预算管理委员会，作为专门履行全面预算管理职责的决策机构。预算管理委员会成员由企业负责人及内部相关部门负责人组成，总会计师或分管会计工作的负责人应当协助企业负责人负责企业全面预算管理工作的组织领导。具体而言，预算管理委员会一般由企业负责人（董事长或总经理）任主任，总会计师（或财务总监、分管财会工作的副总经理）任副主任，其成员一般还包括各副总经理、主要职能部门（财务、战略发展、生产、销售、投资、人力资源等部门）、分（子）公司负责人等。

预算管理委员会的主要职责一般是：①制定颁布企业全面预算管理制度，包括预算管理的政策、措施、办法、要求等；②根据企业战略规划和年度经营目标，拟定预算目标，并确定预算目标分解方案、预算编制方法和程序；③组织编制、综合平衡预算草案；④下达经批准的正式年度预算；⑤协调解决预算编制和执行中的重大问题；⑥审议预算调整方案，依据授权进行审批；⑦审议预算考核和奖惩方案；⑧对企业全面预算总的执行情况进行考核；⑨其他全面预算管理事宜。

2. 全面预算管理工作机构

由于预算管理委员会一般为非常设机构，企业应当在该委员会下设立预算管理工作机构，由其履行预算管理委员会的日常管理职责。预算管理工作机构一般设在财会部门,其主任一般由总会计师(或财务总监、分管财会工作的副总经理)兼任,工作人员除了财务部门人员外,还应有计划、人力资源、生产、销售、研发等业务部门人员参加。

预算管理工作机构的主要职责一般是:①拟订企业各项全面预算管理制度,并负责检查落实预算管理制度的执行;②拟定年度预算总目标分解方案及有关预算编制程序、方法的草案,报预算管理委员会审定;③组织和指导各级预算单位开展预算编制工作;④预审各预算单位的预算初稿,进行综合平衡,并提出修改意见和建议;⑤汇总编制企业全面预算草案,提交预算管理委员会审查;⑥跟踪、监控企业预算执行情况;⑦定期汇总、分析各预算单位预算执行情况,并向预算管理委员会提交预算执行分析报告,为委员会进一步采取行动拟定建议方案;⑧接受各预算单位的预算调整申请,根据企业预算管理制度进行审查,集中制定年度预算调整方案,报预算管理委员会审议;⑨协调解决企业预算编制和执行中的有关问题;⑩提出预算考核和奖惩方案,报预算管理委员会审议;⑪组织开展对企业二级预算执行单位[企业内部各职能部门、所属分(子)企业等,下同]预算执行情况的考核,提出考核结果和奖惩建议,报预算管理委员会审议;⑫预算管理委员会授权的其他工作。

3. 全面预算执行单位

全面预算执行单位是指根据其在企业预算总目标实现过程中的作用和职责划分的,承担一定经济责任,并享有相应权力和利益的企业内部单位,包括企业内部各职能部门、所属分(子)企业等。企业内部预算责任单位的划分应当遵循分级分层、权责利相结合、责任可控、目标一致的原则,并与企业的组织机构设置相适应。根据权责范围,企业内部预算责任单位可以分为投资中心、利润中心、成本中心、费用中心和收入中心。预算执行单位在预算管理部门(指预算管理委员会及其工作机构,下同)的指导下,组织开展本部门或本企业全面预算的编制工作,严格执行批准下达的预算。

各预算执行单位的主要职责一般是:①提供编制预算的各项基础资料;②负责本单位全面预算的编制和上报工作;③将本单位预算指标层层分解,落实到各部门、各环节和各岗位;④严格执行经批准的预算,监督检查本单位预算执行情况;⑤及时分析、报告本单位的预算执行情况,解决预算执行中的问题;⑥根据内外部环境变化及企业预算管理制度,提出预算调整申请;⑦组织实施本单位内部的预算考核和奖惩工作；⑧配合预算管理部门做好企业总预算的综合平衡、执行监控、考核奖惩等工作；⑨执行预算管理部门下达的其他预算管理任务。

各预算执行单位负责人应当对本单位预算的执行结果负责。

企业全面预算管理组织体系的基本架构如图1所示。

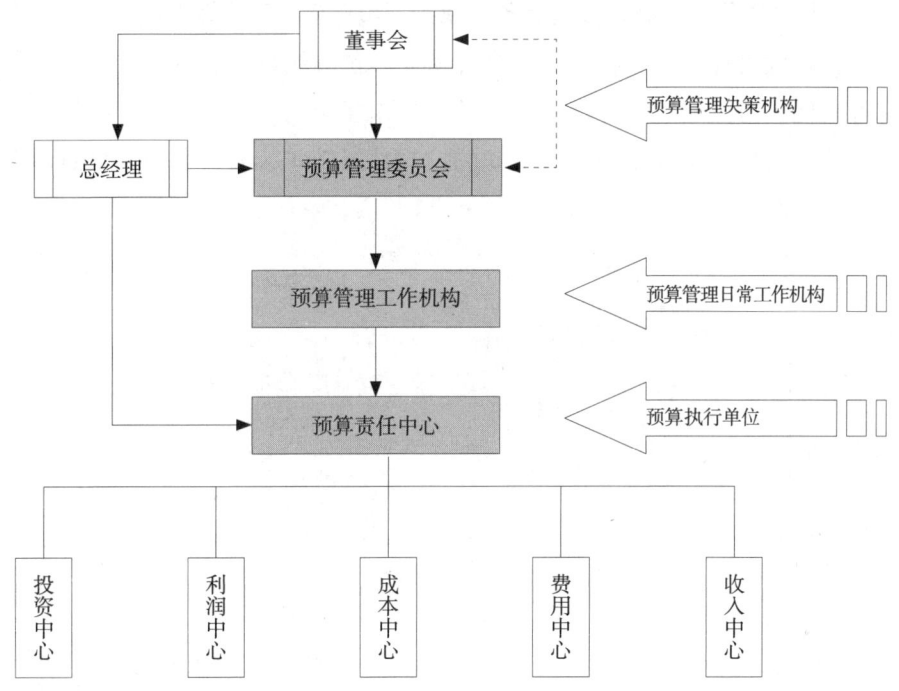

图1　全面预算管理组织体系基本架构图

（二）明确各环节授权批准程序和工作协调机制

在建立健全全面预算管理体制的基础上，企业应当进一步梳理、制定预算管理工作流程，按照不相容职务相互分离的原则细化各部门、各岗位在预算管理体系中的职责、分工与权限，明确预算编制、执行、分析、调整、考核各环节的授权批准制度与程序。预算管理工作各环节的不相容岗位一般包括：预算编制与预算审批、预算审批与预算执行、预算执行与预算考核。

在全面预算管理各个环节中，预算管理部门主要起决策、组织、领导、协调、平衡的作用。企业可以根据自身的组织结构、业务特点和管理需要，责成内部生产、市场、投资、技术、人力资源等各预算归口管理部门负责所归口管理预算的编制、执行监控、分析等工作，并配合预算管理部门做好企业总预算综合平衡、执行监控、分析、考核等工作。

三、全面预算基本业务流程

企业全面预算业务的基本流程一般包括预算编制、预算执行和预算考核三个阶段。其中，预算编制阶段包括预算编制、预算审批、预算下达等具体环节；预算执行阶段设计预算指标分解和责任落实、预算执行控制、预算分析、预算调整等具体环节。这些业务环节相互关联、相互作用、相互衔接，周而复始地循环，从而实现对企业全面经济活动的控制。图2列示了各类企业全面预算的基本业务流程。

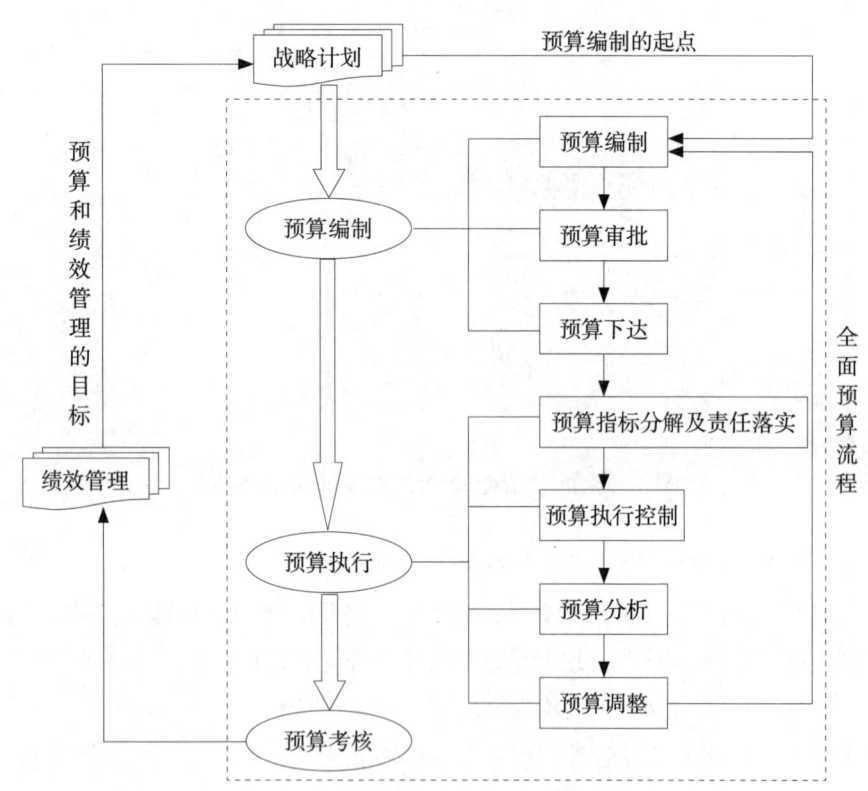

图2 全面预算基本业务流程图

如前所述，全面预算是企业加强内部控制、实现发展战略的重要工具和手段，但同时也是企业内部控制的对象。企业应当参照图21的基本流程，结合自身情况及管理要求，制定具体的全面预算业务流程。

四、预算流程主要业务风险及控制措施

(一)预算编制

预算编制是企业实施全面预算管理的起点。预算编制环节的主要风险是：第一，预算编制以财务部门为主，业务部门参与度较低，可能导致预算编制不合理，预算管理责、权、利不匹配；预算编制范围和项目不全面，各个预算之间缺乏整合，可能导致全面预算难以形成。第二，预算编制所依据的相关信息不足，可能导致预算目标与战略规划、经营计划、市场环境、企业实际等相脱离；预算编制基础数据不足，可能导致预算编制准确率降低。第三，预算编制程序不规范，横向、纵向信息沟通不畅，可能导致预算目标缺乏准确性、合理性和可行性。第四，预算编制方法选择不当，或强调采用单一的方法，可能导致预算目标缺乏科学性和可行性。第五，预算目标及指标体系设计不完整、不合理、不科学，可能导致预算管理在实现发展战略和经营目标、促进绩效考评等方面的功能难以有效发挥。第六，编制预算的时间太早或太晚，可能导致预算准确性不高，或影响预算的执行。

主要控制措施：

第一，全面性控制。一是明确企业各个部门、单位的预算编制责任，使企业各个部门、单位的业务活动全部纳入预算管理；二是将企业经营、投资、财务等各项经济活动的各个方面、各个环节都纳入预算编制范围，形成由经营预算、投资预算、筹资预算、财务预算等一系列预算组成的相互衔接和钩稽的综合预算体系。

第二，编制依据和基础控制。一是制定明确的战略规划，并依据战略规划制定年度经营目标和计划，作为制定预算目标的首要依据，确保预算编制真正成为战略规划和年度经营计划的年度具体行动方案；二是深入开展企业外部环境的调研和预测，包括对企业预算期内客户需求、同行业发展等市场环境的调研，以及宏观经济政策等社会环境的调研，确保预算编制以市场预测为依据，与市场、社会环境相适应；三是深入分析企业上一期间的预算执行情况，充分预计预算期内企业资源状况、生产能力、技术水平等自身环境的变化，确保预算编制符合企业生产经营活动的客观实际；四是重视和加强预算编制基础管理工作，包括历史资料记录、定额制定与管理、标准化工作、会计核算等，确保预算编制以可靠、翔实、完整的基础数据为依据。

第三，编制程序控制。企业应当按照上下结合、分级编制、逐级汇总的程序，编制年度全面预算。其基本步骤及其控制为：一是建立系统的指标分解体系，并且在与各预算责任中心进行充分沟通的基础上分解下达初步预算目标；二是各预算责任中心按照下达的预算目标和预算政策，结合自身特点以及预测的执行条件，认真测算并提出本责任中心的预算草案，逐级汇总上报预算管理工作机构；三是预算管理工作机构进行充分协调、沟通，审查平衡预算草案；四是预算管理委员会应当对预算管理工作机构在综合平衡基础上提交的预算方案进行研究论证，从企业发展全局角度提出进一步调整、修改的建议，形成企业年度全面预算草案，提交董事会；五是董事会审核全面预算草案，确保全面预算与企业发展战略、年度生产经营计划相协调。

第四，编制方法控制。企业应当本着遵循经济活动规律，充分考虑符合企业自身经济业务特点、基础数据管理水平、生产经营周期和管理需要的原则，选择或综合运用固定预算、弹性预算、滚动预算等方法编制预算。

第五，预算目标及指标体系设计控制。一是按照"财务指标为主体、非财务指标为补充"的原则设计预算指标体系；二是将企业的战略规划、经营目标体现在预算指标体系中；三是将企业产、供、销、投融资等各项活动的各个环节、各个方面的内容都纳入预算指标体系；四是将预算指标体系与绩效评价指标协调一致；五是按照各责任中心在工作性质、权责范围、业务活动特点等方面的不同，设计不同或各有侧重的预算指标体系。

第六，预算编制时间控制。企业可以根据自身规模大小、组织结构和产品结构的复杂性、预算编制工具和熟练程度、全面预算开展的深度和广度等因素，确定合适的全面预算编制时间，并应当在预算年度开始前完成全面预算草案的编制工作。

（二）预算审批

预算审批环节的主要风险是：全面预算未经适当审批或超越授权审批，可能导致预算权威性不够、执行不力，或可能因重大差错、舞弊而导致损失。

主要控制措施：企业全面预算应当按照《公司法》等相关法律法规及企业章程的规定报经审议批准。

（三）预算下达

预算下达环节的主要风险是：全面预算下达不力，可能导致预算执行或考核无据可查。

主要控制措施：企业全面预算经审议批准后应及时以文件形式下达执行。

（四）预算指标分解和责任落实

该环节的主要风险是：预算指标分解不够详细、具体，可能导致企业的某些岗位和环节缺乏预算执行和控制依据；预算指标分解与业绩考核体系不匹配，可能导致预算执行不力；预算责任体系缺失或不健全，可能导致预算责任无法落实，预算缺乏强制性与严肃性；预算责任与执行单位或个人的控制能力不匹配，可能导致预算目标难以实现。

主要控制措施：

第一，企业全面预算一经批准下达，各预算执行单位应当认真组织实施，将预算指标层层分解，横向将预算指标分解为若干相互关联的因素，寻找影响预算目标的关键因素并加以控制；纵向将各项预算指标层层分解落实到最终的岗位和个人，明确责任部门和最终责任人；时间上将年度预算指标分解细化为季度、月度预算，通过实施分期预算控制，实现年度预算目标。

第二，建立预算执行责任制度，对照已确定的责任指标，定期或不定期地对相关部门及人员责任指标完成情况进行检查，实施考评。可以通过签订预算目标责任书等形式明确各预算执行部门的预算责任。

第三，分解预算指标和建立预算执行责任制应当遵循定量化、全局性、可控性原则。即：预算指标的分解要明确、具体，便于执行和考核；预算指标的分解要有利于企业经营总目标的实现；赋予责任部门和责任人的预算指标应当是通过该责任部门或责任人的努力可以达到的，责任部门或责任人以其责权范围为限，对预算指标负责。

（五）预算执行控制

预算执行控制环节的主要风险是：缺乏严格的预算执行授权审批制度，可能导致预算执行随意；预算审批权限及程序混乱，可能导致越权审批、重复审批，降低预算执行效率和严肃性；预算执行过程中缺乏有效监控，可能导致预算执行不力，预算目标难以实现；缺乏健全有效的预算反馈和报告体系，可能导致预算执行情况不能及时反馈和沟通，预算差异得不到及时分析，预算监控难以发挥作用。

主要控制措施：

第一，加强资金收付业务的预算控制，及时组织资金收入，严格控制资金支付，调节资金收付平衡，防范支付风险。

第二，严格资金支付业务的审批控制，及时制止不符合预算目标的经济行为，确保各项业务和活动都在授权的范围内运行。企业应当就涉及资金支付的预算内事项、超预算事项、预算外事项建立规范的授权批准制度和程序，避免越权审批、违规审批、重复审批现象的发生。对于预算内非常规或金额重大事项，应经过较高的授权批准层（如总经理）审批。对于超预算或预算外事项，应当实行严格、特殊的审批程序，一般须报经总经理办公会或类似权力机构审批；金额重大的，还应报经预算管理委员会或董事会审批。预算执行单位提出超预算或预算外资金支付申请，应当提供有关发生超预算或预算外支付的原因、依据、金额测算等资料。

第三，建立预算执行实时监控制度，及时发现和纠正预算执行中的偏差。确保企业办理采购与付款、销售与收款、成本费用、工程项目、对外投融资、研究与开发、信息系统、人力资源、安全环保、资产购置与维护等各项业务和事项，均符合预算要求；对于涉及生产过程和成本费用的，还应严格执行相关计划、定额、定率标准。

第四，建立重大预算项目特别关注制度。对于工程项目、对外投融资等重大预算项目，企业应当密切跟踪其实施进度和完成情况，实行严格监控。对于重大的关键性预算指标，也要密切跟踪、检查。

第五，建立预算执行情况预警机制，科学选择预警指标，合理确定预警范围，及时发出预警信号，积极采取应对措施。有条件的企业，应当推进和实施预算管理的信息化，通过现代电子信息技术手段控制和监控预算执行，提高预警与应对水平。

第六，建立健全预算执行情况内部反馈和报告制度，确保预算执行信息传输及时、畅通、有效。预算管理工作机构应当加强与各预算执行单位的沟通，运用财务信息和其他相关资料监控预算执行情况，采用恰当方式及时向预算管理委员会和各预算执行单位报告、反馈预算执行进度、执行差异及其对预算目标的影响，促进企业全面预算目标的实现。

(六)预算分析

预算分析环节的主要风险是：预算分析不正确、不科学、不及时，可能削弱预算执行控制的效果，或可能导致预算考评不客观、不公平；对预算差异原因的解决措施不得力，可能导致预算分析形同虚设。

主要控制措施：

第一，企业预算管理工作机构和各预算执行单位应当建立预算执行情况分析制度，定期召开预算执行分析会议，通报预算执行情况，研究、解决预算执行中存在的问题，认真分析原因，提出改进措施。

第二，企业应当加强对预算分析流程和方法的控制，确保预算分析结果准确、合理。预算分析流程一般包括确定分析对象、收集资料、确定差异及分析原因、提出措施及反馈报告等环节。企业分析预算执行情况，应当充分收集有关财务、业务、市场、技术、政策、法律等方面的信息资料，根据不同情况分别采用比率分析、比较分析、因素分析等方法，从定量与定性两个层面充分反映预算执行单位的现状、发展趋势及其存在的潜力。

第三，企业应当采取恰当措施处理预算执行偏差。企业应针对造成预算差异的不同原因采取不同的处理措施：因内部执行导致的预算差异，应分清责任归属，与预算考评和奖惩挂钩，并将责任单位或责任人的改进措施的实际执行效果纳入业绩考核；因外部环境变化导致的预算差异，应分析该变化是否长期影响企业发展战略的实施，并作为下期预算编制的影响因素。

(七)预算调整

预算调整环节的主要风险是：预算调整依据不充分、方案不合理、审批程序不严格，可能导致预算调整随意、频繁，预算失去严肃性和"硬约束"。

主要控制措施：

第一，明确预算调整条件。由于市场环境、国家政策或不可抗力等客观因素，导致预算执行发生重大差异确需调整预算的，应当履行严格的审批程序。企业应当在有关预算管理制度中明确规定预算调整的条件。

第二，强化预算调整原则。一是预算调整应当符合企业发展战略、年度经营目标和现实状况，重点放在预算执行中出现的重要的、非正常的、不符合常规的关键性差异方面；二是预算调整方案应当客观、合理、可行，在经济上能够实现最优化；三是预算调整应当谨慎，调整频率应予以严格控制，年度调整次数应尽量少。

第三，规范预算调整程序，严格审批。调整预算一般由预算执行单位逐级向预算管理委员会提出书面申请，详细说明预算调整理由、调整建议方案、调整前后预算指标的比较、调整后预算指标可能对企业预算总目标的影响等内容。预算管理工作机构应当对预算执行单位提交的预算调整报告进行审核分析，集中编制企业年度预算调整方案，提交预算管理委员会。预算管理委员会应当对年度预算调整方案进行审议，根据预算调整事项性质或预算调整金额的不同，根据授权进行审批，或提交原预算审批机构审议批准，然后下达执行。企业预算管理委员会或董事会审批预算调整方案时，应当依据预算调整条件，并考虑预算调整原则严格把关，对于不符合预算调整条件的，坚决予以否决；对于预算调整方案欠妥的，应当协调有关部门和单位研究改进方案，并责成预算管理工作机构予以修改后再履行审批程序。

（八）预算考核

预算考核环节的主要风险是：预算考核不严格、不合理、不到位，可能导致预算目标难以实现、预算管理流于形式。其中，预算考核是否合理受到考核主体和对象的界定是否合理、考核指标是否科学、考核过程是否公开透明、考核结果是否客观公正、奖惩措施是否公平合理且能够落实等因素的影响。

主要控制措施：

第一，建立健全预算执行考核制度。一是建立严格的预算执行考核制度，对各预算执行单位和个人进行考核，将预算目标执行情况纳入考核和奖惩范围，切实做到有奖有惩、奖惩分明。二是制定有关预算执行考核的制度或办法，并认真、严格地组织实施。三是定期组织实施预算考核，预算考核的周期一般应当与年度预算细分周期相一致，即一般按照月度、季度实施考评，预算年度结束后再进行年度总考核。

第二，合理界定预算考核主体和考核对象。预算考核主体分为两个层次：预算管理委员会和内部各级预算责任单位。预算考核对象为企业内部各级预算责任单位和相关个人。界定预算考核主体和考核对象应当主要遵循以下原则：一是上级考核下级原则，即由上级预算责任单位对下级预算责任单位实施考核；二是逐级考核原则，即由预算执行单位的直接上级对其进行考核，间接上级不能隔级考核间接下级；三是预算执行与预算考核相互分离原则，即预算执行单位的预算考核应由其直接上级部门来进行，而绝不能自己考核自己。

第三，科学设计预算考核指标体系。应主要把握以下原则：预算考核指标要以各责任中心承担的预算指标为主，同时本着相关性原则，增加一些全局性的预算指标和与其关系密切的相关责任中心的预算指标；考核指标应以定量指标为主，同时根据实际情况辅之以适当的定性指标；考核指标应当具有可控性、可达到性和明晰性。

第四，按照公开、公平、公正原则实施预算考核。一是考核程序、标准、结果要公开。企业应当将全面预算考核程序、考核标准、奖惩办法、考核结果等及时公开。二是考核结果要客观公正。预算考核应当以客观事实作为依据。预算执行单位上报的预算执行报告是预算考核的基本依据，应当经本单位负责人签章确认。企业预算管理委员会及其工作机构定期组织预算执行情况考核时，应当将各预算执行单位负责人签字上报的预算执行报告和已掌握的动态监控信息进行核对，确认各执行单位预算完成情况。必要时，实行预算执行情况内部审计制度。三是奖惩措施要公平合理并得以及时落实。预算考核的结果应当与各执行单位以及员工的薪酬、职位等进行挂钩，实施预算奖惩。企业设计预算奖惩方案时，应当以实现全面预算目标为首要原则，同时还应遵循公平合理、奖罚并存的原则。奖惩方案要注意各部门利益分配的合理性，要根据各部门承担的工作难易程度和技术含量合理确定奖励差距。要奖罚并举，不能只奖不罚，并防止奖惩实施中的人情添加因素。

企业内部控制基本规范　企业内部控制配套指引

提高合同管理效能　维护企业合法权益

——财政部会计司解读《企业内部控制应用指引第 16 号——合同管理》

合同是企业与自然人、法人及其他组织等平等主体之间设立、变更、终止民事权利义务关系的协议。加强合同管理，有利于规范、约束市场主体交易行为，优化资源配置，维护市场秩序。制定和实施《企业内部控制应用指引第 16 号——合同管理》，旨在帮助企业规范当事人双方经营行为，维护自身合法权益、防控法律风险，促进实现内部控制目标。本文就此进行解读。

一、合同管理的总体要求

企业需要建立一系列制度体系和机制保障，促进合同管理的作用得到有效发挥。

（一）建立分级授权管理制度

企业应当根据经济业务性质、组织机构设置和管理层级安排，建立合同分级管理制度。属于上级管理权限的合同，下级单位不得签署。对于重大投资类、融资类、担保类、知识产权类、不动产类合同上级部门应加强管理。下级单位认为确有需要签署涉及上级管理权限的合同，应当提出申请，并经上级合同管理机构批准后办理。上级单位应当加强对下级单位合同订立、履行情况的监督检查。

（二）实行统一归口管理

企业可以根据实际情况指定法律部门等作为合同归口管理部门，对合同实施统一规范管理，具体负责制定合同管理制度，审核合同条款的权利义务对等性，管理合同标准文本，管理合同专用章，定期检查和评价合同管理中的薄弱环节，采取相应控制措施，促进合同的有效履行等。

（三）明确职责分工

公司各业务部门作为合同的承办部门负责在职责范围内承办相关合同，并履行合同调查、谈判、订立、履行和终结责任。公司财会部门侧重于履行对合同的财务监督职责。

（四）健全考核与责任追究制度

企业应当健全合同管理考核与责任追究制度，开展合同后评估，对合同订立、履行过程中出现的违法违规行为，应当追究有关机构或人员的责任。

二、合同管理流程

合同管理从大的方面可以划分为合同订立阶段和合同履行阶段。合同订立阶段包括合同调查、合同谈判、合同文本拟定、合同审批、合同签署等环节；合同履行阶段涉及合同履行、合同补充和变更、合同解除、合同结算、合同登记等环节。图1列示的合同管理流程具有一定通用性。

三、合同各环节的主要风险点及管控措施

（一）合同调查

合同订立前，企业应当进行合同调查，充分了解合同对方的主体资格、信用状况等有关情况，确保对方当事人具备履约能力。该环节的主要风险是：忽视被调查对象的主体资格审查，准合同对象不具有相应民事权利能力和民事行为能力或不具备特定资质，与不具备代理权或越权代理的主体签订合同，导致合同无效，或引发潜在风险；在合同签订前错误判断被调查对象的信用状况，或在合同履行过程中没有持续关注对方的资信变化，致使企业蒙受损失；对被调查对象的履约能力给出不当评价，将不具备履约能力的对象确定为准合同对象，或将具有履约能力的对象排除在准合同对象之外。

主要管控措施：第一，审查被调查对象的身份证件、法人登记证书、资质证明、授权委托书等证明原件，必要时，可通过发证机关查询证书的真实性和合法性，关注授权代理人的行为是否在其被授权范围内，在充分收集相关证据的基础上评价主体资格是否恰当。第二，获取调查对象经审计的财务报告、以往交易记录等财务和非财务信息，分析其获利能力、偿债能力和营运能力，评估其财务风险和信用状况，并在合同履行过程中持续关注其资信变化，建立和及时更新合同对方的商业信用档案。第三，对被调查对象进行现场调查，实地了解和全面评估

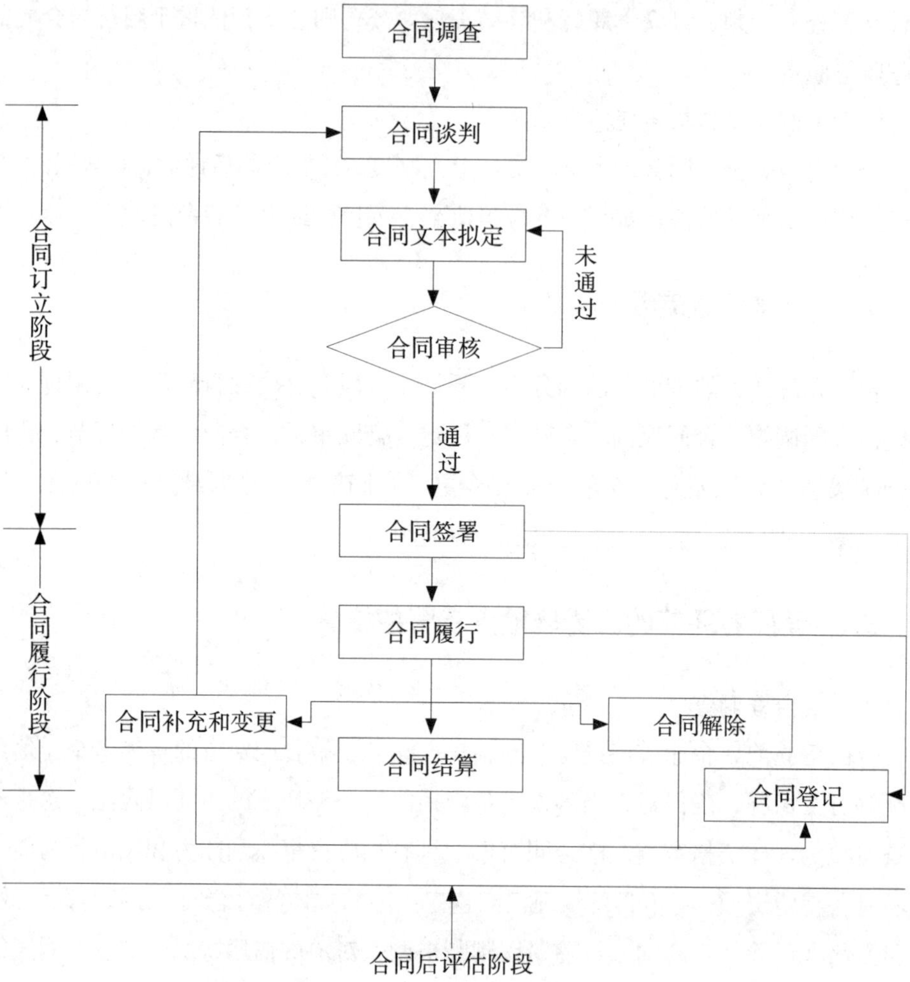

图1 合同管理流程

其生产能力、技术水平、产品类别和质量等生产经营情况，分析其合同履约能力。第四，与被调查对象的主要供应商、客户、开户银行、主管税务机关和工商管理部门等沟通，了解其生产经营、商业信誉、履约能力等情况。

（二）合同谈判

初步确定准合同对象后，企业内部的合同承办部门将在授权范围内与对方进行合同谈判，按照自愿、公平原则，磋商合同内容和条款，明确双方的权利义务和违约责任。该环节的主要风险是：忽略合同重大问题或在重大问题上做出不当让步；谈判经验不足，缺乏技术、法律和财务知识的支撑，导致企业利益损失；泄露本企业谈判策略,导致企业在谈判中处于不利地位。

主要管控措施:第一,收集谈判对手资料,充分熟悉谈判对手情况,做到知己知彼;研究国家相关法律法规、行业监管、产业政策、同类产品或服务价格等与谈判内容相关的信息,正确制定本企业谈判策略。第二,关注合同核心内容、条款和关键细节,具体包括合同标的的数量、质量或技术标准,合同价格的确定方式与支付方式,履约期限和方式,违约责任和争议的解决方法、合同变更或解除条件等。第三,对于影响重大、涉及较高专业技术或法律关系复杂的合同,组织法律、技术、财会等专业人员参与谈判,充分发挥团队智慧,及时总结谈判过程中的得失,研究确定下一步谈判策略。第四,必要时可聘请外部专家参与相关工作,并充分了解外部专家的专业资质、胜任能力和职业道德情况。第五,加强保密工作,严格责任追究制度。第六,对谈判过程中的重要事项和参与谈判人员的主要意见,予以记录并妥善保存,作为避免合同舞弊的重要手段和责任追究的依据。

(三) 合同文本拟定

企业在合同谈判后,根据协商谈判结果,拟定合同文本。该环节的主要风险是:选择不恰当的合同形式;合同与国家法律法规、行业产业政策、企业总体战略目标或特定业务经营目标发生冲突;合同内容和条款不完整、表述不严谨准确,或存在重大疏漏和欺诈,导致企业合法利益受损;有意拆分合同规避合同管理规定等;对于合同文本须报经国家有关主管部门审查或备案的,未履行相应程序。

主要管控措施:第一,企业对外发生经济行为,除即时结清方式外,应当订立书面合同。第二,严格审核合同需求与国家法律法规、产业政策、企业整体战略目标的关系,保证其协调一致;考察合同是否以生产经营计划、项目立项书等为依据,确保完成具体业务经营目标。第三,合同文本一般由业务承办部门起草,法律部门审核;重大合同或法律关系复杂的特殊合同应当由法律部门参与起草。国家或行业有合同示范文本的,可以优先选用,但对涉及权利义务关系的条款应当进行认真审查,并根据实际情况进行适当修改。各部门应当各司其职,保证合同内容和条款的完整准确。第四,通过统一归口管理和授权审批制度,严格合同管理,防止通过化整为零等方式故意规避招标的做法和越权行为。第五,由签约对方起草的合同,企业应当认真审查,确保合同内容准确反映企业诉求和谈判达成的一致意见，特别留意"其他约定事项"等需要补充填写的栏目，如不存在其他约定事项时需注明"此处空白"或"无其他约定"，防止合同后续被篡改。第六，合同文本须报经国家有关主管部门审查或备案的，应当履行相应程序。

（四）合同审核

合同文本拟定完成后，企业应进行严格的审核。该环节的主要风险是：合同审核人员因专业素质或工作态度原因未能发现合同文本中的不当内容和条款；审核人员虽然通过审核发现问题但未提出恰当的修订意见；合同起草人员没有根据审核人员的改进意见修改合同，导致合同中的不当内容和条款未被纠正。

主要管控措施：第一，审核人员应当对合同文本的合法性、经济性、可行性和严密性进行重点审核，关注合同的主体、内容和形式是否合法，合同内容是否符合企业的经济利益，对方当事人是否具有履约能力，合同权利和义务、违约责任和争议解决条款是否明确等。第二，建立会审制度，对影响重大或法律关系复杂的合同文本，组织财会部门、内部审计部、法律部、业务关联的相关部门进行审核，内部相关部门应当认真履行职责。第三，慎重对待审核意见，认真分析研究，慎重对待，对审核意见准确无误地加以记录，必要时对合同条款作出修改并再次提交审核。

（五）合同签署

企业经审核同意签订的合同，应当与对方当事人正式签署并加盖企业合同专用章。该环节的主要风险是：超越权限签订合同，合同印章管理不当，签署后的合同被篡改，因手续不全导致合同无效等。

主要管控措施：第一，按照规定的权限和程序与对方当事人签署合同。对外正式对外订立的合同应当由企业法定代表人或由其授权的代理人签名或加盖有关印章。授权签署合同的，应当签署授权委托书。第二，严格合同专用章保管制度，合同经编号、审批及企业法定代表人或由其授权的代理人签署后，方可加盖合同专用章。用印后保管人应当立即收回，并按要求妥善保管，以防止他人滥用。保管人应当记录合同专用章使用情况以备查，如果发生合同专用章遗失或被盗现象，应当立即报告公司负责人并采取妥善措施，如向公安机关报案、登报声明作废等，以最大限度消除可能带来的负面影响。第三，采取恰当措施，防止已签署的合同被篡改，如在合同各页码之间加盖骑缝章、使用防伪印记、使用不可编辑的电子文档格式等。第四，按照国家有关法律、行政法规规定，需办理批准、登记等手续之后方可生效的合同，企业应当及时按规定办理相关手续。

（六）合同履行

合同订立后，企业应当与合同对方当事人一起遵循诚实信用原则，根据合同的性质、目的和交易习惯履行通知、协助、保密等义务。该环节的主要风险是：本企业或合同对方当事人没有恰当地履行合同中约定的义务；合同生效后，对合同条款未明确约定的事项没有及时协议补充，导致合同无法正常履行；在合同履行过程中，未能及时发现已经或可能导致企业利益受损情况，或未能采取有效措施；合同纠纷处理不当，导致企业遭受外部处罚、诉讼失败，损害企业利益、信誉和形象等。

主要管控措施：第一，强化对合同履行情况及效果的检查、分析和验收，全面适当执行本企业义务，敦促对方积极执行合同，确保合同全面有效履行。第二，对合同对方的合同履行情况实施有效监控，一旦发现有违约可能或违约行为，应当及时提示风险，并立即采取相应措施将合同损失降到最低。第三，根据需要及时补充、变更甚至解除合同。一是对于合同没有约定或约定不明确的内容，通过双方协商一致对原有合同进行补充；无法达成补充协议的，按照国家相关法律法规、合同有关条款或者交易习惯确定；二是，对于显失公平、条款有误或存在欺诈行为的合同，以及因政策调整、市场变化等客观因素已经或可能导致企业利益受损的合同，按规定程序及时报告，并经双方协商一致，按照规定权限和程序办理合同变更或解除事宜；三是对方当事人提出中止、转让、解除合同的，造成企业经济损失的，应向对方当事人书面提出索赔。第四，加强合同纠纷管理，在履行合同过程中发生纠纷的，应当依据国家相关法律法规，在规定时效内与对方当事人协商并按规定权限和程序及时报告。合同纠纷经协商一致的，双方应当签订书面协议；合同纠纷经协商无法解决的，根据合同约定选择仲裁或诉讼方式解决。企业内部授权处理合同纠纷，应当签署授权委托书。纠纷处理过程中，未经授权批准，相关经办人员不得向对方当事人作出实质性答复或承诺。

（七）合同结算

合同结算是合同执行的重要环节，既是对合同签订的审查，也是对合同执行的监督，一般由财会部门负责办理。该环节的主要风险是：违反合同条款，未按合同规定期限、金额或方式付款；疏于管理，未能及时催收到期合同款项；在没有合同依据的情况下盲目付款等。

主要管控措施：第一，财会部门应当在审核合同条款后办理结算业务，按照合同规定付款，及时催收到期欠款。第二，未按合同条款履约或应签订书面合同而未签订的，财会部门有权拒绝付款，并及时向企业有关负责人报告。

（八）合同登记

合同登记管理制度体现合同的全过程封闭管理，合同的签署、履行、结算、补充或变更、解除等都需要进行合同登记。该环节的主要风险是：合同档案不全，合同泄密，合同滥用等。

主要管控措施：第一，合同管理部门应当加强合同登记管理，充分利用信息化手段，定期对合同进行统计、分类和归档，详细登记合同的订立、履行和变更、终结等情况，合同终结应及时办理销号和归档手续，以实行合同的全过程封闭管理。第二，建立合同文本统一分类和连续编号制度，以防止或及早发现合同文本的遗失。第三，加强合同信息安全保密工作，未经批准，任何人不得以任何形式泄露合同订立与履行过程中涉及的国家秘密或商业秘密。第四，规范合同管理人员职责，明确合同流转、借阅和归还的职责权限和审批程序等有关要求。

四、合同管理的后评估

合同作为企业承担独立民事责任、履行权利义务的重要依据，是企业管理活动的重要痕迹，也是企业风险管理的主要载体，为此，合同管理内部控制指引强调企业应当建立合同管理的后评估制度。企业应当建立合同履行情况评估制度，至少于每年年末对合同履行的总体情况和重大合同履行的具体情况进行分析评估，对分析评估中发现合同履行中存在的不足，应当及时加以改进。

有效管控内部信息传递
促进企业经营管理决策优化

——财政部会计司解读《企业内部控制应用指引第 17 号——内部信息传递》

信息资源是一个企业赖以生存的重要因素之一,企业在制定决策和日常运作中需要各种形式的信息。内部信息传递是企业内部各管理层级之间通过内部报告形式传递生产经营管理信息的过程。企业的内部控制活动离不开信息的沟通和传递。信息在企业内部进行有目的的传递,对贯彻落实企业发展战略、执行企业全面预算、识别企业生产经营活动中的内外部风险具有重要作用。《企业内部控制基本规范》十分重视信息与沟通这一控制要素。为了促进企业生产经营管理信息在内部各管理层级之间的有效沟通和充分利用,财政部等五部委专门制定了《企业内部控制应用指引第 17 号——内部信息传递》(下称内部信息传递),突出强调了内部报告的形成、使用和评估,提出了内部信息传递应当关注的主要风险以及相应的管控措施。本文就此进行解读。

一、内部信息传递的总体要求

为服务于企业生产经营管理决策,做好各项内部报告工作,企业管理人员需要从各种渠道获取相应的信息。企业内部信息有来自业务第一线人员根据市场或业务工作整理的信息,也有来自管理人员根据相关内部信息对所负责部门形成的指示或情况通报。尽管有关信息的来源、内容、提供者、传递方式和渠道等各不相同,但收集和传递相关信息一般应遵循以下原则。

(一)真实准确性

虚假或不准确的信息将严重误导信息使用者,甚至导致决策失误,造成巨大的经济损失。内部报告的信息应当与所要表达的现象和状况保持一致,若不能真实反映所计量的经济事项,就不具有可靠性。

(二)及时有效性

如果信息未能及时提供,或者及时提供的信息不具有相关性,或者提供的相关信息未被有效利用,都可能导致企业决策延误,经营风险增加,甚至可能使企业较高层次的管理陷入困境,不利于对实际情况进行及时有效的控制和矫正,同时也将大大降低内部报告的决策相关性。只有那些切合具体任务和实际工作,并且能够符合信息使用单位需求的信息才是具有使用价值的。

(三)遵守保密原则

企业内部的运营情况、技术水平、财务状况以及有关重大事项等通常涉及商业秘密,内幕信息知情者(包括董事会成员、监事、高级管理人员及其他涉及信息披露有关部门的涉密人员)都负有保密义务。这些内部信息一旦泄露,极有可能导致企业的商业秘密被竞争对手获知,使企业处于被动境地,甚至造成重大损失。

二、内部信息传递流程

企业应当加强内部报告管理,全面梳理内部信息传递过程中的薄弱环节,建立科学的内部信息传递机制,明确内部信息传递具体要求,关注内部报告的有效性、及时性和安全性,促进内部报告的有效利用,充分发挥内部报告的作用。

图1列示的内部信息传递流程具有普适性。企业在实际操作中,应当充分结合自身业务特点和管理要求,构建和优化内部信息传递流程。

三、内部信息传递流程的主要风险点及管控措施

(一)建立内部报告指标体系

内部报告指标体系是否科学直接关系到内部报告反映的信息是否完整和有用,这就要求企业应当根据自身的发展战略、风险控制和业绩考核特点,系统、科学地规范不同级次内部报告的指标体系,合理设置关键信息指标和辅助信息指标,并与全面预算管理等相结合,同时应随着环境和业务的变化不断进行修订和完善。在设计内部报告指标体系时,企业应当根据内部各"信息用户"的需求选择信息指标,以满足其经营决策、业绩考核、企业价值与风险评估的需要。

该环节的主要风险是:指标体系的设计未能结合企业的发展战略,指标体系级

次混乱，与全面预算管理要求相脱节，并且一旦设定后未能根据环境和业务变化有所调整。

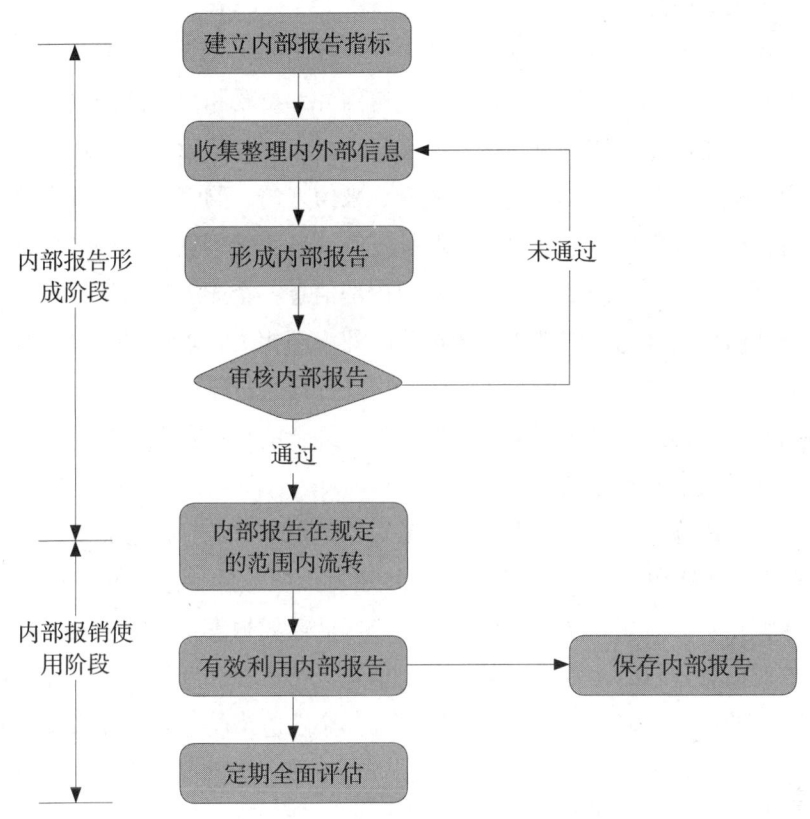

图 1　内部信息传递流程图

主要管控措施：第一，企业应认真研究企业的发展战略、风险控制要求和业绩考核标准，根据各管理层级对信息的需求和详略程度，建立一套级次分明的内部报告指标体系。企业明确的战略目标和具体的战略规划为内部报告控制目标的确定提供了依据。第二，企业内部报告指标确定后，应进行细化，层层分解，使企业中各责任中心及其各相关职能部门都有自己明确的目标，以利于控制风险并进行业绩考核。由此可见，企业的战略目标、战略规划、内部报告的控制目标、各责任中心以及各职能部门的控制目标，是一个通过内部信息传递相互联系、不断细化的体系。第三，内部报告需要依据全面预算的标准进行信息反馈，将预算控制的过程和结果向企业内部管理层报告，以有效控制预算执行情况、明确相关责任、科学考核业绩,并根据新的环境和业务,调整决策部署,更好地规划和控制企业的资产和收益,实现资源的最有效配置和管理的协同效应。

(二)收集内外部信息

为了随时掌握有关市场状况、竞争情况、政策变化及环境的变化,保证企业发展战略和经营目标的实现,企业应当完善内外部重要相关信息的收集机制和传递机制,使重要信息能够及时获得并向上级呈报。企业可以通过行业协会组织、社会中介机构、业务往来单位、市场调查、来信来访、网络媒体以及有关监管部门等渠道,获取外部信息;通过财务会计资料、经营管理资料、调研报告、专项信息、内部刊物、办公网络等渠道,获取内部信息。企业应当广泛收集、分析、整理内外部信息,并通过内部报告传递到企业内部相关管理层级,以便及时采取应对策略。该环节的主要风险是:收集的内外部信息过于散乱,不能突出重点;内容准确性差,据此信息进行的决策容易误导经营活动;获取内外部信息的成本过高,违反了成本效益原则。

主要管控措施:第一,根据特定服务对象的需求,选择信息收集过程中重点关注的信息类型和内容。为特定对象、特定目标服务的信息,具有更高的适用性,对于使用者具有更现实、重要的意义。因此需要根据信息需求者要求按照一定的标准对信息进行分类汇总。第二,对信息进行审核和鉴别,对已经筛选的资料作进一步的检查,确定其真实性和合理性。企业应当检查信息在事实与时间上有无差错,是否合乎逻辑,其来源单位、资料份数、指标等是否完整。第三,企业应当在收集信息的过程中考虑获取信息的便利性及其获取成本高低,如果需要较大代价获取信息,则应当权衡其成本与信息的使用价值,确保所获取信息符合成本效益原则。

(三)编制及审核内部报告

企业各职能部门应将收集的有关资料进行筛选、抽取,然后,根据各管理层级对内部报告的信息需求和先前制定的内部报告指标,建立各种分析模型,提取有效数据并进行反馈汇总,在此基础上,对分析模型进一步改造,进行资料分析,起草内部报告,形成总结性结论,并提出相应的建议,从而对发展趋势、策略规划、前景预测等提供重要的分析指导,为企业的效益分析、业务拓展提供有力的保障。企业内部报告因报告类型不同、反映的信息特点不同,内部报告的格式不尽一致。一般情况下,企业内部报告应当包括报告名、文件号、执行范围、内容、起草或制定部门、报送和抄送部门及时效要求等。该环节的主要风险是:

内部报告未能根据各内部使用单位的需求进行编制，内容不完整，编制不及时，未经审核即向有关部门传递。

主要管控措施：第一，企业内部报告的编制单位应紧紧围绕内部报告使用者的信息需求，以内部报告指标体系为基础，编制内容全面、简洁明了、通俗易懂的内部报告，便于企业各管理层级和全体员工掌握相关信息，正确履行职责。第二，企业应合理设计内部报告编制程序，提高编制效率，保证内部报告能在第一时间提供给相关管理部门。对于重大突发事件应以速度优先，尽可能快的编制出内部报告，向董事会报告。第三，企业应当建立内部报告审核制度，设定审核权限，确保内部报告信息质量。企业必须对岗位与职责分工进行控制，内部报告的起草与审核岗位分离，内部报告在传递前必须经签发部门负责人审核。

对于重要信息，企业应当委派专门人员对其传递过程进行复核，确保信息正确的传递给使用者。

（四）构建内部报告流转体系及渠道

企业应当制定严密的内部报告传递流程，充分利用信息技术，强化内部报告信息集成和共享，将内部报告纳入企业统一信息平台，构建科学的内部报告网络体系。企业内部各管理层级均应当指定专人负责内部报告工作。正常而言，内部报告应当按照职责分工和权限指引中规定的报告关系传递信息。但为保证信息传递的及时性，重要信息应当及时传递给董事会、监事会和经理层。企业应当拓宽内部报告渠道，通过落实奖励措施等多种有效方式，广泛收集合理化建议。该环节的主要风险是：缺乏内部报告传递流程，内部报告未按传递流程进行传递流转，内部报告流转不及时。

主要管控措施：第一，企业应当制定内部报告传递制度。企业可根据信息的重要性、内容等特征，确定不同的流转环节。第二，企业应严格按设定的传递流程进行流转。企业各管理层对内部报告的流转应做好记录，对于未按照流转制度进行操作的事件，应当调查原因，并做相应处理。第三，企业应及时更新信息系统，确保内部报告有效安全的传递。

企业应在实际工作中尝试精简信息系统的处理程序，使信息在企业内部更快地传递。对于重要紧急的信息，可以越级向董事会、监事会或经理层直接报告，便于相关负责人迅速做出决策。

（五）内部报告有效使用及保密要求

企业各级管理人员应当充分利用内部报告进行有效决策，管理和指导企业的

企业内部控制基本规范 企业内部控制配套指引

日常生产经营活动,及时反映全面预算执行情况,协调企业内部相关部门和各单位的运营进度,严格绩效考核和责任追究,确保企业实现发展战略和经营目标。

企业应当有效利用内部报告进行风险评估,准确识别和系统分析企业生产经营活动中的内外部风险,确定风险应对策略,实现对风险的有效控制。企业对于内部报告反映出的问题应当及时解决。企业应当制定严格的内部报告保密制度,明确保密内容、保密措施、密级程度和传递范围,防止泄露商业秘密。该环节的主要风险是:企业管理层在决策时并没有使用内部报告提供的信息,内部报告未能用于风险识别和控制,商业秘密通过企业内部报告被泄露。

主要管控措施:第一,企业在预算控制、生产经营管理决策和业绩考核时充分使用内部报告提供的信息。企业应当将预算控制和内部报告接轨,通过内部报告及时反映全面预算的执行情况;要求企业尽可能利用内部报告的信息对生产、购售、投资、筹资等业务进行因素分析、对比分析和趋势分析等,发现存在的问题,及时查明原因并加以改进;将绩效考评和责任追究制度与内部报告联系起来,依据及时、准确、按规范流程提供的信息进行透明、客观的定期业绩考核,并对相关责任人进行追究惩罚。第二,企业管理层应通过内部报告提供的信息对企业生产经营管理中存在的风险进行评估,准确识别和系统分析企业生产经营活动中的内外部风险,涉及突出问题和重大风险的,应当启动应急预案。第三,企业应从内部信息传递的时间、空间、节点、流程等方面建立控制,通过职责分离、授权接触、监督和检查等手段防止商业秘密泄露。

(六)内部报告的保管

在企业的经营管理活动中,会产生大量的数据信息,管理好这些资料,对于分析和解决企业管理中的问题至关重要。但是,有些企业对这些管理中产生的大量数据记录采取粗放经营的态度,甚至使一些重要数据丢失,造成不可挽回的损失。

例如,在原材料采购和商品销售过程中,市场价格的调查资料、对供应商和销售商做出选择的依据、对方企业的资金信用状况等数据资料,不仅是企业以后购销工作的重要参考依据,同时也是实行财务监督的重要依据,但是许多企业对以上资料不做长期保留,致使发生了原材料质量问题或者是应收账款变成坏账等问题以后,都找不到企业内部的责任者,分析不出失误的原因,更找不到解决问题的方法。该环节的主要风险是:企业缺少内部报告的保管制度,内部报告的保管存放杂乱无序,对重要资料的保管期限过短,保密措施不严。

主要管控措施：第一，企业应当建立内部报告保管制度，各部门应当指定专人按类别保管相应的内部报告。第二，为了便于内部报告的查阅、对比分析，改善内部报告的格式，提高内部报告的有用性，企业应按类别保管内部报告，对影响较大的、金额较高的一般要严格保管，如企业重大重组方案、企业债券发行方案等。第三，企业对不同类别的报告应按其影响程度规定其保管年限，只有超过保管年限的内部报告方可予以销毁。对影响重大的内部报告，应当永久保管，如公司章程及相应的修改、公司股东登记表等。有条件的企业应当建立电子内部报告保管库，分性质，按照类别、时间、保管年限、影响程序及保密要求等分门别类地储存电子内部报告。第四，企业应当制定严格的内部报告保密制度，明确保密内容、保密措施、密级程度和传递范围，防止泄露商业秘密。有关公司商业秘密的重要文件要由企业较高级别的管理人员负责，具体至少由两人共同管理，放置在专用保险箱内。查阅保密文件，必须经该高层管理人员同意，由两人分别开启相应的锁具方可打开。

（七）内部报告评估

由于内部报告传递对企业具有重要影响，《内部信息传递》强调企业应当建立内部报告评价制度。企业应当对内部报告是否全面、完整、内部信息传递是否及时、有效，对内部报告的利用是否符合预期数做到心中有数，这就要求企业建立内部报告评估制度，通过对一段时间内部报告的编制和利用情况进行全面的回顾和评价，掌握内部信息的真实状况。企业对内部报告的评估应当定期进行，具体由企业根据自身管理要求做出规定，至少每年度对内部报告进行一次评估。企业应当重点关注内部报告的及时性，内部信息传递的有效性和安全性。经过评估发现内部报告存在缺陷的，企业应当及时进行修订和完善，确保内部报告提供的信息及时、有效。该环节主要风险点：企业缺乏完善的内部报告评价体系，对各信息传递环节和传递方式控制不严，针对传递不及时、信息不准确的内部报告缺乏相应的惩戒机制。

主要管控措施：第一，企业应建立并完善企业对内部报告的评估制度，严格按照评估制度对内部报告进行合理评估，考核内部报告在企业生产经营活动中所起的真实作用。第二，为保证信息传递的及时准确，企业必须执行奖惩机制。对经常不能及时或准确传递信息的相关人员应当进行批评和教育，并与绩效考核体系挂钩。

四、反舞弊

舞弊是指以故意的行为获得不公平的或者非法的收益,主要存在以下领域:虚假财务报告、资产的不适当处置、不恰当的收入和支出、故意的不当关联方交易、税务欺诈、贪污以及收受贿赂和回扣等方面。有效的反舞弊机制,是企业防范、发现和处理舞弊行为、优化内部环境的重要制度安排。有效的信息沟通是反舞弊程序和控制成功的关键。如果信息交流机制不畅通,就会产生信息不对称的问题,舞弊行为产生的机会就会增大。企业应当建立反舞弊机制,坚持惩防并举、重在预防的原则,明确反舞弊工作的重点领域、关键环节和有关机构在反舞弊工作中的职责权限,规范舞弊案件的举报、调查、处理、报告和补救程序。该环节的主要风险是:忽视了对员工的道德准则体系的培训,内部审计监察不严,内部人员未经授权或者采取其他不法方式侵占、挪用企业资产,在财务会计报告和信息披露等方面存在的虚假记录、误导性陈述或者重大遗漏等,董事、监事、经理及其他高管人员滥用职权,相关机构或人员串通舞弊,企业对举报人的保护力度小,信访事务处理不及时,缺乏相应的舞弊风险评估机制。

主要控制措施:第一,企业应当重视和加强反舞弊机制建设,对员工进行道德准则培训,通过设立员工信箱、投诉热线等方式,鼓励员工及企业利益相关方举报和投诉企业内部的违法违规、舞弊和其他有损企业形象的行为。第二,企业应通过审计委员会对信访、内部审计、监察、接受举报过程中收集的信息进行复查,监督管理层对财务报告施加不当影响的行为、管理层进行的重大不寻常交易以及企业各管理层级的批准、授权、认证等,防止企业资产侵占、资金挪用、虚假财务报告、滥用职权等现象的发生。第三,企业应当建立反舞弊情况通报制度。企业应定期召开反舞弊情况通报会,由审计部门通报反舞弊工作情况,分析反舞弊形势,评价现有的反舞弊控制措施和程序。第四,企业应当建立举报人保护制度,设立举报责任主体、举报程序,明确举报投诉处理程序,并做好投诉记录的保存。切实落实举报人保护制度是举报投诉制度有效运行的关键。结合企业的实际情况,企业应明确举报人应向谁举报,以何种方式进行举报,举报内容的界定等;确定举报责任主体接到投诉报告后进行调查的程序、办理时限、办结要求及将调查结论提交董事会处理的程序等。

优化信息系统 提升管理水平

——财政部会计司解读《企业内部控制应用指引第 18 号——信息系统》

一、信息系统内部控制概述

《企业内部控制应用指引第 18 号——信息系统》中所指信息系统，是指企业利用计算机和通信技术，对内部控制进行集成、转化和提升所形成的信息化管理平台。信息系统内部控制的目标是促进企业有效实施内部控制，提高企业现代化管理水平，减少人为操纵因素；同时，增强信息系统的安全性、可靠性和合理性以及相关信息的保密性、完整性和可用性，为建立有效的信息与沟通机制提供支持保障。信息系统内部控制的主要对象是信息系统，由计算机硬件、软件、人员、信息流和运行规程等要素组成。

现代企业的运营越来越依赖于信息系统。比如航空公司的网上订票系统、银行的资金实时结算系统、携程旅行网的客户服务系统等，没有信息系统的支撑，业务开展就举步维艰、难以为继，企业经营就很可能陷入瘫痪状态。还有一些新兴产业和新兴企业，其商业模式完全依赖信息系统，比如各种网络公司（新浪、网易、百度）、各种电子商务公司（如阿里巴巴、卓越公司），没有信息系统，这些企业可能失去生存之基。

同时应当看到，企业信息系统内部控制以及利用信息系统实施内部控制也面临诸多风险，至少应当关注下列方面：一是信息系统缺乏或规划不合理，可能造成信息孤岛或重复建设，导致企业经营管理效率低下；二是系统开发不符合内部控制要求，授权管理不当，可能导致无法利用信息技术实施有效控制；三是系统运行维护和安全措施不到位，可能导致信息泄露或毁损，系统无法正常运行。

鉴于信息系统在实施内部控制和现代化管理中具有十分独特而重要的作用，加之信息系统本身的复杂性和高风险特征，《企业内部控制应当指引第18号——信息系统》规定，企业负责人对信息系统建设工作负责。换言之，信息系统建设是"一把手"工程。只有企业负责人站在战略和全局的高度亲自组织领导信息系统建设工作，才能统一思想、提高认识、加强协调配合，从而推动信息系统建设在整合资源的前提下高效、协调推进。企业应当重视信息系统在内部控制中的作用，根据内部控制要求，结合组织架构、业务范围、地域分布、技术能力等因素，制定信息系统建设总体规划，加大投入力度，有序组织信息系统开发、运行与维护，优化管理流程，防范经营风险，全面提升企业现代化管理水平。

二、信息系统的开发

企业根据发展战略和业务需要进行信息系统建设，首先要确立系统建设目标，根据目标进行系统建设战略规划，再将规划细化为项目建设方案。企业开展信息系统建设，可以根据实际情况，采取自行开发、外购调试或业务外包等方式。选择外购调试或业务外包方式的，应当采用公开招标等形式择优选择供应商或开发单位。选择自行开发信息系统的，信息系统归口管理部门应当组织企业内部相关业务部门进行需求分析，合理配置人员，明确系统设计、编程、安装调试、验收、上线等全过程的管理要求。企业信息系统归口管理部门应当加强信息系统开发全过程的跟踪管理，增进开发单位与企业内部业务部门的日常沟通和协调，组织独立于开发单位的专业机构对开发完成的信息系统进行检查验收，并组织系统上线运行。

（一）制定信息系统开发的战略规划

信息系统开发的战略规划是信息化建设的起点，战略规划是以企业发展战略为依据制定的企业信息化建设的全局性、长期性规划。制定信息系统战略规划的主要风险是：第一，缺乏战略规划或规划不合理，可能造成信息孤岛或重复建设，导致企业经营管理效率低下。第二，没有将信息化与企业业务需求结合，降低了信息系统的应用价值。信息孤岛现象是不少企业信息系统建设中存在的普遍问题，根源在于这些企业往往忽视战略规划的重要性，缺乏整体观念和整合意识，常常陷于头痛医头，脚痛医脚，这就导致有的企业财务管理信息系统、销售管理信息系统、生产管理信息系统、人力资源管理系统、办公自动化系统等各自为政、孤立存在的现象，削弱了信息系统的协同效用，甚至引发系统冲突。

主要控制措施：第一，企业必须制定信息系统开发的战略规划和中长期发展计划，并在每年制定经营计划的同时制定年度信息系统建设计划，促进经营管理活动与信息系统的协调统一。第二，企业在制定信息化战略过程中，要充分调动和发挥信息系统归口管理部门与业务部门的积极性，使各部门广泛参与，充分沟通，提高战略规划的科学性、前瞻性和适应性。第三，信息系统战略规划要与企业的组织架构、业务范围、地域分布、技术能力等相匹配，避免相互脱节。

（二）选择适当的信息系统开发方式

信息系统的开发建设是信息系统生命周期中技术难度最大的环节。在开发建设环节，要将企业的业务流程、内控措施、权限配置、预警指标、核算方法等固化到信息系统中，因此开发建设的好坏直接影响信息系统的成败。

开发建设主要有自行开发、外购调试、业务外包等方式。各种开发方式有各自的优缺点和适用条件，企业应根据自身实际情况合理选择。

1. 自行开发

自行开发是企业依托自身力量完成整个开发过程。其优点是开发人员熟悉企业情况，可以较好地满足本企业的需求，尤其是具有特殊性的业务需求。通过自行开发，还可以培养锻炼自己的开发队伍，便于后期的运行和维护。其缺点是开发周期较长、技术水平和规范程度较难保证，成功率相对较低。因此，自行开发方式的适用条件通常是企业自身技术力量雄厚，而且市场上没有能够满足企业需求的成熟的商品化软件和解决方案。比如百度的搜索引擎系统就偏重自行开发。

2. 外购调试

外购调式的基本做法是企业购买成熟的商品化软件，通过参数配置和二次开发满足企业需求。其优点是开发建设周期短；成功率较高；成熟的商品化软件质量稳定，可靠性高；专业的软件提供商实施经验丰富。其缺点是难以满足企业的特殊需求；系统的后期升级进度受制于商品化软件供应商产品更新换代的速度，企业自主权不强，较为被动。外购调试方式的适用条件通常是企业的特殊需求较少，市场上已有成熟的商品化软件和系统实施方案。比如大部分企业的财务管理系统、ERP 系统、人力资源管理系统等多采用外购调试方式。

3. 业务外包

信息系统的业务外包是指委托其他单位开发信息系统,基本做法是企业将信息系统开发项目外包出去,由专业公司或科研机构负责开发、安装实施,由企业直接使用。其优点是企业可以充分利用专业公司的专业优势,量体裁衣,构建全面、高效满足企业需求的个性化系统;企业不必培养、维持庞大的开发队伍,相应节约了人力资源成本。其缺点是沟通成本高,系统开发方难以深刻理解企业需求,可能导致开发出的信息系统与企业的期望产生较大偏差;同时,由于外包信息系统与系统开发方的专业技能、职业道德和敬业精神存在密切关系,也要求企业必须加大对外包项目的监督力度。业务外包方式的适用条件通常是市场上没有能够满足企业需求的成熟的商品化软件和解决方案,企业自身技术力量薄弱或出于成本效益原则考虑不愿意维持庞大的开发队伍。

(三)自行开发方式的关键控制点和主要控制措施

虽然信息系统的开发方式有自行开发、外购调试、业务外包等多种方式,但基本流程大体相似,通常包含项目计划、需求分析、系统设计、编程和测试、上线等环节。

1. 项目计划环节

战略规划通常将完整的信息系统分成若干子系统,并分阶段建设不同的子系统。比如,制造企业可以将信息系统划分为财务管理系统、人力资源管理系统、MRP系统(销售、采购、库存、生产)、计算机辅助设计和制造系统、客户关系系统、电子商务系统等若干子系统。项目就是指本阶段需要建设的相对独立的一个或多个子系统。

项目计划通常包括项目范围说明、项目进度计划、项目质量计划、项目资源计划、项目沟通计划、风险对策计划、项目采购计划、需求变更控制、配置管理计划等内容。项目计划不是完全静止、一成不变的,在项目启动阶段,可以先制定一个较为原则的项目计划,确定项目主要内容和重大事项,然后根据项目的大小和性质以及项目进展情况进行调整、充实和完善。项目计划环节的主要风险是:信息系统建设缺乏项目计划或者计划不当,导致项目进度滞后、费用超支、质量低下。

主要控制措施:第一,企业应当根据信息系统建设整体规划提出分阶段项目的建设方案,明确建设目标、人员配备、职责分工、经费保障和进度安排等相关内容，按照规定的权限和程序审批后实施。第二，企业可以采用标准的项目管理软件（比如Office Project）制定项目计划，并加以跟踪。在关键环节进行阶段性评审，以保证过程可控。第三，项目关键环节编制的文档应参照《GB8567—88计算机软件产品开发文件编制指南》等相关国家标准和行业标准进行，以提高项目计划编制水平。

2. 需求分析环节

需求分析的目的是明确信息系统需要实现哪些功能。该项工作是系统分析人员和用户单位的管理人员、业务人员在深入调查的基础上，详细描述业务活动涉及的各项工作以及用户的各种需求，从而建立未来目标系统的逻辑模型。这一环节的主要风险是：第一，需求本身不合理，对信息系统提出的功能、性能、安全性等方面的要求不符合业务处理和控制的需要。第二，技术上不可行、经济上成本效益倒挂，或与国家有关法规制度存在冲突。第三，需求文档表述不准确、不完整，未能真实全面地表达企业需求，存在表述缺失、表述不一致甚至表述错误等问题。

主要控制措施：第一，信息系统归口管理部门应当组织企业内部各有关部门提出开发需求，加强系统分析人员和有关部门的管理人员、业务人员的交流，经综合分析提炼后形成合理的需求。第二，编制表述清晰、表达准确的需求文档。需求文档是业务人员和技术人员共同理解信息系统的桥梁，必须准确表述系统建设的目标、功能和要求。企业应当采用标准建模语言（例如UML），综合运用多种建模工具和表现手段，参照《GB8567—88计算机软件产品开发文件编制指南》等相关标准，提高系统需求说明书的编写质量。第三，企业应当建立健全需求评审和需求变更控制流程。依据需求文档进行设计（含需求变更设计）前，应当评审其可行性，由需求提出人和编制人签字确认，并经业务部门与信息系统归口管理部门负责人审批。

3. 系统设计环节

系统设计是根据系统需求分析阶段所确定的目标系统逻辑模型，设计出一个能在企业特定的计算机和网络环境中实现的方案，即建立信息系统的物理模型。系统设计包括总体设计和详细设计。总体设计的主要任务是：第一，设计系统的模块结构，合理划分子系统边界和接口。第二，选择系统实现的技术路线，确定系统的技术架构,明确系统重要组件的内容和行为特征,以及组件之间、组件与环境之间的接口关系。第三,数据库设计,包括主要的数据库表结构设计、存储设计、数据权限和加密设计等。第四,设计系统的网络拓扑结构、系统部署方式等。详细设计的主要任务包括:程序说明书编制、数据编码规范设计、输入输出界面设计等内容。系统设计环节的主要风险是:第一,设计方案不能完全满足用户需求,不能实现需求文档规定的目标。第二,设计方案未能有效控制建设开发成本,不能保证建设质量和进度。第三,设计方案不全面,导致后续变更频繁。第四,设计方案没有考虑信息系统建成后对企业内部控制的影响,导致系统运行后衍生新的风险。

主要控制措施:第一,系统设计负责部门应当就总体设计方案与业务部门进行沟通和讨论,说明方案对用户需求的覆盖情况;存在备选方案的,应当详细说明各方案在成本、建设时间和用户需求响应上的差异;信息系统归口管理部门和业务部门应当对选定的设计方案予以书面确认。第二,企业应参照《GB8567—88计算机软件产品开发文件编制指南》等相关国家标准和行业标准,提高系统设计说明书的编写质量。第三,企业应建立设计评审制度和设计变更控制流程。第四,在系统设计时应当充分考虑信息系统建成后的控制环境,将生产经营管理业务流程、关键控制点和处理规程嵌入系统程序,实现手工环境下难以实现的控制功能,例如:对于某一财务软件,当输入支出凭证时,可以让计算机自动检查银行存款余额,防止透支。第五,应充分考虑信息系统环境下的新的控制风险,比如,要通过信息系统中的权限管理功能控制用户的操作权限,避免将不相容职务的处理权限授予同一用户。第六,应当针对不同的数据输入方式,强化对进入系统数据的检查和校验功能。比如,凭证的自动平衡校对。第七,系统设计时应当考虑在信息系统中设置操作日志功能,确保操作的可审计性。对异常的或者违背内部控制要求的交易和数据,应当设计由系统自动报告并设置跟踪处理机制。第八,预留必要的后台操作通道,对于必需的后台操作,应当加强管理,建立规范的操作流程,确保足够的日志记录,保证对后台操作的可监控性。

4. 编程和测试环节

编程阶段是将详细设计方案转换成某种计算机编程语言的过程。编程阶段完成之后,要进行测试,测试主要有以下目的:一是发现软件开发过程中的错误,分析错误的性质，确定错误的位置并予以纠正。二是通过某些系统测试，了解系统的响应时间、事务处理吞吐量、载荷能力、失效恢复能力以及系统实用性等指标，以便对整个系统做出综合评价。测试环节在系统开发中具有举足轻重的地位。

这一环节的主要风险是：第一，编程结果与设计不符。第二，各程序员编程风格差异大，程序可读性差，导致后期维护困难，维护成本高。第三，缺乏有效的程序版本控制，导致重复修改或修改不一致等问题。第四，测试不充分。单个模块正常运行但多个模块集成运行时出错，开发环境下测试正常而生产环境下运行出错，开发人员自测正常而业务部门用户使用时出错，导致系统上线后可能出现严重问题。

主要控制措施：第一，项目组应建立并执行严格的代码复查评审制度。第二，项目组应建立并执行统一的编程规范，在标识符命名、程序注释等方面统一风格。第三，应使用版本控制软件系统（例如 CVS），保证所有开发人员基于相同的组件环境开展项目工作，协调开发人员对程序的修改。第四，应区分单元测试、组装测试（集成测试）、系统测试、验收测试等不同测试类型，建立严格的测试工作流程，提高最终用户在测试工作中的参与程度，改进测试用例的编写质量，加强测试分析，尽量采用自动测试工具提高测试工作的质量和效率。具备条件的企业，应当组织独立于开发建设项目组的专业机构对开发完成的信息系统进行验收测试，确保在功能、性能、控制要求和安全性等方面符合开发需求。

5. 上线环节

系统上线是将开发出的系统（可执行的程序和关联的数据）部署到实际运行的计算机环境中，使信息系统按照既定的用户需求来运转，切实发挥信息系统的作用。这一环节的主要风险是：第一，缺乏完整可行的上线计划，导致系统上线混乱无序。第二，人员培训不足，不能正确使用系统，导致业务处理错误，或者未能充分利用系统功能，导致开发成本浪费。第三，初始数据准备设置不合格，导致新旧系统数据不一致、业务处理错误。

主要控制措施：第一，企业应当制定信息系统上线计划，并经归口管理部门和用户部门审核批准。上线计划一般包括人员培训、数据准备、进度安排、应急预案等内容。第二，系统上线涉及新旧系统切换的，企业应当在上线计划中明确应急预案，保证新系统失效时能够顺利切换回旧系统。第三，系统上线涉及数据迁移的，企业应当制定详细的数据迁移计划，并对迁移结果进行测试。用户部门应当参与数据迁移过程，对迁移前后的数据予以书面确认。

（四）其他开发方式的关键控制点和主要控制措施

下面介绍其他开发方式(业务外包、外购调试)的关键控制点和主要控制措施。

在业务外包、外购调试方式下，企业对系统设计、编程、测试环节的参与程度明显低于自行开发方式，因此可以适当简化相应的风险控制措施，但同时也因开发方式的差异产生一些新的风险，需要采取有针对性的控制措施。

1. 业务外包方式的关键控制点和主要控制措施

1）选择外包服务商

这一环节的主要风险是：由于企业与外包服务商之间本质上是一种委托—代理关系，合作双方的信息不对称容易诱发道德风险，外包服务商可能会实施损害企业利益的自利行为，如偷工减料、放松管理、信息泄密等。

主要控制措施：第一，企业在选择外包服务商时要充分考虑服务商的市场信誉、资质条件、财务状况、服务能力、对本企业业务的熟悉程度、既往承包服务成功案例等因素，对外包服务商进行严格筛选。第二，企业可以借助外包业界基准来判断外包服务商的综合实力。第三，企业要严格外包服务审批及管控流程，对信息系统外包业务，原则上应采用公开招标等形式选择外包服务商，并实行集体决策审批。

2）签订外包合同

这一环节的主要风险是：由于合同条款不准确、不完善，可能导致企业的正当权益无法得到有效保障。

主要控制措施：第一，企业在与外包服务商签约之前，应针对外包可能出现的各种风险损失，恰当拟定合同条款，对涉及的工作目标、合作范畴、责任划分、所有权归属、付款方式、违约赔偿及合约期限等问题做出详细说明，并由法律部门或法律顾问审查把关。第二，开发过程中涉及商业秘密、敏感数据的，企业应当与外包服务商签订详细的"保密协定"，以保证数据安全。第三，在合同中约定付款事宜时，应当选择分期付款方式，尾款应当在系统运行一段时间并经评估验收后再支付。第四，应在合同条款中明确要求外包服务商保持专业技术服务团队的稳定性。

3）持续跟踪评价外包服务商的服务过程

这一环节的主要风险是：企业缺乏外包服务跟踪评价机制或跟踪评价不到位，可能导致外包服务质量水平不能满足企业信息系统开发需求。

主要控制措施：第一，企业应当规范外包服务评价工作流程，明确相关部门的职责权限，建立外包服务质量考核评价指标体系，定期对外包服务商进行考评，并公布服务周期的评估结果，实现外包服务水平的跟踪评价。第二，必要时，可以引入监理机制，降低外包服务风险。

2. 外购调试方式的关键控制点和主要控制措施

在外购调试方式下，一方面，企业面临与委托开发方式类似的问题，企业要选择软件产品的供应商和服务供应商、签订合约、跟踪服务质量，因此，企业可采用与委托开发方式类似的控制措施；另一方面，外购调试方式也有其特殊之处，企业需要有针对性的强化某些控制措施。

1）软件产品选型和供应商选择

在外购调试方式下，软件供应商的选择和软件产品的选型是密切相关的。这一环节的主要风险是：第一，软件产品选型不当，产品在功能、性能、易用性等方面无法满足企业需求。第二，软件供应商选择不当，产品的支持服务能力不足，产品的后续升级缺乏保障。

主要控制措施：第一，企业应明确自身需求，对比分析市场上的成熟软件产品，合理选择软件产品的模块组合和版本。第二，企业在软件产品选型时应广泛听取行业专家的意见。第三，企业在选择软件产品和服务供应商时，不仅要评价其现有产品的功能、性能，还要考察其服务支持能力和后续产品的升级能力。

2）服务提供商选择

大型企业管理信息系统（例如 ERP 系统）的外购实施，不仅需要选择合适的软件供应商和软件产品，也需要选择合适的咨询公司等服务提供商，指导企业将通用软件产品与本企业的实际情况有机结合。这一环节的主要风险是：服务提供商选择不当，削弱了外购软件产品的功能发挥，导致无法有效满足用户需求。

主要控制措施：在选择服务提供商时，不仅要考核其对软件产品的熟悉、理解程度，也要考核其是否深刻理解企业所处行业的特点、是否理解企业的个性化需求、是否有过相同或相近的成功案例。

三、信息系统的运行与维护

信息系统的运行与维护主要包含三方面的内容:日常运行维护、系统变更和安全管理。

(一)日常运行维护的关键控制点和主要控制措施

日常运行维护的目标是保证系统正常运转,主要工作内容包括系统的日常操作、系统的日常巡检和维修、系统运行状态监控、异常事件的报告和处理等。这一环节的主要风险是:第一,没有建立规范的信息系统日常运行管理规范,计算机软硬件的内在隐患易于爆发,可能导致企业信息系统出错。第二,没有执行例行检查,导致一些人为恶意攻击会长期隐藏在系统中,可能造成严重损失。第三,企业信息系统数据未能定期备份,可能导致损坏后无法恢复,从而造成重大损失。

主要控制措施:第一,企业应制定信息系统使用操作程序、信息管理制度以及各模块子系统的具体操作规范,及时跟踪、发现和解决系统运行中存在的问题,确保信息系统按照规定的程序、制度和操作规范持续稳定运行。第二,切实做好系统运行记录,尤其是对于系统运行不正常或无法运行的情况,应将异常现象、发生时间和可能的原因作出详细记录。第三,企业要重视系统运行的日常维护,在硬件方面,日常维护主要包括各种设备的保养与安全管理、故障的诊断与排除、易耗品的更换与安装等,这些工作应由专人负责。第四,配备专业人员负责处理信息系统运行中的突发事件,必要时应会同系统开发人员或软硬件供应商共同解决。

(二)系统变更的关键控制点和主要控制措施

系统变更主要包括硬件的升级扩容、软件的修改与升级等。系统变更是为了更好地满足企业需求,但同时应加强对变更申请、变更成本与进度的控制。这一环节的主要风险是:第一,企业没有建立严格的变更申请、审批、执行、测试流程,导致系统随意变更。第二,系统变更后的效果达不到预期目标。

主要控制措施:第一,企业应当建立标准流程来实施和记录系统变更,保证变更过程得到适当的授权与管理层的批准,并对变更进行测试。信息系统变更应当严格遵照管理流程进行操作。信息系统操作人员不得擅自进行软件的删除、修改等操作;不得擅自升级、改变软件版本;不得擅自改变软件系统的环境配置。

第二，系统变更程序（如软件升级）需要遵循与新系统开发项目同样的验证和测试程序，必要时还应当进行额外测试。第三，企业应加强紧急变更的控制管理。第四，企业应加强对将变更移植到生产环境中的控制管理，包括系统访问授权控制、数据转换控制、用户培训等。

（三）安全管理的关键控制点和主要控制措施

安全管理的目标是保障信息系统安全，信息系统安全是指信息系统包含的所有硬件、软件和数据受到保护，不因偶然和恶意的原因而遭到破坏、更改和泄露，信息系统能够连续正常运行。这一环节的主要风险是：第一，硬件设备分布物理范围广，设备种类繁多，安全管理难度大，可能导致设备生命周期短。第二，业务部门信息安全意识薄弱，对系统和信息安全缺乏有效的监管手段。少数员工可能恶意或非恶意滥用系统资源，造成系统运行效率降低。第三，对系统程序的缺陷或漏洞安全防护不够，导致遭受黑客攻击，造成信息泄露。第四，对各种计算机病毒防范清理不力，导致系统运行不稳定甚至瘫痪。第五，缺乏对信息系统操作人员的严密监控，可能导致舞弊和利用计算机犯罪。

主要控制措施：

第一，建立信息系统相关资产的管理制度，保证电子设备的安全。硬件和网络设备不仅是信息系统运行的基础载体，也是价值昂贵的固定资产。企业应在健全设备管理制度的基础上，建立专门的电子设备管控制度，对于关键信息设备（例如银行的核心数据库服务器），未经授权，不得接触。

第二，企业应成立专门的信息系统安全管理机构，由企业主要领导总负责，对企业的信息安全作出总体规划和全方位严格管理，具体实施工作可由企业的信息主管部门负责。企业应强化全体员工的安全保密意识，特别要对重要岗位员工进行信息系统安全保密培训，并签署安全保密协议。企业应当建立信息系统安全保密制度和泄密责任追究制度。

第三，企业应当按照国家相关法律法规以及信息安全技术标准，制定信息系统安全实施细则。根据业务性质、重要程度、涉密情况等确定信息系统的安全等级，建立不同等级信息的授权使用制度，采用相应技术手段保证信息系统运行安全有序。对于信息系统的使用者和不同安全等级信息之间的授权关系，应在系统开发建设阶段就形成方案并加以设计，在软件系统中预留这种对应关系的设置功能，以便根据使用者岗位职务的变迁进行调整。

第四，企业应当有效利用IT技术手段，对硬件配置调整、软件参数修改严加控制。例如，企业可利用操作系统、数据库系统、应用系统提供的安全机制，设置安全参数，保证系统访问安全；对于重要的计算机设备，企业应当利用技术手段防止员工擅自安装、卸载软件或者改变软件系统配置，并定期对上述情况进行检查。

第五，企业委托专业机构进行系统运行与维护管理的，应当严格审查其资质条件、市场声誉和信用状况等，并与其签订正式的服务合同和保密协议。

第六，企业应当采取安装安全软件等措施防范信息系统受到病毒等恶意软件的感染和破坏。企业应当特别注重加强对服务器等关键部位的防护；对于存在网络应用的企业，应当综合利用防火墙、路由器等网络设备，采用内容过滤、漏洞扫描、入侵检测等软件技术加强网络安全，严密防范来自互联网的黑客攻击和非法侵入。对于通过互联网传输的涉密或者关键业务数据，企业应当采取必要的技术手段确保信息传递的保密性、准确性、完整性。

第七，企业应当建立系统数据定期备份制度，明确备份范围、频度、方法、责任人、存放地点、有效性检查等内容。系统首次上线运行时应当完全备份，然后根据业务频率和数据重要性程度，定期做好增量备份。数据正本与备份应分别存放于不同地点，防止因火灾、水灾、地震等事故产生不利影响。企业可综合采用磁盘、磁带、光盘等备份存储介质。

第八，企业应当建立信息系统开发、运行与维护等环节的岗位责任制度和不相容职务分离制度，防范利用计算机舞弊和犯罪。一般而言，信息系统不相容职务涉及的人员可以分为三类：系统开发建设人员、系统管理和维护人员、系统操作使用人员。开发人员在运行阶段不能操作使用信息系统，否则就可能掌握其中的涉密数据，进行非法利用；系统管理和维护人员担任密码保管、授权、系统变更等关键任务，如果允许其使用信息系统，就可能较为容易地篡改数据，从而达到侵吞财产或滥用计算机信息的目的。此外，信息系统使用人员也需要区分不同岗位，包括业务数据录入、数据检查、业务批准等，在他们之间也应有必要的相互牵制。企业应建立用户管理制度，加强对重要业务系统的访问权限管理，避免将不相容职责授予同一用户。企业应当采用密码控制等技术手段进行用户身份识别。对于重要的业务系统，应当采用数字证书、生物识别等可靠性强的技术手段识别用户身份。对于发生岗位变化或离岗的用户,用户部门应当及时通知系统管理人员调整其在系统中的访问权限或者关闭账号。企业应当定期对系统中的账号进行审阅,避免存在授权不当或非授权账号。对于超级用户,企业应当严格规定其使用条件和操作程序,并对其在系统中的操作全程进行监控或审计。

第九,企业应积极开展信息系统风险评估工作,定期对信息系统进行安全评估,及时发现系统安全问题并加以整改。

(四)系统终结的关键控制点和主要控制措施

系统终结是信息系统生命周期的最后一个阶段,在该阶段信息系统将停止运行。停止运行的原因通常有:企业破产或被兼并、原有信息系统被新的信息系统代替。这一环节的主要风险是:第一,因经营条件发生剧变,数据可能泄密。第二,信息档案的保管期限不够长。

主要控制措施:第一,要做好善后工作,不管因何种情况导致系统停止运行,都应将废弃系统中有价值或者涉密的信息进行销毁、转移。第二,严格按照国家有关法规制度和对电子档案的管理规定(比如审计准则对审计证据保管年限的要求),妥善保管相关信息档案。

切实做好内部控制评价
不断实现内部控制自我提升

——财政部会计司解读《企业内部控制评价指引》

财政部会计司解读《企业内部控制评价指引》是为促进企业全面评价内部控制的设计与运行情况，规范内部控制评价程序和评价报告，揭示和防范风险，专门制定。

《周易》："君子终日乾乾，夕惕若，厉，无咎。"是说君子能整天整日显示出自强不息的行为状态，是因为到晚间，也要保持戒慎，即检查自己在白天的所作所为，不要把过错带进第二天。对内部控制的建立、实施进行评价，是优化内部控制自我监督机制的一项重要制度安排，是内部控制的重要组成部分，与内部控制的建立、实施，共同构成有机循环。《企业内部控制基本规范》第四十六条规定："企业应当结合内部监督情况，定期对内部控制的有效性进行自我评价，出具内部控制自我评价报告"。因此，为促进企业全面评价内部控制的设计与运行情况，规范内部控制评价程序和评价报告，揭示和防范风险，专门制定了《企业内部控制评价指引》（下称《评价指引》）。

《评价指引》第二条规定，企业内部控制评价是指企业董事会或类似权力机构对内部控制有效性进行全面评价、形成评价结论、出具评价报告的过程。

一、内部控制评价概述

（一）内部控制评价的作用

第一，内部控制评价有助于企业自我完善内控体系。内部控制评价是通过评价、反馈、再评价，报告企业在内部控制建立与实施中存在的问题，并持续地进行自我完善的过程。通过内部控制评价查找、分析内部控制缺陷并有针对性地督促落实整改，可以及时堵塞管理漏洞，防范偏离目标的各种风险，并举一反三，从设计和执行等全方位健全优化管控制度，从而促进企业内控体系的不断完善。

第二，内部控制评价有助于提升企业市场形象和公众认可度。企业开展内部控制评价，需形成评价结论，出具评价报告。通过自我评价报告，将企业的风险管理水平、内部控制状况以及与此相关的发展战略、竞争优势、可持续发展能力等公布于众，树立诚信、透明、负责任的企业形象，有利于增强投资者、债权人以及其他利益相关者的信任度和认可度，为自己创造更为有利的外部环境，促进企业的长远可持续发展。

第三，内部控制评价有助于实现与政府监管的协调互动。政府监管部门有权对企业内部控制建立与实施的有效性进行监督检查。事实上，在有关政府部门，比如审计机关开展的国有企业负责人离任经济责任审计中，已将企业内部控制的有效性，以及企业负责人组织领导内控体系建立与实施情况纳入审计范围，并日益成为十分重要的一部分。尽管政府部门实施企业内控监督检查有其自身的做法和特点，但监督检查的重点部位是基本一致的，比如大多涉及重大经营决策的科学性、合规性以及重要业务事项管控的有效性等。实施企业内控自我评价，能够通过自查及早排查风险、发现问题，并积极整改，有利于在配合政府监管中赢得主动，并借助政府监管成果进一步改进企业内控实施和评价工作，促进自我评价与政府监管的协调互动。

（二）内部控制评价的对象

内部控制评价是对内部控制有效性发表意见。内部控制有效性，是指企业建立与实施内部控制对实现控制目标提供合理保证的程度，包括内部控制设计的有效性和内部控制运行的有效性。其中，内部控制设计的有效性，是指为实现控制目标所必需的内部控制要素都存在并且设计恰当；内部控制运行的有效性，是指现有内部控制按照规定程序得到了正确执行。评价内部控制运行的有效性，应当着重考虑以下几个方面：

（1）相关控制在评价期内是如何运行的。

（2）相关控制是否得到了持续一致的运行。

（3）实施控制的人员是否具备必要的权限和能力。

需要强调的是，即使同时满足设计有效性和运行有效性标准的内部控制，受内部控制固有局限影响，也只能为内部控制目标的实现提供合理保证，而不能提供绝对保证，不应不切实际地期望内部控制能够绝对保证内部控制目标的实现，也不应以内部控制目标的最终实现情况和程度作为唯一依据直接判断内部控制设计和运行的有效性。

（三）内部控制评价的原则

内部控制评价的原则是开展评价工作应该注意的原则，与内部控制的原则不完全相同。根据《评价指引》第三条规定，企业对内部控制评价至少遵循以下原则：全面性原则、重要性原则和客观性原则。

1. 全面性原则

全面性原则强调的是内部控制评价的涵盖范围应当全面，具体来说，是指内部控制评价工作应当包括内部控制的设计与运行，涵盖企业及其所属单位的各种业务和事项。

2. 重要性原则

重要性原则强调内部控制评价应当在全面性的基础之上，着眼于风险，突出重点。具体来说，重要性原则主要体现在制订和实施评价工作方案、分配评价资源的过程之中，它的核心要求主要包括两个方面：一是要坚持风险导向的思路，着重关注那些影响内部控制目标实现的高风险领域和风险点；二是要坚持重点突出的思路，着重关注那些重要的业务事项和关键的控制环节，以及重要业务单位。

3. 客观性原则

客观性原则强调内部控制评价工作应当准确地揭示经营管理的风险状况，如实反映内部控制设计和运行的有效性。只有在内部控制评价工作方案制定、实施的全过程中始终坚持客观性，才能保证评价结果的客观性。

（四）内部控制评价的组织形式和职责安排

《评价指引》第四条规定，企业应当根据本评价指引，结合内部控制设计与运行的实际情况，制定具体的内部控制评价办法，规定评价的原则、内容、程序、方法和报告形式等，明确相关机构或岗位的职责权限，落实责任制，按照规定的办法、程序和要求，有序开展内部控制评价工作。

企业内部控制评价办法应当结合《企业内部控制基本规范》第四十四条的规定，具体明确内部控制评价的组织形式，特别明确各有关方面在内部控制评价中的职责安排，处理好内部控制评价和内部监督的关系，定期由相对独立的人员对内部控制有效性进行科学的评价，界定内部控制缺陷认定标准，保证内部控制评价有序地开展。

1. 内部控制评价的组织形式

企业可以授权内部审计机构或专门机构（下称内部控制评价机构）负责内部控制评价的具体组织实施工作。

内部控制评价机构必须具备一定的设置条件：一是能够独立行使对内部控制系统建立与运行过程及结果进行监督的权力；二是具备与监督和评价内部控制系统相适应的专业胜任能力和职业道德素养；三是与企业其他职能机构就监督与评价内部控制系统方面应当保持协调一致，在工作中相互配合、相互制约，在效率效果上满足企业对内部控制系统进行监督与评价所提出的有关要求；四是能够得到企业董事会和经理层的支持，有足够的权威性来保证内部控制评价工作的顺利开展。

具体来说，企业可根据自身特点，决定是否单独设置专门的内部控制评价机构。对于单独设有专门内部控制机构的企业，也可以由内部控制机构来负责内部控制评价的具体组织实施工作。

为了保证评价的独立性，负责内部控制设计和评价的部门应适当分离。

企业可以委托会计师事务所等中介机构实施内部控制评价。此时，董事会（审计委员会）应加强对内部控制评价工作的监督与指导。从业务性质上讲，中介机构受托为企业实施内部控制评价是一种非保证服务，内部控制评价报告的责任仍然应由企业董事会承担。另外，为保证审计的独立性，为企业提供内部控制审计的会计师事务所，不得同时为同一家企业提供内部控制评价服务。

2. 有关方面在内部控制评价中的职责和任务

无论采取何种组织形式，董事会、经理层和内部控制评价机构在内部控制评价中的职能作用不会发生本质的变化。一般来说：

（1）董事会对内部控制评价承担最终的责任。《评价指引》第四条第二款规定，企业董事会应当对内部控制评价报告的真实性负责。董事会可以通过审计委员会来承担对内部控制评价的组织、领导、监督职责。董事会或审计委员会应听取内部控制评价报告，审定内控重大缺陷、重要缺陷整改意见，对内部控制部门在督促整改中遇到的困难，积极协调，排除障碍。监事会应审议内部控制评价报告，对董事会建立与实施内部控制进行监督。

企业内部控制基本规范 企业内部控制配套指引

（2）经理层负责组织实施内部控制评价工作，实际操作中，可以授权内部控制评价机构组织实施，并积极支持和配合内部控制评价的开展，创造良好的环境和条件。经理层应结合日常掌握的业务情况，为内部控制评价方案提出应重点关注的业务和事项，审定内部控制评价方案和听取内部控制评价报告，对于内部控制评价中发现的问题或报告的缺陷，要按照董事会或审计委员会的整改意见积极采取有效措施予以整改。

（3）内部控制评价机构根据授权承担内部控制评价的具体组织实施任务，通过复核、汇总、分析内部监督资料，结合经理层要求，拟订合理评价工作方案并认真组织实施；对于评价过程中发现的重大问题，应及时与董事会、审计委员会或经理层沟通，并认定内部控制缺陷，拟订整改方案，编写内部控制评价报告，及时向董事会、审计委员会或经理层报告；沟通外部审计师，督促各部门、所属企业对内、外部内控评价进行整改；根据评价和整改情况拟订内部控制考核方案。

（4）各专业部门应负责组织本部门的内控自查、测试和评价工作，对发现的设计和运行缺陷提出整改方案及具体整改计划，积极整改，并报送内部控制机构复核，配合内控机构（部门）及外部审计师开展企业层面的内控评价工作。

（5）企业所属单位，也应逐级落实内部控制评价责任，建立日常监控机制，开展内控自查、测试和定期检查评价，发现问题并认定内部控制有缺陷，需拟订整改方案和计划，报本级管理层审定后，督促整改，编制内部控制评价报告，对内部控制的执行和整改情况进行考核。

企业内部控制评价办法中的原则、内容、程序、方法和报告形式参考本解读其他部分的规定。

二、关于内部控制评价的内容

（一）内部控制评价的内容和工作底稿设计

《评价指引》第五条到第十条具体介绍了内部控制评价内容。内部控制评价应紧紧围绕内部环境、风险评估、控制活动、信息与沟通、内部监督五要素进行，企业应结合《企业内部控制基本规范》、各项应用指引以及本企业的内部控制制度，确定具体评价内容，对内部控制设计与运行情况进行全面评价。

内部环境评价应当包括组织架构、发展战略、人力资源、企业文化、社会责任等方面。组织架构评价可以重点从机构设置的整体控制力、权责划分、相互牵制、信息流动路径等方面进行；发展战略可以重点从发展战略的制定合理性、有效实施和适当调整三方面进行；人力资源评价应当重点从企业人力资源引进结构合理性、开发机制、激励约束机制等方面进行；企业文化评价应从建设和评估两方面进行，从而促进诚信、道德价值观的提升，为内部控制的完善夯实人文基础；社会责任可以从安全生产、产品质量、环境保护与资源节约、促进就业、员工权益保护等方面进行。

风险评估评价应当对日常经营管理过程中的目标设定、风险识别、风险分析、应对策略等进行认定和评价。

控制活动评价应对企业各类业务的控制措施与流程的设计有效性和运行有效性进行认定和评价。

信息与沟通评价应当对信息收集、处理和传递的及时性、反舞弊机制的健全性、财务报告的真实性、信息系统的安全性，以及利用信息系统实施内部控制的有效性进行认定和评价。

内部监督评价应当对管理层对于内部监督的基调、监督的有效性及内部控制缺陷认定的科学、客观、合理进行认定和评价。重点关注监事会、审计委员会、内部审计机构等是否在内部控制设计和运行中有效发挥作用。

企业应当以内部控制五要素为基础，建立内部控制核心指标体系，在以上评价内容的基础上，层层分解、展开，进一步细化，后文列举了可供参考核心指标（见附件1）。对于内容不能详尽的，如控制活动涉及方方面面的业务，可以另外按业务列表增加。

具体评价内容确定后，根据《评价指引》第十一条规定，内部控制评价工作应形成工作底稿，详细记录企业执行评价工作的内容，包括评价要素、主要风险点、采取的控制措施、有关证据资料以及认定结果等。工作底稿可以是通过一系列评价表格加以实现。

三、关于内部控制评价的程序

《评价指引》第十二条至第十四条对企业组织内部控制评价程序和人员、预算作出具体规定。

（一）内部控制评价的一般程序

内部控制评价程序一般包括：制定评价工作方案、组成评价工作组、实施现场测试、汇总评价结果、编报评价报告等。概括而言，主要分为以下几个阶段。

1. 准备阶段

（1）制定评价工作方案。内部控制评价机构应当根据企业内部监督情况和管理要求，分析企业经营管理过程中的高风险领域和重要业务事项，确定检查评价方法，制定科学合理的评价工作方案，经董事会批准后实施。评价工作方案应当明确评价主体范围、工作任务、人员组织、进度安排和费用预算等相关内容。评价工作方案既以全面评价为主，也可以根据需要采用重点评价的方式。

（2）组成评价工作组。评价工作组是在内部控制评价机构领导下，具体承担内部控制检查评价任务。内部控制评价机构根据经批准的评价方案，挑选具备独立性、业务胜任能力和职业道德素养的评价人员实施评价。评价工作组成员应当吸收企业内部相关机构熟悉情况、参与日常监控的负责人或业务骨干参加。企业应根据自身条件，尽量建立长效内部控制评价培训机制。

2. 实施阶段

（1）了解被评价单位基本情况。充分与企业沟通企业文化和发展战略、组织机构设置及职责分工、领导层成员构成及分工等基本情况。

（2）确定检查评价范围和重点。评价工作组根据掌握的情况进一步确定评价范围、检查重点和抽样数量，并结合评价人员的专业背景进行合理分工。检查重点和分工情况可以根据需要进行适时调整。

（3）开展现场检查测试。评价工作组根据评价人员分工，综合运用各种评价方法对内部控制设计与运行的有效性进行现场检查测试，按要求填写工作底稿、记录相关测试结果，并对发现的内部控制缺陷进行初步认定。

3. 汇总评价结果、编制评价报告阶段

评价工作组汇总评价人员的工作底稿，初步认定内部控制缺陷，形成现场评价报告。评价工作底稿应进行交叉复核签字，并由评价工作组负责人审核后签字确认。评价工作组将评价结果及现场评价报告向被评价单位进行通报，由被评价单位相关责任人签字确认后，提交企业内部控制评价机构。

内部控制评价机构汇总各评价工作组的评价结果，对工作组现场初步认定的内部控制缺陷进行全面复核、分类汇总；对缺陷的成因、表现形式及风险程度进

行定量或定性的综合分析，按照对控制目标的影响程度判定缺陷等级。

内部控制评价机构以汇总的评价结果和认定的内部控制缺陷为基础，综合内部控制工作整体情况，客观、公正、完整地编制内部控制评价报告，并报送企业经理层、董事会和监事会，由董事会最终审定后对外披露。

4. 报告反馈和跟踪阶段

对于认定的内部控制缺陷，内部控制评价机构应当结合董事会和审计委员会要求，提出整改建议，要求责任单位及时整改，并跟踪其整改落实情况；已经造成损失或负面影响的，企业应当追究相关人员的责任。

（二）内部控制评价的频率

企业每年应对内部控制进行评价并予以披露。但是内部控制自我评价的方式、范围、程序和频率，由企业根据经营业务调整、经营环境变化、业务发展状况、实际风险水平等自行确定。国家有关法律法规另有规定的，从其规定。

另外，如果内部监督程序无效，或所提供信息不足以说明内部控制有效，应增加评价的频率。

（三）内部控制评价的方法

《评价指引》第十五条规定，内部控制评价工作组应当对被评价单位进行现场测试，综合运用个别访谈、调查问卷、专题讨论、穿行测试、实地查验、抽样和比较分析等方法，充分收集被评价单位内部控制设计和运行是否有效的证据，按照评价的具体内容，如实填写评价工作底稿，研究分析内部控制缺陷。

1. 个别访谈法

个别访谈法主要用于了解公司内部控制的现状，在企业层面评价及业务层面评价的了解阶段经常使用。访谈前应根据内部控制评价需求形成访谈提纲，撰写访谈纪要，记录访谈的内容。

2. 调查问卷法

调查问卷法主要用于企业层面评价。调查问卷应尽量扩大对象范围，包括企业各个层级员工，应注意事先保密性，题目尽量简单易答（如答案只需为"是""否""有""没有"等）。

3. 穿行测试法

穿行测试法是指在内部控制流程中任意选取一笔交易作为样本，追踪该交易从最初起源直到最终在财务报表或其他经营管理报告中反映出来的过程，即该流程从起点到终点的全过程（例如，在保险公司的内部控制评价中，选取一笔保险新单，追踪其从投保申请到财务入账的全过程），以此了解控制措施设计的有效性，并识别出关键控制点。

4. 抽样法

抽样法分为随机抽样和其他抽样。

随机抽样是指按随机原则从样本库中抽取一定数量的样本；其他抽样是指人工任意选取或按某一特定标准从样本库中抽取一定数量的样本。

5. 实地查验法

实地查验法主要针对业务层面控制，它通过使用统一的测试工作表，与实际的业务、财务单证进行核对的方法进行控制测试。如实地盘点某种存货。

6. 比较分析法

比较分析法是指通过数据分析，识别评价关注点的方法。数据分析可以是与历史数据、行业（公司）标准数据或行业最优数据等进行比较。

7. 专题讨论法

专题讨论法主要是集合有关专业人员就内部控制执行情况或控制问题进行分析，既可以是控制评价的手段，也是形成缺陷整改方案的途径。

此外，还可以使用观察、重新执行等方法，也可以利用信息系统开发检查方法，或利用实际工作和检查测试经验。对于企业通过系统采用自动控制、预防控制的，应在方法上注意与人工控制、发现性控制的区别。

四、内部控制缺陷的认定

内部控制缺陷是描述内部控制有效性的一个负向的维度。企业开展内部控制评价，主要工作内容之一就是要找出内部控制缺陷并有针对性地进行整改。

内部控制缺陷认定在一定程度上决定内部控制评价的成效，且具有一定难度，还需要运用职业判断。为了指导企业科学、合理地认定内部控制缺陷，切实帮助企业有效开展内部控制评价，《评价指引》第十六条至第十九条对内部控制缺陷的分类、认定作出专门的解释。

（一）内部控制缺陷的分类

（1）按照内部控制缺陷成因或来源，内部控制缺陷包括设计缺陷和运行缺陷。设计缺陷是指企业缺少为实现控制目标所必需的控制，或现存控制设计不适当，即使正常运行也难以实现控制目标。运行缺陷是指设计有效（合理且适当）的内部控制由于运行不当（包括由不恰当的人执行、未按设计的方式运行、运行的时间或频率不当、没有得到一贯有效运行等）而形成的内部控制缺陷。

内部控制存在设计缺陷和运行缺陷，会影响内部控制的设计有效性和运行有效性。

（2）按照影响企业内部控制目标实现的严重程度，内部控制缺陷分为重大缺陷、重要缺陷和一般缺陷。

重大缺陷，是指一个或多个控制缺陷的组合，可能导致企业严重偏离控制目标。当存在任何一个或多个内部控制重大缺陷时，应当在内部控制评价报告中作出内部控制无效的结论。

重要缺陷，是指一个或多个控制缺陷的组合，其严重程度低于重大缺陷，但仍有可能导致企业偏离控制目标。重要缺陷的严重程度低于重大缺陷，不会严重危及内部控制的整体有效性，但也应当引起董事会、经理层的充分关注。

一般缺陷，是指除重大缺陷、重要缺陷以外的其他控制缺陷。

将内部控制评价中发现的内部控制缺陷划分为重大缺陷、重要缺陷和一般缺陷，需要借助一套可系统遵循的认定标准，认定过程中还需要内部控制评价人员充分运用职业判断。一般而言，如果一个企业存在的内部控制缺陷达到了重大缺陷的程度，我们就不能说该企业的内部控制是整体有效的。

（3）按照具体影响内部控制目标的具体表现形式，还可以将内部控制缺陷分为财务报告缺陷和非财务报告缺陷。

（二）内部控制缺陷的认定标准

1. 内部控制缺陷的重要性和影响程度

《评价指引》第十六条规定，企业对内部控制缺陷的认定，应当以构成内部控制的内部监督要素中的日常监督和专项监督为基础，结合年度内部控制评价，由内部控制评价机构进行综合分析后提出认定意见，按照规定的权限和程序进行审核，由董事会予以最终确定。

首先，内部控制评价从属于内部监督，是监督结果的总体体现。在企业正常的生产经营中，内部控制评价倚重内部监督；其次，充分利用日常监督与专项监督结果的基础上，至少每年由内部控制评价机构对内部控制的五要素相对独立地进行评价,全面地、综合地分析,提出认定意见,报董事会审定;第三,企业应当根据评价指引,结合自身情况和关注的重点,自行确定内部控制重大缺陷、重要缺陷和一般缺陷的具体认定标准。第四,根据具体认定标准认定企业存在的内部控制缺陷,由董事会最终审定。企业在确定内部控制缺陷的认定标准时,应当充分考虑内部控制缺陷的重要性及其影响程度。

内部控制缺陷的重要性和影响程度是相对于内部控制目标而言的。按照对财务报告目标和其他内部控制目标实现的影响的具体表现形式,下面区分财务报告内部控制缺陷和非财务报告内部控制缺陷分别阐述内部控制缺陷的认定标准。

2.财务报告内部控制缺陷的认定标准

财务报告内部控制是指针对财务报告目标而设计和实施的内部控制。由于财务报告内部控制的目标集中体现为财务报告的可靠性,因而财务报告内部控制的缺陷主要是指不能合理保证财务报告可靠性的内部控制设计和运行缺陷。换句话说,财务报告内部控制的缺陷,是指不能及时防止或发现并纠正财务报告错报的内部控制缺陷。

将财务报告内部控制的缺陷划分为重大缺陷、重要缺陷和一般缺陷,所采用的认定标准直接取决于由于该内部控制缺陷的存在可能导致的财务报告错报的重要程度。这种重要程度主要取决于两个方面的因素:①该缺陷是否具备合理可能性导致企业的内部控制不能及时防止或发现并纠正财务报告错报。合理可能性是指大于微小可能性(几乎不可能发生)的可能性,确定是否具备合理可能性涉及评价人员的职业判断。②该缺陷单独或连同其他缺陷可能导致的潜在错报金额的大小。另外,一些迹象通常表明财务报告内部控制可能存在重大缺陷:①董事、监事和高级管理人员舞弊;②企业更正已公布的财务报告;③注册会计师发现当期财务报告存在重大错报,而内部控制在运行过程中未能发现该错报;④企业审计委员会和内部审计机构对内部控制的监督无效。

一般而言,如果一项内部控制缺陷单独或连同其他缺陷具备合理可能性导致不能及时防止或发现并纠正财务报告中的重大错报,就应将该缺陷认定为重大缺陷。重大错报中的"重大",涉及企业管理层确定的财务报告的重要性水平。

一般企业可以采用绝对金额法(例如,规定金额超过10 000元的错报应当认定为重大错报)或相对比例法(例如,规定超过资产总额1%的错报应当认定为重大错报）来确定重要性水平。如果企业的财务报告内部控制存在一项或多项重大缺陷，就不能得出该企业的财务报告内部控制有效的结论。

一项内部控制缺陷单独或连同其他缺陷具备合理可能性导致不能及时防止或发现并纠正财务报告中虽然未达到和超过重要性水平、但仍应引起董事会和管理层重视的错报，就应将该缺陷认定为重要缺陷。不构成重大缺陷和重要缺陷的内部控制缺陷，应认定为一般缺陷。

3. 非财务报告内部控制缺陷的认定标准

非财务报告内部控制是指针对除财务报告目标之外的其他目标的内部控制。这些目标一般包括战略目标、资产安全、经营目标、合规目标等。非财务报告评价应当作为企业内部控制评价的重点。

非财务报告内部控制缺陷认定具有涉及面广、认定难度大的特点。企业可以根据风险评估的各项工作，对《企业内部控制应用指引》中每一篇应用指引所阐述的风险，根据自身的实际情况、管理现状和发展要求，加以细化或按内部控制原理补充，参照财务报告内部控制缺陷的认定标准，合理确定定性和定量的认定标准，根据其对内部控制目标实现的影响程度认定为一般缺陷、重要缺陷和重大缺陷。其中：定量标准，即涉及金额大小，既可以根据造成直接财产损失绝对金额制定，也可以根据其直接损失占本企业资产、销售收入及利润等的比率确定；定性标准，即涉及业务性质的严重程度，可根据其直接或潜在负面影响的性质、影响的范围等因素确定。以下迹象通常表明非财务报告内部控制可能存在重大缺陷：①国有企业缺乏民主决策程序，如缺乏"三重一大"决策程序；②企业决策程序不科学，如决策失误，导致并购不成功；③违犯国家法律、法规，如环境污染；④管理人员或技术人员纷纷流失；⑤媒体负面新闻频现；⑥内部控制评价的结果特别是重大或重要缺陷未得到整改；⑦重要业务缺乏制度控制或制度系统性失效。

为避免企业操纵内部控制评价报告，非财务报告内部控制缺陷认定标准一经确定，必须在不同评价期间保持一致，不得随意变更。

需要强调的是，在内部控制的非财务报告目标中，战略和经营目标的实现往往受到企业不可控的诸多外部因素的影响，企业的内部控制只能合理保证董事会和管理层了解这些目标的实现程度。因而，在认定针对这些控制目标的内部控制缺陷时，我们不能只考虑最终的结果，而主要应该考虑企业制定战略、开展经营活动的机制和程序是否符合内部控制要求,以及不适当的机制和程序对企业战略及经营目标实现可能造成的影响。

(三)内部控制缺陷的报告与整改

1.内部控制缺陷报告的格式和途径

《评价指引》第十九条规定,企业内部控制评价机构应当编制内部控制缺陷认定汇总表,结合日常监督和专项监督发现的内部控制缺陷及其持续改进情况,对内部控制缺陷及其成因、表现形式和影响程度进行综合分析和全面复核,提出认定意见(针对财务报告内部控制的缺陷,一般还应当反映缺陷对财务报告的具体影响),并以适当的形式向董事会、监事会或者经理层报告。重大缺陷应当由董事会予以最终认定。企业对于认定的重大缺陷,应当及时采取应对策略,切实将风险控制在可承受度之内,并追究有关部门或相关人员的责任。

内部控制缺陷报告应当采取书面形式,可以单独报告,也可以作为内部控制评价报告的一个重要组成部分。一般而言,内部控制的一般缺陷、重要缺陷应定期(至少每年)报告,重大缺陷应立即报告。对于重大缺陷和重要缺陷及整改方案,应向董事会(审计委员会)、监事会或经理层报告并审定。如果出现不适合向经理层报告的情形,例如存在与管理层舞弊相关的内部控制缺陷,或存在管理层凌驾于内部控制之上的情形,应当直接向董事会(审计委员会)、监事会报告。

对于一般缺陷,可以与企业经理层报告,并视情况考虑是否需要向董事会(审计委员会)、监事会报告。

2.内部控制缺陷整改方案及期限

企业对于认定的内部控制缺陷,应当及时采取整改措施,切实将风险控制在可承受度之内,并追究有关机构或相关人员的责任。

企业内部控制评价机构应当就发现的内部控制缺陷提出整改建议,并报经理层、董事会(审计委员会)、监事会批准。获批后,应制定切实可行的整改方案,包括整改目标、内容、步骤、措施、方法和期限。整改期限超过一年的,整改目标应明确近期和远期目标以及相应的整改工作内容。

五、关于内部控制评价报告

内部控制评价报告是内部控制评价的最终体现,按照编制主体、报送对象和时间,分为对内报告和对外报告。对外报告的内容、格式等强调符合披露要求,时间具有强制性,对内报告则主要以符合企业董事会(审计委员会)、经理层需要为主,编制主体层级更多、内容上更加详尽、格式更加多样,时间可以定期或不定期。《评价指引》第二十条规定,企业应当根据《企业内部控制基本规范》、应用指引和本指引,设计内部控制评价报告的种类、格式和内容,明确内部控制评价报告编制程序和要求,按照规定的权限报经批准后对外报出。

(一)内部控制评价报告的内容和格式

《评价指引》第二十一条和第二十二条规定了对外披露的内容,内部控制评价对外报告一般包括以下内容:

(1)董事会声明。声明董事会及全体董事对报告内容的真实性、准确性、完整性承担个别及连带责任,保证报告内容不存在任何虚假记载、误导性陈述或重大遗漏。

(2)内部控制评价工作的总体情况。明确企业内部控制评价工作的组织、领导体制、进度安排,是否聘请会计师事务所对内部控制有效性进行独立审计。

(3)内部控制评价的依据。说明企业开展内部控制评价工作所依据的法律法规和规章制度。

(4)内部控制评价的范围。描述内部控制评价所涵盖的被评价单位,以及纳入评价范围的业务事项,及重点关注的高风险领域。内部控制评价的范围如有所遗漏的,应说明原因,及其对内部控制评价报告真实完整性产生的重大影响等。

(5)内部控制评价的程序和方法。描述内部控制评价工作遵循的基本流程,以及评价过程中采用的主要方法。

(6)内部控制缺陷及其认定。描述适用本企业的内部控制缺陷具体认定标准,并声明与以前年度保持一致或做出的调整及相应原因;根据内部控制缺陷认定标准,确定评价期末存在的重大缺陷、重要缺陷和一般缺陷。

(7)内部控制缺陷的整改情况。对于评价期间发现、期末已完成整改的重大缺陷,说明企业有足够的测试样本显示,与该重大缺陷相关的内部控制设计且运行有效。针对评价期末存在的内部控制缺陷,公司拟采取的整改措施及预期效果。

(8)内部控制有效性的结论。对不存在重大缺陷的情形,出具评价期末内部控制有效结论；对存在重大缺陷的情形，不得作出内部控制有效的结论，并需描述该重大缺陷的性质及其对实现相关控制目标的影响程度，可能给公司未来生产经营带来相关风险。自内部控制评价报告基准日至内部控制评价报告发出日之间发生重大缺陷的，企业须责成内部控制评价机构予以核实，并根据核查结果对评价结论进行相应调整，说明董事会拟采取的措施。

内部控制评价报告的参考格式（见附件2）。

对内报告的格式、内容应该在符合以上要求的基础上进一步详尽地设计和表达。

（二）内部控制评价报告的编制和报送

《评价指引》第二十三条规定，企业应当根据年度内部控制评价结果，结合内部控制评价工作底稿和内部控制缺陷汇总表等资料，按照规定的程序和要求，及时编制内部控制评价报告。

1.评价报告的编制

（1）内部控制评价报告的编制时间。企业应当根据内部控制评价结果和整改情况，编制内部控制评价报告。内部控制评价报告分为定期内部控制评价报告和非定期内部控制评价报告。

企业应该定期进行内部控制评价并发布内部控制评价报告。企业至少应该每年进行一次内部控制评价并由董事会对外发布内部控制评价报告。年度内部控制评价报告应当以12月31日作为基准日。

非定期内部控制评价报告可以是因特殊事项或原因（如企业因目标变化或提升）而对外发布的内部控制评价报告，也可以是企业针对发现的重大缺陷专项内部控制评价等向董事会（审计委员会）或经理层报送的内部报告（即内部控制缺陷报告）。

（2）内部控制评价报告的编制主体。内部控制评价报告的编制主体包括单个企业和企业集团的母公司。单个企业内部控制评价报告指某一企业以自身经营业务和管理活动为辐射范围编制的内部控制评价报告，属于对内报告；企业集团母公司内部控制评价报告是企业集团的母公司在汇总、复核、评价、分析后，以母公司及下属（或控股子公司）的经营业务和管理活动为辐射范围编制的内部控制评价报告，是对企业集团内部控制设计有效性和运行有效性的总体评价，可以是对内或对外报告。

2. 评价报告的报送

《评价指引》第二十四条至第二十六条规定了评价报告及内部控制审计报告对外报送的要求。

此外，企业内部控制评价报告应按规定报送有关监管部门，例如国有控股企业应按要求报送国有资产监督管理部门和财政部门、金融企业应按规定报送银行业监督管理部门和保险监督管理部门、公开发行证券的企业应报送证券监督管理部门。

（三）内部控制评价报告的披露和使用

1. 评价报告的披露

公司的价值创造能力不仅取决于现有的经营基础和目前的盈利水平，更主要取决于公司的决策科学性和管控能力。公众公司必须向社会披露内部控制评估报告，满足投资者及利益相关者了解企业治理水平、管理规范化和抵御各类风险的能力的需要，更好地服务于他们做出投资决策和相关决策。

2. 评价报告的使用

企业内部控制评价对外报告的使用者包括政府有关监管部门、投资者以及其他利益相关者、中介机构和研究机构等。对内报告的使用者主要是企业董事会（审计委员会）、各层级管理者以及有关监管部门。

内部控制评价是企业董事会对本企业内部控制有效性的自我评价，具有一定的主观性，在此基础上形成的内部控制评价报告也因此只能作为有关方面了解企业内部控制设计与运行情况的途径之一。在使用内部控制评价报告时，还应注意与内部控制注册会计师审计报告、内部控制监管信息、财务报告信息等相关信息结合使用，以起到全面分析、综合判断、相互验证的效果。

《评价指引》第二十七条规定，建立内部控制评价工作档案管理制度。内部控制评价的有关文件资料、工作底稿和证明材料等应当妥善保管，年度报告应永久保存。

附件1

内部控制评价核心指标

核心指标	参考标准
一、内部环境	
（一）组织结构	
董事会、监事会、经理层的相互制衡	董事会及各专门委员会、监事会和经理层的职责权限、任职资格和议事规划是否明确并严重履行。
董事会、监事会、经理层效力于内部控制建设和执行	1. 是否科学界定了董事会、监事会、经理层在建立与实施内部控制中的职责分工。 2. 董事会采取必要的措施促进和推动企业内部控制工作，按照职责分工提出内部控制评价意见，定期听取内容控制报告，督促内部控制整改，修订内部控制要求。
组织机构设置科学、精简、高效、透明、权责匹配、相互制衡	1. 组织结构设置是否与企业业务特点相一致，能够控制各项业务关键控制环节，各司其职，各尽其职，不存在冗余的部门或多余的控制。 2. 是否明确了分配，制定了指引并保持权责行使的透明度。
组织架构适应性	是否定期梳理、评价企业治理结构和内部机构设置，发现问题及时采取措施加以优化调整；是否定期听取董事、监事、高级管理人员和其他员工的意见，按照规定的权限和程序进行决策审批。
组织架构对子公司的控制力	是否通过合法有效的形式履行出资人职责，维护出资人的权益，特别关注异地境外子公司的发展战略、年度财务预决算、重大担保、大额资金使用、主要资产处理、重要人事任免、内部控制体系建设等重要事项。
（二）发展战备	
发展战略科学合理，既不缺乏也不激进，且实施到位	1. 企业是否综合考虑宏观经济政策、国内外市场需求变化、技术发展趋势、行业及竞争对手状况、可利用资源水平和自身优势与劣势等影响因素制定科学合理的发展战略。 2. 是否根据发展目标制定战略规划，确定不同发展阶段的具体目标、工作任务和实施路径。
发展战略科学合理，既不缺乏也不激进，且实施到位	3. 是否设立战略委员会或指定相关机构负责发展战略管理工作；是否明确战略委员会的职责和议事规划，并按规定履行职责。 4. 是否对发展战略进行可行性研究和科学认证，并报董事会和股东（大）会审议批准。
发展战略有效实施	1. 是否制定年度工作计划，编制全面预算，确保发展战略的有效实施。 2. 是否采取有效方式将发展战略及其分解落实情况传递到内部各管理层级和全体员工。

（续表）

核心指标	参考标准
发展战略科学调整	是否及时监控发展战略实施情况，并根据环境变化及风险评估等情况及时对发展战略做出调整。
（三）人力资源政策	
人力资源结构合理、能够满足企业需要	1. 人力资源政策变更不有利于企业可持续发展和内部控制的有效执行。
	2. 是否明确各岗位职责权限、任职条件和工作要求，选拔是否公开、公平、公正，是否因事设岗、以岗选人。
人力资源开发机制健全有效	1. 制定并实施关于员工聘用、培训、辞退与辞职、薪酬、考核、健康与安全、晋升与奖励等方面的管理制度。
	2. 是否建立员工培训长效机制，培训是否能满足职工和业务岗位需要，是否存在员工知识老化。
人力资源激励约束机制健全有效	1. 是否设置科学的业绩考核指标体系，并严格考核评价，以此作为确定员工薪酬、职级调整和解除劳动合同等的重要依据。
	2. 是否存在人才流失现象。
	3. 是否对关键岗位员工有强制休假制度或定期轮岗制度等方面的安排。
	4. 是否对掌握国家秘密或重要商业秘密的员工离岗有限制性的规定。
	5. 是否将有效执行内部控制纳入企业绩效考评体系。
（四）社会责任	
安全生产体系、机制健全有效	1. 是否建立严格的安全生产体系、操作规范和应急预案，切实做到安全生产。
安全生产体系、机制健全有效	2. 是否落实安全生产责任，对安全生产的投入，包括人力、物力等。
	3. 发生生产安全事故，是否妥善处理，排除故障，损失，物力等，是否有迟报、谎报、瞒报重大生产安全事故现象。
产品质量体系健全有效	是否建立严格的产品质量控制和检验制度并严格执行；是否有良好的售后服务，能够妥善处理消费者提出的投诉和建议。
切实履行环境保护和资源节约责任	1. 是否制定环境保护与淘汰节约制度，采取措施促进环境保护、生态建设和资源节约，并实现节能减排目标。
	2. 是否实施清洁生产，合理开发利用不可再生资源。
促进就业和保护员工权益	1. 是否依法保护员工的合法权益，保持工作岗位相对稳定，积极促进充分就业。
	2. 是否实现按劳分配、同工同酬，建立科学的员工薪酬制度和激励机制；是否建立高级管理人员与员工薪酬的正常增长机制。

（续表）

核心指标	参考标准
促进就业和保护员工权益	3.是否及时办理员工社会保险，足额缴纳社会保险费。
	4.是否维护员工健康，落实休息休假制度。
	5.是否积极开展员工职业教育培训，创造平等发展机会。
（五）企业文化	
企业文化具有凝聚力和竞争力，促进企业可持续性发展	1.是否采取切实有效的措施，积极培育具有自身特色的企业文化，打造以主业为核心的企业品牌，促进企业长远发展。
	2.企业董事、监事及其他高级管理人员是否在文化建设和履行社会责任中起到表率作用，是否促进文化建设在内部各层级的有效沟通。
	3.是否做到文化建设与发展战略的有机结合，使员工自身价值在企业发展中得到充分体现。
	4.是否重视并购重组后的企业文化建设，平等对待被并购方的员工，促进并购双方的文化融合。
企业文化评估具有客观性、实效性	1.是否建立企业文化评估制度，重点对董事、监事、经理和其他高级管理人员在企业文化建设中的责任履行情况，全体员工对企业核心价值观的认同感，企业经营管理行为与企业文化的一致性，企业品牌的社会影响力，参与企业并购重组各方文化的整合度，以及员工对企业未来发展的信心做出评估。
	2.是否针对评估结果是否巩固和文化建设成果，进而研究影响企业文化的不利因素，分析深层次的原因，及时采取措施加以改进。
二、风险评估	
目标设定	1.企业层面：是否有明确的目标，目标是否具有广泛的认识基础、企业战略是否与企业目标相匹配。
	2.业务层面：各业务层面目标是否与企业目标一致，各业务层面目标是否衔接一致，各业务层面目标是否具有操作指导性。
	3.是否结合企业的风险偏好，确定相应的风险承受度。
风险识别	1.目标是否层层分解并确立减仓业务或事项。
	2.是否持续性的收集相关信息，内外部风险识别机制是否健全，是否识别影响公司目标实现的风险。
风险识别	3.是否根据关键业务或事项分析关键成功因素。
	4.是否识别影响公司目标实现的风险。
风险分析	1.风险分析技术方法的适用性。
	2.结合风险发生可能性和影响程度标准划分风险等级的准确性。
	3.风险发生后负面影响判断的准确。

（续表）

核心指标	参考标准
风险应对	1. 风险应对策略与公司战略、企业文化的一致性。
	2. 风险承受度与风险应对策略的匹配程度。
三、控制活动	
（一）控制活动的设计	
控制中心覆盖企业重要风险、不存在控制缺失、控制过度	1. 是否针对企业内部环境设立了相应的控制措施。
控制中心覆盖企业重要风险、不存在控制缺失、控制过度	2. 各项控制措施的设计是否与风险应对策略相适应。
	3. 各项主要业务控制措施是否完整、恰当。
	4. 是否针对日常规定，非系统性业务事项制定相应的控制措施，并定期对其执行情况进行检查分析。
	5. 是否建立重大风险预警机制和突发事件，相关应急预案的处置程序和处理结果是否有效。
（二）控制活动的运行	
控制活动的运行符合控制措施规定	针对各类业务事项的主要风险和关键环节所制定的各类控制方法和控制措施是否得以有效实施。
四、信息沟通	
信息收集处理和传递及时、准确、适用	是否有透明高效的信息收集、处理、传递程序、合理筛选、核对、整合与经营管理和内部控制相关信息。
反舞弊机制健全	1. 是否建立健全并有效实施反舞弊机制。
	2. 举报投诉制度和举报人保护制度是否及时准确传达至企业全体员工。
	3. 对舞弊事件和举报所涉及问题是否及时、妥善地作出处理。
沟通顺畅	1. 信息在企业内部、企业与外部有关方面之间的沟通是否有效。
	2. 董事会、监事会和经理层是否能够及时掌握经营管理和内部控制的重要信息并进行应对。
	3. 员工诉求是否有顺畅的反映的渠道。
利用信息化程度	1. 企业是否建立与经营管理相适应的信息系统，利用信息技能提高对业务事项自动控制水平。
	2. 在信息系统的开发过程中，是否对信息技术风险进行识别、评估和防范。

（续表）

核心指标	参考标准
利用信息化程度	3.信息系统的一般控制是否涵盖信息系统开发与维护、访问与变更、数据输入与输出、文件储存与保管、网络安全、硬件设备、操作人员等方面，确保信息系统安全稳定运行。
	4.信息系统的应用控制是否紧密结合业务事项进行，利用信息技术固化流程，提高效率，减少或消除人为操纵因素。
	5.信息系统是否建立并保持相关信息交流与沟通的记录。
五、内部监督	
内部监督能够覆盖并监控企业日常业务活动	1.管理层是否定期与内部控制机构沟通评价结果，并积极整改。
	2.是否落实各职能部门和所属单位在日常监督中的责任，及时识别环境和业务变化。
	3.日常监督的内容是否为经过分析确认的关键控制并有效控制，是否按重要程度将发现问题如实反馈内部控制机构，是否积极采取措施。
	4.日常监督用以证明内部控制有效性的监督人员是否具有胜任能力和客观性。
	5.内部审计的独立性是否得以保障，审计委员会和内部审计机构是否独立、充分地履行监督职责。
	6.是否开展了必要的专项监督。
	7.内部按揭机构追踪重大和重要业务，是否控制内部控制自我评价办法和考核奖励办法，明确评价主体、职责权限、工作程序和有关要求，定期组织开展内部控制自我评价，报送自我评价报告，合理认定内部控制缺陷并分析原因，提出整改方案建议。
内部控制缺陷科学、客观、合理，且报送机制健全	1.内部控制机构是否制定科学的内部控制缺陷标准并予以一贯的执行。
	2.是否对控制缺陷进行全面、深入地研究分析，提出并实施整改方案，采取适当的形式及时向董事会、监事会或者经济层执行，督促业务部门整改，重大缺陷并按规定予以披露。
	3.对发现的内部控制重大缺陷，是否追究相关责任单位和责任人的责任。
	4是否建立内部控制缺陷信息数据库，并对历年发现的内部控制缺陷及其整改情况进行跟踪检查。
内部控制建设与评价文档妥善保管	1.是否采取书面或其他适当方式对内部控制的建立与实施情况进行记录。
	2.是否妥善保存内部控制相关记录和资料，确保内部控制建立与实施。
	3.对暂未建立健全的有关内部控制文档或记录，是否有证据表明已实施了有效控制或者替代控制措施。

附件 2

××股份有限公司 20×× 年度内部控制评价报告

××股份有限公司全体股东：

根据《企业内部控制基本规范》等法律法规的要求，我们对本公司（下称公司）内部控制的有效性进行了自我评价。

一、董事会声明

公司董事会及全体董事保证本报告内容不存在任何虚假记载、误导性陈述或重大遗漏，并对报告内容的真实性、准确性和完整性承担个别及连带责任。

建立健全并有效实施内部控制是公司董事会的责任；监事会对董事会建立与实施内部控制进行监督；经理层负责组织领导公司内部控制的日常运行。

公司内部控制的目标是：（一般包括合理保证经营合法合规、资产安全、财务报告及相关信息真实完整，提高经营效率和效果，促进实现发展战略）。由于内部控制存在固有局限性，故仅能对达到上述目标提供合理保证。

二、内部控制评价工作的总体情况

公司董事会授权内部审计机构[或其他专门机构]负责内部控制评价的具体组织实施工作，对纳入评价范围的高风险领域和单位进行评价[描述评价工作的组织领导体制，一般包括评价工作组织结构图、主要负责人及汇报途径等]。

公司[是／否]聘请了专业机构[中介机构名称]实施内部控制评价，并编制内部控制评价报告；公司[是／否]聘请会计师事务所[会计师事务所名称]对公司内部控制有效性进行独立审计。

三、内部控制评价的依据

本评价报告旨在根据中华人民共和国财政部等五部委联合发布的《企业内部控制基本规范》（下称基本规范）及《企业内部控制评价指引》（下称评价指引）的要求，结合企业内部控制制度和评价办法，在内部控制日常监督和专项监督的基础上，对公司截至 20×× 年 12 月 31 日内部控制的设计与运行的有效性进行评价。

四、内部控制评价的范围

内部控制评价的范围涵盖了公司及其所属单位的各种业务和事项，重点关注下列高风险领域：

[列示公司根据风险评估结果确定的前"十大"主要风险]

纳入评价范围的单位包括：

[描述公司及其所属单位的明确范围]

纳入评价范围的业务和事项包括（根据实际情况充实调整）：

（一）组织架构

（二）发展战略

（三）人力资源

（四）社会责任

（五）企业文化

（六）资金活动

（七）采购业务

（八）资产管理

（九）销售业务

（十）研究与开发

（十一）工程项目

（十二）担保业务

（十三）业务外包

（十四）财务报告

（十五）全面预算

（十六）合同管理

（十七）内部信息传递

（十八）信息系统

上述业务和事项的内部控制涵盖了公司经营管理的主要方面，不存在重大遗漏。

（如存在重大遗漏）公司本年度未能对以下构成内部控制重要方面的单位或业务（事项）进行内部控制评价：

[逐条说明未纳入评价范围的重要单位或业务（事项），包括单位、或业务（事项）描述、未纳入的原因、对内部控制评价报告真实完整性产生的重

大影响等]

五、内部控制评价的程序和方法

内部控制评价工作严格遵循基本规范、评价指引及公司内部控制评价办法规定的程序执行[描述公司开展内部控制检查评价工作的基本流程]。

评价过程中，我们采用了（个别访谈、调查问题、专题讨论、穿行测试、实地查验、抽样和比较分析）等适当方法，广泛收集公司内部控制设计和运行是否有效的证据，如实填写评价工作底稿，分析、识别内部控制缺陷[说明评价方法的适当性及证据的充分性]。

六、内部控制缺陷及其认定

公司董事会根据基本规范、评价指引对重大缺陷、重要缺陷和一般缺陷的认定要求，结合公司规模、行业特征、风险水平等因素，研究确定了适用本公司的内部控制缺陷具体认定标准，并与以前年度保持了一致[描述公司内部控制缺陷的定性及定量标准]，或作出了调整[描述具体调整标准及原因]。

根据上述认定标准，结合日常监督和专项监督情况，我们发现报告期内存在[数量]个缺陷，其中重大缺陷[数量]个，重要缺陷[数量]个。重大缺陷分别为：[对重大缺陷进行描述，并说明其对实现相关控制目标的影响速度]。

七、内部控制缺陷的整改情况

针对报告期内发现的内部控制缺陷（含上一期间未完成整改的内部控制缺陷），公司采取了相应的整改措施[描述整改措施的具体内容和实际效果]。对于整改完成的重大缺陷，公司有足够的测试样本显示，与重大缺陷[描述该重大缺陷]相关的内部控制设计且运行有效（运行有效的结论需提供90天内有效运作的证据）。

经过整改，公司在报告期末仍存在[数量]个缺陷．其中重大缺陷[数量]个，重要缺陷[数量]个。重大缺陷分别为：[对重大缺陷进行描述]。

针对报告期末未完成整改的重大缺陷，公司拟进一步采取相应措施加以整改[描述整改措施的具体内容及预期达到的效果]。

八、内部控制有效性的结论

公司已经根据基本规范、评价指引及其他相关法律法规的要求，对公司截至20××年12月31日的内部控制设计与运行的有效性进行了自我评价。

（存在重大缺陷的情形）报告期内，公司在内部控制设计与运行方面存在尚未完成整改的重大缺陷[描述该缺陷的性质及其对实现相关控制目标的影响程度]。由于存在上述缺陷,可能会给公司未来生产经营带来相关风险[描述该风险]。

（不存在重大缺的情形）报告期内,公司对纳入评价范围的业务和事项均已建立了内部控制,并得以有效执行,达到了公司内部控制的目标,不存在重大缺陷。

自内部控制评价报告基准日至内部控制评价报告发出日之间（是/否）发生对评价结论产生实质性影响的内部控制的重大变化。[如存在,描述该事项对评价结论的影响及董事会拟采取的应对措施]。

我们注意到,内部控制应当与公司经营规模、业务范围、竞争状况和风险水平等相适应,并随着情况的变化及时加以调整。[简要描述下一年度内部控制工作计划]未来期间,公司将继续完善内部控制制度,规范内部控制制度执行,强化内部控制监督检查、促进公司健康、可持续发展。

董事长：（签名）
××股份有限公司
20××年××月××日

规范内控审计行为 促进内控有效实施

——财政部会计司、中注协解读《企业内部控制审计指引》

实施企业内部控制注册会计师审计,是促进企业尤其是上市公司扎实贯彻《企业内部控制基本规范》和《企业内部控制配套指引》的重要制度安排,是注册会计师行业开拓执业领域、进一步做大做强新的增长点。为了规范注册会计师内部控制审计业务,明确工作要求,保证执业质量,根据《企业内部控制基本规范》《中国注册会计师鉴证业务基本准则》及相关执业准则,财政部制定了《企业内部控制审计指引》(以下简称审计指引)。财政部等五部委制定的《企业内部控制基本规范》和《企业内部控制应用指引》是注册会计师衡量企业内部控制是否有效的基础标准。注册会计师在执行内部控制审计时,除遵守审计指引外,还应当遵守中国注册会计师相关执业准则。

审计指引共7章35条,并附有4份不同意见类型的内部控制审计报告,阐明了什么是内部控制审计、如何执行内部控制审计工作等问题。本文对审计指引的几个重点问题进行解读。

一、内部控制审计概述

(一)实施内部控制审计的必要性

内部控制作为企业的一项重要管理活动,主要试图解决三个方面的基本问题,即财务报告及相关信息的可靠性、资产的安全完整以及对法律法规的遵循。与此同时,内部控制促进提高经营的效率效果,并促进实现企业的发展战略。安然、世通等一系列公司财务报表舞弊事件发生后,人们认识到健全有效的内部控制对预防此类事件的发生至关重要。各国政府监管机构、企业界和会计职业界对内部控制的重视程度也进一步提升,从注重财务报告本身可靠性转向注重对保证财务报告可靠性机制的建设,也就是通过过程的有效保证结果的有效。资本市场上的投资者甚至社会公众要求企业披露其与内部控制相关的信息,并要求经过注册会计师审计以增强信息的可靠性。

但是,在财务报表审计中,只有在以下两种情况下才强制要求对内部控制进行测试:在评估认定层次重大错报风险时,预期控制的运行是有效的(即在确定实质性程序的性质、时间安排和范围时,注册会计师拟信赖控制运行的有效性);或者仅实施实质性程序并不能够提供认定层次充分、适当的审计证据。可见,注册会计师对内部控制的了解和测试不足以对内部控制发表意见,难以满足信息使用者的需求。因此,内部控制审计逐渐发展起来,很多国家要求注册会计师对内部控制设计和运行的有效性进行审计或鉴证。例如,美国《萨班斯——奥克斯利法案》404条款和日本《金融商品交易法》要求审计师对企业管理层对财务报告内部控制的评价进行审计;我国《企业内部控制基本规范》要求会计师事务所对企业内部控制的有效性进行审计,出具审计报告,并专门制定《企业内部控制审计指引》规范内部控制审计工作。

(二)各国对内部控制审计的要求

1. 其他国家对内部控制审计的要求

我们对内部控制审计进行了国际比较研究,选择了在内部控制规范制定领域一直走在世界前沿的几个国家和地区,包括美国、日本、欧盟、加拿大和英国,对上述各国及地区出台的内控审计标准进行了比较研究。研究结论表明:

(1)美国和日本均以法案形式强制要求对企业财务报告内部控制进行审计;欧盟、加拿大、英国未强制要求进行内控审计,但英国等国的上市规则要求审计师对管理层作出的内部控制声明进行形式上的审阅。

(2)强制要求进行内部控制审计的国家,如美国和日本,要求内部控制审计与年度财务报表审计整合进行。其中美国要求由同一家会计师事务所将内部控制审计与财务报表审计整合进行,而日本则不仅如此,还要求同一个审计师从计划审计工作、实施审计程序获取审计证据、评价审计证据的充分性和适当性,直到发表审计意见的整个过程中,将两种审计作为一个整体进行。

2. 我国对内部控制审计的要求

《企业内部控制基本规范》及配套指引的发布,要求执行企业内控规范体系的企业,必须对本企业内部控制的有效性进行自我评价,披露年度自我评价报告,同时聘请具有证券或期货业务资格的会计师事务所对其财务报告内部控制的有效性进行审计,出具审计报告。注册会计师在内部控制审计过程中注意到的企业非财务报告内部控制的重大缺陷,应当提示投资者、债权人和其他利益相关者关注。

企业内部控制配套指引解读

这意味着，企业内部控制审计业务由原来的一次性业务或面向少数企业的业务（A 股企业原先仅在 IPO 时需要，或者赴美国和日本等地上市企业需要，或者金融证券等高风险行业需要），变成了与财务报表审计一样的经常性业务，每年需执行一次。

对于执行内部控制审计的会计师事务所来讲，对公司上市前要进行内部控制审计，上市后也要进行内部控制审计。

（三）内部控制审计的定义

内部控制审计，是指会计师事务所接受委托，对特定基准日内部控制设计与运行的有效性进行审计。

1. 企业内部控制审计基于特定基准日

注册会计师基于基准日（如年末 12 月 31 日）内部控制的有效性发表意见，而不是对财务报表涵盖的整个期间（如一年）的内部控制的有效性发表意见。但这并不意味着注册会计师只关注企业基准日当天的内部控制，而是要考察企业一个时期内（足够长的一段时间）内部控制的设计和运行情况。例如，注册会计师可能在 5 月份对企业的内部控制进行测试，发现问题后提请企业进行整改，如 6 月份整改，企业的内部控制在整改后要运行一段时间（如至少一个月），8 月份注册会计师再对整改后的内部控制进行测试。因此，虽然是对企业 12 月 31 日（基准日）内部控制的设计和运行发表意见，但这里的基准日不是一个简单的时点概念，而是体现内部控制这个过程向前的延续性。注册会计师所采用的内部控制审计的程序和方法，也体现了这种延续性。

2. 财务报告内部控制与非财务报告内部控制

审计指引第四条第二款规定，注册会计师应当对财务报告内部控制的有效性发表审计意见，并对内部控制审计过程中注意到的非财务报告内部控制的重大缺陷，在内部控制审计报告中增加"非财务报告内部控制重大缺陷描述段"予以披露。

财务报告内部控制，是指企业为了合理保证财务报告及相关信息真实完整而设计和运行的内部控制，以及用于保护资产安全的内部控制中与财务报告可靠性目标相关的控制。其主要包括下列 4 方面的政策和程序：

（1）保存充分、适当的记录，准确、公允地反映企业的交易或事项；

（2）合理保证按照企业会计准则的规定编制财务报表；

（3）合理保证收入和支出的发生以及资产的取得、使用或处置经过适当授权；

（4）合理保证及时防止或发现并纠正未经授权的、对财务报表有重大影响的交易或事项。

非财务报告内部控制，是指除财务报告内部控制之外的其他控制，通常是指为了合理保证经营的效率效果、遵守法律法规、实现发展战略而设计和运行的控制，以及用于保护资产安全的内部控制中与财务报告可靠性目标无关的控制。

3. 企业内控责任与注册会计师审计责任的关系

审计指引第三条规定，建立健全和有效实施内部控制，评价内部控制的有效性是企业董事会的责任。按照本指引的要求，在实施审计工作的基础上对内部控制的有效性发表审计意见，是注册会计师的责任。

两者之间的关系和会计责任与审计责任的区分保持一致，即建立健全和有效实施内部控制是企业董事会（或类似决策机构，下同）的责任；按照《企业内部控制审计指引》的要求，在实施审计工作的基础上对企业内部控制的有效性发表审计意见，是注册会计师的责任。换言之，内控本身有效与否是企业的内控责任，是否遵循审计指引开展内控审计并发表恰当的审计意见是注册会计师的审计责任。因此，注册会计师在实施内控审计之前，应当在业务约定书中明确双方的责任；在发表内控审计意见之前，应当取得经企业签署的内控书面声明。

（四）整合审计

审计指引第五条规定，注册会计师可以单独进行内部控制审计，也可以将内部控制审计与财务报表审计整合进行（以下简称整合审计）。

理解这一规定，要明确两点：一是内部控制审计与财务报表审计是两种不同的审计业务，两种审计的目标不同；二是内部控制审计与财务报表审计可以整合起来进行。

1. 内部控制审计与财务报表审计的异同

内部控制审计要求对企业控制设计和运行的有效性进行测试，财务报表审计中，也要求了解企业的内部控制，并在需要时测试控制，这是两种审计的相同之处，也是整合审计中应整合的部分，但由于两种审计的目标不同，审计指引要求在整合审计中，注册会计师对内部控制设计与运行的有效性进行测试，要同时实现两个目的：

（1）获取充分、适当的证据，支持在内部控制审计中对内部控制有效性发表的意见；

（2）获取充分、适当的证据，支持在财务报表审计中对控制风险的评估结果。

2. 两种审计的整合

财务报告内部控制审计与财务报表审计通常使用相同的重要性（或重要性水

平），在实务中两者很难分开。因为注册会计师在审计财务报表时需获得的信息在很大程度上依赖注册会计师对内部控制有效性得出的结论。注册会计师可以利用在一种审计中获得的结果为另一种审计中的判断和拟实施的程序提供信息。

实施财务报表审计时，注册会计师可以利用内部控制审计的结果来修改实质性程序的性质、时间安排和范围，并且可以利用该结果来支持分析程序中所使用的信息的完整性和准确性。在确定实质性程序的性质、时间安排和范围时，注册会计师需要慎重考虑识别出的控制缺陷。

实施内部控制审计时，注册会计师需要评估财务报表审计时实质性程序中发现问题的影响。最重要的是，注册会计师需要重点考虑财务报表审计中发现的财务报表错报，考虑这些错报对评价内控有效性的影响。

二、计划审计工作

（一）总体要求

审计指引第六条指出，注册会计师应当恰当地计划内部控制审计工作，配备具有专业胜任能力的项目组，并对助理人员进行适当的督导。

整合审计中项目组人员的配备比较关键。在计划审计工作时，项目合伙人需要统筹考虑审计工作，挑选相关领域的人员组成项目组，同时对项目组成员进行培训和督导，以合理安排审计工作。

在计划整合审计工作时，注册会计师需要评价下列事项对财务报表和内部控制是否有重要影响，以及有重要影响的事项将如何影响审计工作：

（1）与企业相关的风险，包括在评价是否接受与保持客户和业务时，注册会计师了解的与企业相关的风险情况以及在执行其他业务时了解的情况；

（2）相关法律法规和行业概况；

（3）企业组织结构、经营特点和资本结构等相关重要事项；

（4）企业内部控制最近发生变化的程度；

（5）与企业沟通过的内部控制缺陷；

（6）重要性、风险等与确定内部控制重大缺陷相关的因素；

（7）对内部控制有效性的初步判断；

（8）可获取的、与内部控制有效性相关的证据的类型和范围。

此外，注册会计师还需要关注与评价财务报表发生重大错报的可能性和内部控制有效性相关的公开信息，以及企业经营活动的相对复杂程度。

(二)重视风险评估的作用

按照审计指引第八条规定,在内部控制审计中,注册会计师应当以风险评估为基础,确定重要账户、列报及其相关认定,选择拟测试的控制,以及确定针对所选定控制所需收集的证据。

风险评估的理念及思路应当贯穿于整合审计过程的始终。实施风险评估时,可以考虑固有风险及控制风险。在计划审计工作阶段,对内部控制的固有风险进行评估,作为编制审计计划的依据之一;根据对控制风险评估的结果,调整计划阶段对固有风险的判断,这是个持续的过程。

内部控制的特定领域存在重大缺陷的风险越高,给予该领域的审计关注就越多。内部控制不能防止或发现并纠正由于舞弊导致的错报风险,通常高于其不能防止或发现并纠正由错误导致的错报风险。注册会计师应当更多地关注高风险领域,而没有必要测试那些即使有缺陷、也不可能导致财务报表重大错报的控制。

在进行风险评估以及确定审计程序时,企业的组织结构、业务流程或业务单元的复杂程度可能产生的重要影响均是注册会计师需要考虑的因素。

(三)利用其他相关人员的工作

在计划审计工作时,注册会计师需要评估是否利用他人(包括企业的内部审计人员、内部控制评价人员、其他人员以及在董事会及其审计委员会指导下的第三方)的工作以及利用的程度,以减少可能本应由注册会计师执行的工作。

如果决定利用内部审计人员的工作,注册会计师应当按照《中国注册会计师审计准则第1411号——利用内部审计人员的工作》的规定办理。

如果拟利用他人的工作,注册会计师则需要评价该人员的专业胜任能力和客观性。专业胜任能力即具备某种专业技能、知识或经验,有能力完成分派的任务;客观性则是公正、诚实地执行任务的能力。专业胜任能力和客观性越高,可利用程度就越高,注册会计师就可以越多地利用其工作。当然,无论人员的专业胜任能力如何,注册会计师都不应利用那些客观程度较低的人员的工作。同样地,无论人员的客观程度如何,注册会计师都不应利用那些专业胜任能力较低的人员的工作。通常认为,企业的内部审计人员拥有更高的专业胜任能力和客观性,注册会计师可以考虑更多地利用这些人员的相关工作。

在内部控制审计中,注册会计师利用他人工作的程度还受到与被测试控制相关的风险的影响。与某项控制相关的风险越高,可利用他人工作的程度就越低,注册会计师就需要更多地对该项控制亲自进行测试。

如果其他注册会计师负责审计企业的一个或多个分部、分支机构、子公司等组成部分的财务报表和内部控制，注册会计师应当按照《中国注册会计师审计准则第1401号——对集团财务报表审计的特殊考虑》的规定，确定是否利用其他注册会计师的工作。

三、实施审计工作

（一）自上而下的方法

审计指引第十条规定，注册会计师应当按照自上而下的方法实施审计工作。自上而下的方法是注册会计师识别风险、选择拟测试控制的基本思路。

自上而下的方法按照下列思路展开：

（1）从财务报表层次初步了解内部控制整体风险；

（2）识别企业层面控制；

（3）识别重要账户、列报及其相关认定；

（4）了解错报的可能来源；

（5）选择拟测试的控制。

在财务报告内控审计中，自上而下的方法始于财务报表层次，以注册会计师对财务报告内部控制整体风险的了解开始，然后，注册会计师将关注重点放在企业层面的控制上，并将工作逐渐下移至重大账户、列报及相关的认定。这种方法引导注册会计师将注意力放在显示有可能导致财务报表及相关列报发生重大错报的账户、列报及认定上。之后，注册会计师验证其了解到的业务流程中存在的风险，并就已评估的每个相关认定的错报风险，选择足以应对这些风险的业务层面控制进行测试。在非财务报告内控审计中，自上而下的方法始于企业层面控制，并将审计测试工作逐步下移到业务层面控制。

自上而下的方法描述了注册会计师在识别风险以及拟测试的控制时的连续思维过程，但并不一定是注册会计师执行审计程序的顺序。

（二）识别企业层面控制

从财务报表层次初步了解财务报告内部控制整体风险是自上而下方法的第一步。通过了解企业与财务报告相关的整体风险，注册会计师首先可以识别出为保持有效的财务报告内部控制而必需的企业层面内部控制。此外，由于对企业层面内部控制的评价结果将影响注册会计师测试其他控制的性质、时间安排和范围，因此，注册会计师可以考虑在执行业务的早期阶段对企业层面内部控制进行评价。

1. 评价企业层面控制的精确度

不同的企业层面控制在性质和精确度上存在着差异，这些差异可能对其他控制及其测试产生影响。

（1）某些企业层面控制，如企业经营理念、管理层的管理风格等与控制环境相关的控制，对及时防止或发现并纠正相关认定的错报的可能性有重要影响。虽然这种影响是间接的，但这些控制仍然可能影响注册会计师拟测试的其他控制，以及测试程序的性质、时间安排和范围。

（2）某些企业层面控制旨在识别其他控制可能出现的失效情况，能够监督其他控制的有效性，但还不足以精确到及时防止或发现并纠正相关认定的错报。当这些控制运行有效时，注册会计师可以减少对其他控制的测试。

（3）某些企业层面控制本身能够精确到足以及时防止或发现并纠正相关认定的错报。如果一项企业层面控制足以应对已评估的错报风险，注册会计师就不必测试与该风险相关的其他控制。

2. 企业层面控制的内容

（1）与内部环境相关的控制。内部环境，即控制环境，包括治理职能和管理职能，以及治理层和管理层对内部控制及其重要性的态度、认识和措施。良好的控制环境是实施有效内部控制的基础。

（2）针对管理层（董事会、经理层）凌驾于控制之上的风险而设计的控制。该控制对所有企业保持有效的内部控制都有重要影响。注册会计师可以根据对企业舞弊风险的评估作出判断，选择相关的企业层面控制进行测试，并评价这些控制能否有效应对管理层凌驾于控制之上的风险。

（3）企业的风险评估过程。风险评估过程包括识别与财务报告相关的经营风险和其他经营管理风险，以及针对这些风险采取的措施。首先，企业的内部控制能够充分识别企业外部环境（如在经济、政治、法律法规、竞争者行为、债权人需求、技术变革等方面）存在的风险；其次，充分且适当的风险评估过程需要包括对重大风险的估计、对风险发生可能性的评估以及确定应对风险的方法。注册会计师可以首先了解企业及其内部环境的其他方面信息，以初步了解企业的风险评估过程。

（4）对内部信息传递和财务报告流程的控制。财务报告流程的控制可以确保管理层按照适当的会计准则编制合理、可靠的财务报告并对外报告。

（5）对控制有效性的内部监督和自我评价。企业对控制有效性的内部监督和自我评价可以在企业层面上实施，也可以在业务流程层面上实施，包括：对运行报告的复核和核对、与外部人士的沟通、对其他未参与控制执行人员的监控活动，以及将信息系统记录数据与实物资产进行核对等。

此外，企业层面控制还包括：集中化的处理和控制，包括共享的服务环境；监控经营成果的控制；针对重大经营控制以及风险管理实务而采取的政策。

（三）测试控制设计和运行的有效性

审计指引第十四条规定，注册会计师应当测试内部控制设计与运行的有效性。如果某项控制由拥有必要授权和专业胜任能力的人员按照规定的程序与要求执行，能够实现控制目标，表明该项控制的设计是有效的。如果某项控制正在按照设计运行，执行人员拥有必要授权和专业胜任能力，能够实现控制目标，表明该项控制的运行是有效的。

设计不当的控制可能表明控制存在缺陷甚至重大缺陷，注册会计师在测试控制运行的有效性时，首先要考虑控制的设计。注册会计师在测试控制设计与运行的有效性时，应当综合运用询问适当人员、观察经营活动、检查相关文件、穿行测试和重新执行等方法。注册会计师测试控制有效性实施的程序，按提供证据的效力，由弱到强排序为：询问、观察、检查和重新执行。其中询问本身并不能为得出控制是否有效的结论提供充分、适当的证据。执行穿行测试通常足以评价控制设计的有效性。

（四）与控制相关的风险与拟获取证据的关系

在测试所选定控制的有效性时，注册会计师需要根据与控制相关的风险，确定所需获取的证据。与控制相关的风险包括控制可能无效的风险和因控制无效而导致重大缺陷的风险。与控制相关的风险越高，注册会计师需要获取的证据就越多。

与某项控制相关的风险受下列因素的影响：

（1）该项控制拟防止或发现并纠正的错报的性质和重要程度；

（2）相关账户、列报及其认定的固有风险；

（3）相关账户或列报是否曾经出现错报；

（4）交易的数量和性质是否发生变化，进而可能对该项控制设计或运行的有效性产生不利影响；

（5）企业层面控制（特别是对控制有效性的内部监督和自我评价）的有效性；

（6）该项控制的性质及其执行频率；

（7）该项控制对其他控制（如内部环境或信息技术一般控制）有效性的依

赖程度;

(8) 该项控制的执行或监督人员的专业胜任能力,以及其中的关键人员是否发生变化;

(9) 该项控制是人工控制还是自动化控制;

(10) 该项控制的复杂程度,以及在运行过程中依赖判断的程度。

针对每一相关认定,注册会计师都需要获取控制有效性的证据,以便对内部控制整体的有效性单独发表意见,但注册会计师没有责任对单项控制的有效性发表意见。

对于控制运行偏离设计的情况(即控制偏差),注册会计师需要考虑该偏差对相关风险评估、需要获取的证据以及控制运行有效性结论的影响。

注册会计师通过测试控制有效性获取的证据,取决于实施程序的性质、时间安排和范围的组合。就单项控制而言,注册会计师应当根据与该项控制相关的风险,适当确定实施程序的性质、时间安排和范围,以获取充分、适当的证据。

测试控制有效性实施的程序,其性质在很大程度上取决于拟测试控制的性质。某些控制可能存在文件记录,反映其运行的有效性,而另外一些控制,如管理理念和经营风格,可能没有书面的运行证据。对缺乏正式运行证据的企业或企业的某个业务单元,注册会计师可以通过询问并结合运用观察活动、检查非正式的书面记录和重新执行某些控制等程序,获取有关控制有效性的充分、适当的证据。

对控制有效性的测试涵盖的期间越长,提供的控制有效性的证据越多。注册会计师需要获取内部控制在企业内部控制自我评价基准日前足够长的期间内有效运行的证据。对控制有效性的测试实施的时间安排越接近企业内部控制自我评价基准日,提供的控制有效性的证据越有力。因此,审计指引第十七条规定,注册会计师在确定测试的时间安排时,应当在下列两个因素之间作出平衡,以获取充分、适当的证据:

(1) 尽量在接近企业内部控制自我评价基准日实施测试;

(2) 实施的测试需要涵盖足够长的期间。

在企业内部控制自我评价基准日之前,管理层可能为提高控制效率、效果或弥补控制缺陷而改变企业的控制。如果新控制实现了相关控制目标,运行足够长的时间,且注册会计师能够测试并评价该项控制设计和运行的有效性,则无需测试被取代的控制。如果被取代控制设计和运行的有效性对控制风险的评估有重大影响,注册会计师则需要测试该项控制的有效性。

注册会计师执行内部控制审计业务通常旨在对企业内部控制自我评价基准日（通常为年末）内部控制的有效性发表意见。如果已获取有关控制在期中运行有效性的证据，注册会计师应当确定还需要获取哪些补充证据，以证实在剩余期间控制的运行情况。在将期中测试的结果更新至年末时，注册会计师需要考虑下列因素，以确定需获取的补充证据：

（1）期中测试的特定控制的有关情况，包括与控制相关的风险、控制的性质和测试的结果；

（2）期中获取的有关证据的充分性、适当性；

（3）剩余期间的长短；

（4）期中测试之后，内部控制发生重大变化的可能性及其变化情况。

（五）连续审计时的特殊考虑

在连续审计中，注册会计师在确定测试的性质、时间安排和范围时，还需要考虑以前年度执行内部控制审计时了解的情况。

影响连续审计中与某项控制相关的风险的因素除第（四）部分"风险与拟获取证据的关系"中所列的10项因素外，还包括：

（1）以前年度审计中所实施程序的性质、时间安排和范围；

（2）以前年度对控制的测试结果；

（3）上次审计之后，控制或其运行流程是否发生变化，尤其是考虑IT环境的变化。

在考虑上述所列的风险因素以及连续审计中可获取的进一步信息之后，只有当认为与控制相关的风险水平比以前年度有所下降时，注册会计师在本年度审计中才可以减少测试。

为保证控制测试的有效性，使测试具有不可预见性，并能应对环境的变化，注册会计师需要每年改变控制测试的性质、时间安排和范围。每年在期中不同的时段测试控制，并增加或减少所执行测试的数量和种类，或者改变所使用测试程序的组合等。

四、评价控制缺陷

（一）评价控制缺陷的总体要求

如果某项控制的设计、实施或运行不能及时防止或发现并纠正财务报表错报，则表明内部控制存在缺陷。如果企业缺少用于及时防止或发现并纠正财务报表错报的必要控制,同样表明存在内部控制缺陷。

内部控制缺陷包括设计缺陷和运行缺陷。设计缺陷是指缺少为实现控制目标所必需的控制,或者现有控制设计不适当,即使正常运行也难以实现控制目标。运行缺陷是指设计适当的控制没有按设计意图运行,或者执行人员缺乏必要授权或专业胜任能力,无法有效实施控制。

内部控制存在的缺陷,按严重程度分为重大缺陷、重要缺陷和一般缺陷。

重大缺陷,是指一个或多个控制缺陷的组合,可能导致企业严重偏离控制目标。具体到财务报告内部控制上,就是内部控制中存在的、可能导致不能及时防止或发现并纠正财务报表重大错报的一个或多个控制缺陷的组合。

重要缺陷,是指一个或多个控制缺陷的组合,其严重程度和经济后果低于重大缺陷,但仍有可能导致企业偏离控制目标。具体就是内部控制中存在的、其严重程度不如重大缺陷、但足以引起企业财务报告监督人员关注的一个或多个控制缺陷的组合。

一般缺陷,是指除重大缺陷、重要缺陷之外的其他缺陷。

注册会计师需要评价其注意到的各项控制缺陷的严重程度,以确定这些缺陷单独或组合起来,是否构成重大缺陷。但是,在计划和实施审计工作时,不要求注册会计师寻找单独或组合起来不构成重大缺陷的控制缺陷。

下列迹象可能表明企业的内部控制存在重大缺陷:

(1)注册会计师发现董事、监事和高级管理人员舞弊;

(2)企业更正已经公布的财务报表;

(3)注册会计师发现当期财务报表存在重大错报,而内部控制在运行过程中未能发现该错报;

(4)企业审计委员会和内部审计机构对内部控制的监督无效。

财务报告内部控制缺陷的严重程度取决于:

(1)控制缺陷导致账户余额或列报错报的可能性;

(2)因一个或多个控制缺陷的组合导致潜在错报的金额大小。

控制缺陷的严重程度与账户余额或列报是否发生错报无必然对应关系,而取决于控制缺陷是否可能导致错报。评价控制缺陷时,注册会计师需要根据财务报表审计中确定的重要性水平,支持对财务报告控制缺陷重要性的评价。注册会计师需要运用职业判断,考虑并衡量定量和定性因素。同时要对整个思考判断过程进行记录,尤其是详细记录关键判断和得出结论的理由。而且,对于"可能性"和

"重大错报"的判断,在评价控制缺陷严重性的记录中,注册会计师需要给予明确地考量和陈述。

(二)评价控制缺陷举例

1. 单个控制缺陷的识别

下面以未按时进行公司间对账为例,举例说明如何评价财务报告内部控制的控制缺陷。

例如,某公司每月处理大量的公司间常规交易。公司间的单项交易并不重大,主要是涉及资产负债表的活动。公司制度要求逐月进行公司间对账,并在业务单元间函证余额。注册会计师了解到,目前公司没有按时开展对账工作,但公司管理层每月执行相应的程序对挑选出的大额公司间账目进行调查,并编制详细的营业费用差异分析表来评估其合理性。

基于上述情况,注册会计师可以确定此控制缺陷为重要缺陷。因为,由于该控制缺陷引起的财务报表错报可以被合理地预计为介于重要和重大之间,由于公司间单项交易并不重大,这些交易限于资产负债表科目,而且每月执行的补偿性控制应该能够发现重大错报。

仍用上例,如果公司每月处理的大量公司间交易涉及广泛的业务活动,包括涉及公司间利润的存货转移,研究开发成本向业务单元的分摊,公司间单项交易常常是重大的。公司制度要求逐月进行公司间对账,并在业务单元间函证余额。注册会计师了解到,目前公司没有按时开展对账工作,这些账目经常出现重大差异。而且,公司管理层没有执行任何补偿性控制来调查重大的公司间账目差异。

基于上述情况,注册会计师可以确定此控制缺陷为重大缺陷。因为,由于该控制缺陷引起的财务报表错报可以被合理地预计为是重大的,由于公司间单项交易常常是重大的,而且涉及大范围活动。另外,在公司间账目上尚未对账的差异是重要的,由于这种错报常常发生,财务报表错报可能出现,而且补偿性控制无效。

2. 多个控制缺陷的识别示例

例如,注册会计师识别出以下控制缺陷:

(1)对特定信息系统访问控制的权限分配不当;

(2)存在若干明细账不合理交易记录(交易无论单个还是合计都是不重要的);

(3)缺乏对受不合理交易记录影响的账户余额的及时对账。

上述每个缺陷均单独代表一个重要缺陷。基于这一情况,注册会计师可以确定这些重要缺陷合并构成重大缺陷。因为,就个别重要缺陷而言,这些缺陷有一定可能性，各自导致金额未达到重要性水平的财务报表错报。可是，这些重要缺陷影响同类会计账户，有一定可能性导致不能防止或发现并纠正重大错报的发生。因此，这些重要缺陷组合在一起符合重大缺陷的定义。

五、完成审计工作

（一）形成审计意见

注册会计师需要评价从各种来源获取的证据，包括对控制的测试结果、财务报表审计中发现的错报以及已识别的所有控制缺陷，以形成对内部控制有效性的意见。在评价证据时，注册会计师需要查阅本年度与内部控制相关的内部审计报告或类似报告，并评价这些报告中提到的控制缺陷。

只有在审计范围没有受到限制时，注册会计师才能对内部控制的有效性形成意见。如果审计范围受到限制，注册会计师需要解除业务约定或出具无法表示意见的内部控制审计报告。

（二）获取管理层书面声明

注册会计师需要取得经企业认可的书面声明，书面声明需要包括下列内容：

（1）企业董事会认可其对建立健全和有效实施内部控制负责；

（2）企业已对内部控制的有效性作出自我评价，并说明评价时采用的标准以及得出的结论；

（3）企业没有利用注册会计师执行的审计程序及其结果作为自我评价的基础；

（4）企业已向注册会计师披露识别出的内部控制所有缺陷，并单独披露其中的重大缺陷和重要缺陷；

（5）对于注册会计师在以前年度审计中识别的、已与审计委员会沟通的重大缺陷和重要缺陷，企业是否已经采取措施予以解决；

（6）在企业内部控制自我评价基准日后，内部控制是否发生重大变化，或者存在对内部控制具有重要影响的其他因素。

此外，书面声明中还包括导致财务报表重大错报的所有舞弊，以及不会导致财务报表重大错报，但涉及管理层和其他在内部控制中具有重要作用的员工的所有舞弊。

如果企业拒绝提供或以其他不当理由回避书面声明，注册会计师需要将其视为审计范围受到限制，解除业务约定或出具无法表示意见的内部控制审计报告。同时，注册会计师需要评价，企业拒绝提供书面声明对其他声明（包括在财务报表审计中获取的声明)的可靠性产生的影响。

注册会计师需要按照《中国注册会计师审计准则第 1341 号——书面声明》的规定,确定声明书的签署者、声明书涵盖的期间以及何时获取更新的声明书等。

(三)沟通相关事项

注册会计师需要与企业沟通审计过程中识别的所有控制缺陷。对于其中的重大缺陷和重要缺陷,需要以书面形式与董事会和经理层沟通。《中国注册会计师审计准则第 1152 号——向治理层和管理层通报内部控制缺陷》要求注册会计师以书面形式及时向治理层通报审计过程中识别出的值得关注的内部控制缺陷。其中,值得关注的内部控制缺陷包括重大缺陷和重要缺陷。

对于重大缺陷,注册会计师需要以书面形式与企业的董事会及其审计委员会进行沟通。如果认为审计委员会和内部审计机构对内部控制的监督无效,注册会计师需要就此以书面形式直接与董事会和经理层沟通。

对于重要缺陷,注册会计师需要以书面形式与审计委员会沟通。

虽然并不要求注册会计师执行足以识别所有控制缺陷的程序,但是,注册会计师需要沟通其注意到的内部控制的所有缺陷。如果发现企业存在或可能存在舞弊或违反法规行为,注册会计师需要按照《中国注册会计师审计准则第 1141 号——财务报表审计中对舞弊的考虑》《中国注册会计师审计准则第 1142 号——财务报表审计中对法律法规的考虑》的规定,确定并履行自身的责任。

六、出具审计报告

(一)标准内部控制审计报告

当注册会计师出具的无保留意见的内部控制审计报告不附加说明段、强调事项段或任何修饰性用语时,该报告称为标准内部控制审计报告。标准内部控制审计报告包括下列要素:

(1)标题。内部控制审计报告的标题统一规范为"内部控制审计报告"。

(2)收件人。内部控制审计报告的收件人是指注册会计师按照业务约定书的要求致送内部控制审计报告的对象,一般是指审计业务的委托人。

(3)引言段。内部控制审计报告的引言段说明企业的名称和内部控制已经过审计。

(4)企业对内部控制的责任段。企业对内部控制的责任段说明,按照《企业内部控制基本规范》《企业内部控制应用指引》《企业内部控制评价指引》的规定,建立健全和有效实施内部控制,并评价其有效性是企业董事会的责任。

（5）注册会计师的责任段。注册会计师的责任段说明，在实施审计工作的基础上，对财务报告内部控制的有效性发表审计意见，并对注意到的非财务报告内部控制的重大缺陷进行披露是注册会计师的责任。

（6）内部控制固有局限性的说明段。内部控制无论如何有效，都只能为企业实现控制目标提供合理保证。内部控制实现目标的可能性受其固有限制的影响，注册会计师需要在内部控制固有局限性的说明段说明，内部控制具有固有局限性，存在不能防止和发现错报的可能性。此外，由于情况的变化可能导致内部控制变得不恰当，或对控制政策和程序遵循的程度降低，根据内部控制审计结果推测未来内部控制的有效性具有一定风险。

（7）财务报告内部控制审计意见段。如果符合下列所有条件的，注册会计师应当对财务报告内部控制出具无保留意见的内部控制审计报告：

①企业按照《企业内部控制基本规范》《企业内部控制应用指引》《企业内部控制评价指引》以及企业自身内部控制制度的要求，在所有重大方面保持了有效的内部控制；

②注册会计师已经按照《企业内部控制审计指引》的要求计划和实施审计工作，在审计过程中未受到限制。

（8）非财务报告内部控制重大缺陷描述段。对于审计过程中注意到的非财务报告内部控制缺陷，如果发现某项或某些控制对企业发展战略、法规遵循、经营的效率效果等控制目标的实现有重大不利影响，确定该项非财务报告内部控制缺陷为重大缺陷的，应当以书面形式与企业董事会和经理层沟通，提醒企业加以改进；同时在内部控制审计报告中增加非财务报告内部控制重大缺陷描述段，对重大缺陷的性质及其对实现相关控制目标的影响程度进行披露，提示内部控制审计报告使用者注意相关风险，但无需对其发表审计意见。

（9）注册会计师的签名和盖章。

（10）会计师事务所的名称、地址及盖章。

（11）报告日期。

如果内部控制审计和财务报表审计整合进行，注册会计师对内部控制审计报告和财务报表审计报告需要签署相同的日期。

（二）非标准内部控制审计报告

1. 带强调事项段的非标准内部控制审计报告

注册会计师认为财务报告内部控制虽不存在重大缺陷，但仍有一项或者多项重大事项需要提请内部控制审计报告使用人注意的，需要在内部控制审计报告中增加强调事项段予以说明。注册会计师需要在强调事项段中指明,该段内容仅用于提醒内部控制审计报告使用者关注,并不影响对财务报告内部控制发表的审计意见。

2. 否定意见的内部控制审计报告

注册会计师认为财务报告内部控制存在一项或多项重大缺陷的,除非审计范围受到限制,需要对财务报告内部控制发表否定意见。注册会计师出具否定意见的内部控制审计报告,还需要包括下列重大缺陷的定义、重大缺陷的性质及其对财务报告内部控制的影响程度。

3. 无法表示意见的内部控制审计报告

注册会计师只有实施了必要的审计程序,才能对内部控制的有效性发表意见。注册会计师审计范围受到限制的,需要解除业务约定或出具无法表示意见的内部控制审计报告,并就审计范围受到限制的情况,以书面形式与董事会进行沟通。

注册会计师在出具无法表示意见的内部控制审计报告时,需要在内部控制审计报告中指明审计范围受到限制,无法对内部控制的有效性发表意见,并单设段落说明无法表示意见的实质性理由。注册会计师不应在内部控制审计报告中指明所执行的程序,也不应描述内部控制审计的特征,以避免对无法表示意见的误解。注册会计师在已执行的有限程序中发现财务报告内部控制存在重大缺陷的,需要在内部控制审计报告中对重大缺陷做出详细说明。

4. 期后事项与非标准内部控制审计报告

在企业内部控制自我评价基准日并不存在、但在该基准日之后至审计报告日之前(以下简称期后期间)内部控制可能发生变化,或出现其他可能对内部控制产生重要影响的因素。注册会计师需要询问是否存在这类变化或影响因素,并获取企业关于这些情况的书面声明。

注册会计师知悉对企业内部控制自我评价基准日内部控制有效性有重大负面影响的期后事项的,需要对财务报告内部控制发表否定意见。注册会计师不能确定期后事项对内部控制有效性的影响程度的,需要出具无法表示意见的内部控制审计报告。

在出具内部控制审计报告之后,如果知悉在审计报告日已存在的、可能对审计意见产生影响的情况,注册会计师需要按照《中国注册会计师审计准则第1332号——期后事项》的规定办理。

审计指引第三十四条和第三十五条要求注册会计师编制内部控制审计工作底稿,完整记录审计工作情况。

企业内部控制相关法规

关于印发《小企业内部控制规范（试行）》的通知

财会〔2017〕21号

中共中央直属机关事务管理局、国家机关事务管理局财务司，各省、自治区、直辖市、计划单列市财政厅（局），新疆生产建设兵团财务局：

　　为贯彻落实党中央、国务院关于"稳增长、促改革、调结构、惠民生、防风险"的有关要求，引导和推动小企业加强内部控制建设，提升经营管理水平和风险防范能力，促进小企业健康可持续发展，根据《中华人民共和国会计法》《中华人民共和国公司法》等法律法规及《企业内部控制基本规范》，财政部制定了《小企业内部控制规范（试行）》，现予印发。请各小企业参照执行。

　　执行中有何问题，请及时反馈我们。

　　附件：小企业内部控制规范（试行）

财政部

2017年6月29日

附件：

小企业内部控制规范（试行）

第一章 总 则

第一条 为了指导小企业建立和有效实施内部控制，提高经营管理水平和风险防范能力，促进小企业健康可持续发展，根据《中华人民共和国会计法》《中华人民共和国公司法》等法律法规及《企业内部控制基本规范》，制定本规范。

第二条 本规范适用于在中华人民共和国境内依法设立的、尚不具备执行《企业内部控制基本规范》及其配套指引条件的小企业。

小企业的划分标准按照《中小企业划型标准规定》执行。

执行《企业内部控制基本规范》及其配套指引的企业集团，其集团内属于小企业的母公司和子公司，也应当执行《企业内部控制基本规范》及其配套指引。

企业集团、母公司和子公司的定义与《企业会计准则》的规定相同。

第三条 本规范所称内部控制，是指由小企业负责人及全体员工共同实施的、旨在实现控制目标的过程。

第四条 小企业内部控制的目标是合理保证小企业经营管理合法合规、资金资产安全和财务报告信息真实完整可靠。

第五条 小企业建立与实施内部控制，应当遵循下列原则：

（一）风险导向原则。内部控制应当以防范风险为出发点，重点关注对实现内部控制目标造成重大影响的风险领域。

（二）适应性原则。内部控制应当与企业发展阶段、经营规模、管理水平等相适应，并随着情况的变化及时加以调整。

（三）实质重于形式原则。内部控制应当注重实际效果，而不局限于特定的表现形式和实现手段。

（四）成本效益原则。内部控制应当权衡实施成本与预期效益，以合理的成本实现有效控制。

第六条 小企业建立与实施内部控制应当遵循下列总体要求：

（一）树立依法经营、诚实守信的意识，制定并实施长远发展目标和战略规划，为内部控制的持续有效运行提供良好环境。

（二）及时识别、评估与实现控制目标相关的内外部风险，并合理确定风险应对策略。

（三）根据风险评估结果，开展相应的控制活动，将风险控制在可承受范围之内。

（四）及时、准确地收集、传递与内部控制相关的信息，并确保其在企业内部、企业与外部之间的有效沟通。

（五）对内部控制的建立与实施情况进行监督检查，识别内部控制存在的问题并及时督促改进。

（六）形成建立、实施、监督及改进内部控制的管理闭环，并使其持续有效运行。

第七条 小企业主要负责人对本企业内部控制的建立健全和有效实施负责。

小企业可以指定适当的部门（岗位），具体负责组织协调和推动内部控制的建立与实施工作。

第二章 内部控制建立与实施

第八条 小企业应当围绕控制目标，以风险为导向确定内部控制建设的领域，设计科学合理的控制活动或对现有控制活动进行梳理、完善和优化，确保内部控制体系能够持续有效运行。

第九条 小企业应当依据所设定的内部控制目标和内部控制建设工作规划，有针对性地选择评估对象开展风险评估。

风险评估对象可以是整个企业或某个部门，也可以是某个业务领域、某个产品或某个具体事项。

第十条 小企业应当恰当识别与控制目标相关的内外部风险，如合规性风险、资金资产安全风险、信息安全风险、合同风险等。

第十一条 小企业应当采用适当的风险评估方法，综合考虑风险发生的可能性、风险发生后可能造成的影响程度以及可能持续的时间，对识别的风险进行分析和排序，确定重点关注和优先控制的风险。

常用的风险评估方法包括问卷调查、集体讨论、专家咨询、管理层访谈、行业标杆比较等。

第十二条 小企业开展风险评估既可以结合经营管理活动进行，也可以专门组织开展。

小企业应当定期开展系统全面的风险评估。在发生重大变化以及需要对重大事项进行决策时，小企业可以相应增加风险评估的频率。

第十三条 小企业开展风险评估，可以考虑聘请外部专家提供技术支持。

第十四条 小企业应当根据风险评估的结果，制定相应的风险应对策略，对相关风险进行管理。

风险应对策略一般包括接受、规避、降低、分担等四种策略。

小企业应当将内部控制作为降低风险的主要手段，在权衡成本效益之后，采取适当的控制措施将风险控制在本企业可承受范围之内。

第十五条 小企业建立与实施内部控制应当重点关注下列管理领域：

（一）资金管理；

（二）重要资产管理（包括核心技术）；

（三）债务与担保业务管理；

（四）税费管理；

（五）成本费用管理；

（六）合同管理；

（七）重要客户和供应商管理；

（八）关键岗位人员管理；

（九）信息技术管理；

（十）其他需要关注的领域。

第十六条 小企业在建立内部控制时，应当根据控制目标，按照风险评估的结果，结合自身实际情况，制定有效的内部控制措施。

内部控制措施一般包括不相容岗位相分离控制、内部授权审批控制、会计控制、财产保护控制、单据控制等。

第十七条 不相容岗位相分离控制要求小企业根据国家有关法律法规的要求及自身实际情况，合理设置不相容岗位，确保不相容岗位由不同的人员担任，并合理划分业务和事项的申请、内部审核审批、业务执行、信息记录、内部监督等方面的责任。

因资源限制等原因无法实现不相容岗位相分离的，小企业应当采取抽查交易文档、定期资产盘点等替代性控制措施。

第十八条 内部授权审批控制要求小企业根据常规授权和特别授权的规定，明确各部门、各岗位办理业务和事项的权限范围、审批程序和相关责任。常规授权是指小企业在日常经营管理活动中按照既定的职责和程序进行的授权。特别授权是指小企业在特殊情况、特定条件下进行的授权。小企业应当严格控制特别授权。

小企业各级管理人员应当在授权范围内行使职权、办理业务。

第十九条 会计控制要求小企业严格执行国家统一的会计准则制度，加强会计基础工作，明确会计凭证、会计账簿和财务会计报告的处理程序，加强会计档案管理，保证会计资料真实完整。

小企业应当根据会计业务的需要，设置会计机构；或者在有关机构中设置会计人员并指定会计主管人员；或者委托经批准设立从事会计代理记账业务的中介机构代理记账。

小企业应当选择使用符合《中华人民共和国会计法》和国家统一的会计制度规定的会计信息系统（电算化软件）。

第二十条 财产保护控制要求小企业建立财产日常管理和定期清查制度，采取财产记录、实物保管、定期盘点、账实核对等措施，确保财产安全完整。

第二十一条 单据控制要求小企业明确各种业务和事项所涉及的表单和票据，并按照规定填制、审核、归档和保管各类单据。

第二十二条 小企业应当根据内部控制目标，综合运用上述内部控制措施，对企业面临的各类内外部风险实施有效控制。

第二十三条 小企业在采取内部控制措施时，应当对实施控制的责任人、频率、方式、文档记录等内容做出明确规定。

有条件的小企业可以采用内部控制手册等书面形式来明确内部控制措施。

第二十四条 小企业可以利用现有的管理基础，将内部控制要求与企业管理体系进行融合，提高内部控制建立与实施工作的实效性。

第二十五条 小企业在实施内部控制的过程中，可以采用灵活适当的信息沟通方式，以实现小企业内部各管理层级、业务部门之间，以及与外部投资者、债权人、客户和供应商等有关方面之间的信息畅通。

内外部信息沟通方式主要包括发函、面谈、专题会议、电话等。

第二十六条 小企业应当通过加强人员培训等方式，提高实施内部控制的责任人的胜任能力，确保内部控制得到有效实施。

第二十七条 在发生下列情形时,小企业应当评估现行的内部控制措施是否仍然适用,并对不适用的部分及时进行更新优化:
(一)企业战略方向、业务范围、经营管理模式、股权结构发生重大变化;
(二)企业面临的风险发生重大变化;
(三)关键岗位人员胜任能力不足;
(四)其他可能对企业产生重大影响的事项。

第三章　内部控制监督

第二十八条 小企业应当结合自身实际情况和管理需要建立适当的内部控制监督机制,对内部控制的建立与实施情况进行日常监督和定期评价。

第二十九条 小企业应当选用具备胜任能力的人员实施内部控制监督。

实施内部控制的责任人开展自我检查不能替代监督。

具备条件的小企业,可以设立内部审计部门(岗位)或通过内部审计业务外包来提高内部控制监督的独立性和质量。

第三十条 小企业开展内部控制日常监督应当重点关注下列情形:
(一)因资源限制而无法实现不相容岗位相分离;
(二)业务流程发生重大变化;
(三)开展新业务、采用新技术、设立新岗位;
(四)关键岗位人员胜任能力不足或关键岗位出现人才流失;
(五)可能违反有关法律法规;
(六)其他应通过风险评估识别的重大风险。

第三十一条 小企业对于日常监督中发现的问题,应当分析其产生的原因以及影响程度,制定整改措施,及时进行整改。

第三十二条 小企业应当至少每年开展一次全面系统的内部控制评价工作,并可以根据自身实际需要开展不定期专项评价。

第三十三条 小企业应当根据年度评价结果,结合内部控制日常监督情况,编制年度内部控制报告,并提交小企业主要负责人审阅。

内部控制报告至少应当包括内部控制评价的范围、内部控制中存在的问题、整改措施、整改责任人、整改时间表及上一年度发现问题的整改落实情况等内容。

第三十四条　有条件的小企业可以委托会计师事务所对内部控制的有效性进行审计。

第三十五条　小企业可以将内部控制监督的结果纳入绩效考核的范围，促进内部控制的有效实施。

第四章　附　　则

第三十六条　符合《中小企业划型标准规定》所规定的微型企业标准的企业参照执行本规范。

第三十七条　对于本规范中未规定的业务活动的内部控制，小企业可以参照执行《企业内部控制基本规范》及其配套指引。

第三十八条　鼓励有条件的小企业执行《企业内部控制基本规范》及其配套指引。

第三十九条　本规范由财政部负责解释。

第四十条　本规范自 2018 年 1 月 1 日起施行。

企业内部控制相关法规

企业内部控制规范体系实施中相关问题解释第 1 号

财会〔2012〕3 号

根据财政部等五部委的要求,《企业内部控制基本规范》(财会〔2008〕7号)及其配套指引已于2011年1月1日起在境内外同时上市的69家公司实施。同时,财政部、证监会又选择了200多家在境内主板上市的公司进行试点。实施一年总体进展顺利,但也存在一定问题。为推动《企业内部控制基本规范》及其配套指引的顺利实施,现对有关问题解释如下:

1. 如何把握企业内部控制规范体系的强制性与指导性的关系?

答:在实施试点中,一些企业反映,《企业内部控制基本规范》及其配套指引的规定是否需要逐条执行。

《企业内部控制基本规范》是内部控制建设与实施应该遵循的基本原则和总体要求,具有强制性,纳入实施范围的企业应当遵照执行。《企业内部控制配套指引》(财会〔2010〕11号,包括18个应用指引、1个评价指引和1个审计指引)是对《企业内部控制基本规范》相关规定的进一步补充和说明,具有指导性和示范性,纳入实施范围的企业可以结合所在行业要求和企业自身特点,参照配套指引的规定开展内部控制建设与实施工作。

2. 已经完全按照境外监管机构要求建设与实施内部控制的境内外同时上市的公司,是否需要执行我国的企业内部控制规范体系?

答:目前,许多国家和地区对公众公司内部控制都有相关的规定和要求。我国企业内部控制规范体系在充分借鉴国际上先进经验和做法的同时,更多地适应了我国国情,尤其是充分考虑了我国目前法律法规体系、公司治理结构、企业管理体制、风险管控实务等具体情况,提出了内部控制的目标、原则、要素等,且不局限于财务报告内部控制,更多突出全面内部控制的要求。因此,境内外同时上市的公司应当在满足境外监管机构要求的基础上,对照我国企业内部控制规范体系,特别是应当围绕《企业内部控制基本规范》提出的内部控制五目标,对相关控制措施进行适当调整或补充完善。

3.企业按照企业内部控制规范体系建设与实施内部控制,是否还需要遵守我国行业主管部门和市场监管部门对内部控制的有关要求?

答:《企业内部控制基本规范》及其配套指引是对不同行业、各类企业提出的一般性要求,具有普适性。行业主管或监管部门对所辖企业的内部控制管理规定,是不同行业内部控制的特殊要求,也是《企业内部控制基本规范》的重要补充。企业应当按照《企业内部控制基本规范》及其配套指引规定和行业管理、市场监管的要求,建设与实施内部控制。

4.如何协调好内部控制与风险管理的关系?

答:《企业内部控制基本规范》及其配套指引,充分吸收了全面风险管理的理念和方法,强调了内部控制与风险管理的统一。内部控制的目标就是防范和控制风险,促进企业实现发展战略,风险管理的目标也是促进企业实现发展战略,二者都要求将风险控制在可承受范围之内。因此,内部控制与风险管理二者不是对立的,而是协调统一的整体。

在实际工作中,一些企业的内部控制和风险管理工作由不同机构负责。对此,企业可以对有关机构和业务进行整合,从工作内容、目标、要求以及具体工作执行的方法、程序等方面,将内部控制建设和风险管理工作有机结合起来,避免职能交叉、资源浪费、重复劳动,降低企业管理成本,提高工作效率和效果。

5.对于《企业内部控制配套指引》尚未规范的领域,应如何处理?

答:由于企业所面临的客观环境和自身的经营管理活动比较复杂,目前的《企业内部控制配套指引》仅对企业常见的、一般性生产经营过程的主要方面和环节进行了规范。在建设与实施内部控制的过程中,对于《企业内部控制配套指引》尚未规范的业务领域,企业应当遵循《企业内部控制基本规范》的原则和要求,按照内部控制建设与实施的基本原理和一般方法,从企业经营目标出发,识别和评估相关风险,梳理关键业务流程,根据风险评估的结果,制定和执行相应控制措施。

6.如何权衡内部控制的实施成本与预期效益?

答:企业按照《企业内部控制基本规范》及其配套指引的要求建设与实施内部控制,必然需要支付一定的成本,可能会发生内部控制制度和流程的设计与实施费用、聘请专业机构提供咨询服务费用、建立融入内部控制要求的信息系统费用、聘请会计师事务所开展内部控制审计费用,等等。建设与实施内部控制应当从提高企业长期效益出发,从促进企业可持续发展出发,将内部控制作为一项常规性工作,贯穿于企业管理之中,加大投入。同时,应当按照重要性原则,关注重要业务事项和高风险领域,抓住关键风险控制点。集团性企业可以采取分类试点、逐步推广的方式,选择下属不同类型的企业试点,形成范本,减少重复建设。

企业内部控制相关法规

聘请会计师事务所开展内部控制审计是建设与实施内部控制的重要环节，是检验内部控制有效性的重要手段和有力保证。内部控制审计费用是企业实施内部控制规范体系应当承担的成本，企业应安排相应经费确保审计工作的及时、有效开展。内部控制审计是一项区别于财务报告审计的独立业务，企业应就该项业务与会计师事务所签订单独的业务约定书。同时，企业也应权衡审计成本与审计效益，在业务约定书中明确有关费用标准，并对会计师事务所审计资源的投入和审计质量提出明确要求。

7. 如何协调好内部控制与其他管理体系的关系？

答：内部控制贯穿于整个企业管理，与其他管理体系相辅相成、密不可分，是企业管理的重要组成部分。企业现有管理体系的设计、运行以及审核认证需要遵循已经发布的国家标准或行业标准。这些标准与企业内部控制规范体系的原则和要求并不矛盾。在实际工作中，个别企业的内部控制体系建设与管理体系运行发生冲突，原因可能是企业采用的方式方法出现了偏差，如简单照搬内部控制应用指引的规定，没有考虑企业的实际情况，为控制而控制，导致控制设计不合理，出现控制过度或控制冗余；也可能是企业经营管理部门对内部控制的重要性认识不足，不愿意受到更多的牵制和监督，从而以影响经营效率和目标为借口，拒绝必要的内部控制；等等。对此，企业应当立足管理现状，全面梳理各项管理制度和管理体系，从管理体制、机制以及落实各级权利责任等方面，将内部控制的要求融入各项管理体系中，形成内部控制的长效机制，使内部控制真正为经营管理服务；应当从总体目标出发，通过培训教育提高企业经营管理人员对内部控制的理解和认识，将内部控制的要求纳入绩效考核体系以加强执行；可以利用信息技术固化业务流程，提高业务处理效率和信息共享水平，从而尽可能减少内部控制与其他经营管理体系的冲突。

8. 企业如何确定内部控制缺陷的认定标准？

答：查找并纠正企业内部控制设计和运行中的缺陷，是开展企业内部控制评价的一项重要工作，是不断完善企业内部控制的重要手段。由于企业所处行业、经营规模、发展阶段、风险偏好等存在差异，《企业内部控制基本规范》及其配套指引没有对内部控制缺陷的认定标准进行统一规定。企业可以根据《企业内部控制基本规范》及其配套指引，结合企业规模、行业特征、风险水平等因素，研究确定适合本企业的内部控制重大缺陷、重要缺陷和一般缺陷的具体认定标准。企业确定的内部控制缺陷标准应当从定性和定量的角度综合考虑，并保持相对稳定。通过不断的实践，总结经验，形成一套行之有效的内部控制缺陷认定方法。

企业在开展内部控制监督检查中,对发现的内部控制缺陷,应当及时分析缺陷性质和产生原因,并提出整改方案,采取适当形式向董事会、监事会或者管理层报告。对于重大缺陷,企业应当在内部控制评价报告中进行披露。

财政部将会同证监会、审计署、银监会、保监会等有关部门,根据首次执行和试点情况,分行业、分类型总结企业的内部控制缺陷认定标准,供参考。

9.实施《企业内部控制基本规范》及其配套指引的企业,是否需要设置专门的内部控制机构?

答:根据《企业内部控制基本规范》的规定,企业董事会负责内部控制的建立健全和有效实施。为便于董事会履行好企业内部控制规范体系的设计、建立、运行与改进方面的职责,董事会应当指定专门委员会负责指导内部控制建设与实施工作。一般情况下企业应当成立专门机构负责组织协调内部控制的建立实施及日常工作。

对于少数企业受制于岗位编制、专业人员等条件限制,目前尚不具备成立专门的内部控制管理机构的,可暂将内部控制管理职能划归现有机构。随着企业内部控制建设的持续深入和相关条件的不断成熟,企业应考虑成立专门机构,保证有足够的资源支持和协调内部控制工作的开展,确保内部控制工作的相对独立性。

10.如何编制和披露企业内部控制评价报告?

答:企业内部控制评价是企业董事会对内部控制有效性进行全面评价、形成评价结论、出具评价报告的过程。开展内部控制评价,可以及时发现和纠正企业内部控制建设与实施中存在的问题,并持续自我完善。企业可以独立开展内部控制评价工作,也可以委托不承担本企业内部控制审计的中介机构协助开展内部控制评价工作。

根据《企业内部控制基本规范》《企业内部控制评价指引》的要求,我们制定了企业内部控制评价报告的格式,供企业编制评价报告时参考,企业也可以根据实际情况对具体的报告方式作适当调整,但有关内容原则上应体现在年度报告中。

企业内部控制规范体系实施中相关问题解释第 2 号

财会〔2012〕18 号

企业内部控制规范体系正式实施一年多来，总体平稳，但在具体实施过程中，部分企业还存在理解认识上的不到位和实际执行上的偏差。为了稳步推进企业内部控制规范体系贯彻实施，经研究，现就有关问题解释如下：

1. 企业应如何正确把握内部控制的组织实施工作？

答：企业在开始实施内部控制时，应当按照《企业内部控制基本规范》（财会〔2008〕7 号）（以下简称基本规范）确定的内部控制目标、要素、原则和具体要求开展工作，强化组织领导，夯实内部控制基础。董事会负责内部控制的建立健全和有效实施，监事会对董事会建立与实施内部控制进行监督，经理层负责组织领导企业内部控制的日常运行，全体员工广泛参与内部控制的具体实施。企业的内部控制部门应结合实际，制定内部控制体系建设的分阶段目标，围绕内部控制的五个要素扎实开展工作，深入宣传、认真执行、严格监督、严肃考核，保证企业经营管理合法合规、资产安全、财务报告及相关信息真实完整，提高经营效率和效果，规避生产经营风险。随着实施工作的不断深入，企业应当加强内部控制全员、全面、全过程管理，进一步推动管理创新，不断提升管理水平，有效防控经营风险，保证实现价值目标，最终促进企业实现发展战略。

企业应当结合所在行业要求和自身特点，按照基本规范的要求，参照《企业内部控制配套指引》（财会〔2010〕11 号）（以下简称配套指引）的规定开展内部控制实施工作。目前配套指引针对企业一般性的业务和重点环节制定了原则性的要求，未涵盖行业特点突出的具体业务。在实施过程中，企业应当全面执行基本规范，以配套指引为参考，结合行业管理要求，从自身经营管理的实际出发，识别和评估相关风险，加强对关键和重点业务的控制，保持信息沟通的顺畅，对实施效果做好监督评价，努力构建一套符合实际、业务规范、控制合理、管理有效的内部控制体系。

2.不同的企业应如何把握好内部控制实施工作的进度和重点？

答：对于即将启动或刚刚启动内部控制实施工作的上市公司、国有企业和集团企业，应按照相关业务主管部门、监管部门等的要求加快推动，并根据企业实际全面实施；对于已经在部分下属分公司和子公司建立了较为完善的内部控制体系的企业，应当总结和借鉴已经开展内部控制建设的分公司和子公司的经验和做法，将其推广至全公司范围；对于已经在全公司范围内建立起覆盖全过程、各层级内部控制体系的企业，应将工作重心放在内部控制的持续改进上，充分运用内部控制自我评价的方法和手段，按照有关要求对实施情况进行常规、持续的监督检查，查找实施中的缺陷与不足，促进内部控制的持续改进和不断优化。

对于非上市的企业或企业集团，应从实际情况出发，根据下属公司的经营性质、业务规模等特点制定切实可行的内部控制实施方案，分类分步推进，全面启动内部控制建设与实施工作。企业集团也可以根据业务板块、管理特点等，先在部分企业建立起较为完善的内部控制体系，再逐步建立覆盖企业集团的内部控制体系，体现集团管控的要求。

3.企业应如何改善内部控制专业人才缺乏的状况？

答：为解决企业内部控制专业人才紧缺状况，企业可以抽调财会、审计和生产管理等业务骨干开展内部控制管理工作，同时应当有计划地培养内部控制专业人才。一是通过参加政府部门、中介机构、企业内部举办的培训学习等，促使内控人员掌握相关知识；二是让从事内部控制的专业人员，在工作实践中不断探索学习，以内部控制基础理论、基本规范及配套指引为指针，借鉴其他企业的经验，结合实际，自我学习、自我积累，探索创新，不断提升个人的业务能力和企业的内控管理水平；三是在聘请中介机构开展内部控制咨询、审计服务时，充分利用中介机构的专业力量，通过业务沟通交流和参与实际运作来锻炼培养企业专业人才队伍。

企业领导要高度重视内部控制专业人才队伍建设，在强调全员参与内部控制的基础上，采取多种措施，建立激励机制，鼓励从事内部控制的专业人员岗位成才。对于为企业内部控制建设做出贡献的专业人员应当给予奖励，以调动内部控制专业人才队伍的工作积极性。

4.集团性企业应如何确定内部控制评价的范围？

答：集团性企业在确认内部控制评价范围时，应当遵循全面性、重要性、客观性原则，在对集团总部及下属不同业务类型、不同规模的企业进行全面、客观评价的基础上，关注重要业务单位、重大事项和高风险业务。

企业内部控制相关法规

重要业务单位一般以资产、收入、利润等作为判定标准。包括集团总部、资产占合并资产总额比例较高的分公司和子公司，营业收入占合并营业收入比例较高的分公司和子公司以及利润占合并利润比例较高的分公司和子公司等。

重大事项一般是指重大投资决策项目、兼并重组、资产调整、产权转让项目，期权、期货等金融衍生业务，融资、担保项目，重大的生产经营安排，重要设备和技术引进，采购大宗物资和购买服务，重大工程建设项目，年度预算内大额度资金调动和使用，以及其他大额度资金运作事项等。

高风险业务一般是指经过风险评估后确定为较高或高风险的业务，也包括特殊行业及特殊业务，国家法律、法规有特殊管制或监管要求的业务等。

5.企业在选择中介机构协助开展内部控制体系建设与实施工作时，应重点考虑哪些因素？

答：企业建设与实施内部控制，应当按照基本规范及配套指引的要求，原则上要立足于行业特点和企业实际，倡导自上而下、自主开展内部控制建设与实施工作。

如果企业确有需要选择中介机构协助开展工作，可重点考虑以下几个因素：一是中介机构的专业性，如内控咨询团队的专业知识及项目管理经验等；二是服务内容与企业需求的匹配程度，如实施方案是否符合企业实际情况等；三是团队的配置水平，如人员数量是否适当、团队的整体知识结构、过去的成功案例情况及客户评价等；四是服务报价合理性等，企业对收费明显偏离合理性的中介机构，应防范服务质量风险。

企业在聘请中介机构协助开展内部控制体系建设与实施工作中，应当采取有效的方式保护企业核心商业秘密和国家机密，防范泄密风险。

6.企业应采用何种组织形式开展内部控制评价工作？

答：内部控制评价是指企业董事会或类似权力机构对内部控制的有效性进行全面评价、形成评价结论、出具评价报告的过程。同时也是企业内部涉及业务面广、专业性强的工作，包括日常检查评价和专项检查评价。

企业可以授权内部审计机构具体实施内部控制有效性的定期评价工作。由于内部审计机构在企业内部处于相对独立的地位，该机构的工作内容、性质和人员的业务专长与内部控制评价工作有着密切的关联，因此内部审计机构可以负责内部控制评价的具体实施工作。

成立了专门的内部控制机构的企业，由内部控制机构负责组织协调内部控制的建立实施及日常管理工作，其工作直接向董事会或类似权力机构负责。企业的内部控制机构可以组织实施内部控制评价工作。内部控制机构可以组织审计、财务、生产管理等专业人员，对内部控制全面或某一方面进行日常和专项检查评价，也可以对认定的重大风险进行专项监督，定期出具内部控制评价报告，报董事会或类似权力机构审核。

企业也可以根据自身特点，成立内部控制评价工作的非常设机构，比如，抽调内部审计、内部控制等相关机构的人员组成内部控制评价小组，具体组织实施内部控制评价工作。

此外，企业可以委托中介机构实施内部控制评价。

7. 企业应如何对待内部控制评价中发现的缺陷？

答：内部控制缺陷按照成因分为设计缺陷和运行缺陷。对于设计缺陷，应从企业内部的管理制度入手查找原因，需要更新、调整、废止的制度要及时进行处理，并同时改进内部控制体系的设计，弥补设计缺陷的漏洞。对于运行缺陷，则应分析出现的原因，查清责任人，并有针对性地进行整改。

内部控制缺陷按照影响程度分为重大缺陷、重要缺陷和一般缺陷。对于重大缺陷，应当由董事会予以最终认定，企业要及时采取应对策略，切实将风险控制在可承受度之内。对于重要缺陷和一般缺陷，企业应当及时采取措施，避免发生损失。

企业应当编制内部控制缺陷认定汇总表，结合实际情况对内部控制缺陷的成因、表现形式和影响程度进行综合分析和全面复核，提出认定意见和改进建议，确保整改到位，并以适当形式向董事会、监事会或者经理层报告。

对于因内部控制缺陷造成经济损失的，企业应当查明原因，追究相关部门和人员的责任。

8. 如果会计师事务所将其内部控制咨询业务和内部控制审计业务进行分离后，是否可以为同一企业提供内部控制审计和咨询服务？

答：基本规范及配套指引的发布实施，拓宽了会计师事务所的业务领域。随着2012年国内主板上市公司分类分批实施，内部控制咨询、内部控制评价、内部控制审计的需求会很大。当前，我国会计师事务所在内部控制咨询和内部控制审计方面的专业人才和技术力量有限。据了解，很多会计师事务所为了执行基本规范第十条的规定，主动开展了内部体制机制整合。

会计师事务所在受聘为企业提供有关内部控制咨询或审计服务时，应坚持独立性原则，严格遵守《中国注册会计师职业道德守则》要求，不得与具有网络关系的中介机构同时为同一企业提供内部控制咨询和审计服务。

有的会计师事务所采取内部隔离方式，即在内部成立咨询部门和审计部门，两个部门之间相互独立，人员不交叉使用，在形式上建立了内部的"防火墙"。这种方式难以有效地将内部控制咨询和内部控制审计业务进行分离，不符合独立性要求。

也有会计师事务所新设立了具有法人资格的咨询机构，如果新设立的咨询机构与原事务所构成网络关系，则违反独立性原则，也不能同时为同一家企业提供内控咨询和审计服务。

9.注册会计师在开展内部控制审计时应如何安排时间？

答：按照配套指引中《企业内部控制审计指引》的要求，注册会计师在确定测试的时间安排时，应当尽量在接近企业内部控制自我评价基准日实施测试，实施的测试需要涵盖足够长的时间。

企业应按照要求及时委托会计师事务所开展内部控制审计业务，保证按期对外披露或报送内部控制审计报告。首次进行内部控制审计时，企业和注册会计师应当在当期会计年度的上半年即开始准备该年度的内部控制审计工作，从而保证整改后的控制运行有足够长的时间。对于认定为缺陷的业务，如果企业在基准日前对其进行了整改，但整改后的业务控制尚没有运行足够长的时间，注册会计师应当将其认定为内部控制在审计基准日存在缺陷。注册会计师在接受或开展内部控制审计业务时，应当尽早与企业沟通内部控制审计计划，并合理安排内部控制测试的时间。

在连续进行内部控制审计的过程中，注册会计师应当考虑以前年度执行内部控制审计时所了解的情况以及当年企业发生的相关变化，在此基础上确定适当的内部控制审计工作方案和时间安排。

10.与大、中型企业相比，小型企业在实施内部控制时应有哪些特殊的考虑？

答：小型企业通常是指具有业务比较单一、所有权和管理权集中、管理层级较少、部门设置简单等特征的企业。小型企业根据基本规范及配套指引实施内部控制时，在保证有效性的基础上，可结合企业特点进行适当调整。

小型企业的管理层级一般较少，所有权、决策权和管理权较为集中，治理层通常密切参与公司日常经营及管理活动，使企业的控制力和执行力得到了提高，但也容易导致决策失误或舞弊风险，因此要提高董事会的集体决策能力，加强企业决策过程的控制。

小型企业应明确内部控制目标，准确评估经营风险，建立健全各项制度，将决策过程和各项业务流程制度化、规范化；明确不同层级部门和人员的权限和职责，强化岗位制衡，做到适度授权和分权；重点关注与企业资金、资产、资本、财务报告等关键业务有关的风险的控制。

小型企业应提高财务、会计和审计人员的素质，培养和聘用内部控制专业人才，加强对财务会计工作和财务报告的重视程度。小型企业的机构设置简单，管理资源易于整合，可以根据企业所面临的主要风险和相关控制的效果，适当简化内部控制体系建设，灵活设计、选择控制流程和控制活动，达到有效控制风险和防范舞弊的目的。

基于效率的考虑，小型企业应当提高信息技术的应用，结合业务风险和信息系统风险评估，加强信息系统控制的应用，采取手工控制与自动控制相结合的方式，将风险控制在可承受度之内。

小型企业应建立健全内部控制的监督机制，持续监控和定期评价内部控制的有效性，尤其要对会计信息、资金运转、资产安全、采购及销售等方面加强监控，及时发现和纠正缺陷，确保内部控制在企业不同成长阶段、不同环境下的持续有效改进。

企业内部控制相关法规

关于印发《企业内部控制审计问题解答》的通知

会协〔2015〕7号

各省、自治区、直辖市注册会计师协会：

　　为了进一步指导注册会计师解决在企业内部控制审计中遇到的实务问题，防范审计风险，我会制定了《企业内部控制审计问题解答》，现予印发。使用中有何问题，请及时反馈我会。

　　附件：企业内部控制审计问题解答。

中国注册会计师协会
2015年2月5日

附件：

企业内部控制审计问题解答

　　除特别说明外，本问题解答以注册会计师将财务报表审计和内部控制审计整合执行（以下简称整合审计）为前提，内部控制均指财务报告内部控制。
　　一、内部控制审计与财务报表审计有哪些共同点？
　　答：内部控制审计和财务报表审计之间存在多方面的共同点，例如：
　　（一）两者的终极目的一致。虽然各有侧重，但终极目的都是提高财务报表预期使用者对财务报表的信赖程度。

（二）两者都采用风险导向审计方法。注册会计师首先实施风险评估程序，识别和评估财务报表重大错报风险（包括由于舞弊导致的重大错报风险），在此基础上，针对评估的重大错报风险，通过设计和实施恰当的应对措施，获取充分、适当的审计证据。

（三）两者运用的重要性水平相同。注册会计师在财务报表审计中运用重要性水平，旨在计划和执行财务报表审计工作，评价识别出的错报对审计的影响以及未更正错报对财务报表和审计意见的影响，以对财务报表整体是否不存在重大错报获取合理保证；注册会计师在内部控制审计中运用重要性水平，旨在计划和执行内部控制审计工作，评价识别出的内部控制缺陷单独或组合起来是否构成内部控制重大缺陷，以对被审计单位是否在所有重大方面保持了有效的内部控制获取合理保证。由于内部控制的目标是合理保证财务报告及相关信息的真实、完整，因此对于同一财务报表，在两种审计中运用的重要性水平应当相同。

（四）两者识别的重要账户、列报及其相关认定相同。注册会计师在识别重要账户、列报及其相关认定时应当评价的重大错报风险因素对于内部控制审计和财务报表审计而言是相同的，因此对于同一财务报表，在两种审计中识别的重要账户、列报及其相关认定应当相同。

（五）两者了解和测试内部控制设计和运行有效性的基本方法相同，都可能实施询问、观察、检查以及重新执行等程序。

二、内部控制审计与财务报表审计有哪些区别？

答：内部控制审计是对内部控制的有效性发表审计意见，并对内部控制审计过程中注意到的非财务报告内部控制重大缺陷进行披露；财务报表审计是对财务报表是否在所有重大方面按照适用的财务报告编制基础编制发表审计意见。虽然内部控制审计和财务报表审计存在多方面的共同点，但财务报表审计是对财务报表进行审计，重在审计"结果"，而内部控制审计是对保证财务报表质量的内部控制的有效性进行审计，重在审计"过程"。发表审计意见的对象不同，使得两者存在区别，例如：

（一）对内部控制进行了解和测试的目的不同

在财务报表审计和内部控制审计中，注册会计师都需要了解与审计相关的内部控制，并都可能涉及测试相关内部控制运行的有效性，但两者目的不同。注册会计师在财务报表审计中了解和测试内部控制，是为了识别、评估和应对重大错报风险，据此确定实质性程序的性质、时间安排和范围，并获取与财务报表是否在所有重大方面按照适用的财务报告编制基础编制相关的审计证据，以支持对财务报表发表的审计意见；注册会计师在内部控制审计中了解和测试内部控制，是为了对内部控制的有效性发表审计意见。

（二）测试内部控制运行有效性的范围要求不同

在财务报表审计中，针对评估的认定层次重大错报风险，注册会计师可能选择采用实质性方案或综合性方案。如果采用实质性方案，注册会计师可以不测试内部控制的运行有效性；如果采用综合性方案，注册会计师综合运用控制测试和实质性程序，因而需要测试内部控制的运行有效性。根据《中国注册会计师审计准则第1231号——针对评估的重大错报风险采取的应对措施》的相关规定，当存在下列情形之一时，注册会计师应当设计和实施控制测试，针对相关控制运行的有效性，获取充分、适当的审计证据：

（1）在评估认定层次重大错报风险时，预期控制的运行是有效的（即在确定实质性程序的性质、时间安排和范围时，注册会计师拟信赖控制运行的有效性）；

（2）仅实施实质性程序并不能够提供认定层次充分、适当的审计证据。

也就是说，如果以上两种情况均不存在，注册会计师可能对部分认定，甚至全部认定都不测试内部控制的运行有效性。

在内部控制审计中，注册会计师应当针对所有重要账户和列报的每一个相关认定获取控制设计和运行有效性的审计证据，以便对内部控制整体的有效性发表审计意见。

（三）内部控制测试的期间要求不同

首先，在财务报表审计中，针对评估的认定层次重大错报风险，如果注册会计师选择综合性方案，需要获取内部控制在整个拟信赖期间运行有效的审计证据，而在内部控制审计中，注册会计师对于基准日的内部控制运行有效性发表意见，则仅需要对内部控制在基准日前足够长的时间（可能短于整个审计期间）内的运行有效性获取审计证据。

其次，尽管连续审计时注册会计师在财务报表审计和内部控制审计中都可以考虑以前审计中所了解和测试的情况，但在执行内部控制审计时，注册会计师不得采用《中国注册会计师审计准则第1231号——针对评估的重大错报风险采取的应对措施》第十四条中提及的"每三年至少对控制测试一次"的方法，而应当在每一年度审计中测试内部控制（对自动化应用控制在满足特定条件情况下所采用的与基准相比较策略除外）。

（四）对控制缺陷的评价和沟通要求不同

在内部控制审计中，注册会计师应当评价识别出的内部控制缺陷是否构成一般缺陷、重要缺陷或重大缺陷。在财务报表审计中，注册会计师需要确定识别出的内部控制缺陷单独或连同其他缺陷是否构成值得关注的内部控制缺陷。

相应地，两者的沟通要求存在不同。

在财务报表审计中：

1.注册会计师应当以书面形式及时向治理层通报值得关注的内部控制缺陷，致送书面沟通文件的时间可能根据注册会计师对治理层履行监督责任需要的考虑确定（对于上市实体，治理层可能需要在批准财务报表前收到注册会计师的沟通文件；对于其他实体，注册会计师可能会在较晚日期致送书面沟通文件，但需要满足完成最终审计档案的归档要求）。

2.注册会计师还应当及时向相应层级的管理层通报：

（1）已向或拟向治理层通报的值得关注的内部控制缺陷，除非在具体情况下不适合直接向管理层通报。此项应采用书面方式通报。

（2）在审计过程中识别出的、其他方未向管理层通报而注册会计师根据职业判断认为足够重要从而值得管理层关注的内部控制其他缺陷。此项对沟通形式没有强制要求，可以采用书面或口头形式。

在内部控制审计中：

对于重大缺陷和重要缺陷，注册会计师应当以书面形式与管理层和治理层沟通，书面沟通应在注册会计师出具内部控制审计报告前进行；如果注册会计师认为审计委员会和内部审计机构对内部控制的监督无效，应当就此以书面形式直接与董事会沟通。此外，注册会计师应当以书面形式与管理层沟通其在审计过程中识别的所有其他内部控制缺陷（包括注意到的非财务报告内部控制缺陷），并在沟通完成后告知治理层。

（五）审计报告的形式和内容以及所包括的意见类型不同

内部控制审计报告的形式和内容不同于财务报表审计报告。注册会计师应当分别按照中国注册会计师审计准则和《企业内部控制审计指引》及《企业内部控制审计指引实施意见》的相关规定，出具财务报表审计报告和内部控制审计报告。此外，内部控制审计报告不存在保留意见的意见类型，如果内部控制存在一项或多项重大缺陷，除非审计范围受到限制，注册会计师应当对内部控制发表否定意见；如果审计范围受到限制，注册会计师应当解除业务约定或出具无法表示意见的内部控制审计报告。

三、注册会计师如何基于内部控制审计与财务报表审计的共同点，整合审计工作以同时实现内部控制审计和财务报表审计的目标？

答：财务报表审计和内部控制审计存在多方面的共同点。注册会计师基于统一的风险评估，为财务报表审计和内部控制审计制定整合的审计计划，有助于实现整合审计的目标，减少重复工作，提高审计效率和效果。

具体而言，财务报表审计与内部控制审计至少在以下几个方面是可以整合共享的：

1. 重要性水平的确定；
2. 固有风险的评估；
3. 集团审计中重要组成部分和非重要组成部分的确定；
4. 重要账户、列报及其相关认定的确定；
5. 内部控制设计与运行有效性的测试；
6. 内部控制缺陷的识别和评价。

在审计工作的具体执行过程中，注册会计师还需要按照《企业内部控制审计指引实施意见》第九部分中有关"审计证据和结论的相互参照"的指引，在财务报表审计中考虑内部控制审计中实施的、所有针对内部控制设计与运行有效性的测试结果对所计划实施的实质性程序性质、时间安排和范围的影响。同时，也要在内部控制审计中评价财务报表审计中所实施实质性程序的结果对控制有效性结论的影响。

实务中，在整合审计的情况下，注册会计师可以只编制一套整合的审计工作底稿，将内部控制审计和财务报表审计的整合考虑贯穿审计的整个过程，以更有效地实现整合审计的目标，并同时满足财务报表审计和内部控制审计的需要。

四、注册会计师如何计划内部控制设计与运行有效性的测试工作，以实现内部控制审计和财务报表审计的有机整合？

答：《企业内部控制审计指引》第五条规定，在整合审计中，注册会计师应当对内部控制设计与运行的有效性进行测试，以同时实现下列目标：

1. 获取充分、适当的证据，支持其在内部控制审计中对内部控制有效性发表的意见。
2. 获取充分、适当的证据，支持其在财务报表审计中对控制风险的评估结果。

考虑到财务报表审计与内部控制审计中对内部控制设计和运行有效性测试的共同点和区别，注册会计师可以做出以下安排：

一是在适当的情况下，尽量对重要账户和列报的相关认定采用综合性方案。

通过综合性方案中内部控制设计和运行有效性的测试，注册会计师在获取证据以支持其对内部控制有效性发表意见的同时，如果内部控制设计和运行测试有效，也能够基于对控制风险的评估结果，相应调整实质性程序的性质、时间安排和范围，例如，当重大错报风险（由固有风险和控制风险决定）评估为低时，注册会计师可能不需要调整实质性程序的性质以获取更具说服力的审计证据，或者认为可以在期中而非期末实施某些审计程序，从而节省实施实质性程序所需的审计资源，更有效率地实现整合审计的目标。

二是控制测试的时间安排尽量同时满足内部控制审计和财务报表审计的要求。具体包括，在确定测试某项控制运行涵盖的期间时，在内部控制审计所要求的"足够长的期间"和财务报表审计中所要求的"拟信赖的期间"中取其长者；同时，注册会计师可以通过合理安排控制测试的时间，给被审计单位留有整改的时间。

此外，注册会计师在每年度的整合审计中需要针对所有重要账户和列报的每个相关认定获取内部控制设计和运行有效的审计证据，而不利用《中国注册会计师审计准则第1231号——针对评估的重大错报风险采取的应对措施》第十四条提及的"每三年至少对控制测试一次"的方法（对自动化应用控制在满足特定条件情况下所采用的与基准相比较策略除外）。

五、在内部控制审计过程中，注册会计师如何区分财务报告内部控制和非财务报告内部控制？

答：根据《企业内部控制基本规范》第三条的规定，内部控制的目标包括合理保证企业经营管理合法合规、资产安全、财务报告及相关信息真实完整，提高经营效率和效果，促进企业实现发展战略。所谓财务报告内部控制，即由公司的董事会、监事会、经理层及全体员工实施的旨在合理保证财务报告及相关信息真实、完整而设计和运行的内部控制，以及用于保护资产安全的内部控制中与财务报告可靠性目标相关的控制。具体而言，财务报告内部控制主要包括下列方面的政策和程序：

1. 保存充分、适当的记录，准确、公允地反映企业的交易和事项；
2. 合理保证按照适用的财务报告编制基础的规定编制财务报表；
3. 合理保证收入和支出的发生以及资产的取得、使用或处置经过适当授权；
4. 合理保证及时防止或发现并纠正未经授权的、对财务报表有重大影响的交易和事项。

财务报告内部控制以外的其他内部控制，属于非财务报告内部控制。

注册会计师考虑某一控制是否是财务报告内部控制的关键依据是控制目标，财务报告内部控制是那些与企业的财务报告可靠性目标相关的内部控制。例如，《企业内部控制应用指引第9号——销售业务》第十二条要求"企业应当指定专人通过函证等方式，定期与客户核对应收账款、应收票据、预收账款等往来款项"，企业为此建立的定期对账及差异处理控制与其往来款项的存在、权利和义务、计价和分摊等认定相关，属于财务报告内部控制；《企业内部控制应用指引第8号——资产管理》第十一条要求"企业应当根据各种存货采购间隔期和当期库存，综合考虑企业生产经营计划、市场供求等因素、充分利用信息系统，合理确定存货采购日期和数量，确保存货处于最佳库存状态"，企业为达到最佳库存的经营目标而建立的对存货采购间隔时间进行监控的相关控制与经营效率效果相关，而不直接与财务报表的认定相关，属于非财务报告内部控制。

当然，相当一部分的内部控制能够实现多种目标，主要与经营目标或合规性目标相关的控制可能同时也与财务报告可靠性目标相关。因此，不能仅仅因为某一控制与经营目标或合规性目标相关而认定其属于非财务报告内部控制，注册会计师需要考虑特定控制在特定企业环境中的目标、性质及作用，根据职业判断考虑该控制在具体情况下是否属于财务报告内部控制。

需要指出的是，在实务中注册会计师对财务报告内部控制的考虑是融于其所采用的自上而下的审计方法过程中的。《企业内部控制审计指引实施意见》要求注册会计师采用自上而下的方法选择拟测试的内部控制，其中包括从财务报表层次初步了解内部控制整体风险，识别、了解和测试企业层面控制，基于财务报表层次识别重要账户、列报及其相关认定，了解潜在错报的来源，并识别企业用于应对这些错报或潜在错报的控制，然后选择拟测试的内部控制。基于自上而下的方法，注册会计师需要识别财务报表的重要账户和列报及其相关认定，以及与相关认定有关的业务流程中可能发生重大错报的环节。鉴于注册会计师识别的相关认定以及可能发生重大错报的环节均与财务报表相关，注册会计师针对这些错报或潜在错报来源识别的相应内部控制通常是财务报告内部控制。

六、如何理解内部控制审计与企业内部控制自我评价之间的关系，如两者的测试范围是否需要一致？注册会计师需要对企业内部控制自我评价执行什么工作？

答：根据《企业内部控制基本规范》的规定，企业应当对内部控制的有效性进行自我评价，出具自我评价报告，并聘请会计师事务所对内部控制的有效性进行审计。同时，根据《企业内部控制审计指引实施意见》的规定，被审计单位认可并理解其责任，其中包括对内部控制的有效性进行评价并编制内部控制评价报告的责任,也是注册会计师接受或保持内部控制审计业务的前提之一。

内部控制审计与内部控制自我评价之间的关系可以概括为"各自独立、单方面利用"。也就是说,两者之间是相互独立的。内部控制审计可以根据《企业内部控制审计指引实施意见》"利用他人的工作"部分的具体要求,考虑利用内部控制自我评价的工作(企业层面内部控制除外)。同时,根据《企业内部控制审计指引》的规定,注册会计师完成审计工作后,应当取得经企业签署的书面声明,声明企业没有利用注册会计师执行的审计程序及其结果作为自我评价的基础。

内部控制审计与内部控制自我评价是相互独立的,两者测试工作的具体内容可能不同。企业应当根据《企业内部控制评价指引》的规定对自身的内部控制进行测试、评价并编制自我评价报告。在执行内部控制审计时,注册会计师所选取测试的组成部分、控制活动和测试方法,可能与企业在进行自我评价时选取纳入测试范围的组成部分、控制活动和测试方法不同。注册会计师应当根据《企业内部控制审计指引》和《企业内部控制审计指引实施意见》的要求,运用职业判断,选取拟测试的组成部分和控制活动,并确定测试方法,无须受企业在自我评价中确定的测试工作的限制。

根据《企业内部控制审计指引》的规定,注册会计师是对财务报告内部控制的有效性直接发表审计意见,并非是对企业内部控制评价报告发表审计意见。在内部控制审计中,注册会计师对企业内部控制自我评价开展的工作主要包括:

1.注册会计师应当对企业内部控制自我评价工作进行评估,判断是否利用企业内部审计人员、内部控制评价人员和其他相关人员的工作以及可利用的程度,相应减少可能本应由注册会计师执行的工作。

对此,在实务中,注册会计师可以在每个年度的较早时期与管理层就内部控制自我评价工作(包括自我评价的工作范围、工作方法、样本选取方法及样本规模等)进行沟通,并获取必要的管理层自我评价文档。如果管理层就内部控制评价工作定期召开会议,注册会计师可以要求参加会议以及时了解内部控制自我评价工作的实际进展以及前期遇到的问题。上述步骤及获取的文档有助于注册会计师确定其内部控制审计的时间安排,以及在多大程度上可以利用被审计单位的评价工作。

2.注册会计师应当识别、了解和测试对内部控制有效性具有重要影响的企业层面控制。企业内部控制自我评价是企业层面控制的重要组成部分,与控制环境、对控制的监督这两项要素相关,注册会计师应将其包括在企业层面控制的范围进行考虑。

3. 在形成审计意见时，注册会计师应当查阅从各种来源获取的审计证据，包括企业本年度涉及内部控制的内部审计报告或类似报告，并评价这些报告中指出的控制缺陷。

4. 考虑企业内部控制评价报告的影响。注册会计师还需要按照《企业内部控制审计指引实施意见》的相关要求，考虑企业内部控制评价报告对注册会计师内部控制审计报告的可能影响，包括评价企业内部控制评价报告对相关法律法规规定要素的列报是否完整和恰当；如果内部控制存在重大缺陷，企业是否已经在内部控制评价报告中对其进行了公允反映等。

七、如果集团企业有部分子公司尚未按照企业内部控制规范体系的标准建立健全其内部控制，注册会计师应当如何考虑其对内部控制审计的影响？

答：《企业内部控制基本规范》第四条指出，企业建立与实施内部控制，应当遵循全面性原则等五项原则。其中，全面性原则要求企业的内部控制应当贯穿决策、执行和监督全过程，覆盖企业及其所属单位的各种业务和事项。因此，对于按照相关法律法规的规定应当实施企业内部控制规范体系（包括《企业内部控制基本规范》和《企业内部控制配套指引》）的企业，原则上应当在其所有子公司按照企业内部控制规范体系的标准建立健全内部控制。

企业在按照企业内部控制规范体系的标准建立健全内部控制时，可能由于各种原因未能覆盖所有子公司。注册会计师应当评估其对内部控制审计的影响，在实施风险评估、控制测试及缺陷评价中充分考虑这一情况的影响，并据此得出审计结论和出具审计报告。在此过程中，注册会计师需要考虑的因素可能包括：

1. 尚未按照企业内部控制规范体系的标准建立健全内部控制的子公司的财务信息在集团财务报表整体中的重要程度，例如，是否是重要组成部分，是否存在对集团财务报表有重大影响的重要账户、列报及其相关认定；

2. 企业的董事会及管理层是否以及如何采取措施，以确保相关子公司在尚未按照企业内部控制规范体系的标准建立健全内部控制体系时，仍能保持有效的财务报告内部控制；

3. 未按照企业内部控制规范体系的标准建立健全内部控制的子公司是否存在其他替代性的内部控制制度和程序，虽然不完全符合内部控制规范体系的要求，仍能够有效防止、发现并纠正影响集团财务报表的重大错报；

4. 在以前年度及当年度审计中，是否发现这些尚未按照企业内部控制规范体系的标准建立健全内部控制的子公司存在内部控制重大缺陷或财务报表重大错报。

企业内部控制基本规范 企业内部控制配套指引

注册会计师应当结合内部控制审计中发现的问题，向企业的治理层和管理层沟通，提请其尽快全面贯彻实施企业内部控制规范体系的要求。

如果法律法规的相关豁免规定允许被审计单位不将某些实体纳入内部控制评价范围，注册会计师可以不将这些实体纳入内部控制审计的范围。这种情况不构成审计范围受到限制，但注册会计师应当在内部控制审计报告中增加强调事项段或者在注册会计师的责任段中，就这些实体未被纳入评价范围和内部控制审计范围这一情况，作出与被审计单位类似的恰当陈述。[①] 注册会计师应当评价相关豁免是否符合法律法规的规定，以及被审计单位有关该项豁免的陈述是否恰当。如果认为被审计单位有关该项豁免的陈述不恰当，注册会计师应当提请其作出适当修改。如果被审计单位未作出适当修改，注册会计师应当在内部控制审计报告的强调事项段中说明被审计单位的陈述需要修改的理由。

八、在开展整合审计时，会计师事务所如何组建项目组？

答：当财务报表审计延伸成为整合审计后，审计的范围和复杂程度大大增加，需要注册会计师作出很多新的职业判断，这些判断包括集团审计中确定组成部分内部控制审计的范围、利用他人工作的程度、设计控制测试以实现整合审计的双重目标、财务报表审计中发现的问题对内部控制审计的影响、评价控制缺陷的严重程度等。

会计师事务所在开展整合审计时，需要统筹考虑，挑选具有胜任能力的人员组成项目组。在组建项目组时，需要考虑下列事项：

1. 委派掌握内部控制审计知识和方法的审计人员，如有可能，考虑配备有内部控制审计经验的审计人员；

2. 必要时配备专家，如信息系统等方面的专家。这些专家在审计项目的前期就要参与审计工作，从而判断在审计过程中哪些领域需要更深参与才能对相关内部控制的设计和运行有效性获取充分、适当的审计证据。

项目合伙人及其他有经验的项目组成员需要参与整合审计计划的制定，以便及时作出上述职业判断，避免项目组中经验较少的成员作出不恰当的决定从而影响审计效果和效率。特别是在首次执行整合审计时，项目合伙人、项目经理以及参与审计项目的有关专家往往需要付出更多时间。项目合伙人要做出恰

[①] 例如，证监会发布的《上市公司实施企业内部控制规范体系监管问题解答》（2011年第1期）说明，"公司在报告年度发生并购交易的，可豁免本年度对被并购企业财务报告内部控制有效性的评价。发生上述情况的，公司应对评价范围做出说明，披露评价范围不包括被并购企业。如果并购交易导致公司财务报告内部控制发生重大变化的，需同时予以说明。"

当安排,确保在执行审计的过程中及时指导并复核审计工作,充分考虑财务报表审计和内部控制审计的互相参照与整合。另外,会计师事务所应当按照《企业内部控制审计指引实施意见》的规定,考虑是否委派适当的项目质量控制复核人员,以客观评价项目组作出的重大判断以及在编制内部控制审计报告时得出的结论。

在整合审计中,财务报表审计和内部控制审计原则上应由同一个项目组执行。如果项目组又被划分为承担不同具体工作的团队,则需要考虑团队间的沟通和协调配合,不同的团队需要站在"整合"的角度来制定审计策略、评估测试结果,一方面减少重复工作,另一方面兼顾两类审计的要求,保证内部控制审计和财务报表审计的审计证据和结论可以相互参照,避免审计判断出现不一致的情况。

九、确定与控制相关的风险对确定控制测试的性质、时间安排和范围有什么作用?

答:与控制相关的风险,包括一项控制可能无效的风险,以及如果该控制无效,可能导致重大缺陷的风险。与控制相关的风险越高,注册会计师需要获取的审计证据就越多。注册会计师对控制相关风险的评价将直接影响控制测试的性质、时间安排和范围。

(一)对控制测试性质的影响

注册会计师在测试控制的有效性时,应当综合运用询问、观察、检查和重新执行等方法。注册会计师测试控制有效性实施的程序,按提供证据的效力,由弱到强排序通常为:询问、观察、检查和重新执行。其中询问本身并不能为得出控制是否有效的结论提供充分、适当的证据。

在内部控制审计中,与控制相关的风险越高,注册会计师对审计证据的效力要求也越高。

(二)对控制测试时间安排的影响

一般而言,与控制相关的风险越高,注册会计师对控制的测试时间越应接近基准日。当注册会计师选择内部控制测试期间时,还应当考虑测试涵盖的期间能否为内部控制在基准日之前一段足够长的期间内有效运行提供足够的审计证据。

即便注册会计师认为与控制相关的风险较高,因而决定对控制的测试时间应接近基准日,仍可在期中测试,但应调整针对剩余期间进行的前推测试的性质和范围。

(三)对控制测试范围的影响

注册会计师确定的控制测试范围,应当足以使其获取充分、适当的审计证据,为基准日内部控制是否不存在重大缺陷提供合理保证。与控制相关的风险越高,注册会计师需要获取的证据就越多。

对于人工控制,《企业内部控制审计指引实施意见》提供了采用检查或重新执行程序测试控制运行有效性时的最小样本量区间表,供注册会计师参照使用。

企业内部控制相关法规

财政部关于印发《企业内部控制标准委员会工作大纲》和《企业内部控制标准制定程序》的通知

财会〔2006〕13号

各省、自治区、直辖市、计划单列市财政厅（局），新疆生产建设兵团财务局，中共中央直属机关事务管理局、铁道部、国务院机关事务管理局，解放军总后勤部、武警部队后勤部：

《企业内部控制标准委员会工作大纲》和《企业内部控制标准制定程序》已经2006年7月15日企业内部控制标准委员会第一次全体会议审议通过，并经我部同意，现予印发。

附件：1. 企业内部控制标准委员会工作大纲
      2. 企业内部控制标准制定程序

财政部
2006年7月25日

抄送：审计署、国资委、银监会、证监会、保监会。

附件1

企业内部控制标准委员会工作大纲

第一章 委 员 会

第一条 企业内部控制标准委员会（以下简称委员会）是中国企业内部控制标准体系的咨询机构，旨在为制定和完善中国企业内部控制标准体系提供咨询意见和建议。

第二条 委员会的主要职责包括：

（一）指导、推动我国内部控制标准体系建设，对内部控制标准制定的总体方案、体系结构、项目立项等提供咨询意见；

（二）对内部控制标准体系建设涉及的有关理论、政策提供咨询意见；

（三）对内部控制标准制定中重大控制程序、内容和方法等的选择提供咨询意见；

（四）对内部控制标准体系的实施提供咨询意见并反馈有关信息；

（五）开展内部控制领域的国际交流与合作。

第三条 委员会下设秘书处和若干咨询专家组。秘书处为委员会的常设办事机构，设在财政部会计司，秘书处秘书长由财政部会计司司长兼任。

咨询专家组由公开选聘的咨询专家组成。

第四条 委员会会议分为委员会全体会议、咨询专家全体会议和咨询专家组会议。委员会全体会议、咨询专家全体会议和咨询专家组会议结束后，应对会议讨论的议题、讨论情况和结果，形成会议纪要和书面报告。委员会秘书处应视具体情况，将会议纪要和书面报告及时送达委员。

会议闭会期间，由委员会秘书处负责与委员、咨询专家联系，及时汇报工作情况，并向委员会有关领导传达委员、咨询专家的意见和建议。

第五条 委员会定期召开全体会议，研究、讨论、协调内部控制标准制定中的重大问题，包括：委员会工作大纲，内部控制标准体系建设总体方案和年度工作要点，内部控制标准制定中重大控制程序、内容和方法的选择，具有广泛影响的内部控制标准的制定、发布和实施，以及其他重大事项。

全体会议每年至少召开一次，会议时间及会议议题由秘书长提出，报经委员会主席并商副主席批准后召开，具体工作由秘书处负责。

全体会议由主席主持，全体委员参加，委员如因特殊情况无法参会的，应事先向主席或秘书长请假，并对会议所讨论的议题提供书面意见。

第二章 委 员

第六条 委员由财政部聘任，委员应有广泛的代表性和较高的社会影响力，包括政府有关部门、企业界、理论界、会计职业团体和中介机构等方面的代表。

第七条 委员享有以下权利：

（一）参加委员会全体会议以及内部控制国际、国内研讨会，提前获取会议文件资料；

（二）对上述各种会议讨论的议题提出咨询意见；

（三）及时获得咨询专家组对有关内部控制项目的研究报告，以及委员会、咨询专家组、秘书处工作进展情况的报告；

（四）在委员会秘书处的组织、协调下，经商有关部门和单位同意，就内部控制标准制定与实施的有关问题进行调研；

（五）就内部控制标准制定与实施中的重大事项和重要问题，向委员会提出建议；

（六）优先取得委员会有关内部控制标准的资料和正式出版物。

第八条 委员应履行以下义务：

（一）按时出席委员会全体会议，参加委员会举办的研讨会等各项活动；

（二）按时完成委员会布置的研究课题和工作任务；

（三）对委员会提请咨询的问题发表意见；

（四）就内部控制标准体系建设中的有关问题进行协调，并向委员会提供内部控制标准体系实施中的问题；

（五）对委员会要求保密的信息负责保密。

第九条 委员因工作变动和其他原因需要进行调整的，由委员所在单位提出意见，经委员会主席批准后调整并公布。

企业内部控制基本规范 企业内部控制配套指引

第三章 咨询专家组

第十条 委员会下设若干咨询专家组。咨询专家组可根据内部控制标准体系建设工作需要进行增设、删减或合并。

第十一条 咨询专家组成员由咨询专家组成，各咨询专家组设组长一人，副组长若干人。咨询专家组组长、副组长由委员会秘书处秘书长提名，报委员会主席同意后确定。组长、副组长可由委员会委员兼任。

第十二条 咨询专家组可设立若干项目研究小组开展咨询工作。

第十三条 咨询专家组会议根据工作需要不定期召开，讨论本小组开展内部控制标准体系咨询工作的重要事项。咨询专家组会议原则上每年至少召开两次。咨询专家组会议时间及会议议题由咨询专家组组长提出，报秘书处备案。咨询专家组会议由咨询专家组组长主持，本组全体咨询专家参加。组员如因特殊情况无法参会的，应事先向咨询专家组组长请假，并对会议所讨论的议题提供书面意见。咨询专家组召开本小组会议，可邀请其他咨询专家组的咨询专家及秘书处工作人员列席会议。

第十四条 根据工作需要，经委员会主席批准，可由委员会秘书处组织召开咨询专家全体会议。

第四章 咨询专家

第十五条 咨询专家由委员会秘书处聘任，聘期两年，均为兼职。聘期届满时，根据工作情况续聘或解聘。

第十六条 咨询专家应有广泛的代表性，包括企事业单位、职业团体、中介机构、高等院校、政府有关监管部门等方面的代表。根据工作需要，可以适当选聘部分境外专家学者担任国际咨询专家。

第十七条 咨询专家享有以下权利：

（一）参加咨询专家全体会议和咨询专家组会议，并就会议讨论的议题提出意见和建议；

（二）参加内部控制国际、国内研讨会，并就会议讨论的议题提出意见和建议；

（三）就企业内部控制标准制定与实施中的重要问题，向企业内部控制标准委员会秘书处提出意见和建议；

（四）优先承担有关内部控制科研课题的研究工作；

（五）优先获得有关研究资料和动态信息。

第十八条　咨询专家应履行以下义务：

（一）按时参加咨询专家全体会议、咨询专家组会议以及委员会组织的内部控制国际、国内研讨会等各项活动；

（二）按时完成委员会及其秘书处交办的工作任务；

（三）按时完成所承担内部控制科研课题的研究工作，提交高质量研究报告并根据委员会秘书处的要求提交有关控制标准的建议稿；

（四）对委员会及其秘书处提出咨询的问题及时发表意见，并定期反馈企业内部控制标准制定和实施中的有关情况；

（五）按照委员会及其秘书处的要求承担保密义务。

第十九条　咨询专家不得以企业内部控制标准委员会咨询专家的名义从事营利性活动和其他与内部控制标准建设无关的活动。一经发现，立即解聘并予以公布。

第五章　委员会办事机构

第二十条　委员会秘书处是委员会的常设办事机构，承担委员会的日常工作。

第二十一条　委员会秘书处的具体职能如下：

（一）在主席及秘书长的领导下，负责筹备委员会全体会议、咨询专家全体会议、内部控制国际、国内研讨会等会议和活动，准备会议材料并按照规定时间提交委员；

（二）负责委员会与委员之间、委员会与咨询专家组之间的沟通与联络，以及相关资料和信息的上传下达；

（三）组织起草内部控制标准体系，统筹协调标准制定与实施中的有关问题；

（四）跟踪管理委员和咨询专家承担的内部控制科研课题；

（五）定期向委员会报告工作情况；

（六）管理委员会的财务；

（七）代表我国企业内部控制标准委员会，办理与内部控制国际或区域性组织之间的交流、合作等事宜；

（八）完成委员会主席和秘书长交办的其他工作任务。

第六章 经　　费

第二十二条　委员会经费的来源：

（一）专项收入；

（二）其他收入。

第二十三条　委员会经费的用途：

（一）内部控制项目的课题研究经费；

（二）委员会全体会议、咨询专家全体会议和其他有关会议的会议费用；

（三）其他相关费用。

第七章 附　　则

第二十四条　委员会的英文名称为：China Internal Control Standards Committee，缩写为 CICSC。

第二十五条　本工作大纲经委员会全体会议通过，报财政部批准后实施。

附件2

企业内部控制标准制定程序

一、为了深入贯彻落实科学民主决策精神,提高企业内部控制标准制定工作的透明度,增强企业内部控制标准的科学性、合理性和适应性,特制定本程序。

二、企业内部控制标准由财政部会同有关部门制定并发布。企业内部控制标准的起草工作由企业内部控制标准委员会秘书处(设在财政部会计司,以下简称委员会秘书处)负责,有关咨询专家组参加。

三、草拟的企业内部控制标准分为建议稿、讨论稿、征求意见稿、草案和送审稿。

四、企业内部控制标准的制定过程分为立项阶段、起草阶段、公开征求意见阶段和发布阶段。

(一)立项阶段。

委员会秘书处根据我国经济发展和企业发展的实际需要,提出内部控制标准建设立项意见,向企业内部控制标准委员会委员和有关方面征求意见。内部控制标准建设立项意见应包括对立项的背景和理由做出的说明。委员会秘书处根据企业内部控制标准委员会委员和有关方面的意见和建议,对内部控制标准建设立项意见做出修改调整,按规定程序报财政部并商有关部门同意后正式立项。委员会秘书处应将立项情况向企业内部控制标准委员会委员通报,并以适当形式向社会公布。委员会秘书处应根据需要,结合确定的企业内部控制标准建设项目和立项意见,依托咨询专家组,成立项目研究组,开展课题研究,形成研究报告。

(二)起草阶段。

内部控制标准建设项目立项后,委员会秘书处应即组成项目起草组,并将项目起草组的成员及有关情况向企业内部控制标准委员会委员通报。项目起草组根据所承担的内部控制标准建设项目,及时提出工作计划和时间表,在有关研究报告和实际调查研究的基础上,起草完成建议稿,经委员会秘书处审查修改后形成讨论稿,并提交企业内部控制标准委员会委员征求意见,根据委员意见再次修改后形成征求意见稿。

（三）公开征求意见阶段。

委员会秘书处将征求意见稿送财政部会计司审查同意后，由财政部会计司向各省、自治区、直辖市、计划单列市财政厅（局）以及中央有关业务主管部门财务司（局）和有关中央管理企业等印发征求意见稿；同时，在有关网站和主要媒体上予以公布，并通过召开座谈会、研讨会等形式，向社会广泛征求意见。项目起草组应对社会反馈的意见进行汇总、分析，并对征求意见稿进行修改，形成草案，由委员会秘书处再次提交企业内部控制标准委员会委员征求意见。

（四）发布阶段。

项目起草组根据企业内部控制标准委员会委员的意见对草案进行修改，形成送审稿；委员会秘书处将送审稿送财政部会计司审查同意后，按规定程序报财政部及其他有关部门领导审定、会签后联合发布，并由财政部会同有关部门组织实施。

五、已经发布实施的企业内部控制标准，如需进行重大修订，修订程序同上。

六、本程序所称企业内部控制标准，是指由财政部会同国务院有关部门制定的企业内部控制规定。各企业根据国家有关法律法规和国务院有关部门制定的企业内部控制标准建立健全本企业的内部控制制度，不适用本程序的规定。

七、本程序自发布之日起生效。

企业内部控制相关法规

中国银保监会关于银行保险机构员工履职回避工作的指导意见

银保监发〔2019〕50号

各银保监局,各政策性银行、大型银行、股份制银行,外资银行,金融资产管理公司,各保险集团(控股)公司、保险公司、保险资产管理公司、保险专业中介机构、外国保险机构驻华代表机构,其他会管经营类机构:

为进一步加强对银行保险机构员工履职行为的监管,推动行业自律和内部廉洁建设,提升内控机制有效性,督促各机构员工公平公正履职,根据《商业银行内部控制指引》《保险公司内部控制基本准则》等有关规定,现对银行保险机构员工履职回避工作提出以下意见。

一、总体要求

(一)工作目标。推动银行保险机构建立健全履职回避制度,将履职回避作为合规文化、廉洁文化建设的重要内容,建立履职回避长效工作机制,着力营造主动申报、严格回避、公正履职、强化内控的文化氛围。

(二)基本原则。

突出重点。紧盯关键人员和重点业务,着重抓好对银行保险机构内部控制具有重要影响力的管理人员的任职回避,以及员工从事重点业务活动时的业务回避。

实事求是。本指导意见为履职回避工作的底线要求,银行保险机构可结合实际,在员工招录、职务调整、业务经营等环节制定更严格、差异化的回避制度。

强化监督。加强对履职回避工作的内部问责和监管约束,扎紧制度篱笆,堵塞管理漏洞,以强有力的惩戒措施推动履职回避工作落地实施。

稳妥有序。统一思想,提高认识,加强员工教育,尊重员工意愿,注意方式方法，科学制定分步实施方案，稳妥有序推进履职回避工作。

二、明确履职回避工作对象范围

（三）机构范围。国家开发银行、政策性银行、商业银行、商业保险公司和政策性保险公司。银保监会监管的其他金融机构参照执行。

（四）员工范围。与银行保险机构总部及境内机构（包括各类分支机构、银行业保险业附属机构等）签订劳动合同的所有在岗人员。

非执行董事、股东监事和外部监事参照关键人员实行履职回避。银行保险机构劳务派遣人员参照普通员工实行履职回避。其中，"关键人员"指银行保险机构中对该机构经营管理、风险控制有决策权或重要影响力的各级管理层成员和内设部门负责人，具体人员范围由各机构结合自身实际和区域特点，根据内控管理和风险控制需要予以确定，并报对应监管部门或属地监管机构；其他员工为"普通员工"。

（五）亲属范围。关键人员应回避的亲属包括配偶、直系血亲、三代以内旁系血亲和近姻亲。普通员工应回避的亲属包括父母、配偶及其父母、子女及其配偶。

三、严格任职回避

（六）关键人员任职回避。本人与亲属不得在同一单位担任双方直接隶属于同一管理层成员的职务或有直接上下级管理关系的职务；不得在其中一方担任管理层成员的单位从事人事、财务、监察、内控、内审、风险管理、授信审批、投资决策、投资交易等工作。"同一单位"指银行保险机构关键人员所在机构本部。具有独立人事管理权限的各级直属机构、事业部等视为同一单位。

同时，关键人员与亲属也不得同时在其他双方有直接业务制约或利害关系等影响内控机制有效性的岗位工作。

（七）监管人员亲属任职回避。员工有亲属在监管机构工作的，银行保险机构应合理安排该员工岗位和职责，避免员工与亲属存在任职回避和公务回避关系，避免出现影响监管公正的情形。

（八）公职人员任职回避。银行保险机构拟聘用曾在党政机关工作的公职人员的，需注意审核其是否符合《公务员法》和有关法规规定的任职回避要求，其任职是否经原单位党委（党组）审核并按照干部管理权限征得相应的组织（人事）部门同意。

（九）关键人员和重要岗位员工轮岗要求。银行保险机构应结合自身行业、所处地域的特点，加强重要岗位管控，建立关键人员和重要岗位员工轮岗制度，对于在业务运营、内控管理和风险防范等方面具有重要影响力的各级管理层成员、内设部门负责人和重点业务岗位员工，应明确轮岗期限、轮岗方式等要求，严格实行轮岗。其中，轮岗期限原则上不得超过7年；全国性银行保险机构员工原则上不得在本人成长地担任省级和地市级分支机构主要负责人，确有特殊情况的，可申请豁免，但应按规定履行有关审批和公示程序。

员工在进行轮岗时，应符合本指导意见规定的履职回避要求。

四、规范业务回避

（十）员工业务回避。银行保险机构员工在办理重点业务时，如涉及本人、亲属或存在其他利害关系的，应主动汇报并提请业务回避，且不得以任何形式施加影响。"重点业务"的具体范围由各机构根据业务风险特点，按照有效制衡的内控管理原则予以确定，并报对应监管部门或属地监管机构。

（十一）关键人员附加要求。银行保险机构董事（理事）、监事及其他关键人员除应按照上条要求履行业务回避，还应按照关联交易管理等相关要求，在涉及本人或亲属等关联交易事项表决、决策时，及时告知关联关系的性质和程度，并履行回避义务。

五、细化回避程序

（十二）任职回避程序。本人提出回避申请或者所在单位提出回避建议；任免单位有关部门按照管理权限对是否符合回避情形进行审核，听取员工本人及相关人员意见，并提出回避意见报任免单位；任免单位作出决定，需要回避的，应调整岗位或岗位职责。

因婚姻、职务变化等新形成任职回避关系的，本人应在30天内向所在单位报告，并在6个月内完成任职回避调整。在任职回避调整到位前，必须严格实行业务回避。

（十三）业务回避程序。本人主动提出回避申请的，按照管理权限由所在单位或部门负责人作出回避决定；本人未提出回避申请的，所在单位或部门负责人可直接作出回避决定。因特殊情况不能及时履行有关程序的，员工应先行回避，并在事后及时补齐相关手续。

（十四）豁免回避程序。结合不同类型、不同地域及不同层级机构的实际，对因客观条件限制等特殊情况，确无法按相关要求进行任职回避的，应按照职位较高人员的人事管理权限，履行相应的审批程序，并在其所在单位予以公示。人事管理权限属于一级分支机构及以上的，应由总部党组织批准；人事管理权限属于一级分支机构以下的，应由一级分支机构党组织批准。总部或一级分支机构未设党组织的，由相应高管层批准。豁免人员相关信息应按季度报银行保险机构总部以及对应监管部门或属地监管机构。

六、抓好工作落实

（十五）切实加强组织领导。各机构应充分认识履职回避工作的重要意义，按照上述要求，指定牵头部门负责具体工作。加强宣传教育，引导各级机构统一思想，提高认识，把履职回避管理作为本机构稳健运行的基础性工作，确保落实到位。

（十六）分步推进回避工作。各机构应对履职回避情况进行摸排清理，按照"管住增量、消化存量"的原则，严禁在岗位调整、职务晋升等环节新发生应回避未回避情形。制定回避工作分步实施计划并严格做好实施。存量任职回避问题原则上于2022年底前清理完毕。其中，各级机构管理层中的存量问题原则上于2020年底前、各级机构内设部门负责人中的存量问题原则上于2021年底前清理完毕，其他存量问题应合理安排时限，避免集中到2022年清理。确有困难无法在2020年底和2021年底前完成相关存量问题清理的，按豁免回避权限经总部或一级分支机构党组织或高管层批准后可适当延后。

摸排情况和回避工作分步实施计划应于本指导意见印发后3个月内报送对应监管部门或属地监管机构。确有特殊情况的，经对应监管部门或属地监管机构同意可适当延后报送，但延后不得超过3个月。

（十七）完善履职回避制度。各机构应按照本指导意见要求，制定并完善内部专门的履职回避制度办法,结合实际明确本机构履职回避工作中"关键人员""重点业务"的具体范围,并报对应监管部门或属地监管机构。

在境外设有机构的,应参照本指导意见要求,指导境外机构根据当地情况及法规、监管规定,建立健全从境外聘请的境外机构员工的履职回避机制。

(十八)健全配套保障机制。各机构应在依法合规的前提下,持续优化对员工应回避亲属信息的获取和核实手段,加强与纪检监察等部门的信息共享和交叉核验,探索建立应回避亲属关系的个人申报制度。积极引入信息技术,搭建专门信息库和信息管理系统,推动履职回避工作的动态更新和实时控制。

(十九)建立长效工作机制。各机构应持续做好员工履职回避工作,坚持力度不减、标准不降、常抓不懈,定期对履职回避执行情况进行检查,及时将有关情况通报相应的纪检监察部门,并将有关制度制定和执行情况纳入年度内部控制评价报告上报对应监管部门或属地监管机构。未设纪检监察部门的,应定期向董事会、监事会或高管层报告有关情况。

七、加大回避惩戒力度

(二十)内部问责。各银行保险机构应当结合本单位、本系统实际,严格执行本指导意见关于员工履职回避的各项要求,发现迟报、瞒报、漏报、错报亲属信息,以及通过其他不正当手段逃避履职回避管理等问题的,依据机构内部有关员工管理规章制度进行处理。

(二十一)监管约束。各级监管机构应按照监管职责分工,加强对辖内银行保险机构自身履职回避制度办法以及制度执行等情况的指导和督促,将辖内银行保险机构员工履职回避工作情况作为内控监管的重要内容,定期对发现的问题进行通报,并建立整改跟踪台账,持续跟进整改进展和整改结果,开展整改问责。对于严重违反本指导意见规定的,对应监管部门或属地监管机构应按照有关法律法规采取相应监管措施,并视违规情形进行行政处罚。

本指导意见自印发之日起施行。

2019 年 12 月 19 日

关于进一步提升上市公司财务报告内部控制有效性的通知

财会〔2022〕8号

各省、自治区、直辖市、计划单列市财政厅（局）、证监局，新疆生产建设兵团财政局，财政部各地监管局，各上市公司，有关会计师事务所：

为贯彻落实《国务院关于进一步提高上市公司质量的意见》（国发〔2020〕14号）、《国务院办公厅关于进一步规范财务审计秩序促进注册会计师行业健康发展的意见》（国办发〔2021〕30号）等有关要求，加强对上市公司实施企业内部控制规范的管理、指导和监督，规范会计师事务所内部控制审计行为，提升上市公司财务报告内部控制有效性和会计信息质量，强化资本市场领域财会监督力度，现将有关事项通知如下。

一、充分认识加强财务报告内部控制的重要意义

近年来，财政部会同证监会等相关部门，不断健全企业内部控制规范体系，逐步建立了上市公司实施、注册会计师审计、政府监管推动的内部控制实施机制，着力推动上市公司提升内部控制水平，上市公司实施企业内部控制规范总体取得一定成效。但部分上市公司仍存在对内部控制重视程度不够、内部控制缺陷标准不恰当、内部控制评价和审计未充分发挥应有作用等问题。

国发〔2020〕14号文件明确提出"严格执行上市公司内控制度，加快推行内控规范体系，提升内控有效性"。国办发〔2021〕30号文件要求"进一步明确会计核算、内部控制、信息化建设等要求"。内部控制特别是财务报告内部控制，是加强财会监督、遏制财务造假、提高上市公司会计信息质量的重要基础。有关地方和单位要高度重视，切实提升上市公司财务报告内部控制的有效性，充分发挥内部控制在上市公司财务报告中的控制关口前移、提升披露透明度、保护投资者权益等重要作用。

二、提升上市公司财务报告内部控制有效性的重点领域

针对当前多发的上市公司财务造假和相关内部控制缺陷,提升上市公司财务报告内部控制有效性,主要目标是评估和应对为迎合市场预期或特定监管要求、谋取以财务业绩为基础的私人报酬最大化、骗取外部资金、侵占资产、违规担保、内幕交易、操纵市场等动机,对财务报告信息作出虚假记载、误导性陈述或者重大遗漏的风险,特别是防范上市公司董事、监事、高级管理层和实际控制人等"关键少数"的舞弊风险。主要包括以下重点领域。

(一)资金资产活动相关舞弊和错报的风险与控制。

1. 加强资金资产管理舞弊风险评估与控制。一是关注为侵占资金资产、粉饰财务报表等目的,伪造、篡改或销毁原始凭证,隐瞒、截留或侵占收入,私签支票,盗用印鉴,违规提现,虚列费用,设账外账、小金库,伪造或篡改银行单据,资产私用,违规担保等相关风险。二是关注不相容岗位的有效分离,资金资产交易真实性,账账、账证、账实一致性等相关内部控制流程和控制措施的有效性。

2. 加强资金资产活动相关账户及财务报表列报的风险评估与控制。一是关注货币资金、固定资产、在建工程、存货、无形资产、长期股权投资等报表项目或类别下资金与资产相关账户的发生额、准确性、确认时点、计量金额以及列报风险。二是关注资金归集管理、银行账户管理、票据管理、支付与授权审批管理、资产管理、坏账管理、担保管理等控制措施的有效性。三是关注违规占用资金的风险,加强对大股东借款、担保、投融资等活动的审核、追踪、预警和披露的控制。

(二)收入相关舞弊和错报的风险与控制。

1. 加强收入确认政策的合理性及其变更的控制。一是严格按照企业会计准则规定,评估收入确认政策的合理性,针对不同产品销售与服务提供方式所采用的具体确认方法的合理性,确认时点和确认依据的合理性以及披露的收入确认原则与实际确认方法的一致性。二是关注对收入确认会计政策变更程序的控制的有效性以及变更内容的合理性。

2. 加强收入舞弊风险的评估与控制。一是关注为粉饰财务报表等目的虚增收入或提前确认收入,为报告期内降低税负、转移利润等目的少计收入或延后确认收入等相关风险。二是关注客户资信调查,交易合同商业背景的真实性,资金资

产交易的真实性、销售模式的合理性和交易价格的公允性等内部控制流程和控制措施的有效性。

3.加强收入相关账户及财务报表列报的风险评估与控制。一是结合上市公司的行业特性、商业模式、具体业务和交易模式等，充分关注应收账款、应收票据、营业收入等收入相关账户及其明细账户的完整性、准确性、确认时点、计量金额和列报等风险。二是关注客户管理、销售管理、定价管理、合同管理、往来款项管理、坏账计提及核销等内部控制流程和控制措施的有效性。

（三）成本费用相关舞弊和错报的风险与控制。

1.加强对成本费用相关会计政策和会计估计及其变更合理性的控制。一是严格按照企业会计准则规定，评估成本费用核算相关会计政策和会计估计的合理性，针对不同业务、产品、采购与生产流程所采用的具体核算方法的合理性，核算时点和核算依据基于商业实质的合理性以及披露的成本核算原则与实际核算方法的一致性。二是关注对成本费用相关会计政策和会计估计变更程序控制的有效性以及变更内容的合理性。

2.加强成本费用舞弊风险的评估与控制。一是关注为达到粉饰财务报表的目的少计成本费用、延迟核算成本费用、将费用性支出确认为资本化支出、由第三方承担成本费用、虚假采购以及其他调整成本费用以改变产品利润或利润构成等相关风险。二是关注营业收入与成本的匹配程度、成本费用归集与分配的准确性和完整性等内部控制流程和控制措施的有效性。

3.加强成本费用相关账户及财务报表列报的风险评估与控制。一是关注营业成本、销售费用、管理费用、财务费用、研发费用等成本费用相关账户及其明细账户的完整性、准确性、确认时点、计量金额和列报等风险。二是关注研发管理、采购管理、资金管理、资产管理、合同管理和会计核算等内部控制流程和控制措施的有效性。

（四）投资活动相关舞弊和错报的风险与控制。

1.加强投资活动舞弊风险评估与控制。一是关注为完成业绩对赌、业绩承诺、满足股权激励行权条件、符合市场预期业绩等目的，以投资活动为名进行财务报表粉饰以及其他影响交易真实性、价格公允性的风险。二是关注对交易标的真实性、交易价格公允性、交易信息披露真实完整性等内部控制流程和控制措施的有效性。

2.加强投资活动相关账户及财务报表列报的风险评估与控制。一是关注投资活动的论证与决策控制,包括对投资目标、规模、方式、资金来源、风险与收益等进行评价与控制,在立项与决策、评估与审计、交易价格确定、交易合同管理、股权转让办理和会计核算等重要环节和领域建立并实施有效的内部控制流程和控制措施。二是关注投资活动相关的资产、负债、所有者权益等账户和列报等风险。三是关注投后管理内部控制的有效实施,包括股权变更、债务管理、商誉减值测试及减值计提、担保管理、人员委派与考核、股东事务管理等。四是关注对子公司或投资项目的管控,上市公司应要求子公司或投资项目在规定的合理时间内建立并有效实施内部控制,以便追踪监控子公司或投资项目进展,定期评估风险和内部控制缺陷,并强化整改落实和责任追责。

(五)关联交易相关舞弊和错报的风险与控制。

1.加强关联交易舞弊风险的评估与控制。一是关注通过复杂交易、规避关联交易或利用关联交易非关联化等手段,影响关联交易真实性、价格公允性,从而粉饰财务报表或进行利益输送的风险。二是关注交易商业背景的真实性、资金资产交易的真实性、销售模式的合理性和公允性、关联交易金额上限的合规性等内部控制流程和控制措施的有效性。

2.加强关联交易列报风险的评估与控制。关注关联方确认与审批授权、交易类型、资金往来界定、定价管理、合同管理、信用管理和披露等关键环节的内部控制流程和控制措施的有效性。

(六)重要风险业务和重大风险事件相关的风险与控制。

1.加强重要风险业务的风险评估及控制。一是定期评估重要风险业务可能导致的财务报告错报风险,尤其应关注以复杂交易掩盖业务实质和以表面上合法合规掩盖实质上违法违规行为的风险。二是针对重要风险业务建立并持续完善闭环控制流程,强化合规论证、外部咨询、集体决策、定期培训、加强监控预警等控制措施,并定期评估控制效果。

2.加强重大风险因素和事件预警及应急处置机制建设与实施。当内外部重大风险因素变化或风险事件发生时,应能够及时识别可能蒙受的资产损失、负面影响以及可能导致的财务报告错报风险。上市公司要制定重大风险事件报告、披露等管理制度,及时准确披露信息,合理预计或有负债和其他财务报告影响,深入剖析原因,及时完善控制措施,避免风险事件再次发生并定期评估控制效果。

(七)财务报告编制相关的风险与控制。

1.加强财务报告流程相关风险评估与控制。一是关注会计政策和会计估计选择与变更、合并报表范围确定、重大会计事项处理、交易确认时点、合并抵销、披露事项等财务报告编制和审批流程,评估财务报告错报风险所对应控制措施的有效性。二是关注财务报告在收入和成本确认、关联交易、担保、并购重组、期后重大会计调整、持续经营等方面可能存在漏报、错报、侵占上市公司利益等风险的评估和控制的有效性。

2.加强对与财务报告编制相关的信息系统风险评估与控制。一是实施有效的信息系统总体控制,确保信息系统操作的可追溯性。二是实施有效的信息系统应用控制,包括对重要业务系统建立有效的访问权限管理、禁止不相容岗位用户账号的交叉操作以及建立实施不同信息系统之间的接口配置、系统配置、校验等其他重要的应用控制。

3.重点关注"关键少数"舞弊导致的财务报告重大错报风险,并建立有效的反舞弊机制。一是实施有效措施,确保上市公司与其控股股东、实际控制人及其关联方不违反法律法规和公司章程干涉上市公司的运作。二是形成有效机制,确保股东(大)会、董事会、监事会、管理层在决策、执行和监督等方面的分工和制衡,完善公司治理。三是明确董事会、管理层与相关部门在反舞弊工作中的职责权限,建立舞弊线索的发现、举报、调查、处理、报告和纠正程序,确保举报、投诉渠道通畅。

三、明确责任,加强组织实施

(一)上市公司作为第一责任人,要确保财务报告内部控制有效实施。上市公司应当根据企业内部控制规范和本通知要求,建立健全内部控制制度,科学、客观认定内部控制缺陷,重点对上述7个领域的财务报告内部控制有效性进行评价,出具年度内部控制评价报告。内部控制评价报告应当对内部控制缺陷认定标准进行详细说明,对认定过程进行清晰阐述,提高缺陷认定的透明度,以便外部审计人员和投资者进行评价。上市公司应当授权内部审计机构或履行内部审计职能的机构对内部控制的有效性进行监督,保证其机构设置、人员配备和工作的独立性,对监督发现的内部控制重大缺陷,应及时向董事会和监事会报告,并督促整改。上市公司董事会应严格执行上市公司信息披露相关规定,保证公开披露的报告内容不存在任何虚假记载、误导性陈述或重大遗漏,并对内部控制评价报告内容的真实性、准确性和完整性负责。

(二)会计师事务所要发挥审计监督作用,重点审计财务报告内部控制有效性。会计师事务所在开展财务报表审计时,如拟信赖上市公司控制运行的有效性,应当设计和实施控制测试,重点对上述7个领域的财务报告内部控制有效性进行评价,获取与审计相关的内部控制在整个拟信赖期间运行有效的审计证据,并保持职业怀疑,高度关注由舞弊导致的重大错报风险和管理层凌驾于控制之上的风险。对需要出具内部控制审计报告的上市公司,会计师事务所应当获取充分、适当的审计证据评估内部控制存在的缺陷,对上市公司财务报告内部控制在特定时点的设计和运行有效性发表恰当的审计意见。

(三)政府监管部门形成合力,强化对上市公司和会计师事务所监管。财政部、证监会等监管部门加强统筹协调、形成工作合力,加强对上市公司内部控制有效性评估和会计师事务所执业质量检查,重点关注上市公司财务报告内部控制有效性情况、内部控制信息披露情况和内部控制重大缺陷整改情况,加大对财务造假和审计舞弊案例的处罚力度,不断增强上市公司财务报告内部控制有效性,持续提升监管效能。

财政部　证监会
2022年3月2日